工会女职工工作法律政策
文件选编

中华全国总工会女职工部　编

Gonghui Nüzhigong Gongzuo Falü Zhengce

WENJIANXUANBIAN

中国工人出版社

出版说明

为建设高素质专业化工会工作者队伍，全面提升工会女职工组织依法依章程履职能力和工作水平，我们编辑了《工会女职工工作法律政策文件选编》，作为新时代工会女职工工作干部教育培训的常备工具书，同时也是满足广大女职工需要、更好服务女职工的实用工作指南。

本书选录了工会女职工工作有关法律、法规和中共中央、国务院相关通知、指导意见，以及适用于工会女职工工作的业务规范性文件，共分为两大部分：第一部分“法律、法规、规章”，收录宪法、工会法、妇女权益保障法、女职工劳动保护特别规定等，并增加《民法典》相关内容；第二部分“政策文件”，按照工会女职工工作业务性质分为综合、提素建功、权益维护、关爱服务、家庭建设、组织建设六个专题。

全书在编辑过程中，得到了全总书记处领导同志和全总有关部门、中国工人出版社的指导、支持和帮助，在此谨致诚挚的谢意。

由于编者水平有限，书中难免存在不足和疏漏之处，诚请广大工会工作者和读者朋友予以批评指正。

编　者

2020 年 12 月

目录

CONTENTS

‖第一部分　法律、法规、规章‖

第二部分　政策文件

综合

提素建功

权益维护

关爱服务

家庭建设

组织建设

第一部分

法律、法规、规章

中华人民共和国宪法（摘录）

（1982年12月4日第五届全国人民代表大会第五次会议通过　1982年12月4日全国人民代表大会公告公布施行　根据1988年4月12日第七届全国人民代表大会第一次会议通过的《中华人民共和国宪法修正案》、1993年3月29日第八届全国人民代表大会第一次会议通过的《中华人民共和国宪法修正案》、1999年3月15日第九届全国人民代表大会第二次会议通过的《中华人民共和国宪法修正案》、2004年3月14日第十届全国人民代表大会第二次会议通过的《中华人民共和国宪法修正案》和2018年3月11日第十三届全国人民代表大会第一次会议通过的《中华人民共和国宪法修正案》修正）

第二章　公民的基本权利和义务

第三十三条　凡具有中华人民共和国国籍的人都是中华人民共和国公民。

中华人民共和国公民在法律面前一律平等。

国家尊重和保障人权。

任何公民享有宪法和法律规定的权利，同时必须履行宪法和法律规定的义务。

第三十四条　中华人民共和国年满十八周岁的公民，不分民族、种族、性别、职业、家庭出身、宗教信仰、教育程度、财产状况、居住期限，都有选举权和被选举权；但是依照法律被剥夺政治权利的人除外。

第三十八条　中华人民共和国公民的人格尊严不受侵犯。禁止用任何方法对公民进行侮辱、诽谤和诬告陷害。

第四十二条　中华人民共和国公民有劳动的权利和义务。

国家通过各种途径，创造劳动就业条件，加强劳动保护，改善劳动条件，并在发展生产的基础上，提高劳动报酬和福利待遇。

劳动是一切有劳动能力的公民的光荣职责。国有企业和城乡集体经济组织的劳动者都应当以国家主人翁的态度对待自己的劳动。国家提倡社会主义劳动竞赛，奖励劳动模范和先进工作者。国家提倡公民从事义务劳动。

国家对就业前的公民进行必要的劳动就业训练。

第四十三条　中华人民共和国劳动者有休息的权利。

国家发展劳动者休息和休养的设施，规定职工的工作时间和休假制度。

第四十八条 中华人民共和国妇女在政治的、经济的、文化的、社会的和家庭的生活等各方面享有同男子平等的权利。

国家保护妇女的权利和利益，实行男女同工同酬，培养和选拔妇女干部。

第四十九条 婚姻、家庭、母亲和儿童受国家的保护。

夫妻双方有实行计划生育的义务。

父母有抚养教育未成年子女的义务，成年子女有赡养扶助父母的义务。

禁止破坏婚姻自由，禁止虐待老人、妇女和儿童。

中华人民共和国工会法（摘录）

（1992年4月3日第七届全国人民代表大会第五次会议通过 1992年4月3日中华人民共和国主席令第五十七号公布 根据2001年10月27日第九届全国人民代表大会常务委员会第二十四次会议《关于修改〈中华人民共和国工会法〉的决定》第一次修正 根据2009年8月27日第十一届全国人民代表大会常务委员会第十次会议《关于修改部分法律的决定》第二次修正）

第一章 总 则

第一条 为保障工会在国家政治、经济和社会生活中的地位，确定工会的权利与义务，发挥工会在社会主义现代化建设事业中的作用，根据宪法，制定本法。

第三条 在中国境内的企业、事业单位、机关中以工资收入为主要生活来源的体力劳动者和脑力劳动者，不分民族、种族、性别、职业、宗教信仰、教育程度，都有依法参加和组织工会的权利。任何组织和个人不得阻挠和限制。

第六条 维护职工合法权益是工会的基本职责。工会在维护全国人民总体利益的同时，代表和维护职工的合法权益。

工会通过平等协商和集体合同制度，协调劳动关系，维护企业职工劳动权益。

工会依照法律规定通过职工代表大会或者其他形式，组织职工参与本单位的民主决策、民主管理和民主监督。

工会必须密切联系职工，听取和反映职工的意见和要求，关心职工的生活，帮助职工解决困难，全心全意为职工服务。

第七条　工会动员和组织职工积极参加经济建设，努力完成生产任务和工作任务。教育职工不断提高思想道德、技术业务和科学文化素质，建设有理想、有道德、有文化、有纪律的职工队伍。

第二章　工会组织

第十条　企业、事业单位、机关有会员二十五人以上的，应当建立基层工会委员会；不足二十五人的，可以单独建立基层工会委员会，也可以由两个以上单位的会员联合建立基层工会委员会，也可以选举组织员一人，组织会员开展活动。女职工人数较多的，可以建立工会女职工委员会，在同级工会领导下开展工作；女职工人数较少的，可以在工会委员会中设女职工委员。

企业职工较多的乡镇、城市街道，可以建立基层工会的联合会。

县级以上地方建立地方各级总工会。

同一行业或者性质相近的几个行业，可以根据需要建立全国的或者地方的产业工会。

全国建立统一的中华全国总工会。

第三章　工会的权利和义务

第十九条　企业、事业单位违反职工代表大会制度和其他民主管理制度，工会有权要求纠正，保障职工依法行使民主管理的权利。

法律、法规规定应当提交职工大会或者职工代表大会审议、通过、决定的事项，企业、事业单位应当依法办理。

第二十条　工会帮助、指导职工与企业以及实行企业化管理的事业单位签订劳动合同。

工会代表职工与企业以及实行企业化管理的事业单位进行平等协商，签订集体合同。集体合同草案应当提交职工代表大会或者全体职工讨论通过。

工会签订集体合同，上级工会应当给予支持和帮助。

企业违反集体合同，侵犯职工劳动权益的，工会可以依法要求企业承担责任；因履行集体合同发生争议，经协商解决不成的，工会可以向劳动争议仲裁机构提请仲裁，仲裁机构不予受理或者对仲裁裁决不服的，可以向人民法院提起诉讼。

第二十一条　企业、事业单位处分职工，工会认为不适当的，有权提出意见。

企业单方面解除职工劳动合同时，应当事先将理由通知工会，工会认为企业违反法律、法规和有关合同，要求重新研究处理时，企业应当研究工会的意见，并将处理结果书面通知工会。

职工认为企业侵犯其劳动权益而申请劳动争议仲裁或者向人民法院提起诉讼的，工会应当给予支持和帮助。

第二十二条 企业、事业单位违反劳动法律、法规规定，有下列侵犯职工劳动权益情形，工会应当代表职工与企业、事业单位交涉，要求企业、事业单位采取措施予以改正；企业、事业单位应当予以研究处理，并向工会作出答复；企业、事业单位拒不改正的，工会可以请求当地人民政府依法作出处理：

（一）克扣职工工资的；

（二）不提供劳动安全卫生条件的；

（三）随意延长劳动时间的；

（四）侵犯女职工和未成年工特殊权益的；

（五）其他严重侵犯职工劳动权益的。

第七章　附　则

第五十七条 本法自公布之日起施行。1950 年 6 月 29 日中央人民政府颁布的《中华人民共和国工会法》同时废止。

中华人民共和国民法典（摘录）

（2020 年 5 月 28 日第十三届全国人民代表大会第三次会议通过）

第一编　总　则

第一章　基本规定

第一条 为了保护民事主体的合法权益，调整民事关系，维护社会和经济秩序，适应中国特色社会主义发展要求，弘扬社会主义核心价值观，根据宪法，制定本法。

第五章　民事权利

第一百二十八条　法律对未成年人、老年人、残疾人、妇女、消费者等的民事权利保护有特别规定的，依照其规定。

第四编　人格权

第二章　生命权、身体权和健康权

第一千零一十条　违背他人意愿，以言语、文字、图像、肢体行为等方式对他人实施性骚扰的，受害人有权依法请求行为人承担民事责任。

机关、企业、学校等单位应当采取合理的预防、受理投诉、调查处置等措施，防止和制止利用职权、从属关系等实施性骚扰。

第五编　婚姻家庭

第一章　一般规定

第一千零四十一条　婚姻家庭受国家保护。

实行婚姻自由、一夫一妻、男女平等的婚姻制度。

保护妇女、未成年人、老年人、残疾人的合法权益。

第一千零四十三条　家庭应当树立优良家风，弘扬家庭美德。重视家庭文明建设。

夫妻应当互相忠实，互相尊重，互相关爱；家庭成员应当敬老爱幼，互相帮助，维护平等、和睦、文明的婚姻家庭关系。

附　则

第一千二百六十条　本法自2021年1月1日起施行。《中华人民共和国婚姻法》、《中华人民共和国继承法》、《中华人民共和国民法通则》、《中华人民共和国收养法》、《中华人民共和国担保法》、《中华人民共和国合同法》、《中华人民共和国物权法》、《中华人民共和国侵权责任法》、《中华人民共和国民法总则》同时废止。

中华人民共和国妇女权益保障法（摘录）

（1992年4月3日第七届全国人民代表大会第五次会议通过　根据2005年8月28日第十届全国人民代表大会常务委员会第十七次会议《关于修改〈中华人民共和国妇女权益保障法〉的决定》第一次修正　根据2018年10月26日第十三届全国人民代表大会常务委员会第六次会议《关于修改〈中华人民共和国野生动物保护法〉等十五部法律的决定》第二次修正）

第一章　总　则

第一条　为了保障妇女的合法权益，促进男女平等，充分发挥妇女在社会主义现代化建设中的作用，根据宪法和我国的实际情况，制定本法。

第二条　妇女在政治的、经济的、文化的、社会的和家庭的生活等各方面享有同男子平等的权利。

实行男女平等是国家的基本国策。国家采取必要措施，逐步完善保障妇女权益的各项制度，消除对妇女一切形式的歧视。

国家保护妇女依法享有的特殊权益。

禁止歧视、虐待、遗弃、残害妇女。

第八条　对保障妇女合法权益成绩显著的组织和个人，各级人民政府和有关部门给予表彰和奖励。

第二章　政治权利

第十一条　妇女享有与男子平等的选举权和被选举权。

全国人民代表大会和地方各级人民代表大会的代表中，应当有适当数量的妇女代表。国家采取措施，逐步提高全国人民代表大会和地方各级人民代表大会的妇女代表的比例。

居民委员会、村民委员会成员中，妇女应当有适当的名额。

第十二条　国家积极培养和选拔女干部。

国家机关、社会团体、企业事业单位培养、选拔和任用干部，必须坚持男女平等的原则，并有适当数量的妇女担任领导成员。

国家重视培养和选拔少数民族女干部。

第三章 文化教育权益

第十五条 国家保障妇女享有与男子平等的文化教育权利。

第四章 劳动和社会保障权益

第二十二条 国家保障妇女享有与男子平等的劳动权利和社会保障权利。

第二十三条 各单位在录用职工时，除不适合妇女的工种或者岗位外，不得以性别为由拒绝录用妇女或者提高对妇女的录用标准。

各单位在录用女职工时，应当依法与其签订劳动（聘用）合同或者服务协议，劳动（聘用）合同或者服务协议中不得规定限制女职工结婚、生育的内容。

禁止录用未满十六周岁的女性未成年人，国家另有规定的除外。

第二十四条 实行男女同工同酬。妇女在享受福利待遇方面享有与男子平等的权利。

第二十五条 在晋职、晋级、评定专业技术职务等方面，应当坚持男女平等的原则，不得歧视妇女。

第二十六条 任何单位均应根据妇女的特点，依法保护妇女在工作和劳动时的安全和健康，不得安排不适合妇女从事的工作和劳动。

妇女在经期、孕期、产期、哺乳期受特殊保护。

第二十七条 任何单位不得因结婚、怀孕、产假、哺乳等情形，降低女职工的工资，辞退女职工，单方解除劳动（聘用）合同或者服务协议。但是，女职工要求终止劳动（聘用）合同或者服务协议的除外。

各单位在执行国家退休制度时，不得以性别为由歧视妇女。

第二十八条 国家发展社会保险、社会救助、社会福利和医疗卫生事业，保障妇女享有社会保险、社会救助、社会福利和卫生保健等权益。

国家提倡和鼓励为帮助妇女开展的社会公益活动。

第二十九条 国家推行生育保险制度，建立健全与生育相关的其他保障制度。

地方各级人民政府和有关部门应当按照有关规定为贫困妇女提供必要的生育救助。

第五章 财产权益

第三十条 国家保障妇女享有与男子平等的财产权利。

第三十一条 在婚姻、家庭共有财产关系中，不得侵害妇女依法享有的权益。

第三十四条 妇女享有的与男子平等的财产继承权受法律保护。在同一顺序法定继承人中，不得歧视妇女。

丧偶妇女有权处分继承的财产，任何人不得干涉。

第六章 人身权利

第三十六条 国家保障妇女享有与男子平等的人身权利。

第四十条 禁止对妇女实施性骚扰。受害妇女有权向单位和有关机关投诉。

第七章 婚姻家庭权益

第四十三条 国家保障妇女享有与男子平等的婚姻家庭权利。

第四十六条 禁止对妇女实施家庭暴力。

国家采取措施，预防和制止家庭暴力。

公安、民政、司法行政等部门以及城乡基层群众性自治组织、社会团体，应当在各自的职责范围内预防和制止家庭暴力，依法为受害妇女提供救助。

第八章 法律责任

第五十八条 违反本法规定，对妇女实施性骚扰或者家庭暴力，构成违反治安管理行为的，受害人可以提请公安机关对违法行为人依法给予行政处罚，也可以依法向人民法院提起民事诉讼。

第九章 附 则

第六十一条 本法自 1992 年 10 月 1 日起施行。

中华人民共和国劳动法（摘录）

（1994 年 7 月 5 日第八届全国人民代表大会常务委员会第八次会议通过　根据 2009 年 8 月 27 日第十一届全国人民代表大会常务委员会第十次会议《关于修改部分法律的决定》第一次修正　根据 2018 年 12 月 29 日第十三届全国人民代表大会常务委员会第七次会议《关于修改〈中华人民共和国劳动法〉等七部法律的决定》第二次修正）

第一章　总　则

第一条　为了保护劳动者的合法权益，调整劳动关系，建立和维护适应社会主义市场经济的劳动制度，促进经济发展和社会进步，根据宪法，制定本法。

第三条　劳动者享有平等就业和选择职业的权利、取得劳动报酬的权利、休息休假的权利、获得劳动安全卫生保护的权利、接受职业技能培训的权利、享受社会保险和福利的权利、提请劳动争议处理的权利以及法律规定的其他劳动权利。

劳动者应当完成劳动任务，提高职业技能，执行劳动安全卫生规程，遵守劳动纪律和职业道德。

第二章　促进就业

第十二条　劳动者就业，不因民族、种族、性别、宗教信仰不同而受歧视。

第十三条　妇女享有与男子平等的就业权利。在录用职工时，除国家规定的不适合妇女的工种或者岗位外，不得以性别为由拒绝录用妇女或者提高对妇女的录用标准。

第三章　劳动合同和集体合同

第二十九条　劳动者有下列情形之一的，用人单位不得依据本法第二十六条、第二十七条的规定解除劳动合同：

（一）患职业病或者因工负伤并被确认丧失或者部分丧失劳动能力的；

（二）患病或者负伤，在规定的医疗期内的；

（三）女职工在孕期、产期、哺乳期内的；

（四）法律、行政法规规定的其他情形。

第三十三条 企业职工一方与企业可以就劳动报酬、工作时间、休息休假、劳动安全卫生、保险福利等事项，签订集体合同。集体合同草案应当提交职工代表大会或者全体职工讨论通过。

集体合同由工会代表职工与企业签订；没有建立工会的企业，由职工推举的代表与企业签订。

第三十五条 依法签订的集体合同对企业和企业全体职工具有约束力。职工个人与企业订立的劳动合同中劳动条件和劳动报酬等标准不得低于集体合同的规定。

第五章 工 资

第四十六条 工资分配应当遵循按劳分配原则，实行同工同酬。

工资水平在经济发展的基础上逐步提高。国家对工资总量实行宏观调控。

第七章 女职工和未成年工特殊保护

第五十八条 国家对女职工和未成年工实行特殊劳动保护。

未成年工是指年满十六周岁未满十八周岁的劳动者。

第五十九条 禁止安排女职工从事矿山井下、国家规定的第四级体力劳动强度的劳动和其他禁忌从事的劳动。

第十章 劳动争议

第八十四条 因签订集体合同发生争议，当事人协商解决不成的，当地人民政府劳动行政部门可以组织有关各方协调处理。

因履行集体合同发生争议，当事人协商解决不成的，可以向劳动争议仲裁委员会申请仲裁；对仲裁裁决不服的，可以自收到仲裁裁决书之日起十五日内向人民法院提起诉讼。

第十一章 监督检查

第八十八条 各级工会依法维护劳动者的合法权益，对用人单位遵守劳动法律、法规的情况进行监督。

任何组织和个人对于违反劳动法律、法规的行为有权检举和控告。

第十二章 法律责任

第九十五条 用人单位违反本法对女职工和未成年工的保护规定，侵害其合法权益的，由劳动行政部门责令改正，处以罚款；对女职工或者未成年工造成损害的，应当承担赔偿责任。

第十三章　附　则

第一百零七条　本法自1995年1月1日起施行。

中华人民共和国劳动合同法（摘录）

（2007年6月29日第十届全国人民代表大会常务委员会第二十八次会议通过　根据2012年12月28日第十一届全国人民代表大会常务委员会第三十次会议《关于修改〈中华人民共和国劳动合同法〉的决定》修正）

第一章　总　则

第一条　为了完善劳动合同制度，明确劳动合同双方当事人的权利和义务，保护劳动者的合法权益，构建和发展和谐稳定的劳动关系，制定本法。

第二章　劳动合同的订立

第十一条　用人单位未在用工的同时订立书面劳动合同，与劳动者约定的劳动报酬不明确的，新招用的劳动者的劳动报酬按照集体合同规定的标准执行；没有集体合同或者集体合同未规定的，实行同工同酬。

第十八条　劳动合同对劳动报酬和劳动条件等标准约定不明确，引发争议的，用人单位与劳动者可以重新协商；协商不成的，适用集体合同规定；没有集体合同或者集体合同未规定劳动报酬的，实行同工同酬；没有集体合同或者集体合同未规定劳动条件等标准的，适用国家有关规定。

第四章　劳动合同的解除和终止

第四十二条　劳动者有下列情形之一的，用人单位不得依照本法第四十条、第四十一条的规定解除劳动合同：

（一）从事接触职业病危害作业的劳动者未进行离岗前职业健康检查，或者疑似职业病病人在诊断或者医学观察期间的；

（二）在本单位患职业病或者因工负伤并被确认丧失或者部分丧失劳动

能力的；

（三）患病或者非因工负伤，在规定的医疗期内的；

（四）女职工在孕期、产期、哺乳期的；

（五）在本单位连续工作满十五年，且距法定退休年龄不足五年的；

（六）法律、行政法规规定的其他情形。

第四十五条 劳动合同期满，有本法第四十二条规定情形之一的，劳动合同应当续延至相应的情形消失时终止。但是，本法第四十二条第二项规定丧失或者部分丧失劳动能力劳动者的劳动合同的终止，按照国家有关工伤保险的规定执行。

第五章 特别规定

第一节 集体合同

第五十二条 企业职工一方与用人单位可以订立劳动安全卫生、女职工权益保护、工资调整机制等专项集体合同。

第八章 附 则

第九十八条 本法自2008年1月1日起施行。

中华人民共和国就业促进法（摘录）

（2007年8月30日第十届全国人民代表大会常务委员会第二十九次会议通过 根据2015年4月24日第十二届全国人民代表大会常务委员会第十四次会议《关于修改〈中华人民共和国电力法〉等六部法律的决定》修正）

第一章 总 则

第一条 为了促进就业，促进经济发展与扩大就业相协调，促进社会和谐稳定，制定本法。

第三条 劳动者依法享有平等就业和自主择业的权利。

劳动者就业，不因民族、种族、性别、宗教信仰等不同而受歧视。

第九条 工会、共产主义青年团、妇女联合会、残疾人联合会以及其他社会组织，协助人民政府开展促进就业工作，依法维护劳动者的劳动权利。

第三章 公平就业

第二十五条 各级人民政府创造公平就业的环境，消除就业歧视，制定政策并采取措施对就业困难人员给予扶持和援助。

第二十六条 用人单位招用人员、职业中介机构从事职业中介活动，应当向劳动者提供平等的就业机会和公平的就业条件，不得实施就业歧视。

第二十七条 国家保障妇女享有与男子平等的劳动权利。

用人单位招用人员，除国家规定的不适合妇女的工种或者岗位外，不得以性别为由拒绝录用妇女或者提高对妇女的录用标准。

用人单位录用女职工，不得在劳动合同中规定限制女职工结婚、生育的内容。

第九章 附 则

第六十九条 本法自2008年1月1日起施行。

中华人民共和国职业病防治法（摘录）

（2001年10月27日第九届全国人民代表大会常务委员会第二十四次会议通过 根据2011年12月31日第十一届全国人民代表大会常务委员会第二十四次会议《关于修改〈中华人民共和国职业病防治法〉的决定》第一次修正 根据2016年7月2日第十二届全国人民代表大会常务委员会第二十一次会议《关于修改〈中华人民共和国节约能源法〉等六部法律的决定》第二次修正 根据2017年11月4日第十二届全国人民代表大会常务委员会第三十次会议《关于修改〈中华人民共和国会计法〉等十一部法律的决定》第三次修正 根据2018年12月29日第十三届全国人民代表大会常务委员会第七次会议《关于修改〈中华人民共和国劳动法〉等七部法律的决定》第四次修正）

第一章 总 则

第一条 为了预防、控制和消除职业病危害，防治职业病，保护劳动者健康及其相关权益，促进经济社会发展，根据宪法，制定本法。

第三章　劳动过程中的防护与管理

第三十八条　用人单位不得安排未成年工从事接触职业病危害的作业；不得安排孕期、哺乳期的女职工从事对本人和胎儿、婴儿有危害的作业。

第六章　法律责任

第七十五条　违反本法规定，有下列情形之一的，由卫生行政部门责令限期治理，并处五万元以上三十万元以下的罚款；情节严重的，责令停止产生职业病危害的作业，或者提请有关人民政府按照国务院规定的权限责令关闭：

（一）隐瞒技术、工艺、设备、材料所产生的职业病危害而采用的；

（二）隐瞒本单位职业卫生真实情况的；

（三）可能发生急性职业损伤的有毒、有害工作场所、放射工作场所或者放射性同位素的运输、贮存不符合本法第二十五条规定的；

（四）使用国家明令禁止使用的可能产生职业病危害的设备或者材料的；

（五）将产生职业病危害的作业转移给没有职业病防护条件的单位和个人，或者没有职业病防护条件的单位和个人接受产生职业病危害的作业的；

（六）擅自拆除、停止使用职业病防护设备或者应急救援设施的；

（七）安排未经职业健康检查的劳动者、有职业禁忌的劳动者、未成年工或者孕期、哺乳期女职工从事接触职业病危害的作业或者禁忌作业的；

（八）违章指挥和强令劳动者进行没有职业病防护措施的作业的。

第七章　附　则

第八十八条　本法自 2002 年 5 月 1 日起施行。

中华人民共和国社会保险法（摘录）

（2010年10月28日第十一届全国人民代表大会常务委员会第十七次会议通过 根据2018年12月29日第十三届全国人民代表大会常务委员会第七次会议《关于修改〈中华人民共和国社会保险法〉的决定》修正）

第一章 总 则

第一条 为了规范社会保险关系，维护公民参加社会保险和享受社会保险待遇的合法权益，使公民共享发展成果，促进社会和谐稳定，根据宪法，制定本法。

第六章 生育保险

第五十三条 职工应当参加生育保险，由用人单位按照国家规定缴纳生育保险费，职工不缴纳生育保险费。

第五十四条 用人单位已经缴纳生育保险费的，其职工享受生育保险待遇；职工未就业配偶按照国家规定享受生育医疗费用待遇。所需资金从生育保险基金中支付。

生育保险待遇包括生育医疗费用和生育津贴。

第五十五条 生育医疗费用包括下列各项：

（一）生育的医疗费用；

（二）计划生育的医疗费用；

（三）法律、法规规定的其他项目费用。

第五十六条 职工有下列情形之一的，可以按照国家规定享受生育津贴：

（一）女职工生育享受产假；

（二）享受计划生育手术休假；

（三）法律、法规规定的其他情形。

生育津贴按照职工所在用人单位上年度职工月平均工资计发。

第十二章 附 则

第九十八条 本法自2011年7月1日起施行。

中华人民共和国公务员法（摘录）

（2005年4月27日第十届全国人民代表大会常务委员会第十五次会议通过　根据2017年9月1日第十二届全国人民代表大会常务委员会第二十九次会议《关于修改〈中华人民共和国法官法〉等八部法律的决定》修正　2018年12月29日第十三届全国人民代表大会常务委员会第七次会议修订）

第一章　总　则

第一条　为了规范公务员的管理，保障公务员的合法权益，加强对公务员的监督，促进公务员正确履职尽责，建设信念坚定、为民服务、勤政务实、敢于担当、清正廉洁的高素质专业化公务员队伍，根据宪法，制定本法。

第十三章　辞职与辞退

第八十九条　对有下列情形之一的公务员，不得辞退：

（一）因公致残，被确认丧失或者部分丧失工作能力的；

（二）患病或者负伤，在规定的医疗期内的；

（三）女性公务员在孕期、产假、哺乳期内的；

（四）法律、行政法规规定的其他不得辞退的情形。

第十八章　附　则

第一百一十二条　法律、法规授权的具有公共事务管理职能的事业单位中除工勤人员以外的工作人员，经批准参照本法进行管理。

第一百一十三条　本法自2019年6月1日起施行。

中华人民共和国人口与计划生育法（摘录）

（2001年12月29日第九届全国人民代表大会常务委员会第二十五次会议通过 根据2015年12月27日第十二届全国人民代表大会常务委员会第十八次会议《关于修改〈中华人民共和国人口与计划生育法〉的决定》修正）

第一章 总 则

第一条 为了实现人口与经济、社会、资源、环境的协调发展，推行计划生育，维护公民的合法权益，促进家庭幸福、民族繁荣与社会进步，根据宪法，制定本法。

第三条 开展人口与计划生育工作，应当与增加妇女受教育和就业机会、增进妇女健康、提高妇女地位相结合。

第三章 生育调节

第十七条 公民有生育的权利，也有依法实行计划生育的义务，夫妻双方在实行计划生育中负有共同的责任。

第十八条 国家提倡一对夫妻生育两个子女。

符合法律、法规规定条件的，可以要求安排再生育子女。具体办法由省、自治区、直辖市人民代表大会或者其常务委员会规定。

少数民族也要实行计划生育，具体办法由省、自治区、直辖市人民代表大会或者其常务委员会规定。

夫妻双方户籍所在地的省、自治区、直辖市之间关于再生育子女的规定不一致的，按照有利于当事人的原则适用。

第二十二条 禁止歧视、虐待生育女婴的妇女和不育的妇女。

禁止歧视、虐待、遗弃女婴。

第四章 奖励与社会保障

第二十三条 国家对实行计划生育的夫妻，按照规定给予奖励。

第二十四条 国家建立、健全基本养老保险、基本医疗保险、生育保险和社会福利等社会保障制度，促进计划生育。

国家鼓励保险公司举办有利于计划生育的保险项目。

有条件的地方可以根据政府引导、农民自愿的原则，在农村实行多种形式的养老保障办法。

第二十五条 符合法律、法规规定生育子女的夫妻，可以获得延长生育假的奖励或者其他福利待遇。

第二十六条 妇女怀孕、生育和哺乳期间，按照国家有关规定享受特殊劳动保护并可以获得帮助和补偿。

公民实行计划生育手术，享受国家规定的休假；地方人民政府可以给予奖励。

第二十七条 在国家提倡一对夫妻生育一个子女期间，自愿终身只生育一个子女的夫妻，国家发给《独生子女父母光荣证》。

获得《独生子女父母光荣证》的夫妻，按照国家和省、自治区、直辖市有关规定享受独生子女父母奖励。

法律、法规或者规章规定给予获得《独生子女父母光荣证》的夫妻奖励的措施中由其所在单位落实的，有关单位应当执行。

获得《独生子女父母光荣证》的夫妻，独生子女发生意外伤残、死亡的，按照规定获得扶助。

在国家提倡一对夫妻生育一个子女期间，按照规定应当享受计划生育家庭老年人奖励扶助的，继续享受相关奖励扶助。

第七章 附 则

第四十七条 本法自2002年9月1日起施行。

中华人民共和国母婴保健法（摘录）

（1994年10月27日第八届全国人民代表大会常务委员会第十次会议通过 根据2009年8月27日第十一届全国人民代表大会常务委员会第十次会议《关于修改部分法律的决定》第一次修正 根据2017年11月4日第十二届全国人民代表大会常务委员会第三十次会议《关于修改〈中华人民共和国会计法〉等十一部法律的决定》第二次修正）

第一章 总 则

第一条 为了保障母亲和婴儿健康，提高出生人口素质，根据宪法，制定本法。

第二条　国家发展母婴保健事业，提供必要条件和物质帮助，使母亲和婴儿获得医疗保健服务。

国家对边远贫困地区的母婴保健事业给予扶持。

第三章　孕产期保健

第十四条　医疗保健机构应当为育龄妇女和孕产妇提供孕产期保健服务。

孕产期保健服务包括下列内容：

（一）母婴保健指导：对孕育健康后代以及严重遗传性疾病和碘缺乏病等地方病的发病原因、治疗和预防方法提供医学意见；

（二）孕妇、产妇保健：为孕妇、产妇提供卫生、营养、心理等方面的咨询和指导以及产前定期检查等医疗保健服务；

（三）胎儿保健：为胎儿生长发育进行监护，提供咨询和医学指导；

（四）新生儿保健：为新生儿生长发育、哺乳和护理提供医疗保健服务。

第十五条　对患严重疾病或者接触致畸物质，妊娠可能危及孕妇生命安全或者可能严重影响孕妇健康和胎儿正常发育的，医疗保健机构应当予以医学指导。

第二十四条　医疗保健机构为产妇提供科学育儿、合理营养和母乳喂养的指导。

医疗保健机构对婴儿进行体格检查和预防接种，逐步开展新生儿疾病筛查、婴儿多发病和常见病防治等医疗保健服务。

第五章　行政管理

第二十八条　各级人民政府应当采取措施，加强母婴保健工作，提高医疗保健服务水平，积极防治由环境因素所致严重危害母亲和婴儿健康的地方性高发性疾病，促进母婴保健事业的发展。

第七章　附　则

第三十九条　本法自 1995 年 6 月 1 日起施行。

中华人民共和国刑法（摘录）

（1979年7月1日第五届全国人民代表大会第二次会议通过　1997年3月14日第八届全国人民代表大会第五次会议修订　根据1998年12月29日《全国人民代表大会常务委员会关于惩治骗购外汇、逃汇和非法买卖外汇犯罪的决定》、1999年12月25日《中华人民共和国刑法修正案》、2001年8月31日《中华人民共和国刑法修正案（二）》、2001年12月29日《中华人民共和国刑法修正案（三）》、2002年12月28日《中华人民共和国刑法修正案（四）》、2005年2月28日《中华人民共和国刑法修正案（五）》、2006年6月29日《中华人民共和国刑法修正案（六）》、2009年2月28日《中华人民共和国刑法修正案（七）》、2009年8月27日《全国人民代表大会常务委员会关于修改部分法律的决定》、2011年2月25日《中华人民共和国刑法修正案（八）》、2015年8月29日《中华人民共和国刑法修正案（九）》、2017年11月4日《中华人民共和国刑法修正案（十）》修正）

第一编　总　则

第一章　刑法的任务、基本原则和适用范围

第一条　为了惩罚犯罪，保护人民，根据宪法，结合我国同犯罪作斗争的具体经验及实际情况，制定本法。

第二编　分　则

第四章　侵犯公民人身权利、民主权利罪

第二百三十六条　以暴力、胁迫或者其他手段强奸妇女的，处三年以上十年以下有期徒刑。

奸淫不满十四周岁的幼女的，以强奸论，从重处罚。

强奸妇女、奸淫幼女，有下列情形之一的，处十年以上有期徒刑、无期徒刑或者死刑：

（一）强奸妇女、奸淫幼女情节恶劣的；

（二）强奸妇女、奸淫幼女多人的；

（三）在公共场所当众强奸妇女的；

（四）二人以上轮奸的；

（五）致使被害人重伤、死亡或者造成其他严重后果的。

第二百三十七条　以暴力、胁迫或者其他方法强制猥亵他人或者侮辱妇女的，处五年以下有期徒刑或者拘役。

聚众或者在公共场所当众犯前款罪的，或者有其他恶劣情节的，处五年以上有期徒刑。

猥亵儿童的，依照前两款的规定从重处罚。

附　则

第四百五十二条　本法自1997年10月1日起施行。

中华人民共和国治安管理处罚法（摘录）

（2005年8月28日第十届全国人民代表大会常务委员会第十七次会议通过　根据2012年10月26日第十一届全国人民代表大会常务委员会第二十九次会议《关于修改〈中华人民共和国治安管理处罚法〉的决定》修正）

第一章　总　则

第一条　为维护社会治安秩序，保障公共安全，保护公民、法人和其他组织的合法权益，规范和保障公安机关及其人民警察依法履行治安管理职责，制定本法。

第三章 违反治安管理的行为和处罚

第三节 侵犯人身权利、财产权利的行为和处罚

第四十二条 有下列行为之一的，处五日以下拘留或者五百元以下罚款；情节较重的，处五日以上十日以下拘留，可以并处五百元以下罚款：

（一）写恐吓信或者以其他方法威胁他人人身安全的；

（二）公然侮辱他人或者捏造事实诽谤他人的；

（三）捏造事实诬告陷害他人，企图使他人受到刑事追究或者受到治安管理处罚的；

（四）对证人及其近亲属进行威胁、侮辱、殴打或者打击报复的；

（五）多次发送淫秽、侮辱、恐吓或者其他信息，干扰他人正常生活的；

（六）偷窥、偷拍、窃听、散布他人隐私的。

第四十四条 猥亵他人的，或者在公共场所故意裸露身体，情节恶劣的，处五日以上十日以下拘留；猥亵智力残疾人、精神病人、不满十四周岁的人或者有其他严重情节的，处十日以上十五日以下拘留。

第六章 附 则

第一百一十九条 本法自2006年3月1日起施行。1986年9月5日公布、1994年5月12日修订公布的《中华人民共和国治安管理处罚条例》同时废止。

中华人民共和国广告法（摘录）

（1994年10月27日第八届全国人民代表大会常务委员会第十次会议通过　2015年4月24日第十二届全国人民代表大会常务委员会第十四次会议修订　根据2018年10月26日第十三届全国人民代表大会常务委员会第六次会议《关于修改〈中华人民共和国野生动物保护法〉等十五部法律的决定》修正）

第一章 总 则

第一条 为了规范广告活动，保护消费者的合法权益，促进广告业的健康发展，维护社会经济秩序，制定本法。

第二章　广告内容准则

第九条　广告不得有下列情形：

（一）使用或者变相使用中华人民共和国的国旗、国歌、国徽，军旗、军歌、军徽；

（二）使用或者变相使用国家机关、国家机关工作人员的名义或者形象；

（三）使用“国家级”、“最高级”、“最佳”等用语；

（四）损害国家的尊严或者利益，泄露国家秘密；

（五）妨碍社会安定，损害社会公共利益；

（六）危害人身、财产安全，泄露个人隐私；

（七）妨碍社会公共秩序或者违背社会良好风尚；

（八）含有淫秽、色情、赌博、迷信、恐怖、暴力的内容；

（九）含有民族、种族、宗教、性别歧视的内容；

（十）妨碍环境、自然资源或者文化遗产保护；

（十一）法律、行政法规规定禁止的其他情形。

第六章　附　则

第七十五条　本法自 2015 年 9 月 1 日起施行。

中华人民共和国反家庭暴力法（摘录）

（2015 年 12 月 27 日第十二届全国人民代表大会常务委员会第十八次会议通过）

第一章　总　则

第一条　为了预防和制止家庭暴力，保护家庭成员的合法权益，维护平等、和睦、文明的家庭关系，促进家庭和谐、社会稳定，制定本法。

第三条　家庭成员之间应当互相帮助，互相关爱，和睦相处，履行家庭义务。

反家庭暴力是国家、社会和每个家庭的共同责任。

国家禁止任何形式的家庭暴力。

第五条　反家庭暴力工作遵循预防为主，教育、矫治与惩处相结合原则。

反家庭暴力工作应当尊重受害人真实意愿，保护当事人隐私。

未成年人、老年人、残疾人、孕期和哺乳期的妇女、重病患者遭受家庭暴力的，应当给予特殊保护。

第六章　附　则

第三十八条　本法自2016年3月1日起施行。

中华人民共和国未成年人保护法（摘录）

（1991年9月4日第七届全国人民代表大会常务委员会第二十一次会议通过　根据2006年12月29日第十届全国人民代表大会常务委员会第二十五次会议第一次修订　根据2012年10月26日第十一届全国人民代表大会常务委员会第二十九次会议《关于修改〈中华人民共和国未成年人保护法〉的决定》修正　2020年10月17日第十三届全国人民代表大会常务委员会第二十二次会议第二次修订）

第一章　总　则

第十条　共产主义青年团、妇女联合会、工会、残疾人联合会、关心下一代工作委员会、青年联合会、学生联合会、少年先锋队以及其他人民团体、有关社会组织，应当协助各级人民政府及其有关部门、人民检察院、人民法院做好未成年人保护工作，维护未成年人合法权益。

第二章　家庭保护

第十五条　未成年人的父母或者其他监护人应当学习家庭教育知识，接受家庭教育指导，创造良好、和睦、文明的家庭环境。

共同生活的其他成年家庭成员应当协助未成年人的父母或者其他监护人抚养、教育和保护未成年人。

第十六条　未成年人的父母或者其他监护人应当履行下列监护职责：

（一）为未成年人提供生活、健康、安全等方面的保障；

（二）关注未成年人的生理、心理状况和情感需求；

（三）教育和引导未成年人遵纪守法、勤俭节约，养成良好的思想品德和行为习惯；

（四）对未成年人进行安全教育，提高未成年人的自我保护意识和能力；

（五）尊重未成年人受教育的权利，保障适龄未成年人依法接受并完成义务教育；

（六）保障未成年人休息、娱乐和体育锻炼的时间，引导未成年人进行有益身心健康的活动；

（七）妥善管理和保护未成年人的财产；

（八）依法代理未成年人实施民事法律行为；

（九）预防和制止未成年人的不良行为和违法犯罪行为，并进行合理管教；

（十）其他应当履行的监护职责。

第十七条 未成年人的父母或者其他监护人不得实施下列行为：

（一）虐待、遗弃、非法送养未成年人或者对未成年人实施家庭暴力；

（二）放任、教唆或者利用未成年人实施违法犯罪行为；

（三）放任、唆使未成年人参与邪教、迷信活动或者接受恐怖主义、分裂主义、极端主义等侵害；

（四）放任、唆使未成年人吸烟（含电子烟，下同）、饮酒、赌博、流浪乞讨或者欺凌他人；

（五）放任或者迫使应当接受义务教育的未成年人失学、辍学；

（六）放任未成年人沉迷网络，接触危害或者可能影响其身心健康的图书、报刊、电影、广播电视节目、音像制品、电子出版物和网络信息等；

（七）放任未成年人进入营业性娱乐场所、酒吧、互联网上网服务营业场所等不适宜未成年人活动的场所；

（八）允许或者迫使未成年人从事国家规定以外的劳动；

（九）允许、迫使未成年人结婚或者为未成年人订立婚约；

（十）违法处分、侵吞未成年人的财产或者利用未成年人牟取不正当利益；

（十一）其他侵犯未成年人身心健康、财产权益或者不依法履行未成年人保护义务的行为。

第十八条 未成年人的父母或者其他监护人应当为未成年人提供安全的家庭生活环境，及时排除引发触电、烫伤、跌落等伤害的安全隐患；采取配备儿童安全座椅、教育未成年人遵守交通规则等措施，防止未成年人受到交通事故的伤害；提高户外安全保护意识，避免未成年人发生溺水、动物伤害等事故。

第十九条 未成年人的父母或者其他监护人应当根据未成年人的年龄和智力发展状况，在作出与未成年人权益有关的决定前，听取未成年人的意见，充分考虑其真实意愿。

第二十条 未成年人的父母或者其他监护人发现未成年人身心健康受到侵害、疑似受到侵害或者其他合法权益受到侵犯的，应当及时了解情况并采取保护措施；情况严重的，应当立即向公安、民政、教育等部门报告。

第二十一条 未成年人的父母或者其他监护人不得使未满八周岁或者由于身体、心理原因需要特别照顾的未成年人处于无人看护状态，或者将其交由无民事行为能力、限制民事行为能力、患有严重传染性疾病或者其他不适宜的人员临时照护。

未成年人的父母或者其他监护人不得使未满十六周岁的未成年人脱离监护单独生活。

第二十二条 未成年人的父母或者其他监护人因外出务工等原因在一定期限内不能完全履行监护职责的，应当委托具有照护能力的完全民事行为能力人代为照护；无正当理由的，不得委托他人代为照护。

未成年人的父母或者其他监护人在确定被委托人时，应当综合考虑其道德品质、家庭状况、身心健康状况、与未成年人生活情感上的联系等情况，并听取有表达意愿能力未成年人的意见。

具有下列情形之一的，不得作为被委托人：

（一）曾实施性侵害、虐待、遗弃、拐卖、暴力伤害等违法犯罪行为；

（二）有吸毒、酗酒、赌博等恶习；

（三）曾拒不履行或者长期怠于履行监护、照护职责；

（四）其他不适宜担任被委托人的情形。

第二十三条 未成年人的父母或者其他监护人应当及时将委托照护情况书面告知未成年人所在学校、幼儿园和实际居住地的居民委员会、村民委员会，加强和未成年人所在学校、幼儿园的沟通；与未成年人、被委托人至少每周联系和交流一次，了解未成年人的生活、学习、心理等情况，并给予未成年人亲情关爱。

未成年人的父母或者其他监护人接到被委托人、居民委员会、村民委员会、学校、幼儿园等关于未成年人心理、行为异常的通知后，应当及时采取干预措施。

第二十四条 未成年人的父母离婚时，应当妥善处理未成年子女的抚养、教育、探望、财产等事宜，听取有表达意愿能力未成年人的意见。不得以抢夺、藏匿未成年子女等方式争夺抚养权。

未成年人的父母离婚后，不直接抚养未成年子女的一方应当依照协议、人民法院判决或者调解确定的时间和方式，在不影响未成年人学习、生活的情况下探望未成年子女，直接抚养的一方应当配合，但被人民法院依法中止探望权的除外。

第四章　社会保护

第六十一条　任何组织或者个人不得招用未满十六周岁未成年人，国家另有规定的除外。

营业性娱乐场所、酒吧、互联网上网服务营业场所等不适宜未成年人活动的场所不得招用已满十六周岁的未成年人。

招用已满十六周岁未成年人的单位和个人应当执行国家在工种、劳动时间、劳动强度和保护措施等方面的规定，不得安排其从事过重、有毒、有害等危害未成年人身心健康的劳动或者危险作业。

任何组织或者个人不得组织未成年人进行危害其身心健康的表演等活动。经未成年人的父母或者其他监护人同意，未成年人参与演出、节目制作等活动，活动组织方应当根据国家有关规定，保障未成年人合法权益。

第九章　附　则

第一百三十二条　本法自 2021 年 6 月 1 日起施行。

女职工劳动保护特别规定

（2018 年 4 月 28 日中华人民共和国国务院令第 619 号公布）

第一条　为了减少和解决女职工在劳动中因生理特点造成的特殊困难，保护女职工健康，制定本规定。

第二条　中华人民共和国境内的国家机关、企业、事业单位、社会团体、个体经济组织以及其他社会组织等用人单位及其女职工，适用本规定。

第三条　用人单位应当加强女职工劳动保护，采取措施改善女职工劳动安全卫生条件，对女职工进行劳动安全卫生知识培训。

第四条　用人单位应当遵守女职工禁忌从事的劳动范围的规定。用人单位应当将本单位属于女职工禁忌从事的劳动范围的岗位书面告知女职工。

女职工禁忌从事的劳动范围由本规定附录列示。国务院安全生产监督管理部门会同国务院人力资源社会保障行政部门、国务院卫生行政部门根据经济社会发展情况，对女职工禁忌从事的劳动范围进行调整。

第五条 用人单位不得因女职工怀孕、生育、哺乳降低其工资、予以辞退、与其解除劳动或者聘用合同。

第六条 女职工在孕期不能适应原劳动的，用人单位应当根据医疗机构的证明，予以减轻劳动量或者安排其他能够适应的劳动。

对怀孕7个月以上的女职工，用人单位不得延长劳动时间或者安排夜班劳动，并应当在劳动时间内安排一定的休息时间。

怀孕女职工在劳动时间内进行产前检查，所需时间计入劳动时间。

第七条 女职工生育享受98天产假，其中产前可以休假15天；难产的，增加产假15天；生育多胞胎的，每多生育1个婴儿，增加产假15天。

女职工怀孕未满4个月流产的，享受15天产假；怀孕满4个月流产的，享受42天产假。

第八条 女职工产假期间的生育津贴，对已经参加生育保险的，按照用人单位上年度职工月平均工资的标准由生育保险基金支付；对未参加生育保险的，按照女职工产假前工资的标准由用人单位支付。

女职工生育或者流产的医疗费用，按照生育保险规定的项目和标准，对已经参加生育保险的，由生育保险基金支付；对未参加生育保险的，由用人单位支付。

第九条 对哺乳未满1周岁婴儿的女职工，用人单位不得延长劳动时间或者安排夜班劳动。

用人单位应当在每天的劳动时间内为哺乳期女职工安排1小时哺乳时间；女职工生育多胞胎的，每多哺乳1个婴儿每天增加1小时哺乳时间。

第十条 女职工比较多的用人单位应当根据女职工的需要，建立女职工卫生室、孕妇休息室、哺乳室等设施，妥善解决女职工在生理卫生、哺乳方面的困难。

第十一条 在劳动场所，用人单位应当预防和制止对女职工的性骚扰。

第十二条 县级以上人民政府人力资源社会保障行政部门、安全生产监督管理部门按照各自职责负责对用人单位遵守本规定的情况进行监督检查。

工会、妇女组织依法对用人单位遵守本规定的情况进行监督。

第十三条 用人单位违反本规定第六条第二款、第七条、第九条第一款规定的，由县级以上人民政府人力资源社会保障行政部门责令限期改正，按照受侵害女职工每人1000元以上5000元以下的标准计算，处以罚款。

用人单位违反本规定附录第一条、第二条规定的，由县级以上人民政府安全生产监督管理部门责令限期改正，按照受侵害女职工每人1000元以上5000元以下的标准计算，处以罚款。用人单位违反本规定附录第三条、第四条规定的，由县级以上人民政府安全生产监督管理部门责令限期治理，处5万元以上30万元以下的罚款；情节严重的，责令停止有关作业，或者提请有关人民政府按照国务院规定的权限责令关闭。

第十四条 用人单位违反本规定，侵害女职工合法权益的，女职工可以依法投诉、举报、申诉，依法向劳动人事争议调解仲裁机构申请调解仲裁，对仲裁裁决不服的，依法向人民法院提起诉讼。

第十五条 用人单位违反本规定，侵害女职工合法权益，造成女职工损害的，依法给予赔偿；用人单位及其直接负责的主管人员和其他直接责任人员构成犯罪的，依法追究刑事责任。

第十六条 本规定自公布之日起施行。1988年7月21日国务院发布的《女职工劳动保护规定》同时废止。

附录：

女职工禁忌从事的劳动范围

一、女职工禁忌从事的劳动范围：

（一）矿山井下作业；

（二）体力劳动强度分级标准中规定的第四级体力劳动强度的作业；

（三）每小时负重6次以上、每次负重超过20公斤的作业，或者间断负重、每次负重超过25公斤的作业。

二、女职工在经期禁忌从事的劳动范围：

（一）冷水作业分级标准中规定的第二级、第三级、第四级冷水作业；

（二）低温作业分级标准中规定的第二级、第三级、第四级低温作业；

（三）体力劳动强度分级标准中规定的第三级、第四级体力劳动强度的作业；

（四）高处作业分级标准中规定的第三级、第四级高处作业。

三、女职工在孕期禁忌从事的劳动范围：

（一）作业场所空气中铅及其化合物、汞及其化合物、苯、镉、铍、砷、氰化物、氮氧化物、一氧化碳、二硫化碳、氯、己内酰胺、氯丁二烯、氯乙烯、环氧乙烷、苯胺、甲醛等有毒物质浓度超过国家职业卫生标准的作业；

（二）从事抗癌药物、己烯雌酚生产，接触麻醉剂气体等的作业；

（三）非密封源放射性物质的操作，核事故与放射事故的应急处置；

（四）高处作业分级标准中规定的高处作业；

（五）冷水作业分级标准中规定的冷水作业；

（六）低温作业分级标准中规定的低温作业；

（七）高温作业分级标准中规定的第三级、第四级的作业；

（八）噪声作业分级标准中规定的第三级、第四级的作业；

（九）体力劳动强度分级标准中规定的第三级、第四级体力劳动强度的作业；

（十）在密闭空间、高压室作业或者潜水作业，伴有强烈振动的作业，或者需要频繁弯腰、攀高、下蹲的作业。

四、女职工在哺乳期禁忌从事的劳动范围：

（一）孕期禁忌从事的劳动范围的第一项、第三项、第九项；

（二）作业场所空气中锰、氟、溴、甲醇、有机磷化合物、有机氯化合物等有毒物质浓度超过国家职业卫生标准的作业。

女职工保健工作规定

（卫妇发〔1993〕第11号　1993年11月26日）

第一章　总　则

第一条　为保护女职工的身心健康及其子女的健康发育和成长，提高民族素质，根据《中华人民共和国妇女权益保障法》和《女职工劳动保护规定》，特制定本规定。

第二条　女职工保健工作必须贯彻预防为主的方针，注意女性生理和职业特点，认真执行国家有关保护女职工的各项政策和法规。

第三条　本规定适用于中华人民共和国境内的一切党政机关、人民团体和企业、事业单位。

第二章　组织措施

第四条　本规定由各单位分管女职工保健工作的行政领导负责组织本单位医疗卫生、劳动、人事部门和工会、妇联组织及有关人员共同实施。

第五条　县（含城市区）以上的各级妇幼保健机构，负责对管辖范围内的各单位实施本规定进行业务指导。

第六条　各单位的医疗卫生部门应负责本单位女职工保健工作。女职工人数在1000人以下的厂矿应设兼职妇女保健人员；女职工人数在1000人以上的厂矿，在职工医院的妇产科或妇幼保健站中应有专人负责女职工保健工作。

第三章　保健措施

第七条　月经期保健

1. 宣传普及月经期卫生知识。

2. 女职工在100人以上的单位，应逐步建立女职工卫生室，健全相应的制度并设专人管理，对卫生室管理人员应进行专业培训。女职工每班在100人以下的单位，应设置简易的温水箱及冲洗器。对流动、分散工作单位的女职工应发放单人自用冲洗器。

3. 女职工在月经期间不得从事《女职工禁忌劳动范围的规定》中第四条所规定的作业。

4. 患有重度痛经及月经过多的女职工，经医疗或妇幼保健机构确诊后，月经期间可适当给予1至2天的休假。

第八条　婚前保健

对欲婚女职工必须进行婚前卫生知识的宣传教育及咨询，并进行婚前健康检查及指导。

第九条　孕前保健

1. 已婚待孕女职工禁忌从事铅、汞、苯、镉等作业场所属于《有毒作业分级》标准中第Ⅲ－Ⅳ级的作业。

2. 积极开展优生宣传和咨询。

3. 对女职工应进行妊娠知识的健康教育，使她们在月经超期时主动接受检查。

4. 患有射线病、慢性职业中毒、近期内有过急性中毒史及其他有碍母体和胎儿健康疾病者，暂时不宜妊娠。

5. 对有过两次以上自然流产史，现又无子女的女职工，应暂时调离有可能直接或间接导致流产的作业岗位。

第十条　孕期保健

1. 自确立妊娠之日起，应建立孕产妇保健卡（册），进行血压、体重、血、尿常规等基础检查。对接触铅、汞的孕妇，应进行尿中铅、汞含量的测定。

2. 定期进行产前检查、孕期保健和营养指导。

3. 推广孕妇家庭自我监护，系统观察胎动、胎心、宫底高度及体重等。

4. 实行高危孕妇专案管理，无诊疗条件的单位应及时转院就诊，并配合上级医疗和保健机构严密观察和监护。

5. 女职工较多的单位应建立孕妇休息室。妊娠满7个月应给予工间休息或适当减轻工作。

6. 妊娠女职工不应加班加点。妊娠7个月以上（含7个月）一般不得上夜班。

7. 女职工妊娠期间不得从事劳动部颁布的《女职工禁忌劳动范围的规定》第六条所规定的作业。

8. 从事立位作业的女职工，妊娠满7个月后，其工作场所应设立工间休息座位。

9. 有关女职工产前、产后、流产的假期及待遇按1988年国务院颁发的《女职工劳动保护规定》（国务院令第9号）和1988年劳动部《关于女职工生育待遇若干问题的通知》（劳险字〔1988〕2号）执行。

第十一条 产后保健

1. 进行产后访视及母乳喂养指导。

2. 产后42天对母子进行健康检查。

3. 产假期满恢复工作时，应允许有1至2周时间逐渐恢复原工作量。

第十二条 哺乳期保健

1. 宣传科学育儿知识，提倡4个月内纯母乳喂养。

2. 对有未满1周岁婴儿的女职工，应保证其授乳时间。

3. 婴儿满周岁时，经县（区）以上（含县、区）医疗或保健机构确诊为体弱儿，可适当延长授乳时间，但不得超过6个月。

4. 有未满1周岁婴儿的女职工，一般不得安排上夜班及加班、加点。

5. 有哺乳婴儿5名以上的单位，应逐步建立哺乳室。

6. 不得安排哺乳女职工从事《女职工劳动保护规定》和《女职工禁忌劳动范围的规定》所指出的作业。

第十三条 更年期保健

1. 宣传更年期生理卫生知识，使进入更年期的女职工得到社会广泛的关怀。

2. 经县（区）以上（含县、区）的医疗或妇幼保健机构诊断为更年期综合征者，经治疗效果仍不显著，且不适应原工作的，应暂时安排适宜的工作。

3. 进入更年期的女职工应每1至2年进行一次妇科疾病的查治。

第十四条 对女职工定期进行妇科疾病及乳腺疾病的查治。

第十五条 女职工浴室要淋浴化，厕所要求蹲位。

第十六条 建立健全女职工保健工作统计制度。

第四章 监督管理

第十七条 各级卫生行政部门会同同级劳动、人事部门，工会及妇联组织对本规定的实施情况进行监督。

第十八条 凡违反本规定第七条第3款第（1）、（2）、（3）项、第十条第7、9款、第十二条第2、6款的单位负责人或直接责任者，可依据《女职工劳动保护规定》第十三条规定进行处理。

第十九条 凡违反本规定其他条款的单位或直接责任者，各级卫生行政部门可根据情节给予警告、通报批评、限期改进的处罚。

第二十条 女职工违反国家的有关计划生育规定的，其女职工的保健应当按照国家有关计划生育规定办理。

第五章 附 则

第二十一条 本规定中所称企业，系指全民、城镇集体企业，中外合资、合作、独资企业，乡镇企业，农村联户企业，私人企业等。

第二十二条 女职工包括单位固定女职工、合同制女职工、临时女职工。

第二十三条 本规定由中华人民共和国卫生部负责解释。

第二十四条 本规定由颁发之日起实施。

使用有毒物品作业场所劳动保护条例（摘录）

（2002年5月12日中华人民共和国国务院令第352号公布）

第一章 总 则

第七条 禁止使用童工。

用人单位不得安排未成年人和孕期、哺乳期的女职工从事使用有毒物品的作业。

第七章 罚 则

第六十三条 用人单位违反本条例的规定，有下列行为之一的，由卫生行政部门给予警告，责令限期改正；逾期不改正的，处5万元以上30万元以下的罚款；造成严重职业中毒危害或者导致职业中毒事故发生的，对负有责任的主管人员和其他直接责任人员依照刑法关于重大责任事故罪或者其他罪的规定，依法追究刑事责任：

（一）使用未经培训考核合格的劳动者从事高毒作业的；

（二）安排有职业禁忌的劳动者从事所禁忌的作业的；

（三）发现有职业禁忌或者有与所从事职业相关的健康损害的劳动者，未及时调离原工作岗位，并妥善安置的；

（四）安排未成年人或者孕期、哺乳期的女职工从事使用有毒物品作业的；

（五）使用童工的。

第八章　附　则

第七十一条　本条例自公布之日起施行。

重大劳动保障违法行为社会公布办法（摘录）

（2016 年 9 月 1 日人力资源和社会保障部令第 29 号公布）

第五条　人力资源社会保障行政部门对下列已经依法查处并作出处理决定的重大劳动保障违法行为，应当向社会公布：

（一）克扣、无故拖欠劳动者劳动报酬，数额较大的；拒不支付劳动报酬，依法移送司法机关追究刑事责任的；

（二）不依法参加社会保险或者不依法缴纳社会保险费，情节严重的；

（三）违反工作时间和休息休假规定，情节严重的；

（四）违反女职工和未成年工特殊劳动保护规定，情节严重的；

（五）违反禁止使用童工规定的；

（六）因劳动保障违法行为造成严重不良社会影响的；

（七）其他重大劳动保障违法行为。

第十三条　本办法自 2017 年 1 月 1 日起施行。

人力资源市场暂行条例（摘录）

（2018 年 6 月 29 日中华人民共和国国务院令第 700 号公布）

第四章　人力资源市场活动规范

第二十四条　用人单位发布或者向人力资源服务机构提供的单位基本情况、招聘人数、招聘条件、工作内容、工作地点、基本劳动报酬等招聘信息，应当真实、合法，不得含有民族、种族、性别、宗教信仰等方面的歧视性内容。

用人单位自主招用人员，需要建立劳动关系的，应当依法与劳动者订立劳动合同，并按照国家有关规定办理社会保险等相关手续。

第七章　附　则

第四十八条　本条例自 2018 年 10 月 1 日起施行。

人才市场管理规定（摘录）

（2001 年 9 月 11 日人事部、国家工商行政管理总局令第 1 号公布　根据 2005 年 3 月 22 日《人事部、国家工商行政管理总局关于修改〈人才市场管理规定〉的决定》第一次修订　根据 2015 年 4 月 30 日《人力资源社会保障部关于修改部分规章的决定》第二次修订　根据 2019 年 12 月 9 日《人力资源社会保障部关于修改部分规章的决定》第三次修订　根据 2019 年 12 月 31 日《人力资源社会保障部关于修改部分规章的决定》第四次修订）

第四章　招聘与应聘

第二十三条　用人单位公开招聘人才，应当出具有关部门批准其设立的文件或营业执照（副本），并如实公布拟聘用人员的数量、岗位和条件。

用人单位在招聘人才时，不得以民族、宗教信仰为由拒绝聘用或者提高聘用标准；除国家规定的不适合妇女工作的岗位外，不得以性别为由拒绝招聘妇女或提高对妇女的招聘条件。

第六章　附　则

第四十一条　本规定自2001年10月1日起施行。1996年1月29日人事部发布的《人才市场管理暂行规定》（人发〔1996〕11号）同时废止。

就业服务与就业管理规定（摘录）

（2007年11月5日劳动和社会保障部令第28号公布　根据2014年12月23日《人力资源社会保障部关于修改〈就业服务与就业管理规定〉的决定》第一次修订　根据2015年4月30日《人力资源社会保障部关于修改部分规章的决定》第二次修订　根据2018年12月14日《人力资源社会保障部关于修改部分规章的决定》第三次修订）

第二章　求职与就业

第四条　劳动者依法享有平等就业的权利。劳动者就业，不因民族、种族、性别、宗教信仰等不同而受歧视。

第三章　招用人员

第九条　用人单位依法享有自主用人的权利。用人单位招用人员，应当向劳动者提供平等的就业机会和公平的就业条件。

第十六条　用人单位在招用人员时，除国家规定的不适合妇女从事的工种或者岗位外，不得以性别为由拒绝录用妇女或者提高对妇女的录用标准。

用人单位录用女职工，不得在劳动合同中规定限制女职工结婚、生育的内容。

第二十条　用人单位发布的招用人员简章或招聘广告，不得包含歧视性内容。

第六章　职业中介服务

第五十八条　禁止职业中介机构有下列行为：

（一）提供虚假就业信息；

（二）发布的就业信息中包含歧视性内容；

（三）伪造、涂改、转让职业中介许可证；
（四）为无合法证照的用人单位提供职业中介服务；
（五）介绍未满 16 周岁的未成年人就业；
（六）为无合法身份证件的劳动者提供职业中介服务；
（七）介绍劳动者从事法律、法规禁止从事的职业；
（八）扣押劳动者的居民身份证和其他证件，或者向劳动者收取押金；
（九）以暴力、胁迫、欺诈等方式进行职业中介活动；
（十）超出核准的业务范围经营；
（十一）其他违反法律、法规规定的行为。

第九章　附　则

第七十六条　本规定自 2008 年 1 月 1 日起施行。劳动部 1994 年 10 月 27 日颁布的《职业指导办法》、劳动保障部 2000 年 12 月 8 日颁布的《劳动力市场管理规定》同时废止。

全民所有制工业企业
职工代表大会条例（摘录）

（1986 年 9 月 15 日中共中央、国务院发布）

第一章　总　则

第一条　为保障全民所有制工业企业职工的民主管理权力，充分发挥职工的积极性、智慧和创造力，办好全民所有制工业企业，发展社会主义经济，特制定本条例。

第三章　职工代表

第十二条　职工代表中应当有工人、技术人员、管理人员、领导干部和其他方面的职工。……青年职工和女职工应当占适当比例。

第七章　附　则

第二十八条　本条例由中华全国总工会负责解释。

第二十九条　本条例自一九八六年十月一日起施行。

企业民主管理规定

（总工发〔2012〕12号）

第一章　总　则

第一条　为完善以职工代表大会为基本形式的企业民主管理制度，推进厂务公开，支持职工参与企业管理，维护职工合法权益，构建和谐劳动关系，促进企业持续健康发展，加强基层民主政治建设，依据宪法和相关法律制定本规定。

第二条　企业民主管理工作应当坚持党的领导，以邓小平理论和“三个代表”重要思想为指导，深入贯彻落实科学发展观，坚定不移地贯彻落实党的全心全意依靠工人阶级的根本指导方针。

企业党组织应当加强对民主管理工作的领导和支持。

第三条　职工代表大会（或职工大会，下同）是职工行使民主管理权力的机构，是企业民主管理的基本形式。

企业应当按照合法、有序、公开、公正的原则，建立以职工代表大会为基本形式的民主管理制度，实行厂务公开，推行民主管理。公司制企业（以下简称公司）应当依法建立职工董事、职工监事制度。

企业应当尊重和保障职工依法享有的知情权、参与权、表达权和监督权等民主权利，支持职工参加企业管理活动。

第四条　企业职工应当尊重和支持企业依法行使管理职权，积极参与企业管理。

第五条　企业工会应当组织职工依法开展企业民主管理，维护职工合法权益。

上级工会应当指导和帮助企业工会和职工依法开展企业民主管理活动，对企业实行民主管理的情况进行监督。

第六条　企业代表组织应当推动企业实行民主管理，促进企业健康发展。

第七条　各级党委纪检部门、组织部门，各级人民政府国有资产监督管理机构和监察机关等有关部门应当依照各自职责，对企业民主管理工作进行指导、检查和监督。

第二章　职工代表大会制度

第一节　职工代表大会组织制度和职权

第八条　企业可以根据职工人数确定召开职工代表大会或者职工大会。

企业召开职工代表大会的，职工代表人数按照不少于全体职工人数的百分之五确定，最少不少于三十人。职工代表人数超过一百人的，超出的代表人数可以由企业与工会协商确定。

第九条　职工代表大会的代表由工人、技术人员、管理人员、企业领导人员和其他方面的职工组成。其中，企业中层以上管理人员和领导人员一般不得超过职工代表总人数的百分之二十。有女职工和劳务派遣职工的企业，职工代表中应当有适当比例的女职工和劳务派遣职工代表。

第十条　职工代表大会每届任期为三年至五年。具体任期由职工代表大会根据本单位的实际情况确定。

职工代表大会因故需要提前或者延期换届的，应当由职工代表大会或者其授权的机构决定。

第十一条　职工代表大会根据需要，可以设立若干专门委员会（小组），负责办理职工代表大会交办的事项。专门委员会（小组）成员人选必须经职工代表大会审议通过。

第十二条　职工代表按照基层选举单位组成代表团（组），并推选团（组）长。可以设立职工代表大会团（组）长和专门委员会（小组）负责人联席会议，根据职工代表大会授权，在职工代表大会闭会期间负责处理临时需要解决的重要问题，并提请下一次职工代表大会确认。

联席会议由企业工会负责召集，联席会议可以根据会议内容邀请企业领导人员或其他有关人员参加。

第十三条　职工代表大会行使下列职权：

（一）听取企业主要负责人关于企业发展规划、年度生产经营管理情况，企业改革和制定重要规章制度情况，企业用工、劳动合同和集体合同签订履行情况，企业安全生产情况，企业缴纳社会保险费和住房公积金情况等报告，提出意见和建议；

审议企业制定、修改或者决定的有关劳动报酬、工作时间、休息休假、劳动安全卫生、保险福利、职工培训、劳动纪律以及劳动定额管理等直接涉及劳动者切身利益的规章制度或者重大事项方案，提出意见和建议；

（二）审议通过集体合同草案，按照国家有关规定提取的职工福利基金使用方案、住房公积金和社会保险费缴纳比例和时间的调整方案，劳动模范的推荐人选等重大事项；

（三）选举或者罢免职工董事、职工监事，选举依法进入破产程序企业的债权人会议和债权人委员会中的职工代表，根据授权推荐或者选举企业经营管理人员；

（四）审查监督企业执行劳动法律法规和劳动规章制度情况，民主评议企业领导人员，并提出奖惩建议；

（五）法律法规规定的其他职权。

第十四条 国有企业和国有控股企业职工代表大会除按第十三条规定行使职权外，行使下列职权：

（一）听取和审议企业经营管理主要负责人关于企业投资和重大技术改造、财务预决算、企业业务招待费使用等情况的报告，专业技术职称的评聘、企业公积金的使用、企业的改制等方案，并提出意见和建议；

（二）审议通过企业合并、分立、改制、解散、破产实施方案中职工的裁减、分流和安置方案；

（三）依照法律、行政法规、行政规章规定的其他职权。

第十五条 县级以下一定区域内或者性质相近的行业内的若干尚不具备单独建立职工代表大会制度条件的中小企业，可以通过选举代表联合建立区域（行业）职工代表大会制度，开展企业民主管理活动。

工会负责组织建立区域（行业）职工代表大会制度。区域（行业）工会作为区域（行业）职工代表大会的工作机构承担日常工作。

第十六条 集团企业的总部机关和各分公司、分厂、车间以及其他分支机构可以按照一定比例选举产生职工代表，召开集团企业职工代表大会，实行企业民主管理。

集团企业的总部机关和各分公司、分厂、车间以及其他分支机构，按照本规定建立职工代表大会制度，在各自的职权范围内分别开展民主管理活动。

第二节 职工代表大会工作制度

第十七条 职工代表大会每年至少召开一次。职工代表大会全体会议必须有三分之二以上的职工代表出席。

第十八条 职工代表大会议题和议案应当由企业工会听取职工意见后与企业协商确定，并在会议召开七日前以书面形式送达职工代表。

第十九条 职工代表大会可以设主席团主持会议。主席团成员由企业工会与职工代表大会各团（组）协商提出候选人名单，经职工代表大会预备会议表决通过。其中，工人、技术人员、管理人员不少于百分之五十。

第二十条 职工代表大会选举和表决相关事项，必须按照少数服从多数的原则，经全体职工代表的过半数通过。对重要事项的表决，应当采用无记名投票的方式分项表决。

第二十一条 职工代表大会在其职权范围内依法审议通过的决议和事项具有约束力，非经职工代表大会同意不得变更或撤销。

企业应当提请职工代表大会审议、通过、决定的事项，未按照法定程序审议、通过或者决定的无效。

第二十二条 企业工会委员会是职工代表大会的工作机构，负责职工代表大会的日常工作，履行下列职责：

（一）提出职工代表大会代表选举方案，组织职工选举职工代表和代表团（组）长；

（二）征集职工代表提案，提出职工代表大会议题的建议；

（三）负责职工代表大会会议的筹备和组织工作，提出职工代表大会的议程建议；

（四）提出职工代表大会主席团组成方案和组成人员建议名单；提出专门委员会（小组）的设立方案和组成人员建议名单；

（五）向职工代表大会报告职工代表大会决议的执行情况和职工代表大会提案的办理情况、厂务公开的实行情况等；

（六）在职工代表大会闭会期间，负责组织专门委员会（小组）和职工代表就企业职工代表大会决议的执行情况和职工代表大会提案的办理情况、厂务公开的实行情况等，开展巡视、检查、质询等监督活动；

（七）受理职工代表的申诉和建议，维护职工代表的合法权益；

（八）向职工进行民主管理的宣传教育，组织职工代表开展学习和培训，提高职工代表素质；

（九）建立和管理职工代表大会工作档案。

第三节 职工代表的产生和权利义务

第二十三条 与企业签订劳动合同建立劳动关系以及与企业存在事实劳动关系的职工，有选举和被选举为职工代表大会代表的权利。

依法终止或者解除劳动关系的职工代表，其代表资格自行终止。

第二十四条 职工代表应当以班组、工段、车间、科室等为基本选举单位由职工直接选举产生。规模较大、管理层次较多的企业的职工代表，可以由下一级职工代表大会代表选举产生。

第二十五条 选举、罢免职工代表，应当召开选举单位全体职工会议，会议应有三分之二以上职工参加。选举、罢免职工代表的决定，应经全体职工的过半数通过方为有效。

第二十六条 职工代表实行常任制，职工代表任期与职工代表大会届期一致，可以连选连任。

职工代表出现缺额时，原选举单位应按规定的条件和程序及时补选。

第二十七条 职工代表向选举单位的职工负责并报告工作，接受选举单位职工的监督。

第二十八条 职工代表享有下列权利：

（一）选举权、被选举权和表决权；

（二）参加职工代表大会及其工作机构组织的民主管理活动；

（三）对企业领导人员进行评议和质询；

（四）在职工代表大会闭会期间对企业执行职工代表大会决议情况进行监督、检查。

第二十九条 职工代表应当履行下列义务：

（一）遵守法律法规、企业规章制度，提高自身素质，积极参与企业民主管理；

（二）依法履行职工代表职责，听取职工对企业生产经营管理等方面的意见和建议，以及涉及职工切身利益问题的意见和要求，并客观真实地向企业反映；

（三）参加企业职工代表大会组织的各项活动，执行职工代表大会通过的决议，完成职工代表大会交办的工作；

（四）向选举单位的职工报告参加职工代表大会活动和履行职责情况，接受职工的评议和监督；

（五）保守企业的商业秘密和与知识产权相关的保密事项。

第三十条 职工代表履行职责受法律保护，任何组织和个人不得阻挠和打击报复。

职工代表在法定工作时间内依法参加职工代表大会及其组织的各项活动，企业应当正常支付劳动报酬，不得降低其工资和其他福利待遇。

第三章 厂务公开制度

第三十一条 企业应当建立和实行厂务公开制度，通过职工代表大会和其他形式，将企业生产经营管理的重大事项、涉及职工切身利益的规章制度和经营管理人员廉洁从业相关情况，按照一定程序向职工公开，听取职工意见，接受职工监督。

第三十二条　企业主要负责人是实行厂务公开的责任人。企业应当建立相应机构或者确定专人负责厂务公开工作。

第三十三条　企业实行厂务公开应当遵循合法、及时、真实、有利于职工权益维护和企业发展的原则。

实行厂务公开应当保守企业商业秘密以及与知识产权相关的保密事项。

第三十四条　企业应当向职工公开下列事项：

（一）经营管理的基本情况；

（二）招用职工及签订劳动合同的情况；

（三）集体合同文本和劳动规章制度的内容；

（四）奖励处罚职工、单方解除劳动合同的情况以及裁员的方案和结果，评选劳动模范和优秀职工的条件、名额和结果；

（五）劳动安全卫生标准、安全事故发生情况及处理结果；

（六）社会保险以及企业年金的缴费情况；

（七）职工教育经费提取、使用和职工培训计划及执行的情况；

（八）劳动争议及处理结果情况；

（九）法律法规规定的其他事项。

第三十五条　国有企业、集体企业及其控股企业除公开第十三条、第十四条和第三十四条规定的相关事项外，还应当公开下列事项：

（一）投资和生产经营管理重大决策方案等重大事项，企业中长期发展规划；

（二）年度生产经营目标及完成情况，企业担保，大额资金使用、大额资产处置情况，工程建设项目的招投标，大宗物资采购供应，产品销售和盈亏情况，承包租赁合同履行情况，内部经济责任制落实情况，重要规章制度制定等重大事项；

（三）职工提薪晋级、工资奖金收入分配情况；专业技术职称的评聘情况；

（四）中层领导人员、重要岗位人员的选聘和任用情况，企业领导人员薪酬、职务消费和兼职情况，以及出国出境费用支出等廉洁自律规定执行情况，职工代表大会民主评议企业领导人员的结果；

（五）依照国家有关规定应当公开的其他事项。

第四章　职工董事和职工监事制度

第三十六条　公司制企业应当依法建立职工董事和职工监事制度，支持职工代表大会选举产生的职工代表作为董事会、监事会成员参与公司决策、管理和监督，代表和维护职工合法权益，促进企业健康发展。

第三十七条 公司应当依法在公司章程中明确规定职工董事、职工监事的具体比例和人数。

第三十八条 职工董事、职工监事候选人由公司工会根据自荐、推荐情况，在充分听取职工意见的基础上提名，经职工代表大会全体代表的过半数通过方可当选，并报上一级工会组织备案。

工会主席、副主席应当作为职工董事、职工监事候选人人选。

第三十九条 公司高级管理人员和监事不得兼任职工董事；公司高级管理人员和董事不得兼任职工监事。

第四十条 职工董事、职工监事的任期与公司其他董事、监事的任期相同，可以连选连任。

第四十一条 职工董事、职工监事不履行职责或者有严重过错的，经三分之一以上的职工代表联名提议，职工代表大会全体代表的过半数通过可以罢免。

职工董事、职工监事出现空缺时，由公司工会依照本规定第三十七条的规定提出替补人选，提请职工代表大会民主选举产生。

第四十二条 职工董事依法行使下列权利：

（一）参加董事会会议，行使董事的发言权和表决权；

（二）就涉及职工切身利益的规章制度或者重大事项，提请召开董事会会议，反映职工的合理要求，维护职工合法权益；

（三）列席与其职责相关的公司行政办公会议和有关生产经营工作的重要会议；

（四）要求公司工会、公司有关部门和机构通报有关情况并提供相关资料；

（五）法律法规和公司章程规定的其他权利。

第四十三条 职工监事依法行使下列权利：

（一）参加监事会会议，行使监事的发言权和表决权；

（二）就涉及职工切身利益的规章制度或者重大事项，提议召开监事会会议；

（三）监督公司的财务情况和公司董事、高级管理人员执行公司职务的行为；监督检查公司对涉及职工切身利益的法律法规、公司规章制度贯彻执行情况；劳动合同和集体合同的履行情况；

（四）列席董事会会议，并对董事会决议事项提出质询或者建议；列席与其职责相关的公司行政办公会议和有关生产经营工作的重要会议；

（五）要求公司工会、公司有关部门和机构通报有关情况并提供相关资料；

（六）法律法规和公司章程规定的其他权利。

第四十四条 职工董事、职工监事应当履行下列义务：

（一）遵守法律法规，遵守公司章程及各项规章制度，保守公司秘密，认真履行职责；

（二）定期听取职工的意见和建议，在董事会、监事会上真实、准确、全面地反映职工的意见和建议；

（三）定期向职工代表大会述职和报告工作，执行职工代表大会的有关决议，在董事会、监事会会议上，对职工代表大会作出决议的事项，应当按照职工代表大会的相关决议发表意见，行使表决权；

（四）法律法规和公司章程规定的其他义务。

第四十五条 公司应当保障职工董事、职工监事依照法律法规和公司章程开展工作，为职工董事、职工监事履行职责提供必要的工作条件。

第四十六条 职工董事、职工监事在任职期间，除法定情形外，公司不得与其解除劳动合同。

第四十七条 职工董事、职工监事与公司的其他董事、监事享有同等的权利，承担相应的义务。

第五章 附 则

第四十八条 各地区、各有关部门和各企业根据本规定制定实施办法，推进企业民主管理工作。

第四十九条 集体企业依照《城镇集体所有制企业条例》等有关法律法规规定实行民主管理。

第五十条 本规定自发布之日起施行。

中共中央纪律检查委员会 中共中央组织部
国务院国有资产监督管理委员会 监察部
中华全国总工会 中华全国工商业联合会
2012 年 2 月 13 日

第二部分

政策文件

综合

中共中央关于加强和改进党的群团工作的意见

（2015 年 1 月 8 日）

群团事业是党的事业的重要组成部分，党的群团工作是党治国理政的一项经常性、基础性工作，是党组织动员广大人民群众为完成党的中心任务而奋斗的重要法宝。工会、共青团、妇联等群团组织联系的广大人民群众是全面建成小康社会、坚持和发展中国特色社会主义的基本力量，是全面深化改革、全面推进依法治国、巩固党的执政地位、维护国家长治久安的基本依靠。为更好发挥群团组织作用，把广大人民群众更加紧密地团结在党的周围，汇聚起实现“两个一百年”奋斗目标、实现中华民族伟大复兴中国梦的强大正能量，现就加强和改进党的群团工作提出如下意见。

一、新形势下加强和改进党的群团工作的重要性和紧迫性

在革命、建设、改革各个历史时期，党始终高度重视群团工作，加强群团组织建设，发挥群团组织特殊优势，团结带领广大人民群众共同为实现党在各个时期的历史任务而奋斗。新形势下，党的群团工作只能加强，不能削弱；只能改进提高，不能停滞不前。

党的十八大提出“两个一百年”奋斗目标，习近平总书记提出实现中华民族伟大复兴的中国梦，描绘了国家富强、民族振兴、人民幸福的美好前景。实现我们党确定的宏伟目标，根本上要靠全体人民的劳动、创造、奉献，必须加强和改进党的群团工作，更好组织动员群众、教育引导群众、联系服务群众、维护群众合法权益，充分激发蕴藏在人民群众中的巨大创造力，凝聚起实现“两个一百年”奋斗目标和中国梦的磅礴力量。

当前，全面建成小康社会、全面深化改革、全面推进依法治国、全面从严治党的历史重任摆在全党面前。人民是国家的主人、改革的主体。做好改革发展稳定各项工作，必须依靠人民群众支持和拥护，必须加强和改进党的群团工作，充分发挥群团组织作用，调动人民群众的积极性、主动性、创造性。

我国发展的内外环境正在发生深刻变化，党面临的挑战和考验前所未有。人心向背关系党的生死存亡。巩固党的执政地位，经受住执政考验、改革开放考验、市场经济考验、外部环境考验，应对好精神懈怠危险、能力不足危险、脱离群众危险、消极腐败危险，核心是保持党同人民群众的血肉联系。必须加强和改进党的群团工作，全心全意依靠工人阶级和广大人民群众，最大限度把人民群众团结在党的周围，打造抵御国内外敌对势力干扰破坏和“颜色革命”的铜墙铁壁，夯实党执政治国的群众基础。

这些年，党的群团工作在继承创新中不断加强，但与新形势新任务的要求相比仍存在许多不适应的问题。有的地方和部门党组织对群团工作重视不够，对群团工作的特点和规律缺乏深入研究，对发挥群团组织作用缺乏有力指导和支持。群团组织基层基础薄弱、有效覆盖面不足、吸引力凝聚力不够问题突出，特别是在非公有制经济组织、社会组织和各类新兴群体中的影响力亟待增强；有的群团组织工作和活动方式单一，进取意识和创新精神不强，存在机关化、脱离群众现象；群团干部能力素质需要进一步提高，作风需要改进。各级党委必须高度重视做好新形势下党的群团工作，全面提高水平，切实解决问题，不断开创党的群团工作新局面。

二、坚定不移走中国特色社会主义群团发展道路

中国特色社会主义群团发展道路，是对党的群团工作长期奋斗历史经验的科学总结。这条道路是中国共产党开展群众工作、推进党的事业的伟大创造，是党领导群众实现共同梦想的历史选择，是群团组织与时俱进、发展壮大的必由之路。这条道路是中国特色社会主义道路的重要组成部分，其基本特征是各群团自觉接受党的领导、团结服务所联系群众、依法依章程开展工作相统一。

新形势下加强和改进党的群团工作，必须贯彻落实党的十八大和十八届三中、四中全会精神，高举中国特色社会主义伟大旗帜，以邓小平理论、“三个代表”重要思想、科学发展观为指导，深入贯彻习近平总书记系列重要讲话精神，牢牢把握为实现中华民族伟大复兴中国梦而奋斗的时代主题，坚定不移走中国特色社会主义群团发展道路，最广泛把群众组织起来、动员起来、团结起来，奋力推进中国特色社会主义伟大事业。

——坚持党对群团工作的统一领导。党的领导是做好群团工作的根本保证。各级党组织必须负起政治责任，加强对群团组织的政治领导、思想领导、组织领导，把党的理论和路线方针政策贯彻落实到群团工作各方面、全过程。群团组织必须坚持正确政治方向，自觉服从党的领导，贯彻党的意志和主张，严守政治纪律和政治规矩，在思想上政治上行动上始终同以习近平同志为总书记的党中央保持高度一致，不断增强中国特色社会主义道路自信、理论自信、制度自信。

——坚持发挥桥梁和纽带作用。群团组织是党和政府联系人民群众的桥梁和纽带。各级党组织要重视依靠群团组织推动党的理论和路线方针政策在群众中的贯彻落实，更好践行群众路线，做好群众工作。群团组织要经常深入群众，倾听群众呼声、反映群众意愿，深入做好群众的思想政治工作，把党的决策部署变成群众的自觉行动，把党的关怀送到群众中去。

——坚持围绕中心、服务大局。为党和国家工作大局服务，始终是群团工作的价值所在。各级党组织要指导群团组织紧紧围绕中国特色社会主义经济建设、政治建设、文化建设、社会建设、生态文明建设，围绕外交工作大局和祖国统一大业，找准工作的结合点和着力点，团结动员所联系群众为完成党和国家中心任务贡献力量。群团组织要坚持在大局下思考、在大局下行动，明确职责定位、展现自身价值，更好促进改革发展、维护社会和谐稳定。

——坚持服务群众的工作生命线。群团组织是党直接领导的群众自己的组织，为群众服务是群团组织的天职。各级党组织要推动群团组织贯彻党的群众路线，为群团组织服务群众创造条件。群团组织要增强群众观念，多为群众办好事、解难事，维护和发展群众利益，不断增强自身影响力和感召力。

——坚持与时俱进、改革创新。改革创新是群团工作发展进步的不竭动力。各级党组织和群团组织要把握时代脉搏，适应社会发展变化，尊重基层首创精神，不断推进群团工作和群团组织建设理论创新、实践创新、制度创新，始终与党和国家事业同步前进。

——坚持依法依章程独立自主开展工作。尊重群团组织性质和特点是做好群团工作的重要原则。各级党组织要支持群团组织发挥各自优势、体现群众特点，创造性开展工作。群团组织要大胆履责、积极作为，依法依章程开展活动、维护群众权益，最广泛吸引和团结群众。

三、加强党委对群团工作的组织领导

各级党委要明确对群团工作的领导责任，健全组织制度，完善工作机制，从上到下形成强有力的组织领导体系。

群团组织实行分级管理、以同级党委领导为主的体制，工会、共青团、妇联受同级党委和各自上级组织双重领导。地方党委负责指导同级群团组织贯彻落实党的理论和路线方针政策，研究决定群团工作重大问题，管理同级群团组织领导班子，协调群团组织同党政部门的关系及群团组织之间的关系。上级群团组织依法依章程领导或指导下级群团组织工作。地方党委应该注意听取上级群团组织意见，加强沟通协调，形成工作合力。

地方党委要建立和完善研究决定群团工作重大事项制度。党委在每届任期内应该召开专门的群团工作会议；党委常委会应该定期听取各群团组织工作汇报，每年都要专题研究群团工作。一般由党委专职副书记分管群团工作，具体分工根据实际确定。建立党委群团工作联席会议制度，协调解决问题，推动工作落实。建立党委群团工作考核制度，把群团工作成效作为考核党委领导班子和分管负责同志工作的重要内容。

地方党委有关工作会议应该请工会、共青团、妇联等群团组织主要负责人参加或列席。县级以下共青团组织主要负责人按党章规定列席同级党组织有关会议。乡镇（街道）的工会、妇联组织主要负责人可列席同级党委有关会议。工会、共青团、妇联的党员负责人应该考虑作为同级党委委员候选人提名人选。

把群团建设纳入党建工作总体部署。完善党建带群建制度机制，把党建带群建作为党建工作责任制的重要内容。统筹基层党群组织工作资源配置和使用，基层党组织活动阵地、党员服务站点的规划建设应该考虑群团组织需要。制定群团组织推优办法，把群团组织推优作为产生入党积极分子人选的方式之一。非公有制经济组织、社会组织中的党建和群建工作要整体推进、共建互促。

群团组织中的党组要充分发挥领导核心作用。善于团结党外干部群众，善于把党的主张和任务转化成群团组织的决议和群众的自觉行动。认真贯彻民主集中制，健全集体领导制度，严格管理干部。加强对重大问题的调查研究，密切关注群众思想、工作、生活等方面的变化，引导群众正确理解和自觉支持党的理论和路线方针政策以及中央决策部署。落实从严治党责任，严格执行党的纪律，重大事项及时向批准党组设立的党组织请示报告。没有设立党组的群团组织，其领导班子应该承担起贯彻执行党的理论和路线方针政策的政治责任和抓党的建设的主体责任。群团组织中的党员要按照党的标准严格要求自己，发挥先锋模范作用，影响和带动周围干部群众努力完成党和国家的任务。

领导干部要加强对群团工作理论政策的学习研究。党校、行政学院、干部学院、社会主义学院应该开设党的群团工作理论政策课程。党委理论学习中心组应该把群团工作作为专题学习的重要内容。加强群团工作学科建设，群团工作研究列入国家哲学社会科学研究规划。

四、推动群团组织团结动员群众围绕中心任务建功立业

各级党委要重视发挥群团组织团结动员群众干事创业的重要作用。群团组织要把深化改革开放、推动科学发展、促进社会和谐作为发挥作用的主战场，把工人阶级主力军、青年生力军、妇女半边天作用和人才第一资源作用，转化为促进经济社会发展的强大力量。要积极主动宣传改革和依法治国，组织引导群众理解改革、支持改革、参与改革、推进改革，积极投身社会主义法治国家建设，促进形成最广泛的合力。

群团组织要紧紧结合自身职责，深入开展群众性劳动竞赛、技能比武、科技创新、科学普及等活动，动员群众立足岗位创新创业创优。积极开展对所联系群众的知识技能培训，促进能力素质提高。大力宣传生态文明理念，广泛发动群众，共建美丽中国。完善应急动员、公益募捐等行动机制，在保障重大任务、支援抢险救灾、应对重大突发事件中发挥积极作用。

群团组织要广泛开展民族团结进步宣传教育，动员所联系群众旗帜鲜明反对民族分裂、维护祖国统一，促进各民族群众手足相亲、守望相助。加强同香港同胞、澳门同胞、台湾同胞和海外侨胞的往来和交流，推进国家现代化建设和祖国和平统一。多领域、多渠道、多层次开展民间对外交流，增进中国人民同各国人民友谊，维护国家核心利益。

五、推动群团组织引导群众自觉培育和践行社会主义核心价值观

群团组织是群众自我教育、自我管理的重要平台。各级党委要推动群团组织引导所联系群众继承和弘扬中华优秀文化，自觉培育和践行社会主义核心价值观。

群团组织要从所联系群众的实际出发，设计务实管用的载体，把社会主义核心价值观转化为生动活泼、特色鲜明、富有成效的群众性实践。引导广大职工弘扬劳模精神、劳动精神、工人阶级伟大品格，增强主人翁意识，打造健康文明、昂扬向上的职工文化。加强对青年的理想信念教育，引导广大青年把社会主义核心价值观的根扎牢植正。加强和改进未成年人思想道德建设，开展好少先队组织教育、自主教育和实践活动，帮助少年儿童养成好思想、好品格、好习惯。引导广大妇女弘扬传统美德和自尊自信自立自强精神，培育良好家风，推进家庭文明建设。引导科技工作者发挥示范作用，弘扬科学精神，推动形成崇尚科学、追求进步的社会氛围。推动文学艺术、新闻宣传、法律、教育、社会公益等领域工作者积极发挥作用，引领全社会崇德向善、敬业诚信、遵纪守法、互助友爱、文明和谐。

群团组织要坚持广泛发动，利用遍布城乡的组织网络和基层阵地，深化群众性精神文明创建活动，把社会主义核心价值观教育做细做实。加强正面引导，大力宣传弘扬社会主义核心价值观的新风正气，及时批评违背社会主义核心价值观的模糊认识、错误观点、不良风气，引导群众明辨真假、是非、善恶、美丑。搞好典型引路，发挥各行各业先进典型、道德模范、“最美人物”等的示范带动作用，激发全社会学习先进、追赶先进、争当先进的持久内生动力。

六、支持群团组织加强服务群众和维护群众合法权益工作

群团组织服务群众要盯牢群众所急、党政所需、群团所能的领域，重点帮助群众解决日常工作生活中最关心、最直接、最现实的利益问题和最困难、最操心、最忧虑的实际问题。有针对性地开展创业就业、心理疏导、大病救助、法律援助、婚恋交友、居家养老等服务，特别是要做好对困难职工、留守老人妇女儿童、归难侨、残疾人等群体的帮扶，对高等学校毕业生、留学回国人员、农民工的服务。制定服务型基层组织建设意见，打造符合群众需求的工作品牌，推动构建覆盖广泛、快捷有效的服务群众体系。通过项目招聘、购买服务等方式吸引社会工作人才、专家学者、社会组织等力量参与服务群众工作。广泛开展志愿服务，完善组织管理，提升志愿服务水平。

维护群众合法权益是群团组织的重要工作。各级党委和政府要把群团工作纳入党政主导的维护群众权益机制，支持群团组织在维护全国人民总体利益的同时更好维护各自所联系群众的具体利益。群团组织维权工作应该主动有为，哪里的群众合法权益受到侵害，哪里的群团组织就要帮助群众通过合法渠道、正常途径，合理伸张利益诉求，促进社会公平正义。要主动代表所联系群众参与相关法律法规和政策的制定，推动建立健全协调劳动关系等方面制度机制，从源头上保障群众权益、发展群众利益。善于运用法治思维和法治方式维权，注重通过集体协商、对话协商等方式协调各方利益，通过信访代理、推动公益诉讼、依法参与调解仲裁等方式为利益受到损害或侵犯的群众提供帮助。同时，要引导群众识大体、顾大局，依法理性表达诉求，自觉维护社会和谐稳定。

各级党委、人大、政府及有关部门研究制定涉及群众切身利益的政策措施、法律法规、发展规划、重大决策，应该请相关群团组织参与调研和论证，充分听取意见、吸收合理建议，充分考虑相关群体利益。重大决策社会稳定风险评估机制，应该吸收群团组织参加。支持群团组织切实履行代表维护职能，推动落实男女平等基本国策，健全妇女、未成年人、残疾人等合法权益保护机制。

七、支持群团组织在社会主义民主中发挥作用

群团组织特别是人民团体是广大群众依法、有序、广泛参与管理国家事务和社会事务、管理经济和文化事业的重要渠道。各级党委要重视发挥群团组织在社会主义民主中的作用，更好保证人民当家作主。

按照协商于民、协商为民的要求，拓宽人民团体参与政治协商的渠道，规范人民团体参与协商民主的内容、程序、形式。政府可通过召开会议或其他适当方式，定期向人民团体通报重要工作部署和相关重大举措，加强决策之前和决策实施之中的协商。各级政协要充分发挥人民团体及其界别委员在密切联系群众、增进社会各阶层和不同利益群体和谐中的作用，密切各专门委员会与人民团体的联系。

党委、人大要支持人民团体在县、乡人大代表换届选举中，依法按程序提名推荐代表候选人。县以上人大代表、政协委员人选的提名推荐，应该加强与人民团体的沟通协商，落实好有关人选的比例规定和政策要求。选任人民陪审员、人民监督员、人民调解员，落实人民建议征集制度，应该重视发挥人民团体作用。

群团组织应该加强对经济社会发展等方面政策的研究，提高参政议政水平。依照党的政策和国家法律法规，积极代表和组织所联系群众参与协商民主，通过多种方式反映群众意见。积极参加城乡基层群众自治和企事业单位民主管理，引导所联系群众正确行使民主权利，推动基层民主健康发展。

八、支持群团组织参与创新社会治理和维护社会稳定

群团组织是创新社会治理和维护社会和谐稳定的重要力量。各级党委和政府要合理配置职能和资源，支持群团组织依法参与社会事务管理，把适合群团组织承担的一些社会管理服务职能按照法定程序转由群团组织行使；支持群团组织立足自身优势，以合适方式参与政府购买服务。群团组织承接政府转移职能要试点先行，承接职能后应该建立符合公共服务特点的运行机制，确保能负责、能问责；参与政府购买服务，要严格管理、规范实施，做到政府放心、社会认可、自身有活力。

各级党委和政府要支持群团组织在党组织领导下发挥作用，加强对有关社会组织的政治引领、示范带动、联系服务。群团组织要通过服务来引导和促进社会组织健康有序发展。推动政府治理和社会自我调节、基层群众自治良性互动，促进多元治理主体协同协作协调、互促互补互融。组织群众主动参加社会治安综合治理、基层社区网格化管理、平安创建，积极协调化解矛盾纠纷和利益冲突。

各级党委和政府要重视发挥群团组织在全面推进依法治国特别是法治社会建设中的积极作用。支持群团组织开展群众性法治文化活动，引导群众自觉守法、遇事找法、解决问题靠法。支持群团组织参与群众普法教育，推动建设普法和法律服务志愿者队伍。建立健全群团组织参与社会事务、维护公共利益、救助困难群众、帮扶特殊人群、预防违法犯罪的机制和制度化渠道。发挥群团组织对其成员的行为导引、规则约束、权益维护作用。

九、推动群团组织改革创新、增强活力

各级党委要推动群团组织勇于改革创新，通过创造性工作增强发展活力、赢得群众信任。

基层组织是做好群团工作的基础和关键。工会、共青团、妇联等群团组织要以提高吸引力、凝聚力、战斗力和扩大有效覆盖面为目标，在巩固按行政区划、依托基层单位建立组织、开展工作的同时，创新基层组织设置、成员发展、联系群众、开展活动的方式。立体化、多层面扩大组织覆盖，重点向非公有制经济组织、社会组织、城乡社区等领域和农民工、自由职业者等群体延伸组织体系。加强高等学校群团组织建设，更好联系、引导、服务青年学生和教师。

群团组织要牢固树立以群众为本的理念，健全依靠所联系群众推进工作制度。以群众喜闻乐见、便于参加的形式和方法开展工作，组织活动请群众一起设计，部署任务请群众一起参与，表彰先进请群众一起评议。完善群团组织代表大会制度和委员会制度，建立重大事项报告制度，代表和委员履职述职制度和直接联系群众、接受群众评议制度。完善群团组织事务公开制度，主动接受群众和社会监督。

打造网上网下相互促进、有机融合的群团工作新格局。群团组织要提高网上群众工作水平，实施上网工程，建设各具特色的群团网站，推进互联互通及与主流媒体、门户网站的合作。加强网宣队伍建设，综合运用维权热线和网络论坛、手机报、微博、微信等新媒体平台进行网上引导和动员。站在网上舆论斗争最前沿，主动发声、及时发声，弘扬网上主旋律。逐步建立统一的群团组织基础信息统计制度。

适应完成党的中心任务和基层工作、群众工作需要，改革和改进机关机构设置、管理模式、运行机制，充分体现群团组织的政治性、群众性特点，防止机关化、娱乐化倾向发生。

十、加大对群团工作的支持保障力度

各地要统筹管好用好现有群众活动阵地和设施，整合用好社会资源，纳入现代公共文化服务体系，坚持公益属性，真正发挥作用。主要新闻媒体要加强对群团工作的舆论宣传。新闻出版等部门要加强对群团组织所办报刊、出版社、网站的指导管理，确保正确舆论导向。

完善群团工作经费保障制度。依法足额收缴工会经费，由财政拨款支持的群团组织工作经费列入同级财政年度预算并予以保证。各级财政加大对革命老区、民族地区、边疆地区、贫困地区的支持力度，对基层群团组织的经费补贴应该落实到位，按人头划拨的经费重点向基层倾斜。基层单位应该根据需要合理安排群团工作经费。规范群团组织资产管理使用制度，任何组织和个人不得侵占、挪用或任意调拨群团组织资产。

鼓励群团组织在国家法律和相关规定许可范围内，通过多种方式筹措事业发展资金，依法享受扶持政策。群团组织应该建立健全社会资金募集、管理、使用全过程公开制度，建立第三方监督评价机制，提高社会公信力。

强化群团工作法治保障，提高群团工作法治化水平。推进涉及群团组织工作的立法，加强群团工作相关法律法规的实施和执法检查。

十一、加强群团组织领导班子和干部队伍建设

各级党委要加强群团组织领导班子建设，努力打造政治坚定、团结务实、群众拥护的坚强领导集体。坚持德才兼备、以德为先，按照信念坚定、为民服务、勤政务实、敢于担当、清正廉洁的好干部标准，选拔群众工作经验丰富、在所联系群众中威信高的同志，推荐作为群团组织主要负责人人选。领导班子成员人选的考察推荐应该广泛听取群众意见，结构要合理优化，工会、共青团、妇联负责人中基层一线代表人士的兼职比例应该适当增加。尊重群团组织民主选举结果，保持领导干部任期内稳定。健全县级以上群团组织领导班子中心组理论学习、党员领导干部民主生活会、新进班子成员任职培训等制度。坚持严字当头，加强党风廉政建设。探索建立符合群团工作特点的群团组织领导班子和领导干部综合考评机制。

群团干部是党的干部队伍的重要组成部分。各级党委要重视抓群团干部培养，全面加强群团干部队伍建设。将群团干部培训纳入干部教育培训总体规划，分级负责、分系统落实。重视推动群团干部到火热的实践一线摸爬滚打、锻炼成才，注重从企业、农村、城乡社区等基层一线选拔优秀人才充实群团干部队伍。选好配强基层群团组织负责人，更多采用兼职、聘用等方式吸引优秀社会人才加入群团工作队伍。推进群团干部跨系统多岗位交流，加强群团组织与党政部门之间干部双向交流，把群团工作岗位作为提高干部做群众工作能力的重要平台。改进群团干部参照公务员法管理工作，支持群团组织根据自身工作特点按规定考录和遴选机关工作人员。群团干部要自觉加强学习，增强党性修养，提高能力素质。

坚持从群众中来、到群众中去，建好群众之家、当好群众之友。群团组织领导机关要带头践行党的群众路线，把密切联系群众作为根本的工作作风，把工作重心放在最广大普通群众身上。健全防止和克服“四风”问题的长效机制，坚持定期分析检查、公开承诺整改等制度，经常开展下基层接地气、请群众评机关等活动，坚决克服机关化、脱离群众现象。群团组织领导机关干部要带头树立经常联系群众、直接服务群众、真情同群众交友的好作风，竭诚为群众服务。

各省、自治区、直辖市党委，全国总工会、共青团中央、全国妇联等中央管理的群团组织，要根据本意见要求制定实施方案。中央各部委，国家机关各部委党组（党委），解放军各总部、各大单位党委，要结合各自实际研究提出贯彻落实本意见的具体措施。

中共中央关于加强和改善党对工会、共青团、妇联工作领导的通知

（1989年12月21日）

工会、共青团、妇联是党领导的工人阶级、先进青年、各族各界妇女的群众组织，是党联系群众的桥梁和纽带，是国家政权的重要社会支柱。为了深入贯彻党的十三大确立的基本路线，推动建设和改革事业的发展，必须切实加强和改善党对工会、共青团、妇联工作的领导，充分发挥这些群众组织的作用。

一、各级党委必须牢固树立全心全意依靠工人阶级和广大人民群众的思想，高度重视工会、共青团、妇联工作

工人阶级是我们国家的领导阶级，是先进生产力和生产关系的代表，是建设和改革最基本的动力，是维护社会安定团结的强大而集中的社会力量。青年是社会主义现代化建设的突击队，是党和国家的希望和未来。妇女占人口的半数，是推动整个社会发展的伟大力量。建设和改革事业的推进，社会的稳定和发展，国家和民族的振兴，时刻离不开包括知识分子在内的整个工人阶级和包括青年、妇女在内的广大人民群众的努力。全心全意依靠工人阶级和广大人民群众，就要充分尊重他们的国家主人翁地位，保护他们的合法权益，调动他们的积极性和创造性，扩大他们对党和政府工作的监督，提高他们的思想政治觉悟和科学文化水平。这一切，都需要充分发挥工会、共青团、妇联的作用。

党的十一届三中全会以来，工会、共青团、妇联团结广大职工、青年、妇女群众，为建设有中国特色的社会主义作出了重要贡献。当前，治理整顿、深化改革的任务十分艰巨；国内外敌对势力利用我们的暂时困难，妄图改变我们的前进方向。各级党委必须牢固树立全心全意依靠工人阶级和广大人民群众的思想，充分认识加强和改善党对工会、共青团、妇联工作领导的重要

意义，通过工会、共青团、妇联带动亿万职工、青年、妇女，同心同德，艰苦奋斗，战胜一切困难，巩固和发展安定团结的政治局面，巩固和发展建设和改革的伟大成果。

二、党组织要对工会、共青团、妇联实行统一领导

中国共产党是中国工人阶级的先锋队，是各族人民利益的忠实代表，是社会主义事业的领导核心。坚持党的领导，是做好工会、共青团、妇联工作的根本保证。各级党组织都要按照党的路线、方针、政策，对同级工会、共青团、妇联实行统一领导，使这些组织坚持正确的政治方向，同党中央在政治上、思想上、行动上保持高度的一致。实现党的领导，应当通过工会、共青团、妇联的民主程序，变成各自组织的决议和广大职工、青年、妇女的自觉行动，得到贯彻落实。

工会、共青团、妇联受同级党委和它们上级组织的双重领导，以同级党委领导为主。各级地方党委对同级工会、共青团、妇联的领导，主要是：指导它们贯彻落实党中央的方针、政策和有关群众工作的指示；研究、决定本地区工会、共青团、妇联工作的重大问题；协商、推荐同级工会、共青团、妇联同政府部门的关系以及这三个群众组织之间的关系。为了加强领导，各级地方党委应当建立健全必要的工作制度，及时研究工会、共青团、妇联提请党委讨论的问题；党委专门研究工会、共青团、妇联的工作，每年不少于两次；党委的有关会议应吸收工会、共青团、妇联的主要负责人参加或列席。在提名党委委员候选人时，应考虑同级工会、共青团、妇联的党员负责人。经济发达、职工人数多的地方，在提名党委委员候选人时，应考虑同级工会的党员主要负责人。共青团、妇联的党员主要负责人是否作为党委常委候选人，应根据工作需要和干部本人的条件而定。

共青团是党的助手和后备军，各级党组织应当按照党章的规定加强对同级共青团组织的领导。共青团县级和县级以下各级委员会书记，企事业单位的团委书记，是党员的，可以列席同级党委和党委常委的会议。

各级党组织要引导工会、共青团、妇联组织自觉维护党的统一领导，自觉维护社会的安定团结。警惕和防止任何企图摆脱或削弱党的领导的倾向，警惕和防止某些别有用心的人破坏安定团结。决不允许任何组织提出同党对立的政治主张。决不允许存在反对四项基本原则、危害国家政权的政治组织，一经发现，必须依法取缔。

各级党校要增授群众工作课，使党的领导干部了解群众工作的基本原则和政策，以利于他们更好地指导工会、共青团、妇联的工作。

三、支持工会、共青团、妇联依照法律和各自的章程独立自主地开展工作

工会、共青团、妇联要在党的统一领导下，遵循党的基本路线，围绕党在每个时期的中心任务进行工作。同时，党组织应当支持工会、共青团、妇联依照法律和各自的章程，执行它们上级组织的决议，独立自主地、创造性地开展工作。这样，工会、共青团、妇联才能更好地体现各自的性质和特点，才能广泛地吸引和团结各自联系的群众。

各级党委对本地区、本单位工会、共青团、妇联工作作出重要决定时，要充分考虑它们上级组织的意见。党委的意见与工会、共青团、妇联上级组织意见不一致时，党委可以根据实际情况作出决定，工会、共青团、妇联应按照同级党委的决定执行，同时可向上级工会、共青团、妇联组织反映。党委不应干涉工会、共青团、妇联的日常工作，不要随意抽调工会、共青团、妇联的干部从事他们本职以外的工作，不得把工会、共青团、妇联的机构撤销、合并或归属于其他工作部门。

各级地方党委和政府要为工会、共青团、妇联独立自主地开展工作创造必要的条件，积极支持它们开展适合职工、青年、妇女特点的、健康有益的活动。各级政府应将职工、青少年、妇女儿童活动设施的建设列入城乡建设总体规划。允许工会、共青团、妇联兴办一些为职工、青年、妇女服务的、公益性的、不以营利为目的的企事业。这些企事业必须严格遵守国家的法律、法规和有关经营政策，独立核算，照章纳税。目前已经开办的企事业，要按照国务院的有关规定认真进行清理整顿。

四、支持工会、共青团、妇联在维护全国人民总体利益的同时，更好地维护各自所代表的群众的具体利益

职工、青年、妇女作为不同的社会群体，都有各自的具体利益。在我们的国家里，全国人民的总体利益同职工、青年、妇女的具体利益，在根本上是一致的。但是，总体利益同具体利益之间、这部分群众同那部分群众的具体利益之间也有可能产生某些矛盾。腐败现象和官僚主义必然侵害群众的利益。因此，广大职工、青年、妇女需要通过各自的组织表达和维护自己的具体利益，党和政府也需要工会、共青团、妇联经常反映群众的意见和要求，帮助党和政府改进工作。工会、共青团、妇联应密切同广大群众的联系、倾听群众的呼声，关心群众的疾苦，维护群众的合法权益，尽力解决群众的困难；同时，要在实际工作中引导职工、青年、妇女自觉做到个人利益服从国家利益、局部利益服从整体利益、眼前利益服从长远利益。这样工会、共青团、妇联才会具有强大的凝聚力和吸引力，才能更好地调动广大群众的积极性。

各级党组织应当支持和帮助工会、共青团、妇联建立健全各自的信息渠道，使群众的要求和呼声，通过这些群众组织顺畅地反映上来，并督促有关部门认真答复、妥善解决。工会、共青团、妇联通过各自的组织系统向上反映情况，是完全正常的，不应加以干涉。当群众组织的干部因发表和维护群众的合法权益受到不公正对待，甚至打击报复时，党组织应当进行干预，纠正错误做法，对打击报复者严肃处理。

各级党组织要支持工会、共青团、妇联参与协调社会矛盾，特别是参与处理在群众中发生的突发事件。要指导它们加强工作的预见性和主动性，经常深入群众，善于发现和处理问题，努力把矛盾解决在萌芽状态，解决在基层，避免矛盾积聚酿成大的危害。

各级党委和政府要支持工会、共青团、妇联有计划地为群众办实事，每年扎扎实实地解决几个关系群众切身利益的问题。

建议全国人大及其常委会进一步研究关于保护职工、青少年、妇女儿童权益问题，加快这方面的立法，加强法律监督。

五、充分发挥工会、共青团、妇联在思想政治教育中的作用

各级党组织要指导和帮助工会、共青团、妇联把思想政治教育放在重要位置上，按照培养“有理想、有道德、有文化、有纪律”的社会主义新人的目标，根据职工、青年、妇女的不同情况，分层次、有重点地进行马克思主义基本理论教育，革命传统、理想、道德教育，民主、法制、纪律教育，国情、形势、政策教育和科学文化技术教育，提高群众的思想政治觉悟和科学文化水平。按照马克思列宁主义关于工会、共青团的论述和党章的有关规定，工会、共青团应当成为广大职工、青年在实践中学习共产主义的学校。

鉴于几年来坚持四项基本原则不够一贯，资产阶级自由化思潮泛滥，必须在职工、青年、妇女中深入进行坚持四项基本原则、坚持改革开放、反对资产阶级自由化的教育。要让大家真正懂得，背离四项基本原则，国家没有希望，已经取得的建设和改革成果也会丧失；同资产阶级自由化的斗争，同国际反动势力妄图使我国和平演变的斗争，不能有丝毫放松。当前要突出地抓好爱国主义、社会主义、独立主义、艰苦奋斗的教育，增强民族自尊心，坚定走社会主义道路的信心，把先辈开创的事业发扬光大。

各级工会应当在职工中经常进行工人阶级优良传统的教育，增强广大职工的国家主人翁责任感；深入开展职业责任、职业道德、职业纪律、职业技能的“四职”教育，大力提高职工队伍的素质。要鼓励和支持广大职工搞技术革新，提合理化建议。在目前治理整顿和深化改革时期，要教育广大职工理解和体谅国家的困难，努力增产节约、增收节支，不断提高经济效益。

青年正处在世界观形成的关键时期。共青团开展教育，应把先进性同群众性的要求有机结合起来。要继续抓好“争当突击手”、“学雷锋、树新风”、“大学生社会实践教育”等活动，引导广大青年从我做起，从现在做起，为振兴中华建功立业、贡献青春，在实践中锻炼成为合格的无产阶级革命事业接班人。

妇联要教育广大妇女“自尊、自信、自立、自强”，激励她们奋发上进，在建设和改革事业中充分发挥聪明才智和积极作用。妇联在城乡开展的“三八”红旗竞赛和“五好”家庭创评活动，在农村妇女中开展的“学文化、学技术、比成绩、比贡献”活动，应当不断总结经验，坚持下去。要把计划生育、勤俭建国、勤俭持家作为思想教育的重要内容，认真做好。

各级党组织要指导工会、共青团、妇联大力发扬社会主义、共产主义的道德风尚，积极开展移风易俗活动，同各种腐朽思想和丑恶现象进行坚决斗争。目前我国农村中文盲、半文盲还不少，共青团、妇联应当积极配合有关部门，动员和组织群众学习文化，掌握科学知识和劳动生产技能。

各级党组织要帮助工会、共青团、妇联制定切实可行的思想政治教育计划，充分运用它们现有的各种宣传教育阵地和群众思想政治工作队伍，开展多种形式的宣传教育活动。

工会、共青团、妇联要切实办好自己的报刊和出版事业，坚持党性原则，坚持正面宣传为主的方针，认真贯彻执行党的路线、方针、政策，同党中央保持高度一致。

六、发挥工会、共青团、妇联在国家和社会管理中的民主参与、民主监督作用

工会、共青团、妇联应当成为广大群众有组织、有纪律、有领导地参政议政的民主渠道。各级政府应当建立和完善工会、共青团、妇联对政府工作民主参与的制度。当前应做到：（1）政府及其有关部门，在研究制定经济和社会发展计划，制定教育、劳动、工资、社会保障、物价、住房以及其他涉及职工、青年、妇女切身利益的重大政策、措施时，要有同级工会、共青团、妇联的代表参加，在充分听取他们的意见后再作出决定。（2）各级政府设立的工资、物价等有关职工切身利益的专门机构，应吸收工会的代表作为正式成员参加工作。各级政府设立的其他有关群众切身利益的专门机构，应视需要吸收工会、共青团、妇联的代表作为正式成员参加工作。（3）某些涉及群众切身利益的重大问题，各级政府或政府有关部门可以与同级工会、共青团、妇联分别或共同联署发布文件。（4）各级政府可以指定一位负责人加强同工会、共青团、妇联的联系，帮助它们解决一些具体问题。工会、共青团、妇联应将有关情况向政府反映，以取得支持。（5）省、自治区、直辖市以及大中城市的人民政府，可以定期、不定期地通过与同级工会召开座谈会或联席会议等形式，通报政府的一些政策、法规及重要工作部署，研究解决工会反映职工群众的一些问题。

各级政府要支持工会、共青团、妇联充分发挥民主监督作用，经常听取它们对改进政府工作的意见和建议，认真处理它们对国家机关及其工作人员违法乱纪、以权谋私和严重官僚主义等行为的举报，并吸收它们参加经济案件和其他有关案件的调查工作。对近年来工会、共青团、妇联与政府和社会有关方面联合组建的社会监督队伍和组织，要加强指导和扶持，充分发挥其积极作用。

七、增强基层工会、共青团、妇联组织的活力

工会、共青团、妇联所联系的群众主要在基层。各级党委要指导工会、共青团、妇联把工作的重点放在基层，树立为基层服务、为群众服务的思想，努力使基层组织的工作活跃起来。要把工会、共青团、妇联基层组织是否具有活力作为检查和考核工会、共青团、妇联工作的一个重要标准。

基层单位的党组织领导本单位工会、共青团、妇联组织的工作。党委要定期讨论它们工作中的重大问题，支持它们独立自主地开展工作，协调它们与行政组织之间的关系。基层工会、共青团、妇联组织要主动地向基层党组织报告工作中的重要情况。基层单位的行政组织要支持本单位的工会、共青团、妇女组织独立自主地开展工作。基层工会、共青团、妇女组织要支持和尊重行政领导依法行使职权，动员职工、青年、妇女努力完成生产、工作任务。在企业中，厂长（经理）应当按照《企业法》的规定，支持工会代表和维护职工的利益，组织职工参加本单位的民主管理和民主监督。企业工会、共青团和作为妇联团体会员的工会女职工委员会，均可作为一个方面的代表，参加企业管理委员会。企业的工会委员会同时是企业职工代表大会的工作机构，在企业民主管理中负有重要责任，应当积极发挥作用。

工会、共青团、妇联要对基层组织建立严格的考核制度。对那些涣散的基层组织，要采取有效措施切实整顿，限期改变面貌。

八、加强工会、共青团、妇联干部队伍的建设

指导和帮助工会、共青团、妇联建设一支坚持“一个中心、两个基本点”，关心群众工作，熟悉本职业务，受到群众信赖的干部队伍，是各级党委的一项重要任务。

各级地方党委应当按照干部队伍“四化”的标准，帮助同级工会、共青团、妇联配备好领导班子。对那些在制止动乱、平息反革命暴乱中表现优秀，敢于坚持原则，密切联系群众，作风正派的干部，要选拔到各级领导岗位上来。党委推荐人选时应当同上一级工会、共青团、妇联充分协商，取得一致意见。党委推荐、群众推荐和自荐的人选都要经过法定的民主程序。党组织应当尊重民主选举结果。党委确因工作需要调动工会、共青团、妇联任期未满的领导干部时，要事先征得他们所在单位及其上一级组织的同意。

要加强工会、共青团、妇联的领导班子建设。各级领导班子成员要认真学习马克思列宁主义、毛泽东思想，坚决贯彻党的路线、方针、政策，遵守纪律，坚持民主集中制，全心全意为人民服务。领导班子内部要增强团结，互相尊重，互相谦让，互相帮助，同心协力做好工作。对领导班子成员，要建立群众民主评议制度。

要有计划地做好工会、共青团、妇联干部的交流和培训工作。帮助它们办好现有的干部院校，加强在职干部的培训。工会、共青团、妇联应当成为培养和输送干部的重要基地，特别要注意输送优秀的年轻干部和女干部。

要关心工会、共青团、妇联干部的思想、工作和生活，积极帮助解决他们的困难和问题。对工会、共青团、妇联干部中工作勤奋、成绩突出的，应予鼓励。对工会、共青团、妇联干部应享受的政治、生活待遇，要按照有关规定执行。

各级地方党委接到本通知以后，望组织工会、共青团、妇联及有关部门认真讨论，并结合本地区的实际情况，制定加强和改善对同级工会、共青团、妇联工作领导的具体措施。全国总工会、共青团中央、全国妇联接到本通知后，应认真研究，提出贯彻执行的意见。

中共中央　国务院关于构建和谐劳动关系的意见

（2015 年 3 月 21 日）

为全面贯彻党的十八大和十八届二中、三中、四中全会精神，构建和谐劳动关系，推动科学发展，促进社会和谐，现提出如下意见。

一、充分认识构建和谐劳动关系的重大意义

劳动关系是生产关系的重要组成部分，是最基本、最重要的社会关系之一。劳动关系是否和谐，事关广大职工和企业的切身利益，事关经济发展与社会和谐。党和国家历来高度重视构建和谐劳动关系，制定了一系列法律法规和政策措施并作出工作部署。各级党委和政府认真贯彻落实党中央和国务院的决策部署，取得了积极成效，总体保持了全国劳动关系和谐稳定。但是，我国正处于经济社会转型时期，劳动关系的主体及其利益诉求越来越多元化，劳动关系矛盾已进入凸显期和多发期，劳动争议案件居高不下，有的地方拖欠农民工工资等损害职工利益的现象仍较突出，集体停工和群体性事件时有发生，构建和谐劳动关系的任务艰巨繁重。

党的十八大明确提出构建和谐劳动关系。在新的历史条件下，努力构建中国特色和谐劳动关系，是加强和创新社会管理、保障和改善民生的重要内容，是建设社会主义和谐社会的重要基础，是经济持续健康发展的重要保证，是增强党的执政基础、巩固党的执政地位的必然要求。各级党委和政府要从夺取中国特色社会主义新胜利的全局和战略高度，深刻认识构建和谐劳动关系的重大意义，切实增强责任感和使命感，把构建和谐劳动关系作为一项紧迫任务，摆在更加突出的位置，采取有力措施抓实抓好。

二、构建和谐劳动关系的指导思想、工作原则和目标任务

（一）指导思想。全面贯彻党的十八大和十八届二中、三中、四中全会精神，以邓小平理论、“三个代表”重要思想、科学发展观为指导，深入贯彻习近平总书记系列重要讲话精神，贯彻落实党中央和国务院的决策部署，坚持促进企业发展、维护职工权益，坚持正确处理改革发展稳定关系，推动中国特色和谐劳动关系的建设和发展，最大限度增加劳动关系和谐因素，最大限度减少不和谐因素，促进经济持续健康发展和社会和谐稳定，凝聚广大职工为实现“两个一百年”奋斗目标、实现中华民族伟大复兴的中国梦贡献力量。

（二）工作原则

——坚持以人为本。把解决广大职工最关心、最直接、最现实的利益问题，切实维护其根本权益，作为构建和谐劳动关系的根本出发点和落脚点。

——坚持依法构建。健全劳动保障法律法规，增强企业依法用工意识，提高职工依法维权能力，加强劳动保障执法监督和劳动纠纷调处，依法处理劳动关系矛盾，把劳动关系的建立、运行、监督、调处的全过程纳入法治化轨道。

——坚持共建共享。统筹处理好促进企业发展和维护职工权益的关系，调动劳动关系主体双方的积极性、主动性，推动企业和职工协商共事、机制共建、效益共创、利益共享。

——坚持改革创新。从我国基本经济制度出发，统筹考虑公有制经济、非公有制经济和混合所有制经济的特点，不断探究和把握社会主义市场经济条件下劳动关系的规律性，积极稳妥推进具有中国特色的劳动关系工作理论、体制、制度、机制和方法创新。

（三）目标任务。加强调整劳动关系的法律、体制、制度、机制和能力建设，加快健全党委领导、政府负责、社会协同、企业和职工参与、法治保障的工作体制，加快形成源头治理、动态管理、应急处置相结合的工作机制，实现劳动用工更加规范，职工工资合理增长，劳动条件不断改善，职工安全健康得到切实保障，社会保险全面覆盖，人文关怀日益加强，有效预防和化解劳动关系矛盾，建立规范有序、公正合理、互利共赢、和谐稳定的劳动关系。

三、依法保障职工基本权益

（四）切实保障职工取得劳动报酬的权利。完善并落实工资支付规定，健全工资支付监控、工资保证金和欠薪应急周转金制度，探索建立欠薪保障金制度，落实清偿欠薪的施工总承包企业负责制，依法惩处拒不支付劳动报酬等违法犯罪行为，保障职工特别是农民工按时足额领到工资报酬。努力实现农民工与城镇就业人员同工同酬。

（五）切实保障职工休息休假的权利。完善并落实国家关于职工工作时间、全国年节及纪念日假期、带薪年休假等规定，规范企业实行特殊工时制度的审批管理，督促企业依法安排职工休息休假。企业因生产经营需要安排职工延长工作时间的，应与工会和职工协商，并依法足额支付加班加点工资。加强劳动定额定员标准化工作，推动劳动定额定员国家标准、行业标准的制定修订，指导企业制定实施科学合理的劳动定额定员标准，保障职工的休息权利。

（六）切实保障职工获得劳动安全卫生保护的权利。加强劳动安全卫生执法监督，督促企业健全并落实劳动安全卫生责任制，严格执行国家劳动安全卫生保护标准，加大安全生产投入，强化安全生产和职业卫生教育培训，提供符合国家规定的劳动安全卫生条件和劳动保护用品，对从事有职业危害作业的职工按照国家规定进行上岗前、在岗期间和离岗时的职业健康检查，加强女职工和未成年工特殊劳动保护，最大限度地减少生产安全事故和职业病危害。

（七）切实保障职工享受社会保险和接受职业技能培训的权利。认真贯彻实施社会保险法，继续完善社会保险关系转移接续办法，努力实现社会保险全面覆盖，落实广大职工特别是农民工和劳务派遣工的社会保险权益。督促企业依法为职工缴纳各项社会保险费，鼓励有条件的企业按照法律法规和有关规定为职工建立补充保险。引导职工自觉履行法定义务，积极参加社会保险。加强对职工的职业技能培训，鼓励职工参加学历教育和继续教育，提高职工文化知识水平和技能水平。

四、健全劳动关系协调机制

（八）全面实行劳动合同制度。贯彻落实好劳动合同法等法律法规，加强对企业实行劳动合同制度的监督、指导和服务，在用工季节性强、职工流动性大的行业推广简易劳动合同示范文本，依法规范劳动合同订立、履行、变更、解除、终止等行为，切实提高劳动合同签订率和履行质量。依法加强对劳务派遣的监管，规范非全日制、劳务承揽、劳务外包用工和企业裁员行为。指导企业建立健全劳动规章制度，提升劳动用工管理水平。全面推进劳动用工信息申报备案制度建设，加强对企业劳动用工的动态管理。

（九）推行集体协商和集体合同制度。以非公有制企业为重点对象，依法推进工资集体协商，不断扩大覆盖面、增强实效性，形成反映人力资源市场供求关系和企业经济效益的工资决定机制和正常增长机制。完善工资指导线制度，加快建立统一规范的企业薪酬调查和信息发布制度，为开展工资集体协商提供参考。推动企业与职工就工作条件、劳动定额、女职工特殊保护等开展集体协商，订立集体合同。加强集体协商代表能力建设，提高协商水平。加强对集体协商过程的指导，督促企业和职工认真履行集体合同。

（十）健全协调劳动关系三方机制。完善协调劳动关系三方机制组织体系，建立健全由人力资源社会保障部门会同工会和企业联合会、工商业联合会等企业代表组织组成的三方机制，根据实际需要推动工业园区、乡镇（街道）和产业系统建立三方机制。加强和创新三方机制组织建设，建立健全协调劳动关系三方委员会，由同级政府领导担任委员会主任。完善三方机制职能，健全工作制度，充分发挥政府、工会和企业代表组织共同研究解决有关劳动关系重大问题的重要作用。

五、加强企业民主管理制度建设

（十一）健全企业民主管理制度。完善以职工代表大会为基本形式的企业民主管理制度，丰富职工民主参与形式，畅通职工民主参与渠道，依法保障职工的知情权、参与权、表达权、监督权。推进企业普遍建立职工代表大会，认真落实职工代表大会职权，充分发挥职工代表大会在企业发展重大决策和涉及职工切身利益等重大事项上的重要作用。针对不同所有制企业，探索符合各自特点的职工代表大会形式、权限和职能。在中小企业集中的地方，可以建立区域性、行业性职工代表大会。

（十二）推进厂务公开制度化、规范化。进一步提高厂务公开建制率，加强国有企业改制重组过程中的厂务公开，积极稳妥推进非公有制企业厂务公开制度建设。完善公开程序，充实公开内容，创新公开形式，探索和推行经理接待日、劳资恳谈会、总经理信箱等多种形式的公开。

（十三）推行职工董事、职工监事制度。按照公司法规定，在公司制企业建立职工董事、职工监事制度。依法规范职工董事、职工监事履职规则。在董事会、监事会研究决定公司重大问题时，职工董事、职工监事应充分发表意见，反映职工合理诉求，维护职工和公司合法权益。

六、健全劳动关系矛盾调处机制

（十四）健全劳动保障监察制度。全面推进劳动保障监察网格化、网络化管理，实现监察执法向主动预防和统筹城乡转变。创新监察执法方式，规范执法行为，进一步畅通举报投诉渠道，扩大日常巡视检查和书面审查覆盖范围，强化对突出问题的专项整治。建立健全违法行为预警防控机制，完善多部门综合治理和监察执法与刑事司法联动机制，加大对非法用工尤其是大案要案的查处力度，严厉打击使用童工、强迫劳动、拒不支付劳动报酬等违法犯罪行为。加强劳动保障诚信评价制度建设，建立健全企业诚信档案。

（十五）健全劳动争议调解仲裁机制。坚持预防为主、基层为主、调解为主的工作方针，加强企业劳动争议调解委员会建设，推动各类企业普遍建立内部劳动争议协商调解机制。大力推动乡镇（街道）、村（社区）依法建立劳动争议调解组织，支持工会、商（协）会依法建立行业性、区域性劳动争议调解组织。完善劳动争议调解制度，大力加强专业性劳动争议调解工作，健全人民调解、行政调解、仲裁调解、司法调解联动工作体系，充分发挥协商、调解在处理劳动争议中的基础性作用。完善劳动人事争议仲裁办案制度，规范办案程序，加大仲裁办案督查力度，进一步提高仲裁效能和办案质量，促进案件仲裁终结。加强裁审衔接与工作协调，积极探索建立诉讼与仲裁程序有效衔接、裁审标准统一的新规则、新制度。畅通法律援助渠道，依法及时为符合条件的职工提供法律援助，切实维护当事人合法权益。依托协调劳动关系三方机制完善协调处理集体协商争议的办法，有效调处因签订集体合同发生的争议和集体停工事件。

（十六）完善劳动关系群体性事件预防和应急处置机制。加强对劳动关系形势的分析研判，建立劳动关系群体性纠纷的经常性排查和动态监测预警制度，及时发现和积极解决劳动关系领域的苗头性、倾向性问题，有效防范群体性事件。完善应急预案，明确分级响应、处置程序和处置措施。健全党委领导下的政府负责，有关部门和工会、企业代表组织共同参与的群体性事件应急联动处置机制，形成快速反应和处置工作合力，督促指导企业落实主体责任，及时妥善处置群体性事件。

七、营造构建和谐劳动关系的良好环境

（十七）加强对职工的教育引导。在广大职工中加强思想政治教育，引导职工树立正确的世界观、人生观、价值观，追求高尚的职业理想，培养良好的职业道德，增强对企业的责任感、认同感和归属感，爱岗敬业、遵守纪律、诚实守信，自觉履行劳动义务。加强有关法律法规政策宣传工作，在努力解决职工切身利益问题的同时，引导职工正确对待社会利益关系调整，合理确定提高工资收入等诉求预期，以理性合法形式表达利益诉求、解决利益矛盾、维护自身权益。

（十八）加强对职工的人文关怀。培育富有特色的企业精神和健康向上的企业文化，为职工构建共同的精神家园。注重职工的精神需求和心理健康，及时了解掌握职工思想动态，有针对性地做好思想引导和心理疏导工作，建立心理危机干预预警机制。加强企业文体娱乐设施建设，积极组织职工开展喜闻乐见、丰富多彩的文化体育活动，丰富职工文化生活。拓宽职工的发展渠道，拓展职业发展空间。

（十九）教育引导企业经营者积极履行社会责任。加强广大企业经营者的思想政治教育，引导其践行社会主义核心价值观，牢固树立爱国、敬业、诚信、守法、奉献精神，切实承担报效国家、服务社会、造福职工的社会责任。教育引导企业经营者自觉关心爱护职工，努力改善职工的工作、学习和生活条件，帮助他们排忧解难，加大对困难职工的帮扶力度。建立符合我国国情的企业社会责任标准体系和评价体系，营造鼓励企业履行社会责任的环境。加强对企业经营者尤其是中小企业经营管理人员的劳动保障法律法规教育培训，提高他们的依法用工意识，引导他们自觉保障职工合法权益。

（二十）优化企业发展环境。加强和改进政府的管理服务，减少和规范涉企行政审批事项，提高审批事项的工作效率，激发市场主体创造活力。加大对中小企业政策扶持力度，特别是推进扶持小微企业发展的各项政策落实落地，进一步减轻企业负担。加强技术支持，引导企业主动转型升级，紧紧依靠科技进步、职工素质提升和管理创新，不断提升竞争力。通过促进企业发展，为构建和谐劳动关系创造物质条件。

（二十一）加强构建和谐劳动关系的法治保障。进一步完善劳动法、劳动合同法、劳动争议调解仲裁法、社会保险法、职业病防治法等法律的配套法规、规章和政策，加快完善基本劳动标准、集体协商和集体合同、企业工资、劳动保障监察、企业民主管理、协调劳动关系三方机制等方面的制度，逐步健全劳动保障法律法规体系。深入开展法律法规宣传教育，加强行政执法和法律监督，促进各项劳动保障法律法规贯彻实施。

八、加强组织领导和统筹协调

（二十二）进一步加强领导，形成合力。各级党委和政府要建立健全构建和谐劳动关系的领导协调机制，形成全社会协同参与的工作合力。各级党委要统揽全局，把握方向，及时研究和解决劳动关系中的重大问题，把党政力量、群团力量、企业力量、社会力量统一起来，发挥人大监督、政协民主监督作用。各级政府要把构建和谐劳动关系纳入当地经济社会发展规划和政府目标责任考核体系，切实担负起定政策、作部署、抓落实的责任。完善并落实最低工资制度，在经济发展基础上合理调整最低工资标准。各级人力资源社会保障等部门要充分履行职责，认真做好调查研究、决策咨询、统筹协调、指导服务、检查督促和监察执法等工作。各级工会要积极反映职工群众呼声，依法维护职工权益，团结和凝聚广大职工建功立业。各级工商业联合会、企业联合会等企业代表组织要积极反映企业利益诉求，依法维护企业权益，教育和引导广大企业经营者主动承担社会责任。

（二十三）加强劳动关系工作能力建设。重视加强各级政府劳动关系协调、劳动保障监察机构建设以及劳动人事争议仲裁委员会和仲裁院建设，配备必要的工作力量。统筹推进乡镇（街道）、村（社区）等基层劳动就业社会保障公共服务平台建设，完善基层劳动关系工作职能，充实基层劳动关系协调、劳动争议调解和劳动保障监察人员。加强劳动关系工作人员业务培训，提高队伍素质。各级政府要针对劳动关系工作机构和队伍建设方面存在的问题，从力量配置、经费投入上给予支持，保障构建和谐劳动关系工作顺利开展。

（二十四）加强企业党组织和基层工会、团组织、企业代表组织建设。加强各类企业党建工作，重点在非公有制企业扩大党的组织覆盖和工作覆盖。坚持企业党建带群团建设，依法推动各类企业普遍建立工会，进一步加强非公有制企业团建工作。指导和支持企业党群组织探索适合企业特点的工作途径和方法，不断增强企业党群组织活力，充分发挥在推动企业发展、凝聚职工群众、促进和谐稳定中的作用。深入推进区域性、行业性工会联合会和县（市、区）、乡镇（街道）、村（社区）、工业园区工会组织建设，健全产业工会组织体系。完善基层工会主席民主产生机制，探索基层工会干部社会化途径，健全保护基层工会干部合法权益制度。建立健全县级以上政府与同级总工会联席会议制度，支持工会参与协调劳动关系。加强基层企业代表组织建设，支持企业代表组织参与协调劳动关系，充分发挥企业代表组织对企业经营者的团结、服务、引导、教育作用。

（二十五）深入推进和谐劳动关系创建活动。把和谐劳动关系创建活动作为构建和谐劳动关系的重要载体，总结创建活动经验，建立健全创建工作目标责任制，扩大创建活动在广大企业特别是非公有制企业和中小企业的覆盖面，推动区域性创建活动由工业园区向企业比较集中的乡镇（街道）、村（社区）拓展，努力形成全方位、多层次的创建局面。丰富创建内容，规范创建标准，改进创建评价，完善激励措施，按照国家有关规定定期表彰创建活动先进单位，把对企业和企业经营者评先评优与和谐劳动关系创建结合起来，不断推进创建活动深入开展。积极开展构建和谐劳动关系综合试验区（市）建设，为构建中国特色和谐劳动关系创造经验。

（二十六）加大构建和谐劳动关系宣传力度。充分利用新闻媒体和网站，大力宣传构建和谐劳动关系的重大意义、宣传党和政府的方针政策和劳动保障法律法规、宣传构建和谐劳动关系取得的实际成效和工作经验、宣传企业关爱职工和职工奉献企业的先进典型，形成正确舆论导向和强大舆论声势，营造全社会共同关心、支持和参与构建和谐劳动关系的良好氛围。

中共中央　国务院关于实施全面两孩政策改革完善计划生育服务管理的决定

（2015 年 12 月 31 日）

实行计划生育是我国的一项基本国策，事关亿万家庭的幸福安康，事关全面建成小康社会和“两个一百年”奋斗目标的实现。为贯彻落实党的十八大和十八届二中、三中、四中、五中全会精神，适应人口和经济社会发展新形势，促进人口长期均衡发展，现就全面实施一对夫妇可生育两个孩子政策（以下简称全面两孩政策），进一步改革完善计划生育服务管理，作出如下决定。

一、充分认识实施全面两孩政策、改革完善计划生育服务管理的重大意义

（一）计划生育工作取得了举世瞩目的伟大成就。20 世纪五六十年代，随着经济恢复、社会安定、人民生活改善和医疗卫生保障水平的提高，我国总人口从新中国成立初期的 5.4 亿人迅速增加到 1970 年的 8.3 亿人，给经济社会发展带来了巨大压力。为控制人口过快增长，国家从七十年代开始在城乡推行计划生育。1980 年，党中央发表《关于控制我国人口增长问题致全体共产党员、共青团员的公开信》，提倡一对夫妇生育一个孩子。1982 年，计划生育被确定为基本国策。40 多年来，我国实施人口与发展综合决策，不断完善计划生育政策，走出了一条中国特色统筹解决人口问题的道路。人口过快增长的势头得到有效控制，资源、环境压力有效缓解，妇女儿童发展状况极大改善，人口素质明显提高，促进了经济快速发展和社会进步，有力支撑了改革开放和社会主义现代化事业，为全面建成小康社会奠定了坚实基础。我国实行计划生育也为世界人口发展和减贫作出了重大贡献，树立了负责任大国的良好形象。在此过程中，亿万人民群众积极响应党和国家号召，自觉实行计划生育，作出了巨大贡献；广大人口和计划生育工作者付出了心血和汗水。实践证明，实行计划生育符合我国国情，是正确的，得到了广大人民群众的理解和支持，是强国富民安天下的伟大事业。

（二）我国人口发展呈现出重大转折性变化。人口问题始终是人类社会共同面对的基础性、全局性和战略性问题。人口的趋势性变化，将对经济社会发展产生全面、深刻、长远的影响。进入21世纪特别是“十二五”时期以来，我国人口发展的内在动力和外部条件发生了显著变化。人口总量增长势头明显减弱，劳动年龄人口和育龄妇女开始减少，老龄化程度不断加深；群众生育观念发生重大转变，少生优生已成为社会生育观念的主流；家庭规模趋向小型化，养老抚幼功能弱化；人口红利减弱，以人力资本为核心的国际竞争优势有待进一步加强。这些变化对人口安全和经济社会发展带来新的挑战。同时还应清醒地看到，到本世纪中叶，我国人口总量仍将保持在13亿以上，人口众多的基本国情不会根本改变，人口对经济社会发展的压力不会根本改变，人口与资源环境的紧张关系不会根本改变。当前，我国正处于人口大国向人力资本强国转变的关键时期。必须从全局和战略高度出发，充分认识坚持计划生育基本国策的重要性和长期性，立足国情，遵循规律，正确处理当前与长远、总量与结构、人口与资源环境的关系，逐步调整完善生育政策，促进人口长期均衡发展，最大限度发挥人口对经济社会发展的能动作用，牢牢把握战略主动权。

（三）实施全面两孩政策、改革完善计划生育服务管理是新形势下坚持计划生育基本国策的重大战略部署。党的十八届三中全会作出了坚持计划生育基本国策、启动实施单独两孩政策的重大决策。单独两孩政策稳妥扎实有序实施，为进一步调整完善生育政策积累了经验，当前启动实施全面两孩政策条件具备、时机成熟。实施全面两孩政策、改革完善计划生育服务管理，是促进人口长期均衡发展的重大举措，有利于优化人口结构，增加劳动力供给，减缓人口老龄化压力；有利于促进经济社会持续健康发展，实现全面建成小康社会的奋斗目标；有利于更好地落实计划生育基本国策，促进家庭幸福与社会和谐。各级党委和政府要充分认识实施全面两孩政策、改革完善计划生育服务管理的重要性，增强责任感和使命感，用法治的思维、创新的精神和务实的作风，不断探索新形势下落实计划生育基本国策的体制机制和方式方法，使计划生育成为惠及亿万家庭的甜蜜事业。

二、指导思想、基本原则和主要目标

（四）指导思想

高举中国特色社会主义伟大旗帜，全面贯彻党的十八大和十八届二中、三中、四中、五中全会精神，以邓小平理论、“三个代表”重要思想、科学发展观为指导，深入贯彻习近平总书记系列重要讲话精神，坚持“四个全面”战略布局，以增进家庭和谐幸福、促进人口长期均衡发展为主线，坚持计划生育基本国策，统筹推进生育政策、服务管理制度、家庭发展支持体系和治理机制综合改革，努力实现规模适度、素质较高、结构优化、分布合理的人口均衡发展，促进人口与经济社会、资源环境协调可持续发展，为实现中华民族伟大复兴的中国梦提供坚实基础和持久动力。

（五）基本原则

——以人为本。尊重家庭在计划生育中的主体地位，坚持权利与义务对等，寓管理于服务之中，引导群众负责任、有计划地生育。

——创新发展。推动人口和计划生育工作由控制人口数量为主向调控总量、提升素质和优化结构并举转变，由管理为主向更加注重服务家庭转变，由主要依靠政府力量向政府、社会和公民多元共治转变。

——法治引领。充分发挥立法对完善生育政策和服务管理改革的引领、规范、保障作用，坚持严格、规范、公正、文明执法，不断提高计划生育法治水平。

——统筹推进。注重改革措施的系统性、整体性、协同性，做到调整完善生育政策与服务管理改革同步推进、配套政策措施同步制定。

（六）主要目标

到2020年，计划生育服务管理制度和家庭发展支持体系较为完善，政府依法履行职责、社会广泛参与、群众诚信自律的多元共治格局基本形成，计划生育治理能力全面提高；覆盖城乡、布局合理、功能完备、便捷高效的妇幼保健计划生育服务体系更加完善，基本实现人人享有计划生育优质服务，推动联合国2030年可持续发展议程的落实；保持适度生育水平，人口总量控制在规划目标之内。

三、稳妥扎实有序实施全面两孩政策

（七）依法组织实施全面两孩政策。贯彻落实新修改的《中华人民共和国人口与计划生育法》，完善相关行政法规以及地方性法规。从2016年开始实施全面两孩政策。各省（自治区、直辖市）政府综合评估本地人口发展形势、计划生育工作基础和政策实施风险，科学制定实施方案，报国务院主管部门备案，确保政策平稳落地，生育水平不出现大幅波动。

（八）改革生育服务管理制度。实行生育登记服务制度，对生育两个以内（含两个）孩子的，不实行审批，由家庭自主安排生育。改进再婚等情形再生育管理。优化办事流程，简化办理手续，全面推行网上办事，进一步简政便民。依法依规查处政策外多孩生育。

（九）加强出生人口监测预测。加强人口变动情况调查，科学预测出生人口变动趋势，建立出生人口监测和预警机制。加快推进国家人口基础信息库和人口健康信息化建设，实现国家与省级人口和计划生育信息互联互通，实现户籍管理、婚姻、人口健康、教育、社会保障等信息共享。

（十）合理配置公共服务资源。根据生育服务需求和人口变动情况，合理配置妇幼保健、儿童照料、学前和中小学教育、社会保障等资源，满足新增公共服务需求。引导和鼓励社会力量举办非营利性妇女儿童医院、普惠性托儿所和幼儿园等服务机构。

四、大力提升计划生育服务管理水平

（十一）加强妇幼健康计划生育服务。推进优生优育全程服务，落实孕前优生健康检查，加强孕产期保健服务和出生缺陷综合防治，提高出生人口素质。向不孕不育等生育困难人员提供必要的辅助生殖技术服务。推进妇幼保健计划生育服务机构标准化建设和规范化管理，加强孕产妇与新生儿危急重症救治能力建设。加快产科和儿科医师、助产士及护士人才培养，合理确定服务价格，在薪酬分配等方面加大政策倾斜力度。全面推进知情选择，向育龄人群提供安全、有效、适宜的避孕节育服务，提高服务的公平性和可及性。加强基础研究和科技创新，开发推广避孕节育、优生优育、生殖保健的新技术新产品。

（十二）推进流动人口基本公共卫生计生服务均等化。按照常住人口配置服务资源，将流动人口纳入城镇基本公共卫生和计划生育服务范围。巩固完善流动人口信息互通、服务互补、管理互动的全国“一盘棋”工作机制。推进网上信息核查和共享，做好流动人口在居住地的生育登记服务。广泛开展生殖健康科普宣传，增强流动人口等人群自我保健意识和防护能力。关怀关爱流动人口和留守人群，促进社会融合。

（十三）强化基层基础工作。完善宣传倡导、依法管理、优质服务、政策推动、综合治理的计划生育长效工作机制。深入开展计划生育优质服务先进单位创建活动。建立健全卫生和计划生育综合监督行政执法体系，加强计划生育服务管理能力建设。稳定和加强县、乡级计划生育工作力量，妥善解决好村级计划生育专干的报酬待遇、养老保障等问题。

（十四）充分发挥社会组织作用。加强政府与社会协同治理，广泛动员工会、共青团、妇联等群团组织和其他社会组织共同做好计划生育工作。充分发挥计划生育协会的生力军作用，切实加强县、乡级计划生育协会的组织和能力建设，更好地承担宣传教育、生殖健康咨询服务、优生优育指导、计划生育家庭帮扶、权益维护和流动人口服务等工作。鼓励社会组织依法开展人口和计划生育公益慈善与帮扶救助活动。在城乡社区和企事业单位，引导群众广泛开展计划生育自我管理、自我服务、自我教育、自我监督。

五、构建有利于计划生育的家庭发展支持体系

（十五）加大对计划生育家庭扶助力度。切实保障计划生育家庭合法权益，使他们优先分享改革发展的成果。对政策调整前的独生子女家庭和农村计划生育双女家庭，继续实行现行各项奖励扶助政策，在社会保障、集体收益分配、就业创业、新农村建设等方面予以倾斜。完善计划生育家庭奖励扶助制度和特别扶助制度，实行扶助标准动态调整。帮扶存在特殊困难的计划生育家庭，妥善解决他们的生活照料、养老保障、大病治疗和精神慰藉等问题。推进计划生育与扶贫开发相结合，继续实施“少生快富”工程。对政策调整后自愿只生育一个子女的夫妻，不再实行独生子女父母奖励优惠等政策。

（十六）增强家庭抚幼和养老功能。建立完善包括生育支持、幼儿养育、青少年发展、老人赡养、病残照料等在内的家庭发展政策，鼓励按政策生育。完善计划生育奖励假制度。增强社区幼儿照料、托老日间照料和居家养老等服务功能。推进医疗卫生与养老服务相结合，探索建立长期护理保险制度。加大对残疾人家庭、贫困家庭和独居老人的帮扶支持力度。广泛开展创建幸福家庭活动和新家庭计划。

（十七）促进社会性别平等。深入开展关爱女孩行动，创造有利于女孩成长成才的社会环境。综合治理出生人口性别比偏高问题，依法严厉打击非医学需要的胎儿性别鉴定和选择性别人工终止妊娠行为。依法保障妇女的宅基地、房屋等财产继承权和土地承包权。依法保障女性就业、休假等合法权益，支持女性生育后重返工作岗位，鼓励用人单位制定有利于职工平衡工作与家庭关系的措施。

六、切实加强组织领导

（十八）落实党政责任。各级党委和政府要坚持计划生育党政一把手亲自抓、负总责，将实施全面两孩政策、改革完善计划生育服务管理作为全面深化改革的重要任务，加强统筹规划、政策协调和工作落实。坚持和完善计划生育目标管理责任制，确保责任到位、措施到位、投入到位。对人口和计划生育工作主要目标任务未完成、严重弄虚作假、违法行政造成恶劣影响等情形，实行“一票否决”。

（十九）加强部门协作。进一步完善计划生育兼职委员和领导小组制度。建立健全重大经济社会政策人口发展影响评估机制，促进相关经济社会政策与计划生育政策有效衔接。各有关部门要认真履行职责，重点解决好政策配套、公共服务保障、执法协调、信息互通等问题，加强对各地工作的指导。

（二十）深化人口发展战略研究。深入研究新形势下人口与经济、社会、资源、环境之间的互动关系以及人口数量、素质、结构和分布的变动趋势，加强前瞻性研究，完善人口发展战略，编制中长期规划。科学评估经济增长和社会发展对生育行为的影响，准确研判生育水平变动态势，做好政策储备。加强人口发展的国际比较研究，促进国际交流与合作。

（二十一）做好宣传和舆论引导。各地区各部门要把思想和行动统一到中央的决策部署上来，大力宣传计划生育取得的伟大成就，做好实施全面两孩政策解读。加强人口基本国情和计划生育基本国策教育，不断增强全社会的国情和国策意识。总结推广计划生育服务管理改革的好经验、好做法，表彰先进典型。正确引导社会舆论，营造支持政策落实和改革创新的良好氛围。

（二十二）强化督导落实。各地区各有关部门要按照本决定要求，制定实施方案，细化改革任务，明确实施步骤。加强对各项改革措施的跟踪评估，及时发现和解决改革中的苗头性、倾向性问题。各省（自治区、直辖市）党委和政府每年要向中央专题报告本地区计划生育工作情况，中央将定期开展督查。

中共中央　国务院关于印发《“健康中国2030”规划纲要》的通知

（2016年10月25日）

序　言

健康是促进人的全面发展的必然要求，是经济社会发展的基础条件。实现国民健康长寿，是国家富强、民族振兴的重要标志，也是全国各族人民的共同愿望。

党和国家历来高度重视人民健康。新中国成立以来特别是改革开放以来，我国健康领域改革发展取得显著成就，城乡环境面貌明显改善，全民健身运动蓬勃发展，医疗卫生服务体系日益健全，人民健康水平和身体素质持续提高。2015 年我国人均预期寿命已达 76.34 岁，婴儿死亡率、5 岁以下儿童死亡率、孕产妇死亡率分别下降到 8.1‰、10.7‰和 20.1/10 万，总体上优于中高收入国家平均水平，为全面建成小康社会奠定了重要基础。同时，工业化、城镇化、人口老龄化、疾病谱变化、生态环境及生活方式变化等，也给维护和促进健康带来一系列新的挑战，健康服务供给总体不足与需求不断增长之间的矛盾依然突出，健康领域发展与经济社会发展的协调性有待增强，需要从国家战略层面统筹解决关系健康的重大和长远问题。

推进健康中国建设，是全面建成小康社会、基本实现社会主义现代化的重要基础，是全面提升中华民族健康素质、实现人民健康与经济社会协调发展的国家战略，是积极参与全球健康治理、履行 2030 年可持续发展议程国际承诺的重大举措。未来 15 年，是推进健康中国建设的重要战略机遇期。经济保持中高速增长将为维护人民健康奠定坚实基础，消费结构升级将为发展健康服务创造广阔空间，科技创新将为提高健康水平提供有力支撑，各方面制度更加成熟更加定型将为健康领域可持续发展构建强大保障。

为推进健康中国建设，提高人民健康水平，根据党的十八届五中全会战略部署，制定本规划纲要。本规划纲要是推进健康中国建设的宏伟蓝图和行动纲领。全社会要增强责任感、使命感，全力推进健康中国建设，为实现中华民族伟大复兴和推动人类文明进步作出更大贡献。

第一篇 总体战略

第一章 指导思想

推进健康中国建设，必须高举中国特色社会主义伟大旗帜，全面贯彻党的十八大和十八届三中、四中、五中全会精神，以马克思列宁主义、毛泽东思想、邓小平理论、“三个代表”重要思想、科学发展观为指导，深入学习贯彻习近平总书记系列重要讲话精神，紧紧围绕统筹推进“五位一体”总体布局和协调推进“四个全面”战略布局，认真落实党中央、国务院决策部署，坚持以人民为中心的发展思想，牢固树立和贯彻落实新发展理念，坚持正确的卫生与健康工作方针，以提高人民健康水平为核心，以体制机制改革创新为动力，以普及健康生活、优化健康服务、完善健康保障、建设健康环境、发展健康产业为重点，把健康融入所有政策，加快转变健康领域发展方式，全方位、全周期维护和保障人民健康，大幅提高健康水平，显著改善健康公平，为实现“两个一百年”奋斗目标和中华民族伟大复兴的中国梦提供坚实健康基础。

主要遵循以下原则：

——健康优先。把健康摆在优先发展的战略地位，立足国情，将促进健康的理念融入公共政策制定实施的全过程，加快形成有利于健康的生活方式、生态环境和经济社会发展模式，实现健康与经济社会良性协调发展。

——改革创新。坚持政府主导，发挥市场机制作用，加快关键环节改革步伐，冲破思想观念束缚，破除利益固化藩篱，清除体制机制障碍，发挥科技创新和信息化的引领支撑作用，形成具有中国特色、促进全民健康的制度体系。

——科学发展。把握健康领域发展规律，坚持预防为主、防治结合、中西医并重，转变服务模式，构建整合型医疗卫生服务体系，推动健康服务从规模扩张的粗放型发展转变到质量效益提升的绿色集约式发展，推动中医药和西医药相互补充、协调发展，提升健康服务水平。

——公平公正。以农村和基层为重点，推动健康领域基本公共服务均等化，维护基本医疗卫生服务的公益性，逐步缩小城乡、地区、人群间基本健康服务和健康水平的差异，实现全民健康覆盖，促进社会公平。

第二章　战略主题

“共建共享、全民健康”，是建设健康中国的战略主题。核心是以人民健康为中心，坚持以基层为重点，以改革创新为动力，预防为主，中西医并重，把健康融入所有政策，人民共建共享的卫生与健康工作方针，针对生活行为方式、生产生活环境以及医疗卫生服务等健康影响因素，坚持政府主导与调动社会、个人的积极性相结合，推动人人参与、人人尽力、人人享有，落实预防为主，推行健康生活方式，减少疾病发生，强化早诊断、早治疗、早康复，实现全民健康。

共建共享是建设健康中国的基本路径。从供给侧和需求侧两端发力，统筹社会、行业和个人三个层面，形成维护和促进健康的强大合力。要促进全社会广泛参与，强化跨部门协作，深化军民融合发展，调动社会力量的积极性和创造性，加强环境治理，保障食品药品安全，预防和减少伤害，有效控制影响健康的生态和社会环境危险因素，形成多层次、多元化的社会共治格局。要推动健康服务供给侧结构性改革，卫生计生、体育等行业要主动适应人民健康需求，深化体制机制改革，优化要素配置和服务供给，补齐发展短板，推动健康产业转型升级，满足人民群众不断增长的健康需求。要强化个人健康责任，提高全民健康素养，引导形成自主自律、符合自身特点的健康生活方式，有效控制影响健康的生活行为因素，形成热爱健康、追求健康、促进健康的社会氛围。

全民健康是建设健康中国的根本目的。立足全人群和全生命周期两个着力点，提供公平可及、系统连续的健康服务，实现更高水平的全民健康。要惠及全人群，不断完善制度、扩展服务、提高质量，使全体人民享有所需要的、有质量的、可负担的预防、治疗、康复、健康促进等健康服务，突出解决好妇女儿童、老年人、残疾人、低收入人群等重点人群的健康问题。要覆盖全生命周期，针对生命不同阶段的主要健康问题及主要影响因素，确定若干优先领域，强化干预，实现从胎儿到生命终点的全程健康服务和健康保障，全面维护人民健康。

第三章　战略目标

到 2020 年，建立覆盖城乡居民的中国特色基本医疗卫生制度，健康素养水平持续提高，健康服务体系完善高效，人人享有基本医疗卫生服务和基本体育健身服务，基本形成内涵丰富、结构合理的健康产业体系，主要健康指标居于中高收入国家前列。

到 2030 年，促进全民健康的制度体系更加完善，健康领域发展更加协调，健康生活方式得到普及，健康服务质量和健康保障水平不断提高，健康产业繁荣发展，基本实现健康公平，主要健康指标进入高收入国家行列。到 2050 年，建成与社会主义现代化国家相适应的健康国家。

到 2030 年具体实现以下目标：

——人民健康水平持续提升。人民身体素质明显增强，2030 年人均预期寿命达到 79. 0 岁，人均健康预期寿命显著提高。

——主要健康危险因素得到有效控制。全民健康素养大幅提高，健康生活方式得到全面普及，有利于健康的生产生活环境基本形成，食品药品安全得到有效保障，消除一批重大疾病危害。

——健康服务能力大幅提升。优质高效的整合型医疗卫生服务体系和完善的全民健身公共服务体系全面建立，健康保障体系进一步完善，健康科技创新整体实力位居世界前列，健康服务质量和水平明显提高。

——健康产业规模显著扩大。建立起体系完整、结构优化的健康产业体系，形成一批具有较强创新能力和国际竞争力的大型企业，成为国民经济支柱性产业。

——促进健康的制度体系更加完善。有利于健康的政策法律法规体系进一步健全，健康领域治理体系和治理能力基本实现现代化。

健康中国建设主要指标

领域：健康水平 指标：人均预期寿命（岁） 2015 年：76.34 2020 年：77.3 2030 年：79.0

领域：健康水平 指标：婴儿死亡率（‰） 2015 年：8.1 2020 年：7.5 2030 年：5.0

领域：健康水平 指标：5 岁以下儿童死亡率（‰） 2015 年：10.7 2020 年：9.5 2030 年：6.0

领域：健康水平 指标：孕产妇死亡率（1/10 万） 2015 年：20.1 2020 年：18.0 2030 年：12.0

领域：健康水平 指标：城乡居民达到《国民体质测定标准》合格以上的人数比例（%） 2015 年：89.6（2014 年） 2020 年：90.6 2030 年：92.2

领域：健康生活 指标：居民健康素养水平（%） 2015 年：10 2020 年：20 2030 年：30

领域：健康生活 指标：经常参加体育锻炼人数（亿人） 2015 年：3.6（2014 年） 2020 年：4.35 2030 年：5.3

领域：健康服务与保障 指标：重大慢性病过早死亡率（%） 2015 年：19.1（2013 年） 2020 年：比 2015 年降低 10% 2030 年：比 2015 年降低 30%

领域：健康服务与保障 指标：每千常住人口执业（助理）医师数（人） 2015 年：2.2 2020 年：2.5 2030 年：3.0

领域：健康服务与保障 指标：个人卫生支出占卫生总费用的比重（%） 2015 年：29.3 2020 年：28 左右 2030 年：25 左右

领域：健康环境 指标：地级及以上城市空气质量优良天数比率（%） 2015 年：76.7 2020 年：>80 2030 年：持续改善

领域：健康环境 指标：地表水质量达到或好于Ⅲ类水体比例（%） 2015 年：66 2020 年：>70 2030 年：持续改善

领域：健康产业 指标：健康服务业总规模（万亿元） 2015 年：- 2020 年：>8 2030 年：16

第二篇　普及健康生活

第四章　加强健康教育

第一节　提高全民健康素养

推进全民健康生活方式行动，强化家庭和高危个体健康生活方式指导及干预，开展健康体重、健康口腔、健康骨骼等专项行动，到2030年基本实现以县（市、区）为单位全覆盖。开发推广促进健康生活的适宜技术和用品。建立健康知识和技能核心信息发布制度，健全覆盖全国的健康素养和生活方式监测体系。建立健全健康促进与教育体系，提高健康教育服务能力，从小抓起，普及健康科学知识。加强精神文明建设，发展健康文化，移风易俗，培育良好的生活习惯。各级各类媒体加大健康科学知识宣传力度，积极建设和规范各类广播电视等健康栏目，利用新媒体拓展健康教育。

第二节　加大学校健康教育力度

将健康教育纳入国民教育体系，把健康教育作为所有教育阶段素质教育的重要内容。以中小学为重点，建立学校健康教育推进机制。构建相关学科教学与教育活动相结合、课堂教育与课外实践相结合、经常性宣传教育与集中式宣传教育相结合的健康教育模式。培养健康教育师资，将健康教育纳入体育教师职前教育和职后培训内容。

第五章　塑造自主自律的健康行为

第一节　引导合理膳食

制定实施国民营养计划，深入开展食物（农产品、食品）营养功能评价研究，全面普及膳食营养知识，发布适合不同人群特点的膳食指南，引导居民形成科学的膳食习惯，推进健康饮食文化建设。建立健全居民营养监测制度，对重点区域、重点人群实施营养干预，重点解决微量营养素缺乏、部分人群油脂等高热能食物摄入过多等问题，逐步解决居民营养不足与过剩并存问题。实施临床营养干预。加强对学校、幼儿园、养老机构等营养健康工作的指导。开展示范健康食堂和健康餐厅建设。到2030年，居民营养知识素养明显提高，营养缺乏疾病发生率显著下降，全国人均每日食盐摄入量降低

20%，超重、肥胖人口增长速度明显放缓。

第二节　开展控烟限酒

全面推进控烟履约，加大控烟力度，运用价格、税收、法律等手段提高控烟成效。深入开展控烟宣传教育。积极推进无烟环境建设，强化公共场所控烟监督执法。推进公共场所禁烟工作，逐步实现室内公共场所全面禁烟。领导干部要带头在公共场所禁烟，把党政机关建成无烟机关。强化戒烟服务。到2030年，15岁以上人群吸烟率降低到20%。加强限酒健康教育，控制酒精过度使用，减少酗酒。加强有害使用酒精监测。

第三节　促进心理健康

加强心理健康服务体系建设和规范化管理。加大全民心理健康科普宣传力度，提升心理健康素养。加强对抑郁症、焦虑症等常见精神障碍和心理行为问题的干预，加大对重点人群心理问题早期发现和及时干预力度。加强严重精神障碍患者报告登记和救治救助管理。全面推进精神障碍社区康复服务。提高突发事件心理危机的干预能力和水平。到2030年，常见精神障碍防治和心理行为问题识别干预水平显著提高。

第四节　减少不安全性行为和毒品危害

强化社会综合治理，以青少年、育龄妇女及流动人群为重点，开展性道德、性健康和性安全宣传教育和干预，加强对性传播高危行为人群的综合干预，减少意外妊娠和性相关疾病传播。大力普及有关毒品危害、应对措施和治疗途径等知识。加强全国戒毒医疗服务体系建设，早发现、早治疗成瘾者。加强戒毒药物维持治疗与社区戒毒、强制隔离戒毒和社区康复的衔接。建立集生理脱毒、心理康复、就业扶持、回归社会于一体的戒毒康复模式，最大限度减少毒品社会危害。

第六章　提高全民身体素质

第一节　完善全民健身公共服务体系

统筹建设全民健身公共设施，加强健身步道、骑行道、全民健身中心、体育公园、社区多功能运动场等场地设施建设。到2030年，基本建成县乡村三级公共体育设施网络，人均体育场地面积不低于2.3平方米，在城镇社区实现15分钟健身圈全覆盖。推行公共体育设施免费或低收费开放，确保公共体育场地设施和符合开放条件的企事业单位体育场地设施全部向社会开放。加强全民健身组织网络建设，扶持和引导基层体育社会组织发展。

第二节 广泛开展全民健身运动

继续制定实施全民健身计划，普及科学健身知识和健身方法，推动全民健身生活化。组织社会体育指导员广泛开展全民健身指导服务。实施国家体育锻炼标准，发展群众健身休闲活动，丰富和完善全民健身体系。大力发展群众喜闻乐见的运动项目，鼓励开发适合不同人群、不同地域特点的特色运动项目，扶持推广太极拳、健身气功等民族民俗民间传统运动项目。

第三节 加强体医融合和非医疗健康干预

发布体育健身活动指南，建立完善针对不同人群、不同环境、不同身体状况的运动处方库，推动形成体医结合的疾病管理与健康服务模式，发挥全民科学健身在健康促进、慢性病预防和康复等方面的积极作用。加强全民健身科技创新平台和科学健身指导服务站点建设。开展国民体质测试，完善体质健康监测体系，开发应用国民体质健康监测大数据，开展运动风险评估。

第四节 促进重点人群体育活动

制定实施青少年、妇女、老年人、职业群体及残疾人等特殊群体的体质健康干预计划。实施青少年体育活动促进计划，培育青少年体育爱好，基本实现青少年熟练掌握 1 项以上体育运动技能，确保学生校内每天体育活动时间不少于 1 小时。到 2030 年，学校体育场地设施与器材配置达标率达到 100%，青少年学生每周参与体育活动达到中等强度 3 次以上，国家学生体质健康标准达标优秀率 25% 以上。加强科学指导，促进妇女、老年人和职业群体积极参与全民健身。实行工间健身制度，鼓励和支持新建工作场所建设适当的健身活动场地。推动残疾人康复体育和健身体育广泛开展。

第三篇 优化健康服务

第七章 强化覆盖全民的公共卫生服务

第一节 防治重大疾病

实施慢性病综合防控战略，加强国家慢性病综合防控示范区建设。强化慢性病筛查和早期发现，针对高发地区重点癌症开展早诊早治工作，推动癌症、脑卒中、冠心病等慢性病的机会性筛查。基本实现高血压、糖尿病患者管理干预全覆盖，逐步将符合条件的癌症、脑卒中等重大慢性病早诊早治适宜技术纳入诊疗常规。加强学生近视、肥胖等常见病防治。到2030年，实现全人群、全生命周期的慢性病健康管理，总体癌症5年生存率提高15%。加强口腔卫生，12岁儿童患龋率控制在25%以内。

加强重大传染病防控。完善传染病监测预警机制。继续实施扩大国家免疫规划，适龄儿童国家免疫规划疫苗接种率维持在较高水平，建立预防接种异常反应补偿保险机制。加强艾滋病检测、抗病毒治疗和随访管理，全面落实临床用血核酸检测和预防艾滋病母婴传播，疫情保持在低流行水平。建立结核病防治综合服务模式，加强耐多药肺结核筛查和监测，规范肺结核诊疗管理，全国肺结核疫情持续下降。有效应对流感、手足口病、登革热、麻疹等重点传染病疫情。继续坚持以传染源控制为主的血吸虫病综合防治策略，全国所有流行县达到消除血吸虫病标准。继续巩固全国消除疟疾成果。全国所有流行县基本控制包虫病等重点寄生虫病流行。保持控制和消除重点地方病，地方病不再成为危害人民健康的重点问题。加强突发急性传染病防治，积极防范输入性突发急性传染病，加强鼠疫等传统烈性传染病防控。强化重大动物源性传染病的源头治理。

第二节　完善计划生育服务管理

健全人口与发展的综合决策体制机制，完善有利于人口均衡发展的政策体系。改革计划生育服务管理方式，更加注重服务家庭，构建以生育支持、幼儿养育、青少年发展、老人赡养、病残照料为主题的家庭发展政策框架，引导群众负责任、有计划地生育。完善国家计划生育技术服务政策，加大再生育计划生育技术服务保障力度。全面推行知情选择，普及避孕节育和生殖健康知识。完善计划生育家庭奖励扶助制度和特别扶助制度，实行奖励扶助金标准动态调整。坚持和完善计划生育目标管理责任制，完善宣传倡导、依法管理、优质服务、政策推动、综合治理的计划生育长效工作机制。建立健全出生人口监测工作机制。继续开展出生人口性别比治理。到2030年，全国出生人口性别比实现自然平衡。

第三节　推进基本公共卫生服务均等化

继续实施完善国家基本公共卫生服务项目和重大公共卫生服务项目，加强疾病经济负担研究，适时调整项目经费标准，不断丰富和拓展服务内容，提高服务质量，使城乡居民享有均等化的基本公共卫生服务，做好流动人口基本公共卫生计生服务均等化工作。

第八章　提供优质高效的医疗服务

第一节　完善医疗卫生服务体系

全面建成体系完整、分工明确、功能互补、密切协作、运行高效的整合型医疗卫生服务体系。县和市域内基本医疗卫生资源按常住人口和服务半径合理布局，实现人人享有均等化的基本医疗卫生服务；省级及以上分区域统筹配置，整合推进区域医疗资源共享，基本实现优质医疗卫生资源配置均衡化，省域内人人享有均质化的危急重症、疑难病症诊疗和专科医疗服务；依托现有机构，建设一批引领国内、具有全球影响力的国家级医学中心，建设一批区域医学中心和国家临床重点专科群，推进京津冀、长江经济带等区域医疗卫生协同发展，带动医疗服务区域发展和整体水平提升。加强康复、老年病、长期护理、慢性病管理、安宁疗护等接续性医疗机构建设。实施健康扶贫工程，加大对中西部贫困地区医疗卫生机构建设支持力度，提升服务能力，保障贫困人口健康。到2030年，15分钟基本医疗卫生服务圈基本形成，每千常住人口注册护士数达到4.7人。

第二节　创新医疗卫生服务供给模式

建立专业公共卫生机构、综合和专科医院、基层医疗卫生机构“三位一体”的重大疾病防控机制，建立信息共享、互联互通机制，推进慢性病防、治、管整体融合发展，实现医防结合。建立不同层级、不同类别、不同举办主体医疗卫生机构间目标明确、权责清晰的分工协作机制，不断完善服务网络、运行机制和激励机制，基层普遍具备居民健康守门人的能力。完善家庭医生签约服务，全面建立成熟完善的分级诊疗制度，形成基层首诊、双向转诊、上下联动、急慢分治的合理就医秩序，健全治疗－康复－长期护理服务链。引导三级公立医院逐步减少普通门诊，重点发展危急重症、疑难病症诊疗。完善医疗联合体、医院集团等多种分工协作模式，提高服务体系整体绩效。加快医疗卫生领域军民融合，积极发挥军队医疗卫生机构作用，更好为人民服务。

第三节　提升医疗服务水平和质量

建立与国际接轨、体现中国特色的医疗质量管理与控制体系，基本健全覆盖主要专业的国家、省、市三级医疗质量控制组织，推出一批国际化标准规范。建设医疗质量管理与控制信息化平台，实现全行业全方位精准、实时管理与控制，持续改进医疗质量和医疗安全，提升医疗服务同质化程度，在住院率、抗菌药物使用率等主要医疗服务质量指标达到或接近世界先进水平。全面实施临床路径管理，规范诊疗行为，优化诊疗流程，增强患者就医获得感。推进合理用药，保障临床用血安全，基本实现医疗机构检查、检验结果互认。加强医疗服务人文关怀，构建和谐医患关系。依法严厉打击涉医违法犯罪行为特别是伤害医务人员的暴力犯罪行为，保护医务人员安全。

第九章　充分发挥中医药独特优势

第一节　提高中医药服务能力

实施中医临床优势培育工程，强化中医药防治优势病种研究，加强中西医结合，提高重大疑难病、危急重症临床疗效。大力发展中医非药物疗法，使其在常见病、多发病和慢性病防治中发挥独特作用。发展中医特色康复服务。健全覆盖城乡的中医医疗保健服务体系。在乡镇卫生院和社区卫生服务中心建立中医馆、国医堂等中医综合服务区，推广适宜技术，所有基层医疗卫生机构都能够提供中医药服务。促进民族医药发展。到 2030 年，中医药在治未病中的主导作用、在重大疾病治疗中的协同作用、在疾病康复中的核心作用得到充分发挥。

第二节　发展中医养生保健治未病服务

实施中医治未病健康工程，将中医药优势与健康管理结合，探索融健康文化、健康管理、健康保险为一体的中医健康保障模式。鼓励社会力量举办规范的中医养生保健机构，加快养生保健服务发展。拓展中医医院服务领域，为群众提供中医健康咨询评估、干预调理、随访管理等治未病服务。鼓励中医医疗机构、中医医师为中医养生保健机构提供保健咨询和调理等技术支持。开展中医中药中国行活动，大力传播中医药知识和易于掌握的养生保健技术方法，加强中医药非物质文化遗产的保护和传承运用，实现中医药健康养生文化创造性转化、创新性发展。

第三节　推进中医药继承创新

实施中医药传承创新工程，重视中医药经典医籍研读及挖掘，全面系统继承历代各家学术理论、流派及学说，不断弘扬当代名老中医药专家学术思想和临床诊疗经验，挖掘民间诊疗技术和方药，推进中医药文化传承与发展。建立中医药传统知识保护制度，制定传统知识保护名录。融合现代科技成果，挖掘中药方剂，加强重大疑难疾病、慢性病等中医药防治技术和新药研发，不断推动中医药理论与实践发展。发展中医药健康服务，加快打造全产业链服务的跨国公司和国际知名的中国品牌，推动中医药走向世界。保护重要中药资源和生物多样性，开展中药资源普查及动态监测。建立大宗、道地和濒危药材种苗繁育基地，提供中药材市场动态监测信息，促进中药材种植业绿色发展。

第十章 加强重点人群健康服务

第一节 提高妇幼健康水平

实施母婴安全计划，倡导优生优育，继续实施住院分娩补助制度，向孕产妇免费提供生育全过程的基本医疗保健服务。加强出生缺陷综合防治，构建覆盖城乡居民，涵盖孕前、孕期、新生儿各阶段的出生缺陷防治体系。实施健康儿童计划，加强儿童早期发展，加强儿科建设，加大儿童重点疾病防治力度，扩大新生儿疾病筛查，继续开展重点地区儿童营养改善等项目。提高妇女常见病筛查率和早诊早治率。实施妇幼健康和计划生育服务保障工程，提升孕产妇和新生儿危急重症救治能力。

第二节 促进健康老龄化

推进老年医疗卫生服务体系建设，推动医疗卫生服务延伸至社区、家庭。健全医疗卫生机构与养老机构合作机制，支持养老机构开展医疗服务。推进中医药与养老融合发展，推动医养结合，为老年人提供治疗期住院、康复期护理、稳定期生活照料、安宁疗护一体化的健康和养老服务，促进慢性病全程防治管理服务同居家、社区、机构养老紧密结合。鼓励社会力量兴办医养结合机构。加强老年常见病、慢性病的健康指导和综合干预，强化老年人健康管理。推动开展老年心理健康与关怀服务，加强老年痴呆症等的有效干预。推动居家老人长期照护服务发展，全面建立经济困难的高龄、失能老人补贴制度，建立多层次长期护理保障制度。进一步完善政策，使老年人更便捷获得基本药物。

第三节 维护残疾人健康

制定实施残疾预防和残疾人康复条例。加大符合条件的低收入残疾人医疗救助力度，将符合条件的残疾人医疗康复项目按规定纳入基本医疗保险支付范围。建立残疾儿童康复救助制度，有条件的地方对残疾人基本型辅助器具给予补贴。将残疾人康复纳入基本公共服务，实施精准康复，为城乡贫困残疾人、重度残疾人提供基本康复服务。完善医疗机构无障碍设施，改善残疾人医疗服务。进一步完善康复服务体系，加强残疾人康复和托养设施建设，建立医疗机构与残疾人专业康复机构双向转诊机制，推动基层医疗卫生机构优先为残疾人提供基本医疗、公共卫生和健康管理等签约服务。制定实施国家残疾预防行动计划，增强全社会残疾预防意识，开展全人群、全生命周期残疾预防，有效控制残疾的发生和发展。加强对致残疾病及其他致残因素的防控。推动国家残疾预防综合试验区试点工作。继续开展防盲治盲和防聋治聋工作。

第四篇　完善健康保障

第十一章　健全医疗保障体系

第一节　完善全民医保体系

健全以基本医疗保障为主体、其他多种形式补充保险和商业健康保险为补充的多层次医疗保障体系。整合城乡居民基本医保制度和经办管理。健全基本医疗保险稳定可持续筹资和待遇水平调整机制，实现基金中长期精算平衡。完善医保缴费参保政策，均衡单位和个人缴费负担，合理确定政府与个人分担比例。改进职工医保个人账户，开展门诊统筹。进一步健全重特大疾病医疗保障机制，加强基本医保、城乡居民大病保险、商业健康保险与医疗救助等的有效衔接。到 2030 年，全民医保体系成熟定型。

第二节　健全医保管理服务体系

严格落实医疗保险基金预算管理。全面推进医保支付方式改革，积极推进按病种付费、按人头付费，积极探索按疾病诊断相关分组付费（DRGs）、按服务绩效付费，形成总额预算管理下的复合式付费方式，健全医保经办机构与医疗机构的谈判协商与风险分担机制。加快推进基本医保异地就医结算，实现跨省异地安置退休人员住院医疗费用直接结算和符合转诊规定的异地就医住院费用直接结算。全面实现医保智能监控，将医保对医疗机构的监管延伸到医务人员。逐步引入社会力量参与医保经办。加强医疗保险基础标准建设和应用。到 2030 年，全民医保管理服务体系完善高效。

第三节　积极发展商业健康保险

落实税收等优惠政策，鼓励企业、个人参加商业健康保险及多种形式的补充保险。丰富健康保险产品，鼓励开发与健康管理服务相关的健康保险产品。促进商业保险公司与医疗、体检、护理等机构合作，发展健康管理组织等新型组织形式。到 2030 年，现代商业健康保险服务业进一步发展，商业健康保险赔付支出占卫生总费用比重显著提高。

第十二章　完善药品供应保障体系

第一节　深化药品、医疗器械流通体制改革

推进药品、医疗器械流通企业向供应链上下游延伸开展服务，形成现代流通新体系。规范医药电子商务，丰富药品流通渠道和发展模式。推广应用现代物流管理与技术，健全中药材现代流通网络与追溯体系。落实医疗机构药品、耗材采购主体地位，鼓励联合采购。完善国家药品价格谈判机制。建立药品出厂价格信息可追溯机制。强化短缺药品供应保障和预警，完善药品储备制度和应急供应机制。建设遍及城乡的现代医药流通网络，提高基层和边远地区药品供应保障能力。

第二节　完善国家药物政策

巩固完善国家基本药物制度，推进特殊人群基本药物保障。完善现有免费治疗药品政策，增加艾滋病防治等特殊药物免费供给。保障儿童用药。完善罕见病用药保障政策。建立以基本药物为重点的临床综合评价体系。按照政府调控和市场调节相结合的原则，完善药品价格形成机制。强化价格、医保、采购等政策的衔接，坚持分类管理，加强对市场竞争不充分药品和高值医用耗材的价格监管，建立药品价格信息监测和信息公开制度，制定完善医保药品支付标准政策。

第五篇　建设健康环境

第十三章　深入开展爱国卫生运动

第一节　加强城乡环境卫生综合整治

持续推进城乡环境卫生整洁行动，完善城乡环境卫生基础设施和长效机制，统筹治理城乡环境卫生问题。加大农村人居环境治理力度，全面加强农村垃圾治理，实施农村生活污水治理工程，大力推广清洁能源。到 2030 年，努力把我国农村建设成为人居环境干净整洁、适合居民生活养老的美丽家园，实现人与自然和谐发展。实施农村饮水安全巩固提升工程，推动城镇供水设施向农村延伸，进一步提高农村集中供水率、自来水普及率、水质达标率和供水保证率，全面建立从源头到龙头的农村饮水安全保障体系。加快无害化卫生厕所建设，力争到 2030 年，全国农村居民基本都能用上无害化卫生厕所。实施以环境治理为主的病媒生物综合预防控制策略。深入推进国家卫生城镇创建，力争到 2030 年，国家卫生城市数量提高到全国城市总数的 50%，有条件的省（自治区、直辖市）实现全覆盖。

第二节　建设健康城市和健康村镇

把健康城市和健康村镇建设作为推进健康中国建设的重要抓手，保障与健康相关的公共设施用地需求，完善相关公共设施体系、布局和标准，把健康融入城乡规划、建设、治理的全过程，促进城市与人民健康协调发展。针对当地居民主要健康问题，编制实施健康城市、健康村镇发展规划。广泛开展健康社区、健康村镇、健康单位、健康家庭等建设，提高社会参与度。重点加强健康学校建设，加强学生健康危害因素监测与评价，完善学校食品安全管理、传染病防控等相关政策。加强健康城市、健康村镇建设监测与评价。到 2030 年，建成一批健康城市、健康村镇建设的示范市和示范村镇。

第十四章　加强影响健康的环境问题治理

第一节　深入开展大气、水、土壤等污染防治

以提高环境质量为核心，推进联防联控和流域共治，实行环境质量目标考核，实施最严格的环境保护制度，切实解决影响广大人民群众健康的突出

环境问题。深入推进产业园区、新城、新区等开发建设规划环评，严格建设项目环评审批，强化源头预防。深化区域大气污染联防联控，建立常态化区域协作机制。完善重度及以上污染天气的区域联合预警机制。全面实施城市空气质量达标管理，促进全国城市环境空气质量明显改善。推进饮用水水源地安全达标建设。强化地下水管理和保护，推进地下水超采区治理与污染综合防治。开展国家土壤环境质量监测网络建设，建立建设用地土壤环境质量调查评估制度，开展土壤污染治理与修复。以耕地为重点，实施农用地分类管理。全面加强农业面源污染防治，有效保护生态系统和遗传多样性。加强噪声污染防控。

第二节　实施工业污染源全面达标排放计划

全面实施工业污染源排污许可管理，推动企业开展自行监测和信息公开，建立排污台账，实现持证按证排污。加快淘汰高污染、高环境风险的工艺、设备与产品。开展工业集聚区污染专项治理。以钢铁、水泥、石化等行业为重点，推进行业达标排放改造。

第三节　建立健全环境与健康监测、调查和风险评估制度

逐步建立健全环境与健康管理制度。开展重点区域、流域、行业环境与健康调查，建立覆盖污染源监测、环境质量监测、人群暴露监测和健康效应监测的环境与健康综合监测网络及风险评估体系。实施环境与健康风险管理。划定环境健康高风险区域，开展环境污染对人群健康影响的评价，探索建立高风险区域重点项目健康风险评估制度。建立环境健康风险沟通机制。建立统一的环境信息公开平台，全面推进环境信息公开。推进县级及以上城市空气质量监测和信息发布。

第十五章　保障食品药品安全

第一节　加强食品安全监管

完善食品安全标准体系，实现食品安全标准与国际标准基本接轨。加强食品安全风险监测评估，到2030年，食品安全风险监测与食源性疾病报告网络实现全覆盖。全面推行标准化、清洁化农业生产，深入开展农产品质量安全风险评估，推进农兽药残留、重金属污染综合治理，实施兽药抗菌药治理行动。加强对食品原产地指导监管，完善农产品市场准入制度。建立食用农产品全程追溯协作机制，完善统一权威的食品安全监管体制，建立职业化检

查员队伍，加强检验检测能力建设，强化日常监督检查，扩大产品抽检覆盖面。加强互联网食品经营治理。加强进口食品准入管理，加大对境外源头食品安全体系检查力度，有序开展进口食品指定口岸建设。推动地方政府建设出口食品农产品质量安全示范区。推进食品安全信用体系建设，完善食品安全信息公开制度。健全从源头到消费全过程的监管格局，严守从农田到餐桌的每一道防线，让人民群众吃得安全、吃得放心。

第二节　强化药品安全监管

深化药品（医疗器械）审评审批制度改革，研究建立以临床疗效为导向的审批制度，提高药品（医疗器械）审批标准。加快创新药（医疗器械）和临床急需新药（医疗器械）的审评审批，推进仿制药质量和疗效一致性评价。完善国家药品标准体系，实施医疗器械标准提高计划，积极推进中药（材）标准国际化进程。全面加强药品监管，形成全品种、全过程的监管链条。加强医疗器械和化妆品监管。

第十六章　完善公共安全体系

第一节　强化安全生产和职业健康

加强安全生产，加快构建风险等级管控、隐患排查治理两条防线，切实降低重特大事故发生频次和危害后果。强化行业自律和监督管理职责，推动企业落实主体责任，推进职业病危害源头治理，强化矿山、危险化学品等重点行业领域安全生产监管。开展职业病危害基本情况普查，健全有针对性的健康干预措施。进一步完善职业安全卫生标准体系，建立完善重点职业病监测与职业病危害因素监测、报告和管理网络，遏制尘肺病和职业中毒高发势头。建立分级分类监管机制，对职业病危害高风险企业实施重点监管。开展重点行业领域职业病危害专项治理。强化职业病报告制度，开展用人单位职业健康促进工作，预防和控制工伤事故及职业病发生。加强全国个人辐射剂量管理和放射诊疗辐射防护。

第二节　促进道路交通安全

加强道路交通安全设施设计、规划和建设，组织实施公路安全生命防护工程，治理公路安全隐患。严格道路运输安全管理，提升企业安全自律意识，落实运输企业安全生产主体责任。强化安全运行监管能力和安全生产基础支撑。进一步加强道路交通安全治理，提高车辆安全技术标准，提高机动车驾驶人和交通参与者综合素质。到 2030 年，力争实现道路交通万车死亡率下降 30%。

第三节　预防和减少伤害

建立伤害综合监测体系，开发重点伤害干预技术指南和标准。加强儿童和老年人伤害预防和干预，减少儿童交通伤害、溺水和老年人意外跌落，提高儿童玩具和用品安全标准。预防和减少自杀、意外中毒。建立消费品质量安全事故强制报告制度，建立产品伤害监测体系，强化重点领域质量安全监管，减少消费品安全伤害。

第四节　提高突发事件应急能力

加强全民安全意识教育。建立健全城乡公共消防设施建设和维护管理责任机制，到 2030 年，城乡公共消防设施基本实现全覆盖。提高防灾减灾和应急能力。完善突发事件卫生应急体系，提高早期预防、及时发现、快速反应和有效处置能力。建立包括军队医疗卫生机构在内的海陆空立体化的紧急医学救援体系，提升突发事件紧急医学救援能力。到 2030 年，建立起覆盖全国、较为完善的紧急医学救援网络，突发事件卫生应急处置能力和紧急医学救援能力达到发达国家水平。进一步健全医疗急救体系，提高救治效率。到 2030 年，力争将道路交通事故死伤比基本降低到中等发达国家水平。

第五节　健全口岸公共卫生体系

建立全球传染病疫情信息智能监测预警、口岸精准检疫的口岸传染病预防控制体系和种类齐全的现代口岸核生化有害因子防控体系，建立基于源头防控、境内外联防联控的口岸突发公共卫生事件应对机制，健全口岸病媒生物及各类重大传染病监测控制机制，主动预防、控制和应对境外突发公共卫生事件。持续巩固和提升口岸核心能力，创建国际卫生机场（港口）。完善国际旅行与健康信息网络，提供及时有效的国际旅行健康指导，建成国际一流的国际旅行健康服务体系，保障出入境人员健康安全。

提高动植物疫情疫病防控能力，加强进境动植物检疫风险评估准入管理，强化外来动植物疫情疫病和有害生物查验截获、检测鉴定、除害处理、监测防控规范化建设，健全对购买和携带人员、单位的问责追究体系，防控国际动植物疫情疫病及有害生物跨境传播。健全国门生物安全查验机制，有效防范物种资源丧失和外来物种入侵。

第六篇 发展健康产业

第十七章 优化多元办医格局

进一步优化政策环境，优先支持社会力量举办非营利性医疗机构，推进和实现非营利性民营医院与公立医院同等待遇。鼓励医师利用业余时间、退休医师到基层医疗卫生机构执业或开设工作室。个体诊所设置不受规划布局限制。破除社会力量进入医疗领域的不合理限制和隐性壁垒。逐步扩大外资兴办医疗机构的范围。加大政府购买服务的力度，支持保险业投资、设立医疗机构，推动非公立医疗机构向高水平、规模化方向发展，鼓励发展专业性医院管理集团。加强政府监管、行业自律与社会监督，促进非公立医疗机构规范发展。

第十八章 发展健康服务新业态

积极促进健康与养老、旅游、互联网、健身休闲、食品融合，催生健康新产业、新业态、新模式。发展基于互联网的健康服务，鼓励发展健康体检、咨询等健康服务，促进个性化健康管理服务发展，培育一批有特色的健康管理服务产业，探索推进可穿戴设备、智能健康电子产品和健康医疗移动应用服务等发展。规范发展母婴照料服务。培育健康文化产业和体育医疗康复产业。制定健康医疗旅游行业标准、规范，打造具有国际竞争力的健康医疗旅游目的地。大力发展中医药健康旅游。打造一批知名品牌和良性循环的健康服务产业集群，扶持一大批中小微企业配套发展。

引导发展专业的医学检验中心、医疗影像中心、病理诊断中心和血液透析中心等。支持发展第三方医疗服务评价、健康管理服务评价，以及健康市场调查和咨询服务。鼓励社会力量提供食品药品检测服务。完善科技中介体系，大力发展专业化、市场化医药科技成果转化服务。

第十九章 积极发展健身休闲运动产业

进一步优化市场环境，培育多元主体，引导社会力量参与健身休闲设施建设运营。推动体育项目协会改革和体育场馆资源所有权、经营权分离改革，加快开放体育资源，创新健身休闲运动项目推广普及方式，进一步健全政府购买体育公共服务的体制机制，打造健身休闲综合服务体。鼓励发展多种形式的体育健身俱乐部，丰富业余体育赛事，积极培育冰雪、山地、水上、汽摩、航空、极限、马术等具有消费引领特征的时尚休闲运动项目，打造具有区域特色的健身休闲示范区、健身休闲产业带。

第二十章　促进医药产业发展

第一节　加强医药技术创新

完善政产学研用协同创新体系，推动医药创新和转型升级。加强专利药、中药新药、新型制剂、高端医疗器械等创新能力建设，推动治疗重大疾病的专利到期药物实现仿制上市。大力发展生物药、化学药新品种、优质中药、高性能医疗器械、新型辅料包材和制药设备，推动重大药物产业化，加快医疗器械转型升级，提高具有自主知识产权的医学诊疗设备、医用材料的国际竞争力。加快发展康复辅助器具产业，增强自主创新能力。健全质量标准体系，提升质量控制技术，实施绿色和智能改造升级，到 2030 年，药品、医疗器械质量标准全面与国际接轨。

第二节　提升产业发展水平

发展专业医药园区，支持组建产业联盟或联合体，构建创新驱动、绿色低碳、智能高效的先进制造体系，提高产业集中度，增强中高端产品供给能力。大力发展医疗健康服务贸易，推动医药企业走出去和国际产业合作，提高国际竞争力。到 2030 年，具有自主知识产权新药和诊疗装备国际市场份额大幅提高，高端医疗设备市场国产化率大幅提高，实现医药工业中高速发展和向中高端迈进，跨入世界制药强国行列。推进医药流通行业转型升级，减少流通环节，提高流通市场集中度，形成一批跨国大型药品流通企业。

第七篇　健全支撑与保障

第二十一章　深化体制机制改革

第一节　把健康融入所有政策

加强各部门各行业的沟通协作，形成促进健康的合力。全面建立健康影响评价评估制度，系统评估各项经济社会发展规划和政策、重大工程项目对健康的影响，健全监督机制。畅通公众参与渠道，加强社会监督。

第二节　全面深化医药卫生体制改革

加快建立更加成熟定型的基本医疗卫生制度，维护公共医疗卫生的公益性，有效控制医药费用不合理增长，不断解决群众看病就医问题。推进政事分开、管办分开，理顺公立医疗卫生机构与政府的关系，建立现代公立医院管理制度。清晰划分中央和地方以及地方各级政府医药卫生管理事权，实施属地化和全行业管理。推进军队医院参加城市公立医院改革、纳入国家分级诊疗体系工作。健全卫生计生全行业综合监管体系。

第三节　完善健康筹资机制

健全政府健康领域相关投入机制，调整优化财政支出结构，加大健康领域投入力度，科学合理界定中央政府和地方政府支出责任，履行政府保障基本健康服务需求的责任。中央财政在安排相关转移支付时对经济欠发达地区予以倾斜，提高资金使用效益。建立结果导向的健康投入机制，开展健康投入绩效监测和评价。充分调动社会组织、企业等的积极性，形成多元筹资格局。鼓励金融等机构创新产品和服务，完善扶持措施。大力发展慈善事业，鼓励社会和个人捐赠与互助。

第四节　加快转变政府职能

进一步推进健康相关领域简政放权、放管结合、优化服务。继续深化药品、医疗机构等审批改革，规范医疗机构设置审批行为。推进健康相关部门依法行政，推进政务公开和信息公开。加强卫生计生、体育、食品药品等健康领域监管创新，加快构建事中和事后监管体系，全面推开“双随机、一公开”机制建设。推进综合监管，加强行业自律和诚信建设，鼓励行业协会商会发展，充分发挥社会力量在监管中的作用，促进公平竞争，推动健康相关行业科学发展，简化健康领域公共服务流程，优化政府服务，提高服务效率。

第二十二章　加强健康人力资源建设

第一节　加强健康人才培养培训

加强医教协同，建立完善医学人才培养供需平衡机制。改革医学教育制度，加快建成适应行业特点的院校教育、毕业后教育、继续教育三阶段有机衔接的医学人才培养培训体系。完善医学教育质量保障机制，建立与国际医学教育实质等效的医学专业认证制度。以全科医生为重点，加强基层人才队伍建设。完善住院医师与专科医师培养培训制度，建立公共卫生与临床医学复合型高层次人才培养机制。强化面向全员的继续医学教育制度。加大基层和偏远地区扶持力度。加强全科、儿科、产科、精神科、病理、护理、助产、康复、心理健康等急需紧缺专业人才培养培训。加强药师和中医药健康服务、卫生应急、卫生信息化复合人才队伍建设。加强高层次人才队伍建设，引进和培养一批具有国际领先水平的学科带头人。推进卫生管理人员专业化、职业化。调整优化适应健康服务产业发展的医学教育专业结构，加大养老护理员、康复治疗师、心理咨询师等健康人才培养培训力度。支持建立以国家健康医疗开放大学为基础、中国健康医疗教育慕课联盟为支撑的健康教育培训云平台，便捷医务人员终身教育。加强社会体育指导员队伍建设，到2030年，实现每千人拥有社会体育指导员2.3名。

第二节　创新人才使用评价激励机制

落实医疗卫生机构用人自主权，全面推行聘用制，形成能进能出的灵活用人机制。落实基层医务人员工资政策。创新医务人员使用、流动与服务提供模式，积极探索医师自由执业、医师个体与医疗机构签约服务或组建医生集团。建立符合医疗卫生行业特点的人事薪酬制度。对接国际通行模式，进一步优化和完善护理、助产、医疗辅助服务、医疗卫生技术等方面人员评价标准。创新人才评价机制，不将论文、外语、科研等作为基层卫生人才职称评审的硬性要求，健全符合全科医生岗位特点的人才评价机制。

第二十三章　推动健康科技创新

第一节　构建国家医学科技创新体系

大力加强国家临床医学研究中心和协同创新网络建设，进一步强化实验室、工程中心等科研基地能力建设，依托现有机构推进中医药临床研究基地和科研机构能力建设，完善医学研究科研基地布局。加强资源整合和数据交汇，统筹布局国家生物医学大数据、生物样本资源、实验动物资源等资源平台，建设心脑血管、肿瘤、老年病等临床医学数据示范中心。实施中国医学科学院医学与健康科技创新工程。加快生物医药和大健康产业基地建设，培育健康产业高新技术企业，打造一批医学研究和健康产业创新中心，促进医研企结合，推进医疗机构、科研院所、高等学校和企业等创新主体高效协同。加强医药成果转化推广平台建设，促进医学成果转化推广。建立更好的医学创新激励机制和以应用为导向的成果评价机制，进一步健全科研基地、生物安全、技术评估、医学研究标准与规范、医学伦理与科研诚信、知识产权等保障机制，加强科卫协同、军民融合、省部合作，有效提升基础前沿、关键共性、社会公益和战略高科技的研究水平。

第二节　推进医学科技进步

启动实施脑科学与类脑研究、健康保障等重大科技项目和重大工程，推进国家科技重大专项、国家重点研发计划重点专项等科技计划。发展组学技术、干细胞与再生医学、新型疫苗、生物治疗等医学前沿技术，加强慢病防控、精准医学、智慧医疗等关键技术突破，重点部署创新药物开发、医疗器械国产化、中医药现代化等任务，显著增强重大疾病防治和健康产业发展的科技支撑能力。力争到2030年，科技论文影响力和三方专利总量进入国际前列，进一步提高科技创新对医药工业增长贡献率和成果转化率。

第二十四章　建设健康信息化服务体系

第一节　完善人口健康信息服务体系建设

全面建成统一权威、互联互通的人口健康信息平台，规范和推动“互联网+健康医疗”服务，创新互联网健康医疗服务模式，持续推进覆盖全生命周期的预防、治疗、康复和自主健康管理一体化的国民健康信息服务。实施健康中国云服务计划，全面建立远程医疗应用体系，发展智慧健康医疗便民惠民服务。建立人口健康信息化标准体系和安全保护机制。做好公民入伍前与退伍后个人电子健康档案军地之间接续共享。到2030年，实现国家省市县四级人口健康信息平台互通共享、规范应用，人人拥有规范化的电子健康档案和功能完备的健康卡，远程医疗覆盖省市县乡四级医疗卫生机构，全面实现人口健康信息规范管理和使用，满足个性化服务和精准化医疗的需求。

第二节　推进健康医疗大数据应用

加强健康医疗大数据应用体系建设，推进基于区域人口健康信息平台的医疗健康大数据开放共享、深度挖掘和广泛应用。消除数据壁垒，建立跨部门跨领域密切配合、统一归口的健康医疗数据共享机制，实现公共卫生、计划生育、医疗服务、医疗保障、药品供应、综合管理等应用信息系统数据采集、集成共享和业务协同。建立和完善全国健康医疗数据资源目录体系，全面深化健康医疗大数据在行业治理、临床和科研、公共卫生、教育培训等领域的应用，培育健康医疗大数据应用新业态。加强健康医疗大数据相关法规和标准体系建设，强化国家、区域人口健康信息工程技术能力，制定分级分类分域的数据应用政策规范，推进网络可信体系建设，注重内容安全、数据安全和技术安全，加强健康医疗数据安全保障和患者隐私保护。加强互联网健康服务监管。

第二十五章　加强健康法治建设

推动颁布并实施基本医疗卫生法、中医药法，修订实施药品管理法，加强重点领域法律法规的立法和修订工作，完善部门规章和地方政府规章，健全健康领域标准规范和指南体系。强化政府在医疗卫生、食品、药品、环境、体育等健康领域的监管职责，建立政府监管、行业自律和社会监督相结合的监督管理体制。加强健康领域监督执法体系和能力建设。

第二十六章　加强国际交流合作

实施中国全球卫生战略，全方位积极推进人口健康领域的国际合作。以双边合作机制为基础，创新合作模式，加强人文交流，促进我国和“一带一路”沿线国家卫生合作。加强南南合作，落实中非公共卫生合作计划，继续向发展中国家派遣医疗队员，重点加强包括妇幼保健在内的医疗援助，重点支持疾病预防控制体系建设。加强中医药国际交流与合作。充分利用国家高层战略对话机制，将卫生纳入大国外交议程。积极参与全球卫生治理，在相关国际标准、规范、指南等的研究、谈判与制定中发挥影响，提升健康领域国际影响力和制度性话语权。

第八篇　强化组织实施

第二十七章　加强组织领导

完善健康中国建设推进协调机制，统筹协调推进健康中国建设全局性工作，审议重大项目、重大政策、重大工程、重大问题和重要工作安排，加强战略谋划，指导部门、地方开展工作。

各地区各部门要将健康中国建设纳入重要议事日程，健全领导体制和工作机制，将健康中国建设列入经济社会发展规划，将主要健康指标纳入各级党委和政府考核指标，完善考核机制和问责制度，做好相关任务的实施落实工作。注重发挥工会、共青团、妇联、残联等群团组织以及其他社会组织的作用，充分发挥民主党派、工商联和无党派人士作用，最大限度凝聚全社会共识和力量。

第二十八章　营造良好社会氛围

大力宣传党和国家关于维护促进人民健康的重大战略思想和方针政策，宣传推进健康中国建设的重大意义、总体战略、目标任务和重大举措。加强正面宣传、舆论监督、科学引导和典型报道，增强社会对健康中国建设的普遍认知，形成全社会关心支持健康中国建设的良好社会氛围。

第二十九章　做好实施监测

制定实施五年规划等政策文件，对本规划纲要各项政策和措施进行细化完善，明确各个阶段所要实施的重大工程、重大项目和重大政策。建立常态化、经常化的督查考核机制，强化激励和问责。建立健全监测评价机制，制定规划纲要任务部门分工方案和监测评估方案，并对实施进度和效果进行年度监测和评估，适时对目标任务进行必要调整。充分尊重人民群众的首创精神，对各地在实施规划纲要中好的做法和有效经验，要及时总结，积极推广。

国务院关于印发中国妇女发展纲要和中国儿童发展纲要的通知

（国发〔2011〕24号　2011年8月5日）

各省、自治区、直辖市人民政府，国务院各部委、各直属机构：

现将《中国妇女发展纲要（2011—2020年）》和《中国儿童发展纲要（2011—2020年）》印发给你们，请认真贯彻执行。

中国妇女发展纲要（2011—2020年）

实行男女平等是国家的基本国策，男女平等的实现程度是衡量社会文明进步的重要标志。妇女占全国人口的半数，是经济社会发展的重要力量。在发展中维护妇女权益，在维权中促进妇女发展，是实现妇女解放的内在动力和重要途径。保障妇女权益、促进妇女发展、推动男女平等，对国家经济社会发展和中华民族文明进步具有重要意义。

2001年，国务院颁布了《中国妇女发展纲要（2001—2010年）》（以下简称“纲要”），确定了妇女与经济、妇女参与决策和管理、妇女与教育、妇女与健康、妇女与法律、妇女与环境六个优先发展领域的主要目标和策略措施。十年来，国家将妇女发展纳入国民经济和社会发展总体规划，不断完善保障妇女权益的法律体系，强化政府管理责任，加大经费投入，加强社会宣传动员，有力推动了“纲要”的实施。截至2010年，“纲要”确定的主要目标基本实现，我国在促进妇女发展和男女平等方面取得了重大进展。妇女享有社会保障的程度普遍提高，贫困妇女状况进一步改善；妇女参政水平不断提高，社会参与意识进一步增强；妇女受教育水平稳步提高，男女受教育差距进一步缩小；妇女健康水平明显提高，人均预期寿命进一步延长；保障妇女权益的立法、执法力度持续加大，妇女权益进一步得到保障；男女平等基本国策进一步深入人心，妇女发展的社会环境进一步改善。这十年是我国妇女发展的历史最好时期之一。

受社会主义初级阶段生产力发展水平和社会文明程度的制约与影响，妇女发展仍面临诸多问题与挑战。就业性别歧视仍未消除，妇女在资源占有和收入方面与男性存在一定差距；妇女参与决策和管理的水平仍然较低；妇女受教育程度与男性存在一定差距；妇女的健康需求有待进一步满足；妇女发展的社会环境有待进一步优化；妇女的社会保障水平有待进一步提高。各阶层妇女利益需求日益呈现多元化，城乡区域妇女发展不平衡仍未全面解决。

未来十年，经济全球化将深入发展，国际竞争会日趋激烈。国际社会在推动人类发展进程中，更加关注妇女发展和性别平等。从现在起到2020年，是我国全面建设小康社会的关键时期。经济社会快速发展，既为妇女发展提供了难得的机遇，也提出了新的挑战。促进妇女全面发展，实现男女平等任重道远。

依照《中华人民共和国宪法》的基本原则，根据《中华人民共和国妇女权益保障法》和有关法律规定，遵循联合国《消除对妇女一切形式歧视公约》、第四次世界妇女大会通过的北京宣言、行动纲领等国际公约和文件的宗旨，按照我国经济社会发展的总体目标和要求，结合我国妇女发展和男女平等的实际情况，制定本纲要。

一、指导思想和基本原则

（一）指导思想。

高举中国特色社会主义伟大旗帜，以邓小平理论和“三个代表”重要思想为指导，深入贯彻落实科学发展观，实行男女平等基本国策，保障妇女合法权益，优化妇女发展环境，提高妇女社会地位，推动妇女平等依法行使民主权利，平等参与经济社会发展，平等享有改革发展成果。

（二）基本原则。

1. 全面发展原则。从妇女生存发展的基本需求出发，着力解决关系妇女切身利益的现实问题，努力实现妇女在政治、经济、文化和社会等各方面的全面发展。

2. 平等发展原则。完善和落实促进男女平等的法规政策，更加注重社会公平，构建文明先进的性别文化，营造良好的社会环境，缩小男女社会地位差距，促进两性和谐发展。

3. 协调发展原则。加大对农村及贫困地区和民族地区妇女发展的支持力度，通过完善制度、增加投入、优化项目布局等措施，缩小城乡区域妇女在人均收入水平、生活质量、文化教育、医疗卫生服务、社会保障等方面的差距。

4. 妇女参与原则。依法保障妇女参与经济社会发展的权利，尊重妇女的主体地位，引导和支持妇女在推动社会主义经济建设、政治建设、文化建设、社会建设以及生态文明建设的实践中，实现自身的进步与发展。

二、总目标

将社会性别意识纳入法律体系和公共政策，促进妇女全面发展，促进两性和谐发展，促进妇女与经济社会同步发展。保障妇女平等享有基本医疗卫生服务，生命质量和健康水平明显提高；平等享有受教育的权利和机会，受教育程度持续提高；平等获得经济资源和参与经济发展，经济地位明显提升；平等参与国家和社会事务管理，参政水平不断提高；平等享有社会保障，社会福利水平显著提高；平等参与环境决策和管理，发展环境更为优化；保障妇女权益的法律体系更加完善，妇女的合法权益得到切实保护。

三、发展领域、主要目标和策略措施

（一）妇女与健康。

主要目标：

1. 妇女在整个生命周期享有良好的基本医疗卫生服务，妇女的人均预期寿命延长。

2. 孕产妇死亡率控制在20/10万以下。逐步缩小城乡区域差距，降低流动人口孕产妇死亡率。

3. 妇女常见病定期筛查率达到80%以上。提高宫颈癌和乳腺癌的早诊早治率，降低死亡率。

4. 妇女艾滋病感染率和性病感染率得到控制。

5. 降低孕产妇中重度贫血患病率。

6. 提高妇女心理健康知识和精神疾病预防知识知晓率。

7. 保障妇女享有避孕节育知情选择权，减少非意愿妊娠，降低人工流产率。

8. 提高妇女经常参加体育锻炼的人数比例。

策略措施：

1. 加大妇幼卫生工作力度。优化卫生资源配置，增加农村和边远地区妇幼卫生经费投入。加强各级妇幼保健机构建设，坚持妇幼保健机构的公益性质，健全妇幼卫生服务网络，完善基层妇幼卫生服务体系，为妇女提供均等化的保健服务。加快妇幼卫生人才培养，加强妇幼保健机构人员配备。加大执法监督力度，严肃查处危害妇女健康的非法行为。

2. 加强妇女健康相关科学技术研究。充分依靠科技进步，统筹和优化科技资源配置，组织跨部门、跨地区、跨学科协同攻关，加强对妇女健康主要影响因素及干预措施等的研究；鼓励自主创新，促进成果转化，推广促进妇女健康的新技术和适宜技术。

3. 提高妇女生殖健康服务水平。针对妇女生理特点，大力普及生殖健康知识，提高妇女自我保健意识和能力。提供规范的青春期、育龄期、孕产期、更年期和老年期妇女生殖保健服务，有针对性地解决妇女特殊生理时期的健康问题。

4. 保障孕产妇安全分娩。加强基层医疗保健机构产科建设和人员培训，提高产科服务质量和孕产妇卫生保健水平。孕产妇系统管理率达到85%以上，全国孕产妇住院分娩率达到98%以上，农村孕产妇住院分娩率达到96%以上。健全孕产妇医疗急救网络，推广适宜助产技术，加强孕产妇危重症救治。落实农村孕产妇住院分娩补助政策。为孕产妇提供必要的心理指导和健康教育，普及自然分娩知识，帮助其科学选择分娩方式，控制剖宫产率。

5. 加大妇女常见病防治力度。普及妇女常见病防治知识，建立妇女常见病定期筛查制度。加大专项资金投入，扩大宫颈癌、乳腺癌检查覆盖范围。加强基层妇幼卫生人员和计划生育服务提供者的卫生保健专业知识及服务能力培训。提高医疗保健机构宫颈癌、乳腺癌诊治能力，对贫困、重症患者治疗按规定给予补助。

6. 预防和控制艾滋病、性病传播。完善艾滋病和性病防治工作机制。针对妇女重点人群加强宣传教育，推广有效干预措施。强化对娱乐场所的监管，严厉打击吸毒、嫖娼等违法行为。将艾滋病、梅毒、乙肝等母婴传播阻断纳入妇幼保健日常工作，强化预防艾滋病母婴传播综合服务，孕产妇艾滋病和梅毒检测率分别达到80%和70%，感染艾滋病和梅毒的孕产妇及所生儿童采取预防母婴传播干预措施比例均达到90%以上。

7. 提高妇女营养水平。大力开展健康和营养知识的宣传普及和教育，提倡科学、合理的膳食结构和习惯。为孕前、孕产期和哺乳期妇女等重点人群提供有针对性的营养指导和干预。预防和治疗孕产妇贫血。加强对营养强化食品生产和流通的监管。

8. 保障妇女享有计划生育优质服务。研究推广安全、有效、适宜的避孕节育新技术和新方法，推行避孕节育知情选择，提供避孕节育优质服务。加大避孕知识宣传力度，提高妇女自我保护意识和选择科学合理避孕方式的能力，预防和控制非意愿妊娠和人工流产。强化男女共同承担避孕节育的责任意识，开发、研制男性避孕节育产品，动员男性采取节育措施，提高男性避孕方法使用比重。

9. 提高妇女精神卫生服务水平。建立覆盖城乡、功能完善的精神卫生防治和康复服务网络。针对妇女生理和心理特点，开展咨询和服务。加强精神卫生专业机构和医疗保健机构人员精神卫生知识培训。开展妇女产后抑郁症预防、早期发现及干预。

10. 加强流动妇女卫生保健服务。完善流动妇女管理机制和保障制度，逐步实现流动妇女享有与流入地妇女同等的卫生保健服务。加大对流动妇女卫生保健知识的宣传力度。

11. 引导和鼓励妇女参加经常性体育锻炼。加强对妇女体育健身活动的科学指导，提高妇女健身意识。积极发展城乡社区体育，鼓励妇女参与全民健身运动。加强对老年妇女、残疾妇女体育活动的指导和服务。

（二）妇女与教育。

主要目标：

1. 教育工作全面贯彻性别平等原则。

2. 学前三年毛入园率达到70%，女童平等接受学前教育。

3. 九年义务教育巩固率达到95%，女童平等接受九年义务教育，消除女童辍学现象。

4. 高中阶段教育毛入学率达到90%，女性平等接受高中阶段教育。

5. 高等教育毛入学率达到40%，女性平等接受高等教育，高等学校在校生中男女比例保持均衡。

6. 高等学校女性学课程普及程度提高。

7. 提高女性接受职业学校教育和职业培训的比例。

8. 主要劳动年龄人口中女性平均受教育年限达到11.2年。

9. 女性青壮年文盲率控制在2%以下。

10. 性别平等原则和理念在各级各类教育课程标准及教学过程中得到充分体现。

策略措施：

1. 在教育法规、政策和规划的制定、修订、执行和评估中，增加性别视角，落实性别平等原则。

2. 切实保障女童平等接受学前教育。资助贫困家庭女童和残疾女童接受普惠性学前教育。提高农村学前教育普及程度，多形式增加农村学前教育资源，着力保证留守女童入园。

3. 确保适龄女童平等接受义务教育。加大对教育法、义务教育法等法律法规的宣传力度，提高家长保障女童接受义务教育的守法意识和自觉性。

4. 保障女性平等接受高中阶段教育。加大对中西部贫困地区高中阶段教育的扶持力度，满足农村和贫困地区女生接受高中阶段教育的需求。对普通高中家庭经济困难女生和残疾女生给予资助，保障女生不因家庭经济困难和个人生活困难辍学。逐步实行中等职业教育免费，保障未升入高中的女童在就业前接受必要的职业教育。

5. 提高女性接受高等教育的水平。采取积极措施，保障女性平等接受高等教育，提高女性主要劳动年龄人口中受过高等教育的比例。多渠道、多形式为贫困和残疾女大学生提供资助。

6. 满足妇女接受职业教育的需求。坚持职业学校教育与职业培训并举，为妇女接受职业教育提供更多的机会和资源。扶持边远贫困地区妇女和残疾妇女接受职业教育。为失学大龄女童提供补偿教育，增加职业培训机会。组织失业妇女接受多种形式的职业培训，提高失业妇女创业和再就业能力。根据残疾妇女身心特点，合理设置残疾人职业教育专业。

7. 提高妇女终身教育水平。构建灵活开放的终身教育体系，为妇女提供多样化的终身教育机会和资源。鼓励妇女接受多形式的继续教育，支持用人单位为从业妇女提供继续教育的机会。提高妇女利用新型媒体接受现代远程教育的能力。

8. 促进妇女参与社区教育。整合、优化社区教育资源，发展多样化社区教育模式，丰富社区教育内容，满足妇女个性化的学习和发展需求。大力发展社区老年教育，为老年妇女提供方便、灵活的学习条件。

9. 继续扫除妇女文盲。创新和完善扫盲工作机制，制定出台相关优惠政策，加大扫除女性青壮年文盲工作力度。通过组织补偿学习，深化扫盲和扫盲后的继续教育，巩固发展扫盲成果。

10. 加大女性技术技能人才培养力度。完善科技人才政策，探索建立多层次、多渠道的女性科技人才培养体系。依托国家重点实验室、重大科研项目和重大工程建设项目，聚集、培养女性专业技术人才和技能人才。

11. 加强妇女理论研究和高等学校女性学学科建设。在国家社科基金等科研基金中增加社会性别和妇女发展的相关项目和课题，推动妇女理论研究。提高女性学学科等级，鼓励高等学校开设女性学专业或女性学课程，培养女性学专业人才。

12. 实施教育内容和教育过程性别评估。在课程和教材相关指导机构中增加社会性别专家。在教育内容和教育方式中充分体现社会性别理念，引导学生树立男女平等的性别观念。

13. 提高教育工作者的社会性别意识。加大对教育管理者社会性别理论的培训力度，在师资培训计划和师范类院校课程中增加性别平等内容，强化教育管理者的社会性别意识。提高各级各类学校和教育行政部门决策和管理层的女性比例。

14. 均衡中、高等教育学科领域学生的性别结构。鼓励学生全面发展，弱化性别因素对学生专业选择的影响。采取多种方式，鼓励更多女性参与高科技领域的学习和研究。

（三）妇女与经济。

主要目标：

1. 保障妇女平等享有劳动权利，消除就业性别歧视。

2. 妇女占从业人员比例保持在 40% 以上，城镇单位女性从业人数逐步增长。

3. 男女非农就业率和男女收入差距缩小。

4. 技能劳动者中的女性比例提高。

5. 高级专业技术人员中的女性比例达到 35%。

6. 保障女职工劳动安全，降低女职工职业病发病率。

7. 确保农村妇女平等获得和拥有土地承包经营权。

8. 妇女贫困程度明显降低。

策略措施：

1. 加大妇女经济权利的法律保障力度。制定和完善保障妇女平等参与经济发展、平等享有劳动权利的法规政策，确保妇女平等获得经济资源和有效服务。严格执行就业促进法、劳动合同法等法律法规。

2. 消除就业中的性别歧视。除法律规定不适合女性的工种和岗位外，任何单位在录用人员时不得以性别或变相以性别为由拒绝录用女性或提高女性录用标准，不得在劳动合同中规定或以其他方式变相限制女性结婚、生育。加大劳动保障监察执法力度，依法查处用人单位和职业中介机构的性别歧视行为。

3. 扩大妇女就业渠道。大力推进第三产业发展，为妇女创造新的就业机会和就业岗位。不断提高中小企业和非公有制企业吸纳妇女就业的能力。采取有效措施，推动妇女在新兴产业和新兴行业就业。制定实施更加积极的就业政策，强化对就业困难妇女的就业援助。完善创业扶持政策，采取技能培训、税费减免、贷款贴息、跟踪指导等措施，支持和帮助妇女成功创业。

4. 促进女大学生充分就业。加强面向高校女大学生的就业指导、培训和服务，引导女大学生树立正确的择业就业观。完善女大学生自主创业扶持政策，开展女大学生自主创业培训，促进帮扶女大学生创业。

5. 为就业困难妇女创造有利的就业条件。落实公益性岗位政策，扶持大龄、残疾等就业困难妇女就业。认真落实有关法律规定，支持生育妇女重返工作岗位。按规定落实社会保险补贴、培训补贴、小额担保贷款贴息等就业扶持政策，帮助失业妇女创业和再就业。

6. 改善妇女就业结构。加快城乡一体化进程，多渠道引导和扶持农村妇女向非农产业有序转移。完善国家技能人才培养、评价、激励等政策，加强对妇女的职业技能培训，提高初、中、高级技能劳动者中的女性比例。引导妇女积极参与科学研究和技术领域的发展，为她们成长创造条件。

7. 全面落实男女同工同酬。建立健全科学合理的工资收入分配制度，对从事相同工作、付出等量劳动、取得相同劳绩的劳动者，用人单位要支付同等劳动报酬。

8. 保障女职工职业卫生安全。广泛开展职业病防治宣传教育，提高女职工特别是灵活就业女职工的自我保护意识。加强职业病危害的管理与监督。将女职工特殊劳动保护作为劳动保障监察和劳动安全监督的重要内容。加强女职工劳动保护，禁止安排女职工从事禁忌劳动范围的劳动，减少女职工职业病的发生。

9. 保障女职工劳动权益。不断完善女职工劳动保护法律法规，加强法律法规和安全卫生知识的宣传教育及培训，提高女职工自我保护意识。规范企业用工行为，提高企业劳动合同签订率，推进已建工会的企业签订并履行女职工权益保护专项集体合同。依法处理侵犯女职工权益案件。

10. 保障农村妇女土地权益。落实和完善保障农村妇女土地权益的相关政策，纠正与法律法规相冲突的村规民约。建立健全农村集体资金、资产、资源管理等各项制度，推动各地出台农村集体经济组织内部征地补偿费分配使用办法，确保妇女享有与男子平等的土地承包经营权、宅基地使用权和集体收益分配权。

11. 提高农村妇女经济收入。大力推动农业生产互助合作组织发展，提升农业生产规模和经营收益。保障农村妇女享有国家规定的各项农业补贴。围绕农产品产地初加工、休闲农业和乡村旅游等农村第二、第三产业发展，积极创造适宜农村妇女就业的岗位。开展便于农村妇女参与的实用技术培训和职业技能培训，帮助农村留守妇女和返乡妇女多种形式创业就业。支持金融机构、企业等组织与妇女组织合作，面向农村妇女开展金融服务和相关培训。

12. 加大对贫困妇女的扶持力度。制订有利于贫困妇女的扶贫措施，保障贫困妇女的资源供给。帮助、支持农村贫困妇女实施扶贫项目。小额担保贷款等项目资金向城乡贫困妇女倾斜。

（四）妇女参与决策和管理。

主要目标：

1. 积极推动有关方面逐步提高女性在全国和地方各级人大代表、政协委员以及人大、政协常委中的比例。

2. 县级以上地方政府领导班子中有 1 名以上女干部，并逐步增加。

3. 国家机关部委和省（区、市）、市（地、州、盟）政府工作部门领导班子中女干部数量在现有基础上逐步增加。

4. 县（处）级以上各级地方政府和工作部门领导班子中担任正职的女干部占同级正职干部的比例逐步提高。

5. 企业董事会、监事会成员及管理层中的女性比例逐步提高。

6. 职工代表大会、教职工代表大会中女代表比例逐步提高。

7. 村委会成员中女性比例达到 30% 以上。村委会主任中女性比例达到 10% 以上。

8. 居委会成员中女性比例保持在 50% 左右。

策略措施：

1. 制定和完善促进妇女参与决策和管理的相关法规政策。积极推动有关方面采取措施提高人大代表、政协委员、村民委员会、居民委员会中的女性比例及候选人中的女性比例。

2. 为妇女参与决策和管理创造良好社会环境。开展多种形式的宣传，提高全社会的性别平等意识，以及对妇女在推动国家民主法治进程和促进两性和谐发展中重要作用的认识。

3. 提高妇女参与决策和管理的意识和能力。面向妇女开展宣传培训，不断提高妇女民主参与意识和能力，鼓励和引导妇女积极参与决策和管理。保障女干部接受各类培训的机会，加大对基层女干部的培训力度，不断提高女干部政治文化素质和决策管理能力。

4. 完善干部人事制度和公务员管理制度。在干部选拔、聘（任）用、晋升中切实贯彻“民主、公开、竞争、择优”原则，保障妇女不受歧视。加强对公务员录用、培训、考核、奖励、交流、晋升等各环节的严格监管，保证妇女平等权利。

5. 加大培养、选拔女干部力度。贯彻落实相关法规政策中关于女干部培养选拔和配备的要求。通过培养、交流等形式，推动一定比例的女干部到重要部门、关键岗位担任主要领导职务。注重从基层、生产一线培养选拔女干部。逐步提高后备干部队伍中女干部的比例。

6. 推动妇女参与企业经营管理。深化企业人事制度改革，坚持公开、透明、择优的选拔任用原则，通过组织推荐、公开招聘、民主选举、竞争上岗等方式，使更多妇女进入企业的董事会、监事会和管理层。

7. 推动妇女广泛参与基层民主管理。完善村委会、居委会等基层民主选举制度，为妇女参与基层民主管理创造条件。完善以职工代表大会为基本形式的民主管理制度，保障企事业职工代表大会女代表比例与女职工比例相适应。

8. 拓宽妇女参与决策和管理的渠道。在制定涉及公众利益和妇女权益的重大决策时，充分听取女人大代表、女政协委员和妇女群众的意见和建议。大力开展多种形式的参政议政活动，为妇女参与决策和管理提供机会。

9. 提高妇联组织参与决策和管理的影响力。充分发挥妇联组织代表妇女参与国家和社会事务的民主决策、民主管理和民主监督的作用。充分吸收妇联组织参与有关妇女法规政策和重大公共政策的制定，反映妇女群众的意见和诉求。重视妇联组织在培养、推荐女干部和优秀女性人才，以及推动妇女参政议政等方面的意见和建议。

（五）妇女与社会保障。

主要目标：

1. 城乡生育保障制度进一步完善，生育保险覆盖所有用人单位，妇女生育保障水平稳步提高。

2. 基本医疗保险制度覆盖城乡妇女，医疗保障水平稳步提高。

3. 妇女养老保障覆盖面逐步扩大。继续扩大城镇个体工商户和灵活就业妇女的养老保险覆盖面，大幅提高新型农村社会养老保险妇女参保率。

4. 妇女参加失业保险的人数增加，失业保险待遇水平逐步提高。

5. 有劳动关系的女性劳动者全部参加工伤保险。

6. 妇女养老服务水平提高，以城乡社区为单位的养老服务覆盖率达到90%以上。

策略措施：

1. 加强妇女社会保障法制建设。贯彻落实社会保险法，制定配套法规，为妇女普遍享有生育保险、医疗保险、养老保险、失业保险和工伤保险提供法制保障。

2. 完善生育保障制度。完善城镇职工生育保险制度，进一步扩大生育保险覆盖范围，提高参保率。以城镇居民基本医疗保险、新型农村合作医疗制度为依托，完善城乡生育保障制度，覆盖所有城乡妇女。

3. 确保城乡妇女享有基本医疗保障。继续扩大城镇职工基本医疗保险、城镇居民基本医疗保险和新型农村合作医疗覆盖面，逐步提高保障水平。

4. 完善覆盖城乡的养老保险制度。完善城镇职工养老保险制度，加快建立城镇居民养老保险制度，大力推进新型农村社会养老保险。

5. 进一步完善失业保险制度。继续扩大失业保险覆盖范围，切实保障女性失业者的失业保险合法权益。

6. 保障女性劳动者的工伤保险合法权益。扩大工伤保险覆盖范围，加大执法力度，确保各项工伤保险待遇的落实。

7. 完善城乡社会救助制度。建立与经济增长和物价水平相适应的救助标准调整机制，合理确定救助水平，对符合救助条件的妇女进行救助。

8. 倡导社会力量参与救助。大力支持和规范社会组织和公民的救助活动，鼓励社会组织开展公益活动，多方动员社会资源，为困难妇女提供救助。

9. 保障老年妇女享有基本养老服务。建立健全社会养老服务体系，加大老龄事业投入，发展公益性社区养老机构，加强养老服务队伍的专业化建设，提高社区的养老照护能力和服务水平。

10. 为残疾妇女提供社会保障。为重度和贫困残疾妇女参加新型农村合作医疗、城镇居民基本医疗保险、新型农村社会养老保险等社会保险提供保费补贴。多渠道保障残疾贫困妇女的基本生活。加强残疾人福利机构和康复服务机构建设，市、县普遍建立残疾人综合服务设施。推进残疾妇女社区康复。

（六）妇女与环境。

主要目标：

1. 男女平等基本国策进一步落实，形成两性平等、和谐的家庭和社会环境。

2. 性别平等原则在环境与发展、文化与传媒、社会管理与家庭等相关政策中得到充分体现。

3. 完善传媒领域的性别平等监管机制。

4. 开展基于社区的婚姻家庭教育和咨询，建立平等、文明、和谐、稳定的家庭关系。

5. 鼓励和引导妇女做和谐家庭建设的推动者。

6. 开展托幼、养老家庭服务，为妇女更好地平衡工作和家庭责任创造条件。

7. 全面解决农村饮水安全问题，降低水污染对妇女健康的危害。农村集中式供水受益人口比例提高到85%左右。

8. 农村卫生厕所普及率提高到85%。城镇公共厕所男女厕位比例与实际需求相适应。

9. 倡导妇女参与节能减排，践行低碳生活。

10. 提高妇女预防和应对灾害风险的能力，满足妇女在减灾中的特殊需求。

策略措施：

1. 加大男女平等基本国策的理论研究和宣传力度。将男女平等基本国策理论研究与中国特色社会主义理论研究相结合，不断丰富男女平等基本国策的理论基础。推动将男女平等基本国策宣传培训纳入各级党校、行政学院教学计划和各级干部培训规划。多渠道、多形式宣传男女平等基本国策，使性别平等理念深入社区、家庭，提高基本国策的社会影响力。

2. 制定和落实具有社会性别意识的文化和传媒政策。对文化和传媒政策进行社会性别分析、评估，反映对男女两性的不同影响和需求，制定促进两性和谐发展的文化和传媒政策，禁止性别歧视。

3. 大力宣传妇女在推动经济社会发展中的积极作用。在新闻出版、广播影视以及文学艺术等领域，充分展示妇女参与和推动经济发展及社会进步的成就、价值和贡献。大力宣传妇女中的先进模范人物，引导广大妇女发扬自尊、自信、自立、自强的精神。

4. 加强对传媒的正面引导和管理。将社会性别意识纳入传媒培训规划，提高媒体决策和管理者及从业人员的社会性别意识。完善传媒监管机制，增加性别监测内容，吸纳社会性别专家参与传媒监测活动。监督新闻媒体和广告经营者严格自律。禁止在媒体中出现贬抑、否定妇女独立人格等性别歧视现象。

5. 提高妇女运用媒体获取知识和信息的能力。为妇女接触、学习和运用大众媒体提供条件和机会。支持和促进边远农村和贫困、流动、残疾等妇女使用媒体和通信传播技术。鼓励民间机构和企业等运用各类信息通信技术帮助边远地区妇女获得信息和服务。

6. 营造平等、和谐的家庭环境。通过开展多种形式的宣传教育活动，弘扬尊老爱幼、男女平等、夫妻和睦、勤俭持家、邻里团结的家庭美德，树立先进的性别文化，倡导文明、健康、科学的生活方式和男女共同承担家庭责任。

7. 引导妇女参与家庭教育指导和宣传实践活动。多形式、多渠道宣传和普及家庭教育知识，积极引导儿童家长接受家庭教育指导服务和家庭教育实践活动。通过有效措施，吸纳妇女参与家庭教育研究，推广家庭教育成果。

8. 深入开展家庭教育指导服务和宣传活动。充分发挥传统与现代传媒作用，普及家庭教育知识，帮助家长树立科学的教育理念，掌握正确方法。

9. 大力推进社区公共服务体系建设。发展面向家庭的公共服务，为夫妻双方兼顾工作和家庭提供支持。发展公共托幼服务，为婴幼儿家庭提供支持。强化城乡社区儿童服务功能，提高家务劳动社会化程度。

10. 减少环境污染对妇女的危害。完善环境监测和健康监测数据库，从性别视角分析评估饮用水、室内空气污染和生活、工业、农业等环境污染对妇女健康的危害，加强对环境污染的控制和治理，有效减少各种污染对环境的影响。提高生活垃圾减量化、资源化和无害化水平。加强清洁能源的开发利用，改善家庭能源结构。加大对从事有毒有害作业妇女健康的保护力度。

11. 组织动员妇女积极参与生态建设和环境保护。开展多层次、多形式的生态和环境保护宣传教育活动，增强妇女生态文明意识，提高妇女参与生态建设和环境保护的能力。促进妇女主动参与节能减排，崇尚绿色消费，践行低碳生活。

12. 建立健全农村饮水安全保障体系。继续推进农村饮水安全工程建设，大力发展农村集中式供水工程，加强农村饮水安全工程运行管理，落实管护主体，加强水源保护和水质监测，确保工程长期发挥效益。

13. 提高农村卫生厕所的普及程度。大力宣传改厕的重要意义，鼓励农民自觉改厕。加强对改厕工作的技术指导和服务。将改厕纳入新农村建设规划，改厕成效纳入政府年度工作考核范围。

14. 推动城镇公共厕所男女厕位比例与实际需求相适应。在场馆、商场等公共场所的建设规划中，从性别视角进行公共厕所的男女使用需求和效率的分析研究，充分考虑妇女生理特点，确定合理的男女厕位比例。

15. 在减灾工作中体现性别意识。根据妇女特殊需求，在减灾工作中对妇女提供必要的救助和服务。通过宣传培训，提高妇女预防和应对灾害的能力，吸收妇女参与相关工作。加强对灾区妇女的生产自救和就业指导。

16. 开展促进妇女发展的国际交流与合作。积极履行联合国《消除对妇女一切形式歧视公约》等国际文件，扩大多边和双边交流与合作，宣传我国促进妇女发展取得的成就，提高我国妇女在国际事务中的影响力。

（七）妇女与法律。

主要目标：

1. 促进男女平等的法律法规不断完善。

2. 加强对法规政策的性别平等审查。

3. 妇女依法维护自身权益的意识和能力不断增强。

4. 严厉打击强奸、拐卖妇女和组织、强迫、引诱、容留、介绍妇女卖淫等严重侵害妇女人身权利的犯罪行为。

5. 预防和制止针对妇女的家庭暴力。

6. 保障妇女在婚姻家庭关系中的财产权益。

7. 保障妇女依法获得法律援助和司法救助。

策略措施：

1. 不断完善保障妇女权益的法律体系。针对妇女权益保障中的突出问题，推动制定和完善相关法律法规，保障妇女在政治、文化教育、人身、财产、劳动、社会保障、婚姻家庭等方面的权利。

2. 加强对法规政策中违反男女平等原则内容的审查。贯彻落实立法法中有关法规政策的备案审查制度和程序的规定，依法加强对违反男女平等原则法规政策的备案审查，并对现行法规政策中违反男女平等原则的条款和内容进行清理。

3. 保障妇女有序参与立法。引导和鼓励广大妇女通过多种途径参与立法活动，发表意见和建议。拓展妇联组织和其他妇女组织参与立法的途径，广泛听取其意见和建议。

4. 支持和配合各级人大开展对维护妇女权益相关法律法规的执法检查，深入了解法律法规执行中的问题，提出解决问题的意见和建议。

5. 广泛深入宣传保障妇女权益的法律知识。加大普法力度，将保障妇女权益法律知识的宣传教育纳入全民普法规划，推动城乡社区普法工作深入开展。面向广大妇女多渠道、多形式开展专项普法活动。

6. 加强社会性别理论培训。将社会性别理论纳入立法、司法和执法部门常规培训课程，提高立法、司法和执法人员的社会性别意识。

7. 提高妇女在司法和执法中的影响力。鼓励和推荐符合人民陪审员条件的妇女担任人民陪审员。鼓励和推荐有专业背景的妇女担任人民检察院特约检察员或人民监督员。

8. 严厉打击组织、强迫、引诱、容留、介绍妇女卖淫犯罪活动。强化整治措施，加大监管力度，严厉查处涉黄娱乐服务场所，依法从严惩处犯罪分子。加大社会治安综合治理力度，鼓励群众对涉黄违法犯罪活动进行举报和监督。

9. 加大反对拐卖妇女的工作力度。坚持预防为主、防治结合，提高全社会的反拐意识和妇女的防范意识。加强综合治理，加大对拐卖妇女犯罪行为的打击力度。加强被解救妇女身心康复和回归社会的工作。

10. 预防和制止针对妇女的家庭暴力。推动预防和制止家庭暴力的立法进程。加强宣传教育，增强全社会自觉抵制家庭暴力的意识和能力，提高受家庭暴力侵害妇女的自我保护能力。完善预防和制止家庭暴力多部门合作机制，以及预防、制止、救助一体化工作机制。

11. 有效预防和制止针对妇女的性骚扰。建立健全预防和制止性骚扰的法规和工作机制，加大对性骚扰行为的打击力度。用人单位采取有效措施，防止工作场所的性骚扰。

12. 维护婚姻家庭关系中的妇女财产权益。依照有关法律规定，在审理婚姻家庭和继承案件中，体现性别平等；在离婚案件审理中，考虑婚姻关系存续期间妇女在照顾家庭上投入的劳动、妇女离婚后的生存发展以及抚养未成年子女的需要，实现公平补偿。

13. 维护农村妇女在村民自治中的合法权益。贯彻落实村民委员会组织法，保障妇女依法行使民主选举、民主决策、民主管理、民主监督的权利。乡（镇）人民政府对报送其备案的村民自治章程和村规民约，发现有与宪法、法律、法规和国家的政策相抵触，含有歧视妇女或损害妇女合法权益内容的，应及时予以纠正。

14. 及时受理侵害妇女权益案件。依照有关法律规定，对涉及妇女个人隐私的案件，在诉讼过程中采取措施使受害妇女免受二次伤害。

15. 依法为妇女提供法律援助。提高法律援助的社会知晓率，鼓励符合条件的妇女申请法律援助并为其提供便利。进一步扩大法律援助覆盖面，健全完善法律援助工作网络。鼓励和支持法律服务机构、社会组织、事业单位等为妇女提供公益性法律服务和援助。

16. 依法为妇女提供司法救助。为经济困难或因其他特殊情况需要救助的妇女提供司法救助，实行诉讼费的缓交、减交或免交。建立完善刑事被害人救助制度，对因受犯罪侵害而陷入生活困境的妇女实行国家救助，保障受害妇女的基本生活。

四、组织实施

（一）加强对纲要实施工作的组织领导。国务院及地方各级妇女儿童工作委员会（以下简称妇儿工委）负责纲要实施的组织、协调、指导和督促。政府有关部门、相关机构和社会团体结合各自职责，承担落实纲要中相应目标任务。

（二）制定地方妇女发展规划和部门实施方案。县级以上地方人民政府依据本纲要，结合实际制定本地区妇女发展规划。国务院及地方政府各有关部门、相关机构和社会团体结合各自职责，按照任务分工，制定实施方案，形成全国妇女发展规划体系。

（三）加强纲要与国民经济和社会发展规划的衔接。在经济和社会发展总体规划中体现男女平等基本国策，将妇女发展的主要指标纳入经济和社会发展总体规划及专项规划，统一部署，统筹安排，同步实施，同步发展。

（四）保障妇女发展的经费投入。各级政府将实施纲要所需经费纳入财政预算，加大经费投入，并随着经济增长逐步增加。重点扶持贫困地区和少数民族地区妇女发展。动员社会力量，多渠道筹集资金，支持妇女发展。

（五）建立健全实施纲要的工作机制。建立政府主导、多部门合作、全社会参与的工作机制，共同做好纲要实施工作。建立目标管理责任制，将纲要主要目标纳入相关部门、机构和社会团体的目标管理和考核体系，考核结果作为对领导班子和有关负责人综合考核评价的重要内容。健全报告制度，各有关部门每年向本级政府妇儿工委和上级主管部门报告纲要实施的情况，各级妇儿工委每年向上级妇儿工委报告本地区纲要实施的总体情况。健全会议制度，定期召开各级妇儿工委全体会议，汇报、交流实施纲要的进展情况。健全监测评估制度，明确监测评估责任，加强监测评估工作。

（六）坚持和创新实施纲要的有效做法。及时开展对妇女发展和权益保护状况的调查研究，掌握新情况，分析新问题，为制定相关法规政策提供依据。加强妇女发展领域理论研究，总结探索妇女发展规律和妇女工作规律。开展国际交流与合作，学习借鉴促进妇女发展的先进理念和经验。不断创新工作方法，通过实施项目、为妇女办实事等方式解决重点难点问题；通过分类指导、示范先行，总结推广经验，推进纲要实施。

（七）加大实施纲要宣传力度。多渠道、多形式面向各级领导干部、妇女工作者、广大妇女和全社会宣传纲要内容及纲要实施中的典型经验和成效，宣传促进妇女发展的法规政策和国际公约，营造有利于妇女发展的社会氛围。

（八）加强实施纲要能力建设。将实施纲要所需知识纳入培训计划，举办多层次、多形式培训，增强政府及各有关部门、机构相关人员、相关专业工作者实施纲要的责任意识和能力。

（九）鼓励妇女参与纲要实施。妇女既是纲要实施的受益者，也是纲要实施的参与者。实施纲要应听取妇女的意见和建议。鼓励妇女参与纲要实施，提高参与意识和能力，实现自身发展。

五、监测评估

（一）对纲要实施情况进行年度监测、中期评估和终期评估。及时收集、整理、分析反映妇女发展状况的相关数据和信息，动态反映纲要目标进展情况。在此基础上，系统分析和评价纲要目标达标状况，评判纲要策略措施和纲要实施工作的效率、效果、效益，预测妇女发展趋势。通过监测评估，准确掌握妇女发展状况，制定和调整促进妇女发展的政策措施，推动纲要目标的实现，为规划未来妇女发展奠定基础。

（二）各级妇儿工委设立监测评估领导小组，负责组织领导监测评估工作，审批监测评估方案，审核监测评估报告等。监测评估领导小组下设监测组和评估组。

监测组由各级统计部门牵头，负责纲要监测工作的指导和人员培训，研究制定监测方案，收集、整理、分析数据和信息，撰写并提交年度监测报告等。

评估组由各级妇儿工委办事机构牵头，负责评估工作的指导和人员培训，制定评估方案，组织开展评估工作，撰写并提交评估报告等。

（三）各级政府要将监测评估工作所需经费纳入财政预算。各级政府及有关部门结合监测评估结果开展宣传，研究利用监测评估结果加强纲要实施。

（四）建立妇女发展综合统计制度，规范和完善与妇女生存、发展有关的统计指标和分性别统计指标，将其纳入国家和部门常规统计或统计调查。建立和完善国家、省、地三级妇女发展监测数据库。

（五）各级妇儿工委成员单位、相关机构及有关部门要向同级统计部门报送年度监测数据，向同级妇儿工委提交中期和终期评估报告。

中国儿童发展纲要（2011—2020年）

儿童时期是人生发展的关键时期。为儿童提供必要的生存、发展、受保护和参与的机会和条件，最大限度地满足儿童的发展需要，发挥儿童潜能，将为儿童一生的发展奠定重要基础。

儿童是人类的未来，是社会可持续发展的重要资源。儿童发展是国家经济社会发展与文明进步的重要组成部分，促进儿童发展，对于全面提高中华民族素质，建设人力资源强国具有重要战略意义。

2001 年，国务院颁布了《中国儿童发展纲要（2001—2010 年）》（以下简称“纲要”），从儿童健康、教育、法律保护和环境四个领域提出了儿童发展的主要目标和策略措施。十年来，国家加快完善保护儿童权利的法律体系，强化政府责任，不断提高儿童工作的法制化和科学化水平，我国儿童生存、保护、发展的环境和条件得到明显改善，儿童权利得到进一步保护，儿童发展取得了巨大成就。截至 2010 年，“纲要”确定的主要目标基本实现。儿童健康、营养状况持续改善，婴儿、5 岁以下儿童死亡率分别从 2000 年的 32. 2‰、39. 7‰下降到 13. 1‰、16. 4‰，孕产妇死亡率从 2000 年的 53. 0/10 万下降到 30. 0/10 万，纳入国家免疫规划的疫苗接种率达到了 90% 以上。儿童教育普及程度持续提高，学前教育毛入园（班）率从 2000 年的 35. 0% 上升到 56. 6%，小学学龄儿童净入学率达到 99. 7%，初中阶段和高中阶段毛入学率分别达到 100. 1% 和 82. 5%。孤儿、贫困家庭儿童、残疾儿童、流浪儿童、受艾滋病影响儿童等弱势儿童群体得到更多的关怀和救助。

受社会经济、文化等因素的影响，儿童发展及权利保护仍然面临着诸多问题与挑战。全社会儿童优先意识有待进一步加强，儿童工作机制有待进一步完善。城乡区域间儿童发展不平衡，贫困地区儿童整体发展水平较低；出生缺陷发生率上升，出生人口性别比偏高；学前教育公共资源不足，普及率偏低；义务教育发展不均衡，校际、城乡、区域间存在较大差距；贫困家庭儿童、孤儿、弃婴、残疾儿童、流浪儿童的救助迫切需要制度保障；人口流动带来的儿童问题尚未得到有效解决；社会文化环境中仍然存在不利于儿童健康成长的消极因素，等等。进一步解决儿童发展面临的突出问题，促进儿童的全面发展和权利保护，仍然是今后一个时期儿童工作的重大任务。

未来十年，是我国全面建设小康社会的关键时期，儿童发展面临前所未有的机遇。贯彻落实科学发展观，将为儿童健康成长创造更加有利的社会环境。制定和实施新一轮儿童发展纲要，将为促进人的全面发展，提高中华民族整体素质奠定更加坚实的基础。

依照《中华人民共和国未成年人保护法》等相关法律法规，遵循联合国《儿童权利公约》的宗旨，按照国家经济社会发展的总体目标和要求，结合我国儿童发展的实际情况，制定本纲要。

一、指导思想和基本原则

（一）指导思想。

高举中国特色社会主义伟大旗帜，以邓小平理论和“三个代表”重要思想为指导，深入贯彻落实科学发展观，坚持儿童优先原则，保障儿童生存、发展、受保护和参与的权利，缩小儿童发展的城乡区域差距，提升儿童福利水平，提高儿童整体素质，促进儿童健康、全面发展。

（二）基本原则。

1. 依法保护原则。在儿童身心发展的全过程，依法保障儿童合法权利，促进儿童全面健康成长。

2. 儿童优先原则。在制定法律法规、政策规划和配置公共资源等方面优先考虑儿童的利益和需求。

3. 儿童最大利益原则。从儿童身心发展特点和利益出发处理与儿童相关的具体事务，保障儿童利益最大化。

4. 儿童平等发展原则。创造公平社会环境，确保儿童不因户籍、地域、性别、民族、信仰、受教育状况、身体状况和家庭财产状况受到任何歧视，所有儿童享有平等的权利与机会。

5. 儿童参与原则。鼓励并支持儿童参与家庭、文化和社会生活，创造有利于儿童参与的社会环境，畅通儿童意见表达渠道，重视、吸收儿童意见。

二、总目标

完善覆盖城乡儿童的基本医疗卫生制度，提高儿童身心健康水平；促进基本公共教育服务均等化，保障儿童享有更高质量的教育；扩大儿童福利范围，建立和完善适度普惠的儿童福利体系；提高儿童工作社会化服务水平，创建儿童友好型社会环境；完善保护儿童的法规体系和保护机制，依法保护儿童合法权益。

三、发展领域、主要目标和策略措施

（一）儿童与健康。

主要目标：

1. 严重多发致残的出生缺陷发生率逐步下降，减少出生缺陷所致残疾。

2. 婴儿和5岁以下儿童死亡率分别控制在10‰和13‰以下。降低流动人口中婴儿和5岁以下儿童死亡率。

3. 减少儿童伤害所致死亡和残疾。18 岁以下儿童伤害死亡率以 2010 年为基数下降 1/6。

4. 控制儿童常见疾病和艾滋病、梅毒、结核病、乙肝等重大传染性疾病。

5. 纳入国家免疫规划的疫苗接种率以乡（镇）为单位达到 95% 以上。

6. 新生儿破伤风发病率以县为单位降低到 1‰以下。

7. 低出生体重发生率控制在 4% 以下。

8. 0—6 个月婴儿纯母乳喂养率达到 50% 以上。

9. 5 岁以下儿童贫血患病率控制在 12% 以下，中小学生贫血患病率以 2010 年为基数下降 1/3。

10. 5 岁以下儿童生长迟缓率控制在 7% 以下，低体重率降低到 5% 以下。

11. 提高中小学生《国家学生体质健康标准》达标率。控制中小学生视力不良、龋齿、超重/肥胖、营养不良发生率。

12. 降低儿童心理行为问题发生率和儿童精神疾病患病率。

13. 提高适龄儿童性与生殖健康知识普及率。

14. 减少环境污染对儿童的伤害。

策略措施：

1. 加大妇幼卫生经费投入。优化卫生资源配置，增加农村和边远地区妇幼卫生经费投入，促进儿童基本医疗卫生服务的公平性和可及性。

2. 加强妇幼卫生服务体系建设。省、市、县均设置 1 所政府举办、标准化的妇幼保健机构。加强县、乡、村三级妇幼卫生服务网络建设，完善基层妇幼卫生服务体系。加强儿童医疗保健服务网络建设，二级以上综合医院和县级以上妇幼保健院设置儿科，增加儿童医院数量，规范新生儿病室建设。加强儿童卫生人才队伍建设，提高儿童卫生服务能力。

3. 加强儿童保健服务和管理。推进儿童医疗保健科室标准化建设，开展新生儿保健、生长发育监测、营养与喂养指导、早期综合发展、心理行为发育评估与指导等服务。逐步扩展国家基本公共卫生服务项目中的儿童保健服务内容。3 岁以下儿童系统管理率和 7 岁以下儿童保健管理率均达到 80% 以上。将流动儿童纳入流入地社区儿童保健管理体系，提高流动人口中的儿童保健管理率。

4. 完善出生缺陷防治体系。落实出生缺陷三级防治措施，加强婚前医学检查知识宣传，规范检查项目，改进服务模式，提高婚前医学检查率。加强孕产期合理营养与膳食指导。建立健全产前诊断网络，提高孕期出生缺陷发现率。开展新生儿疾病筛查、诊断和治疗，先天性甲状腺功能减低症、新生儿苯丙酮尿症等遗传代谢性疾病筛查率达到 80% 以上，新生儿听力筛查率达到60%以上，提高确诊病例治疗率和康复率。加大出生缺陷防治知识宣传力度，提高目标人群出生缺陷防治知识知晓率。

5. 加强儿童疾病防治。扩大国家免疫规划范围，加强疫苗冷链系统建设和维护，规范预防接种行为。以城乡社区为重点，普及儿童健康基本知识。加强儿童健康相关科学技术研究，促进成果转化，推广适宜技术，降低新生儿窒息、肺炎和先天性心脏病等的死亡率。规范儿科诊疗行为。鼓励儿童专用药品研发和生产，扩大国家基本药物目录中儿科用药品种和剂型范围，完善儿童用药目录。将预防艾滋病母婴传播及先天梅毒综合服务纳入妇幼保健常规工作，孕产妇艾滋病和梅毒检测率分别达到80%和70%，感染艾滋病、梅毒的孕产妇及所生儿童采取预防母婴传播干预措施比例均达到90%以上。

6. 预防和控制儿童伤害。制定实施多部门合作的儿童伤害综合干预行动计划，加大执法和监管力度，为儿童创造安全的学习、生活环境，预防和控制溺水、跌伤、交通伤害等主要伤害事故发生。将安全教育纳入学校教育教学计划，中小学校、幼儿园和社区普遍开展灾害避险以及游泳、娱乐、交通、消防安全和产品安全知识教育，提高儿童家长和儿童的自护自救、防灾避险的意识和能力。建立健全学校和幼儿园的安全、卫生管理制度和校园伤害事件应急管理机制。建立完善儿童伤害监测系统和报告制度。提高灾害和紧急事件中保护儿童的意识和能力，为受灾儿童提供及时有效的医疗、生活、教育、心理康复等方面的救助服务。

7. 改善儿童营养状况。加强爱婴医院建设管理，完善和落实支持母乳喂养的相关政策，积极推行母乳喂养。开展科学喂养、合理膳食与营养素补充指导，提高婴幼儿家长科学喂养知识水平。加强卫生人员技能培训，预防和治疗营养不良、贫血、肥胖等儿童营养性疾病。实施贫困地区学龄前儿童营养与健康干预项目，继续推行中小学生营养改善计划。加大碘缺乏病防治知识宣传普及力度，提高缺碘地区合格碘盐食用率。

8. 提高儿童身体素质。全面实施国家学生体质健康标准。合理安排学生学习、休息和娱乐时间，保证学生睡眠时间和每天一小时校园体育活动。鼓励和支持学校体育场馆设施在课余和节假日向学生开放。完善并落实学生健康体检制度和体质监测制度，并建立学生体质健康档案。

9. 加强对儿童的健康指导和干预。加强托幼机构和中小学校卫生保健管理，对儿童开展疾病预防、心理健康、生长发育与青春期保健等方面的教育和指导，提高儿童身心健康素养水平。帮助儿童养成健康行为和生活方式。加强儿童视力、听力和口腔保健工作。预防和制止儿童吸烟、酗酒和吸毒。严禁向儿童出售烟酒和违禁药品。

10. 构建儿童心理健康公共服务网络。儿童医院、精神专科医院和有条件的妇幼保健机构设儿童心理科（门诊），配备专科医师。学校设心理咨询室，配备专职心理健康教育教师。开展精神卫生专业人员培训。

11. 加强儿童生殖健康服务。将性与生殖健康教育纳入义务教育课程体系，增加性与生殖健康服务机构数量，加强能力建设，提供适合适龄儿童的服务，满足其咨询与治疗需求。

12. 保障儿童食品、用品安全。完善婴幼儿食品、用品的国家标准、检测标准和质量认证体系，强化生产经营企业的质量意识，建立婴幼儿食品安全监测、检测和预警机制，加强农村地区食品市场监管，严厉打击制售假冒伪劣食品的违法犯罪行为。加强婴幼儿用品、玩具生产销售和游乐设施运营的监管。健全儿童玩具、儿童用品等的缺陷产品召回制度。

13. 加大环境保护和治理力度。控制和治理大气、水、土地等环境污染以及工业、生活和农村面源污染，加强饮用水源保护。加强监管，确保主要持久性有机污染物和主要重金属（铅、镉等）暴露水平符合国家标准。

（二）儿童与教育。

主要目标：

1. 促进0—3岁儿童早期综合发展。

2. 基本普及学前教育。学前三年毛入园率达到70%，学前一年毛入园率达到95%；增加城市公办幼儿园数量，农村每个乡镇建立并办好公办中心幼儿园和村幼儿园。

3. 九年义务教育巩固率达到95%。确保流动儿童平等接受义务教育，保障残疾儿童接受义务教育。

4. 普及高中阶段教育，毛入学率达到90%。

5. 中等职业教育规模扩大，办学质量提高。

6. 保障所有儿童享有公平教育，均衡配置教育资源，缩小城乡差距、区域差距、校际差距。

7. 学校标准化建设水平提高，薄弱学校数量减少。

8. 教育质量和效益不断提高，学生综合素质和能力全面提升。

策略措施：

1. 落实教育优先发展战略。切实保证经济社会发展规划优先安排教育发展，财政资金优先保障教育的投入，公共资源优先满足教育和人力资源开发需要。完善体制和政策，鼓励社会力量兴办教育，不断扩大社会资源对教育的投入。

2. 依法保障儿童受教育的权利。各级政府要组织和督促适龄儿童入学接受义务教育，帮助解决适龄儿童接受义务教育的困难，采取措施防止其辍学。父母或其他监护人要保障适龄儿童依法接受并完成义务教育。学校要耐心教育、帮助品行有缺点、学习有困难的学生，不得违反法律和国家规定开除或变相开除学生。

3. 促进基本公共教育服务均等化。坚持基本公共教育的公益性和普惠性，加快建立城乡一体化的教育发展保障机制和基本公共教育服务体系，均衡配置教师、设备、图书、校舍等资源，加快推进义务教育学校标准化建设，完善教师交流制度，缩小办学条件、师资水平、教育质量上的差距。

4. 加快发展少数民族和民族地区儿童教育事业。加大对民族教育的支持力度，积极推进民族地区、农村牧区、偏远山区、边境地区改善中小学办学条件，巩固提高九年义务教育水平，促进女童接受学前和高中阶段教育。大力推进双语教学，全面推广国家通用语言文字，尊重和保障少数民族儿童使用本民族语言接受教育的权利，重视加强学前双语教育。加大民族地区师资培养培训力度。进一步完善发达地区、大中城市对民族地区的教育支援工作。

5. 积极开展0—3岁儿童科学育儿指导。积极发展公益性普惠性的儿童综合发展指导机构，以幼儿园和社区为依托，为0—3岁儿童及其家庭提供早期保育和教育指导。加快培养0—3岁儿童早期教育专业化人才。

6. 加快发展3—6岁儿童学前教育。落实各级政府发展学前教育的责任，将学前教育发展纳入城镇建设规划和社会主义新农村建设规划；建立政府主导、社会参与、公办民办并举的办园体制，大力发展公办幼儿园，提供“广覆盖、保基本”的学前教育公共服务；鼓励社会力量以多种形式举办幼儿园，引导和支持民办幼儿园提供普惠性服务。重点发展农村学前教育。每个乡镇至少办好一所公办中心幼儿园，大村独立建园，小村设分园或联合办园，人口分散地区提供灵活多样的学前教育服务，配备专职巡回指导教师，逐步完善县、乡、村三级学前教育网络。采取有效措施，努力解决流动儿童入园问题。建立学前教育资助制度，资助家庭经济困难儿童、孤儿和残疾儿童接受普惠性学前教育。因地制宜发展残疾儿童学前教育，鼓励特殊教育学校、残疾人康复机构举办接收残疾儿童的幼儿园。加强学前教育监督和管理。

7. 确保受人口流动影响儿童平等接受义务教育。坚持以流入地政府管理为主、以全日制公办中小学为主解决流动儿童就学问题。制定实施流动儿童义务教育后在流入地参加升学考试的办法。加快农村寄宿制学校建设，优先满足留守儿童住宿需求。

8. 保障特殊困难儿童接受义务教育权利。落实孤儿、残疾儿童、贫困儿童就学资助政策。加快发展特殊教育，基本实现市（地）和30万人口以上、残疾儿童较多的县（市）建立1所特殊教育学校；扩大残疾儿童随班就读、普通学校特教班和寄宿制残疾学生的规模，提高残疾儿童受教育水平。为流浪儿童、有严重不良行为和违法犯罪行为的儿童平等接受义务教育创造条件。

9. 加快发展高中阶段教育。逐步提高高中阶段教育财政投入水平，加大对中西部贫困地区高中阶段教育的扶持力度。推动普通高中多样化发展，满足不同儿童发展需求。

10. 大力发展职业教育。以服务为宗旨，以就业为导向，以提高质量为重点，深化职业教育改革，促进职业教育规模、专业设置与经济社会发展需求相适应。增强职业教育吸引力，逐步推行中等职业教育免费政策。

11. 全面推进素质教育。树立科学的教育观，全面贯彻教育方针，坚持面向全体学生、促进学生德智体美全面发展，提高学生的学习能力、实践能力、创新能力、社会适应能力和思想道德素质、科学文化素质、健康素质。

12. 加强和改进学校思想道德教育。坚持育人为本、德育为先，把社会主义核心价值体系融入国民教育全过程。把德育渗透于教育教学各个环节，贯穿于学校教育、家庭教育和社会教育各个方面。创新德育形式，丰富德育内容，不断提高德育工作吸引力和感染力，增强德育工作的针对性和实效性。充分发挥共青团和少先队在学校德育工作中的作用。

13. 提高儿童科学素养水平。开展多种形式的科普和社会实践活动，增强儿童对科学技术的兴趣和爱好，培养儿童科学探究能力和综合运用知识解决问题的能力。利用科技类博物馆、科研院所等科普教育基地和青少年科技教育基地等资源，为儿童提供科学实践的场所和机会。建立校外科学实践活动与学校课程相衔接的机制。加强校内外结合的儿童科普网络建设，建立和巩固一支专兼职相结合的儿童科普队伍。

14. 加快推进教育教学改革。积极推进课程体系、教学内容、教学方法、考试招生制度改革，建立教育质量标准和监测评价制度体系，完善学生综合素质和学业评价体系。完善和全面实施义务教育就近免试入学制度，解决学生择校问题。建立学生课业负担监测和公告制度，减少作业量和考试次数，减轻学生课业负担。

15. 提高教师队伍素质和能力。加强教师职业理想和职业道德教育，提高教师师德修养水平。将师德作为教师考核、聘任（聘用）和评价的首要内容。继续提高教师学历合格率和学历层次，完善教师培训制度，提高教师业务水平和教学能力。

16. 全面推进教育现代化和信息化。把教育信息化纳入国家信息化发展整体战略，提高农村中小学校接入互联网的比例，扩大农村现代远程教育网络覆盖面，基本建成覆盖城乡各级各类学校的教育信息化体系。

17. 建设民主、文明、和谐、平等、安全的友好型学校。建立尊师爱生的师生关系。保障学生参与学校事务的权利。创造有利于学生身体健康的学习、生活条件，提供安全饮用水和卫生厕所，改善寄宿制学校学生食堂和住宿条件。

18. 完善学校收费管理与监督机制。完善学校收费管理办法，规范学校收费行为和收费资金使用管理。

（三）儿童与福利。

主要目标：

1. 扩大儿童福利范围，推动儿童福利由补缺型向适度普惠型的转变。

2. 保障儿童享有基本医疗卫生服务，提高儿童基本医疗保障覆盖率和保障水平，为贫困和大病儿童提供医疗救助。

3. 基本满足流动和留守儿童基本公共服务需求。

4. 满足孤儿生活、教育、医疗和公平就业等基本需求，提高孤儿家庭寄养率和收养率。

5. 提高0—6岁残疾儿童抢救性康复率。

6. 减少流浪儿童数量和反复性流浪。

7. 增加孤儿养护、流浪儿童保护和残疾儿童康复的专业服务机构数量。全国地级以上城市和重点县（市）建立1所具有养护、医疗康复、教育、技能培训等综合功能的儿童福利机构和1所流浪儿童救助保护机构。

8. 保障受艾滋病影响儿童和服刑人员未满18周岁子女的生活、教育、医疗、公平就业等权利。

策略措施：

1. 提高面向儿童的公共服务供给能力和水平。完善基本公共服务体系，增加财政对儿童福利的投入，逐步实现儿童基本公共服务均等化。

2. 保障儿童基本医疗。在城镇居民基本医疗保险和新型农村合作医疗制度框架内完善儿童基本医疗保障，逐步提高儿童医疗保障水平，减轻患病儿童家庭医疗费用负担。

3. 提高儿童医疗救助水平。加大对大病儿童和贫困家庭儿童的医疗救助。对贫困家庭儿童、孤儿、残疾儿童参加城镇居民基本医疗保险及新型农村合作医疗个人缴纳部分按规定予以补贴。

4. 扩大儿童福利范围。完善城乡居民最低生活保障制度，通过分类施保提高贫困家庭儿童生活水平。探索对儿童实施营养干预和补助的方法，改善儿童营养状况。逐步提高农村义务教育寄宿制学校家庭经济困难学生生活补助标准，扩大补助范围。

5. 建立健全孤儿保障制度。落实孤儿社会保障政策，满足孤儿生活、教育、医疗康复、住房等方面的需求。帮助有劳动能力的适龄孤儿就业。建立受艾滋病影响儿童和服刑人员未成年子女的替代养护制度，为受艾滋病影响儿童和服刑人员未成年子女的生活、教育、医疗、公平就业提供制度保障。

6. 完善孤儿养育和服务模式。加强儿童福利机构建设，全面提高儿童福利机构的管理服务水平。探索适合孤儿身心发育的养育模式。完善孤儿收养制度，规范家庭寄养，鼓励社会助养。建立和完善家庭寄养和亲属监护养育的监督、支持和评估体系，提高家庭寄养孤儿和亲属监护养育孤儿的养育质量。

7. 建立完善残疾儿童康复救助制度和服务体系。建立0—6岁残疾儿童登记制度，对贫困家庭残疾儿童基本康复需求按规定给予补贴。优先开展残疾儿童抢救性治疗和康复，提高残疾儿童康复机构服务专业化水平。以专业康复机构为骨干、社区为基础、家庭为依托建立残疾儿童康复服务体系，加强残疾儿童康复转介服务，开展多层次职业培训和实用技术培训，增强残疾儿童生活自理能力、社会适应能力和平等参与社会生活的能力。

8. 加强流浪儿童救助保护工作。完善流浪儿童救助保护网络体系，健全流浪儿童生活、教育、管理、返乡保障制度，对流浪儿童开展教育、医疗服务、心理辅导、行为矫治和技能培训。提高流浪儿童救助保护工作专业化和社会化水平，鼓励并支持社会力量保护和救助流浪儿童。探索建立流浪儿童早期预防干预机制。

9. 建立和完善流动儿童和留守儿童服务机制。积极稳妥推进户籍制度和社会保障制度改革，逐步将流动人口纳入当地经济社会发展规划。建立16周岁以下流动儿童登记制度，为流动儿童享有教育、医疗保健等公共服务提供基础。整合社区资源，完善以社区为依托，面向流动人口家庭的管理和服务网络，增强服务意识，提高服务能力。健全农村留守儿童服务机制，加强对留守儿童心理、情感和行为的指导，提高留守儿童家长的监护意识和责任。

（四）儿童与社会环境。

主要目标：

1. 营造尊重、爱护儿童的社会氛围，消除对儿童的歧视和伤害。

2. 适应城乡发展的家庭教育指导服务体系基本建成。

3. 儿童家长素质提升，家庭教育水平提高。

4. 为儿童提供丰富、健康向上的文化产品。

5. 保护儿童免受网络、手机、游戏、广告、图书和影视中不良信息的影响。

6. 培养儿童阅读习惯，增加阅读时间和阅读量。90%以上的儿童每年至少阅读一本图书。

7. 增加县、乡两级儿童教育、科技、文化、体育、娱乐等课外活动设施和场所，坚持公益性，提高利用率和服务质量。每个街道和乡（镇）至少配备1名专职或兼职儿童社会工作者。

8. 90%以上的城乡社区建设1所为儿童及其家庭提供游戏、娱乐、教育、卫生、社会心理支持和转介等服务的儿童之家。

9. 保障儿童参与家庭生活、学校和社会事务的权利。

10. 保障儿童享有闲暇和娱乐的权利。

策略措施：

1. 广泛开展以儿童优先和儿童权利为主题的宣传教育活动，提高公众对儿童权利尤其是儿童参与权的认识。

2. 将家庭教育指导服务纳入城乡公共服务体系。普遍建立各级家庭教育指导机构，90%的城市社区和80%的行政村建立家长学校或家庭教育指导服务点。建立家庭教育从业人员培训和指导服务机构准入等制度，培养合格的专兼职家庭教育工作队伍。加大公共财政对家庭教育指导服务体系建设的投入，鼓励和支持社会力量参与家庭教育工作。

3. 开展家庭教育指导和宣传实践活动。多渠道、多形式持续普及家庭教育知识，确保儿童家长每年至少接受2次家庭教育指导服务，参加2次家庭教育实践活动。加强家庭教育研究，促进研究成果的推广和应用。

4. 为儿童成长提供良好的家庭环境。倡导平等、文明、和睦、稳定的家庭关系，提倡父母与子女加强交流与沟通。预防和制止家庭虐待、忽视和暴力等事件的发生。

5. 创造有益于儿童身心健康的文化环境。引导各类媒体制作和传播有益于儿童健康成长的信息，增强文化产品的知识性、趣味性。制定优惠政策，鼓励和支持优秀儿童图书、影视、歌曲、童谣、舞蹈、戏剧、动漫、游戏等创作、生产和发行。办好儿童广播电视专题节目，严格控制不适合儿童观看的广播影视节目在大众传媒播出。积极组织适合儿童的文化活动，大力培育儿童文化品牌。加强文化市场监管，加大查处传播淫秽、色情、凶杀、暴力、封建迷信和伪科学的出版物及儿童玩具、饰品的力度。重视少数民族文字少儿读物的创作、译制和出版工作。

6. 规范与儿童相关的广告和商业性活动。严格执行相关法规政策，禁止母乳代用品广告宣传，规范与儿童有关的产品（服务）广告及烟酒广告播出。规范和限制儿童参加商业性演出和活动。

7. 为儿童健康上网创造条件。在公益性文化场所和儿童活动场所建设公共电子阅览室，为儿童提供公益性上网服务。社区公益性互联网上网服务设施，对儿童免费或优惠开放。推行绿色上网软件，加强对网络不良信息的打击和治理，净化互联网环境。加强对互联网上网服务营业场所的管理。互联网上网服务营业场所严格实行消费者实名登记制，并在显著位置设置未成年人禁入标志，不得允许未成年人进入。加大对“黑网吧”的打击力度。家庭和学校加强对儿童上网的引导，防止儿童沉迷网络。

8. 净化校园周边环境。落实维护校园周边治安秩序、确保校园安全的相关措施，在学校周边治安复杂地区设立治安岗进行巡逻，向学校、幼儿园派驻保安员。校园附近严格按规定设交通警示标志和安全设施，派民警或协管员维护地处交通复杂路段的小学、幼儿园周边道路的交通秩序。加强对校园周边商业网点和经营场所的监管，校园周边 200 米以内禁设网吧、游戏厅、娱乐场所。

9. 加大儿童活动设施建设。将儿童活动设施和场所建设纳入地方经济社会发展规划，增加彩票公益金对儿童活动设施和场所的投入，加大对农村地区儿童活动设施和场所建设和运行的扶持力度。规范儿童课外活动设施和场所的管理，各类文化、科技、体育等公益性设施和场所对儿童免费或优惠开放，并根据自身条件开辟专门供儿童活动的区域。加强爱国主义教育基地建设。

10. 强化城乡社区儿童服务功能。建立以社区为基础的儿童保护工作运行机制，充分挖掘和合理利用社区资源，动员学校、幼儿园、医院等机构和社会团体、志愿者参与儿童保护。整合社区资源建设儿童活动场所，配备专兼职工作人员，提高运行能力，为儿童及其家庭提供服务。

11. 为儿童阅读图书创造条件。推广面向儿童的图书分级制，为不同年龄儿童提供适合其年龄特点的图书，为儿童家长选择图书提供建议和指导。增加社区图书馆和农村流动图书馆数量，公共图书馆设儿童阅览室或图书角，有条件的县（市、区）建儿童图书馆。“农家书屋”配备一定数量的儿童图书。广泛开展图书阅读活动，鼓励和引导儿童主动读书。

12. 保障儿童的参与和表达权利。将儿童参与纳入儿童事务和儿童服务决策过程，决定有关儿童的重大事项，吸收儿童代表参加，听取儿童意见。畅通儿童参与和表达渠道，增加儿童社会实践机会，鼓励儿童参与力所能及的社会事务和社会公益活动，提高儿童的社会参与能力。

13. 增强儿童环保意识。开展环境和生态文明宣传教育，鼓励儿童积极参与环保活动，引导儿童践行低碳生活和绿色消费。

14. 加强儿童社会工作队伍建设。强化对儿童工作人员的社会工作能力培训，积极发挥社会工作专业人员在为儿童提供服务、维护儿童权益方面的作用。

15. 开展促进儿童发展的国际交流与合作。积极履行联合国《儿童权利公约》等国际公约，扩大多边和双边交流与合作，宣传我国促进儿童发展取得的成就。

（五）儿童与法律保护。

主要目标：

1. 保护儿童的法律法规和法律保护机制更加完善。

2. 贯彻落实保护儿童的法律法规，儿童优先和儿童最大利益原则进一步落实。

3. 依法保障儿童获得出生登记和身份登记。

4. 出生人口性别比升高趋势得到遏制，出生人口性别比趋向合理。

5. 完善儿童监护制度，保障儿童获得有效监护。

6. 中小学生普遍接受法制教育，法律意识、自我保护意识和能力明显增强。

7. 预防和打击侵害儿童人身权利的违法犯罪行为，禁止对儿童实施一切形式的暴力。

8. 依法保护儿童合法财产权益。

9. 禁止使用童工（未满16周岁儿童）和对儿童的经济剥削。

10. 保障儿童依法获得及时有效的法律援助和司法救助。

11. 预防未成年人违法犯罪，降低未成年罪犯占刑事罪犯的比重。

12. 司法体系进一步满足儿童身心发展的特殊需要。

策略措施：

1. 继续完善保护儿童的法律体系。推进儿童福利、学前教育、家庭教育等立法进程。清理、修改、废止与保护儿童权利不相适应的法规政策。增强保护儿童相关法律法规的可操作性。

2. 加强法制宣传教育。提高家庭、学校、社会各界和儿童本人保护儿童权利的法制观念、责任意识和能力。

3. 加强执法监督。明确执法主体，强化法律责任，定期开展专项执法检查。加强对执法人员儿童权益保护知识和技能培训，增强儿童权益保护观念，提高执法水平。

4. 落实儿童出生登记制度。提高社会各界对出生登记的认识，完善出生登记相关制度和政策。加强部门协调和信息共享，简化、规范登记程序。

5. 消除对女童的歧视。宣传性别平等观念，增强全社会性别平等意识。建立有利于女孩及其家庭的利益导向机制，提高农村生育女孩家庭的经济社会地位。加大对利用 B 超等进行非医学需要的胎儿性别鉴定和选择性别人工终止妊娠行为的打击力度。

6. 建立完善儿童监护监督制度。提高儿童父母和其他监护人的责任意识，完善并落实不履行监护职责或严重侵害被监护儿童权益的父母或其他监护人资格撤销的法律制度。逐步建立以家庭监护为主体，以社区、学校等有关单位和人员监督为保障，以国家监护为补充的监护制度。

7. 保护儿童人身权利。加强社会治安综合治理，严厉打击强奸、拐卖、绑架、虐待、遗弃等侵害儿童人身权利的违法犯罪行为和组织、胁迫、诱骗儿童犯罪的刑事犯罪。严厉打击利用儿童进行扒窃、乞讨、卖艺、卖淫等违法犯罪行为。保护儿童免遭一切形式的性侵犯。建立受暴力伤害儿童问题的预防、强制报告、反应、紧急救助和治疗辅导工作机制。整合资源，探索建立儿童庇护中心。加强预防和打击拐卖儿童犯罪的法制宣传教育，提高儿童及其家长“防拐”意识和能力，为被解救儿童提供身心康复服务，妥善安置被解救儿童。禁止用人单位招用未满 16 周岁儿童，禁止介绍未满 16 周岁的儿童就业。建立健全监督惩罚机制，严厉打击使用童工的违法行为。严格执行国家对已满 16 周岁未满 18 周岁未成年工的保护规定，禁止安排未成年工从事过重、有毒、有害等劳动或危险作业。依法保护儿童的隐私权。

8. 加强儿童财产权益保护。依法保障儿童的财产收益权和获赠权、知识产权、继承权、一定权限内独立的财产支配权。

9. 完善儿童法律援助和司法救助机制。进一步扩大儿童接受法律援助的覆盖面，健全完善儿童法律援助工作网络，充实基层法律援助工作队伍，支持和鼓励基层法律服务机构、社会团体、事业单位等社会组织利用自身资源为儿童提供法律援助，确保儿童在司法程序中获得高效、快捷的法律服务和司法救助。

10. 推动建立和完善适合未成年人的专门司法机构。贯彻未成年人保护法，探索未成年人案件办理专业化。加快建设公安机关办理未成年人案件专门机构或落实专门人员。

11. 完善涉嫌违法犯罪的儿童处理制度。对涉嫌违法犯罪的儿童，贯彻教育、感化、挽救的方针，坚持教育为主、惩罚为辅的原则，依法从轻、减轻或者免除对违法犯罪儿童的处罚。依照有关法律规定，坚持未满 16 周岁儿童犯罪案件一律不公开审理、16 周岁以上儿童犯罪案件一般不公开审理的原则，尊重和保护儿童合法权益。对羁押、服刑的未成年人，与成年人分别关押。

对政府收容教养和劳动教养的未成年人及被决定强制隔离戒毒的未成年吸毒人员，与成年人分别收容、收戒。保障解除羁押、服刑或收容教养期满的未成年人复学、升学、就业不受歧视。

12. 完善具有严重不良行为儿童的矫治制度。建立家庭、学校、社会共同参与的运作机制，对有不良行为的儿童实施早期介入、有效干预和行为矫治。加强对具有严重不良行为儿童的教育和管理，探索专门学校教育和行为矫治的有效途径和方法，保障专门学校学生在升学、就业等方面的同等权利。对适用缓刑的未成年人和因犯罪接受社区矫正的未成年人，做好帮教工作。

四、组织实施

（一）加强对纲要实施工作的组织领导。国务院及地方各级妇儿工委负责纲要实施的组织、协调、指导和督促。政府有关部门、相关机构和社会团体结合各自职责，承担落实纲要中相应目标任务。

（二）制定地方儿童发展规划和部门实施方案。县级以上地方人民政府依据本纲要，结合实际制定本地区儿童发展规划。国务院及地方政府各有关部门、相关机构和社会团体结合各自职责，按照任务分工，制定实施方案，形成全国儿童发展规划体系。

（三）加强纲要与国民经济和社会发展规划的衔接。在经济和社会发展总体规划中体现儿童优先原则，将儿童发展的主要指标纳入经济和社会发展总体规划及专项规划，统一部署，统筹安排，同步实施，同步发展。

（四）保障儿童发展的经费投入。各级政府将实施纲要所需经费纳入财政预算，加大经费投入，并随着经济增长逐步增加。重点扶持贫困地区和少数民族地区儿童发展。动员社会力量，多渠道筹集资金，支持儿童发展。

（五）建立健全实施纲要的工作机制。建立政府主导、多部门合作、全社会参与的工作机制，共同做好纲要实施工作。建立目标管理责任制，将纲要主要目标纳入相关部门、机构和社会团体的目标管理和考核体系，考核结果作为对领导班子和有关负责人综合考核评价的重要内容。健全报告制度，各有关部门每年向本级政府妇儿工委和上级主管部门报告纲要实施的情况，各级妇儿工委每年向上级妇儿工委报告本地区纲要实施的总体情况。健全会议制度，定期召开各级妇儿工委全体会议，汇报、交流实施纲要的进展情况。健全监测评估制度，明确监测评估责任，加强监测评估工作。

（六）坚持和创新实施纲要的有效做法。及时开展对儿童发展和权益保护状况的调查研究，掌握新情况，分析新问题，为制定相关法规政策提供依据。加强儿童发展领域理论研究，总结探索儿童发展规律和儿童工作规律。开展国际交流和合作，学习借鉴促进儿童发展的先进理念和经验。不断创新工作方法，通过实施项目、为儿童办实事等方式解决重点难点问题；通过分类指导、示范先行，总结推广经验，推进纲要实施。

（七）加大实施纲要宣传力度。多渠道、多形式面向各级领导干部、儿童工作者、广大儿童和全社会宣传纲要内容及纲要实施中的典型经验和成效，宣传促进儿童保护和发展的法规政策和国际公约，营造有利于儿童生存、保护、发展和参与的社会氛围。

（八）加强实施纲要能力建设。将儿童优先原则的相关内容及相关法律法规和方针政策纳入各级行政学院培训课程。将实施纲要所需知识纳入培训计划，举办多层次、多形式培训，增强政府及各有关部门、机构相关人员、相关专业工作者实施纲要的责任意识和能力。

（九）鼓励儿童参与纲要实施。儿童既是纲要实施的受益者，也是纲要实施的参与者。实施纲要应听取儿童的意见和建议。提高儿童参与纲要实施的意识和能力，实现自身发展。

五、监测评估

（一）对纲要实施情况进行年度监测、中期评估和终期评估。及时收集、整理、分析反映儿童发展状况的相关数据和信息，动态反映纲要目标进展情况。在此基础上，系统分析和评价纲要目标达标状况，评判纲要策略措施和纲要实施工作的效率、效果、效益，预测儿童发展趋势。通过监测评估，准确掌握儿童发展状况，制定和调整促进儿童发展的政策措施，推动纲要目标的实现，为规划未来儿童发展奠定基础。

（二）各级妇儿工委设立监测评估领导小组，负责组织领导监测评估工作，审批监测评估方案，审核监测评估报告等。监测评估领导小组下设监测组和评估组。

监测组由各级统计部门牵头，负责纲要监测工作的指导和人员培训，研究制定监测方案，收集、整理、分析数据和信息，撰写并提交年度监测报告等。

评估组由各级妇儿工委办事机构牵头，负责评估工作的指导和人员培训，制定评估方案，组织开展评估工作，撰写并提交评估报告等。

（三）各级政府要将监测评估工作所需经费纳入财政预算。各级政府及有关部门结合监测评估结果开展宣传，研究利用监测评估结果加强纲要实施。

（四）建立儿童发展综合统计制度，规范和完善与儿童生存、发展有关的统计指标和分性别统计指标，将其纳入国家和部门常规统计和统计调查。建立和完善国家、省、地三级儿童发展监测数据库。

（五）各级妇儿工委成员单位、相关机构及有关部门要向同级统计部门报送年度监测数据，向同级妇儿工委提交中期和终期评估报告。

国务院关于印发国家人口发展规划（2016—2030年）的通知

（国发〔2016〕87号　2017年1月25日）

各省、自治区、直辖市人民政府，国务院各部委、各直属机构：

现将《国家人口发展规划（2016—2030年）》印发给你们，请认真贯彻执行。

国家人口发展规划（2016—2030年）

人口问题始终是人类社会共同面对的基础性、全局性和战略性问题。为积极有效应对我国人口趋势性变化及其对经济社会发展产生的深刻影响，促进人口长期均衡发展，根据《中华人民共和国人口与计划生育法》《中华人民共和国国民经济和社会发展第十三个五年规划纲要》和《中共中央　国务院关于实施全面两孩政策改革完善计划生育服务管理的决定》精神，特编制本规划。本规划旨在阐明规划期内国家人口发展的总体要求、主要目标、战略导向和工作任务，是指导今后15年全国人口发展的纲领性文件，是全面做好人口和计划生育工作的重要依据，并为经济社会发展宏观决策提供支撑。

第一章　规划背景
——人口发展的关键转折期

进入21世纪后，我国人口发展的内在动力和外部条件发生了显著改变，出现重要转折性变化。准确把握人口变化趋势性特征，深刻认识这些变化对人口安全和经济社会发展带来的挑战，对于谋划好人口长期发展具有重大意义。

第一节　人口现状

我国全面推行计划生育40多年来，人口过快增长得到有效控制，人口再生产类型实现历史性转变，对资源环境的压力有效缓解，有力促进了经济发展、社会进步和民生改善，为现代化建设提供了重要保障和基础性支撑，为全面建成小康社会奠定了坚实基础。“十二五”时期，根据我国人口发展变化趋势，党中央、国务院审时度势作出调整完善生育政策的重大决策部署，深化计划生育服务管理改革，人口和计划生育工作取得了新成效。

——人口总量平稳增长。“十二五”期间年均自然增长率保持在5‰左右，2015年末总人口为13.75亿人。

——人口结构不断变化。出生人口性别比连续下降至113.51，60岁及以上老年人口占比达到16.1%，15—59岁劳动年龄人口于2011年达到峰值后持续下降，家庭户均人口规模减小。

——人口素质稳步提升。人均预期寿命提高到76.34岁。孕产妇死亡率和婴儿死亡率分别降至20.1/10万和8.1‰，提前实现联合国千年发展目标。劳动年龄人口平均受教育年限达到10.23年。

——人口城乡结构发生重大变化。常住人口城镇化率从2010年的49.95%提升至2015年的56.1%，流动人口从2.21亿人增加到2.47亿人。

——重点人群保障水平不断提高。2015年农村贫困人口为5575万人，较2010年减少了66.3%。老年人、残疾人等群体社会保障体系和公共服务体系逐步健全。家庭发展能力得到增强。

第二节 发展态势

根据联合国《世界人口展望：2015年修订版》预测，今后较长时期内世界人口将保持上升趋势，人口总量将从2015年的73亿上升到2030年的85亿，2050年接近100亿，发展中国家人口占比继续上升，中国人口占比持续下降。世界多数国家已经或正在步入老龄化社会，中国老龄化水平及增长速度将明显高于世界平均水平。

我国人口发展既符合世界一般性规律，又具有自身特点，今后15年人口变动的主要趋势是：

——人口总规模增长惯性减弱，2030年前后达到峰值。实施全面两孩政策后，“十三五”时期出生人口有所增多，“十四五”以后受育龄妇女数量减少及人口老龄化带来的死亡率上升影响，人口增长势能减弱。总人口将在2030年前后达到峰值，此后持续下降。

——劳动年龄人口波动下降，劳动力老化程度加重。劳动年龄人口在“十三五”后期出现短暂小幅回升后，2021—2030年间将以较快速度减少。劳动年龄人口趋于老化，到2030年，45—59岁大龄劳动力占比将达到36%左右。

——老龄化程度不断加深，少儿比重呈下降趋势。“十三五”时期，60岁及以上老年人口平稳增长，2021—2030年增长速度将明显加快，到2030年占比将达到25%左右，其中80岁及以上高龄老年人口总量不断增加。0—14岁少儿人口占比下降，到2030年降至17%左右。

——人口流动仍然活跃，人口集聚进一步增强。预计2016—2030年，农村向城镇累计转移人口约2亿人，转移势头有所减弱，城镇化水平持续提高。以“瑷珲—腾冲线”为界的全国人口分布基本格局保持不变，但人口将持续向沿江、沿海、铁路沿线地区聚集，城市群人口集聚度加大。

——出生人口性别比逐渐回归正常，家庭呈现多样化趋势。伴随经济社会发展以及生育政策调整完善等，出生人口性别比呈稳步下降态势。核心家庭（由已婚夫妇及其未婚子女组成的家庭）和直系家庭（由父母同一个已婚子女及其配偶、子女组成的家庭）是主要的家庭形式，单人家庭、单亲家庭以及“丁克家庭”的比例将逐步提高。

——少数民族人口增加，地区间人口变化不平衡。2015年我国少数民族人口总量为1.17亿，占比8.5%，少数民族生育率高于全国平均水平，人口比例还将进一步提高。在一些民族地区各民族人口发展不均衡，一些边境地区青壮年人口流失比较严重。

第三节　问题和挑战

今后15年我国人口发展进入深度转型阶段，人口自身的安全以及人口与经济、社会等外部系统关系的平衡都将面临不可忽视的问题和挑战。

——实现适度生育水平压力较大。我国生育率已较长时期处于更替水平以下，虽然实施全面两孩政策后生育率有望出现短期回升，但受生育行为选择变化等因素影响，从长期看生育水平存在走低的风险。

——老龄化加速的不利影响加大。人口老龄化加快会明显加大社会保障和公共服务压力，凸显劳动力有效供给约束，人口红利减弱，持续影响社会活力、创新动力和经济潜在增长率。

——人口合理有序流动仍面临体制机制障碍。城乡、区域间人口流动仍面临户籍、财政、土地等改革不到位形成的制度性约束，人口集聚与产业集聚不同步、公共服务资源配置与常住人口不衔接、人口城镇化滞后于土地城镇化等问题依然突出，不利于有效支撑国家重大区域战略实施。

——人口与资源环境承载能力始终处于紧平衡状态。本世纪中叶前我国人口总量将保持在13亿以上，人口对粮食供给的压力持续存在，人口与水资源短缺的矛盾始终突出，人口与能源消费的平衡关系十分紧张。边境地区人口安全问题需高度关注。

——家庭发展和社会稳定的隐患不断积聚。小型化和空巢化家庭抗风险能力低，养老抚幼、疾病照料、精神慰藉等问题日益突出。出生人口性别比长期失衡积累的社会风险不容忽视。

总的看，未来15年特别是2021—2030年，我国人口发展进入关键转折期，但人口众多的基本国情不会根本改变，人口对经济社会发展的压力不会根本改变，人口与资源环境的紧张关系不会根本改变。既面临诸多问题和潜在风险挑战，同时继续存在劳动力总量充裕、仍处于人口红利期等有利条件，统筹解决人口问题有较大的回旋空间。完善人口发展战略和政策体系，促进人口长期均衡发展，最大限度地发挥人口对经济社会发展的能动作用，对全面建成小康社会、实现中华民族伟大复兴的中国梦，具有重大现实意义和深远历史意义。

第二章　总体思路
——实施人口均衡发展国家战略

面对人口发展重大趋势性变化，必须把人口均衡发展作为重大国家战略，加强统筹谋划，把握人口发展的有利因素，积极有效应对风险挑战，努力实现人口自身均衡发展，并与经济社会、资源环境协调发展。

第一节　总体要求

高举中国特色社会主义伟大旗帜，以马克思列宁主义、毛泽东思想、邓小平理论、“三个代表”重要思想、科学发展观为指导，全面贯彻党的十八大和十八届三中、四中、五中、六中全会精神，深入贯彻习近平总书记系列重要讲话精神，认真落实党中央、国务院决策部署，紧紧围绕统筹推进“五位一体”总体布局和协调推进“四个全面”战略布局，牢固树立和贯彻落实创新、协调、绿色、开放、共享的发展理念，以促进人口均衡发展为主线，立足战略统筹，强化人口发展的战略地位和基础作用，坚持计划生育基本国策，鼓励按政策生育，充分发挥全面两孩政策效应，综合施策，创造有利于发展的人口总量势能、结构红利和素质资本叠加优势，促进人口与经济社会、资源环境协调可持续发展，为全面建成小康社会、实现中华民族伟大复兴的中国梦提供坚实基础和持久动力。

要坚持以下原则：

——坚持综合决策。切实将人口融入经济社会政策，在经济社会发展战略规划计划、经济结构战略性调整、投资项目和生产力布局、城乡区域关系协调、可持续发展等重大决策中，充分考虑人口因素，不断健全人口与发展综合决策机制。

——突出以人为本。坚持以人民为中心的发展思想，优先投资于人的全面发展，建立健全面向全人群、覆盖全生命周期的人口政策体系，促进共同参与、共享发展，增强人民群众获得感和幸福感。

——强化正向调节。尊重人口规律，顺应经济社会发展要求和群众根本利益，完善服务保障政策，将生育水平调控并维持在适度区间，推动人口结构优化调整、人口素质不断提升、人口流动更加有序，持续增强人口资源禀赋。

——加强风险防范。加强超前谋划和战略预判，重视把握人口各要素之间，以及人口与经济社会、资源环境等外部要素间的相互关系，提早防范和综合应对潜在的人口系统内安全问题和系统间的安全挑战，切实保障人口安全。

——深化改革创新。积极转变人口调控理念和方法，统筹推进生育政策、计划生育服务管理制度、家庭发展支持体系和治理机制综合改革，完善人口预测预报预警机制，健全重大决策人口影响评估制度。

第二节　主要目标

到2020年，全面两孩政策效应充分发挥，生育水平适度提高，人口素质不断改善，结构逐步优化，分布更加合理。到2030年，人口自身均衡发展的态势基本形成，人口与经济社会、资源环境的协调程度进一步提高。

——人口总量。总和生育率逐步提升并稳定在适度水平，2020年全国总人口达到14.2亿人左右，2030年达到14.5亿人左右。

——人口结构。出生人口性别比趋于正常，性别结构持续改善。劳动力资源保持有效供给，人口红利持续释放。

——人口素质。出生缺陷得到有效防控，人口健康水平和人均预期寿命持续提高，劳动年龄人口平均受教育年限进一步增加，人才队伍不断壮大。

——人口分布。常住人口城镇化率稳步提升，户籍人口城镇化率加快提高，主要城市群集聚人口能力增强。人口流动合理有序，人口分布与区域发展、主体功能布局、城市群发展、产业集聚的协调度达到更高水平。

——重点人群。民生保障体系更加健全，老年人、妇女、儿童、残疾人、贫困人口等群体的基本权益得到有效保障，生活水平持续提高，共建共享能力明显增强。

专栏1　预期发展目标					
领 域	主要指标	单位	2015 年	2020 年	2030 年
人口总量	全国总人口	亿人	13.75	14.2	14.5
	总和生育率		1.5—1.6	1.8	1.8
人口结构	出生人口性别比		113.5	≤112	107
人口素质	人均预期寿命	岁	76.3	77.3	79
	劳动年龄人口平均受教育年限	年	10.23	10.8	11.8
人口分布	常住人口城镇化率	%	56.1	60	70

第三节　战略导向

实现人口发展目标，必须从经济社会全局高度和国家中长期发展层面谋划人口工作，深入实施国家人口均衡发展战略，明确并贯彻以下战略导向：

——注重人口内部各要素相均衡。推动人口发展从控制人口数量为主向调控总量、优化结构和提升素质并举转变。推进全面两孩政策实施，平缓人口总量变动态势，避免人口达到峰值后快速下降，发挥政策最大效应。加强出生人口性别比治理，促进社会性别平等。切实提高出生人口素质，努力挖掘各年龄段人口潜能，推动人口红利向人才红利转变。

——注重人口与经济发展相互动。准确把握经济发展对人口变动的影响，综合施策缓解经济因素带来的生育率下降等人口发展问题。统筹城乡区域协调发展，统筹技术、产业、公共服务、就业同步扩散，引导人口与经济布局有效对接。充分发挥人口能动作用，为经济增长提供有效人力资本支撑和内需支撑。实施积极的老龄化政策，防范和化解对经济增长的不利影响。

——注重人口与社会发展相协调。完善国家基本公共服务制度体系，推动基本公共服务常住人口全覆盖，有序推进农业转移人口市民化。着力补齐重点人群发展短板，构建多层次养老服务体系，保障妇女儿童、残疾人合法权益，实施贫困人口精准脱贫，促进社会公平正义。尊重个人和家庭在人口发展中的主体地位，坚持权利义务对等，推动人口工作由主要依靠政府力量向政府、社会和公民多元共治转变。

——注重人口与资源环境相适应。根据不同主体功能区定位要求，健全差别化的人口政策，多措并举引导人口向优化开发和重点开发区域适度集聚，支持鼓励限制开发和禁止开发区域的人口自愿迁出，严格控制超大、特大城市人口规模。加大环境治理与保护力度，可持续开发利用自然资源，推动形成绿色发展方式和生活方式，着力增强人口承载能力。

第三章　推动实现适度生育水平
——延续人口总量势能优势

适度生育水平是维持人口良性再生产的重要前提。要针对人口变动态势，做好超前谋划和政策储备，健全生育服务和家庭发展支持体系，引导生育水平提升并稳定在适度区间，保持和发挥人口总量势能优势，促进人口自身均衡发展。

第一节　健全生育政策调控机制

坚持计划生育基本国策，实施全面两孩政策。坚持党政一把手亲自抓、负总责，落实和完善计划生育目标管理责任制。改革完善计划生育服务管理，实行生育登记服务，优化服务流程，推行网上办事，进一步简政便民。密切关注生育水平过高和过低地区人口发展态势，加强分类指导，因地制宜、综合施策，积极发挥计生协会等社会组织作用，引导群众负责任、有计划、按政策生育。积极推进实施各民族平等的计划生育政策，促进同区域内不同民族的均衡发展。科学评估经济增长和社会发展对生育行为的影响，做好全面两孩政策效果跟踪评估，密切监测生育水平变动态势，做好政策储备，完善计划生育政策。

第二节　合理配置公共服务资源

健全妇幼健康计划生育服务体系，提升妇幼健康和计划生育服务能力。实施妇幼健康计划生育服务保障工程，通过增加供给、优化结构、挖掘潜力，强化孕产妇和新生儿危急重症救治能力建设，进一步降低孕产妇和婴儿死亡率。做好优生优育全程服务，为妇女儿童提供优质的孕前优生健康检查、住院分娩、母婴保健、避孕节育、儿童预防接种等服务，做好流动孕产妇和儿童跨地区保健服务以及避孕节育的接续。加强出生缺陷综合防治，开展出生缺陷发生机理和防治技术研究，推进新生儿疾病筛查、诊断和治疗工作。加强妇幼保健计划生育服务管理能力建设。

加强科学预测，合理规划配置儿童照料、学前和中小学教育、社会保障等资源，满足新增公共服务需求。引导和鼓励社会力量举办非营利性妇女儿童医院、普惠性托儿所和幼儿园等服务机构。鼓励和推广社区或邻里开展幼儿照顾的志愿服务。推进生育保险和基本医疗保险合并实施，确保职工生育期间的生育保险待遇不变。在大型公共场所、公共交通工具、旅游景区景点等设置母婴室或婴儿护理台，保障母婴权益。

专栏2 妇幼健康计划生育服务保障工程
向孕产妇提供覆盖生育全过程的基本医疗保健服务，实行生育登记服务制度，加强出生人口监测预测，继续实施免费孕前优生健康检查，落实国家规定的计划生育基本技术服务。继续实施扩大国家免疫规划，按规定提供孕产期保健和儿童保健服务。扩大农村妇女“两癌”（宫颈癌、乳腺癌）检查项目覆盖范围。全面改善妇幼健康服务条件，支持省、市、县三级妇幼健康服务机构能力建设，提升孕产妇和新生儿危急重症救治能力。2020年前力争新增产床8.9万张，增加产科医生和助产士14万名。

第三节 完善家庭发展支持体系

建立完善包括生育支持、幼儿养育、青少年发展、老人赡养、病残照料、善后服务等在内的家庭发展政策。完善税收、抚育、教育、社会保障、住房等政策，减轻生养子女家庭负担。完善计划生育奖励假制度和配偶陪产假制度。鼓励雇主为孕期和哺乳期妇女提供灵活的工作时间安排及必要的便利条件。支持妇女生育后重返工作岗位。增强社区幼儿照料、托老日间照料和居家养老等服务功能。完善殡葬基本公共服务。加强家庭信息采集和管理，为家庭发展政策的制定和实施提供依据。大力发展家庭服务业。加强婚姻家庭辅导，推进新型家庭文化建设，开展幸福家庭创建活动。

加大对计划生育家庭的扶助力度，对全面两孩政策实施前的独生子女家庭和农村计划生育双女家庭，继续实行现行各项奖励扶助政策，在社会保障、集体收益分配、就业创业、新农村建设等方面予以倾斜。完善计划生育家庭特别扶助制度，加大对残疾人家庭、贫困家庭、计划生育特殊家庭、老年空巢家庭、单亲家庭等的帮扶支持力度，充分发挥社会工作服务机构和社会工作者的专业作用。

第四章 增加劳动力有效供给
——注重人口与经济良性互动

综合应对劳动年龄人口总量下降和结构老化趋势，全面提升劳动力质量，挖掘劳动力供给潜能，加强与就业政策和劳动力市场建设的有机衔接，为经济社会发展提供有效人力资本支撑。

第一节 提升新增劳动力质量

努力适应经济向形态更高级、分工更精细、结构更合理演进，发展方式向依靠持续的知识积累、技术进步、劳动力素质提升转变，着力培养具有国际竞争力的创新型、应用型、高技能、高素质大中专毕业生和技能劳动者，提高新增劳动力供给质量。加快完善国民教育体系，不断提高基本公共教育服务均等化水平，2020年普及高中阶段教育，迈入高等教育普及化门槛（毛入学率达到50%），2030年达到更高普及水平，劳动年龄人口平均受教育年限进一步提升。全面提高教育质量，切实提升大中专毕业生就业创业能力。优化人才培养机制，促进人才培养链与产业链、创新链有机衔接。深入推进协同育人，深化产教融合、校企合作，大力培养应用型人才和技术技能人才。全面提升高校创新人才培养能力，建设好一批世界一流大学和一流学科，深化高校创新创业教育改革，增强毕业生社会责任感、创新精神和实践能力。建设面向人人的就业创业服务平台。实施高校毕业生就业创业促进计划，建立涵盖毕业生校内校外各阶段、求职就业各环节、创新创业全过程的服务体系。

第二节 挖掘劳动者工作潜能

提升就业能力，推动农村劳动力转型。面向现代农业发展，构建有效的新型职业农民培育制度体系，加快推动传统农民成为新型职业农民，建立高素质现代农业生产经营者队伍。持续推进农业富余劳动力进城务工并稳定生活，落实农业转移人口就业扶持政策，实施新生代农民工职业技能提升计划，健全职业培训、就业服务、劳动维权“三位一体”的工作机制。凝聚政府与市场合力，优化环境并健全支持政策，建设一批返乡创业园区和县乡特色产业带，为外出务工人员返乡创业创造条件。

促进劳动者人力资本积累。通过全方位投资人力资本，充分发挥劳动者工作潜能。大力发展继续教育，强化企业在职工培训中的主体作用，完善以就业技能、岗位技能提升和创业为主的培训体系，持续提升企业职工劳动技能和工作效能。提升劳动者健康素质，全面开展职业健康服务，落实职业健康检查制度，加强职业病防治。强化职业劳动安全教育。支持大龄劳动力就业创业，加强大龄劳动力职业培训，提高就业技能和市场竞争力，避免其过早退出就业市场。

专栏3　大龄劳动力人力资本开发行动
适应我国老龄化发展趋势，积极借鉴国际有益经验，通过教育培训、健康服务、就业促进等方式鼓励大龄失业人员回归劳动力市场。探索建立养老金长缴多得的激励约束机制；加强大龄劳动力在岗继续教育培训，落实完善职业培训补贴、职业技能鉴定补贴等政策，支持大龄劳动力提升就业技能；加强职业健康服务，提高大龄劳动力健康水平；落实税收优惠、社会保险补贴、创业担保贷款等扶持政策，鼓励各类企业吸纳大龄失业人员就业；加强公共就业服务网络平台建设，为大龄失业人员提供更多个性化职业指导、职业介绍、政策咨询等公共就业服务；结合大龄失业人员特点，提供更多非全职就业、志愿服务和社区工作等岗位。

第三节　积极开发老年人力资源

充分发挥老年人参与经济社会活动的主观能动性和积极作用。实施渐进式延迟退休年龄政策，逐步完善职工退休年龄政策，有效挖掘开发老年人力资源。大力发展老年教育培训。鼓励专业技术领域人才延长工作年限，积极发挥其在科学研究、学术交流和咨询服务等方面的作用。鼓励老年人积极参与家庭发展、互助养老、社区治理、社会公益等活动，继续发挥余热并实现个人价值。

第四节　有效利用国际人才资源

树立人力资源开发利用全球视野，实施更积极、更开放、更有效的国际人才培养和引进政策。制定并完善出入境和长期居留、税收、保险、住房、就医、子女入学、配偶安置等配套措施，加快推进简化“绿卡”办理手续，大力吸引海外高层次人才回国或来华创新创业。完善外国人永久居留制度，放宽技术技能型人才取得永久居留资格的条件，探索实行技术移民并逐步形成完善有效的政策体系。支持外国人才申报和参与国家级科研项目，更加严格有效保护知识产权，维护创造发明人的合法权益。发展国际人才市场，培育一批国际人才中介服务机构。结合国家“一带一路”建设战略实施和国际产能合作，鼓励有条件的企业、高校、科研院所“走出去”培养和吸引使用当地优秀人才。积极开展高水平的国际合作办学，创新人才国际联合培养模式。开发国（境）外优质教育培训资源，完善出国（境）培训管理制度和措施，进一步提高出国（境）培训质量。

第五章　优化人口空间布局

——促进人口与资源环境永续共生

推动城乡人口协调发展，完善以城市群为主体形态的人口空间布局，促进人口分布与国家区域发展战略相适应，引导人口有序流动和合理分布，实现人口与资源环境永续共生。

第一节　持续推进人口城镇化

加快推进以人为核心的城镇化，引导人口流动的合理预期，畅通落户渠道，到2020年实现1亿左右农业转移人口和其他常住人口在城镇落户，全面提高城镇化质量。按照尊重意愿、自主选择、因地制宜、分步推进、存量优先、带动增量的原则，区分超大、特大和大中小城市以及建制镇，实施差别化落户政策，促进有能力在城镇稳定就业和生活的农业转移人口举家进城落户。将具备条件的县和特大镇有序设置为市，增加中小城市数量，优化大中城市市辖区规模和结构，拓展农业转移人口就近城镇化空间。

专栏4　推动1亿非户籍人口在城市落户方案

2016—2020年，户籍人口城镇化率年均提高1个百分点以上，年均转户1300万人以上。

进一步拓宽落户通道。除极少数超大城市外，全面放宽农业转移人口落户条件。调整完善超大城市和特大城市落户政策，区分城市的主城区、郊区、新区等区域，分类制定落户政策，重点解决符合条件的普通劳动者落户问题。调整完善大中城市落户政策，大中城市均不得采取购买房屋、投资纳税等方式设置落户限制。

制定实施配套政策。加大对农业转移人口市民化的财政支持力度并建立动态调整机制，建立财政性建设资金对吸纳农业转移人口较多城市基础设施投资的补助机制，建立城镇建设用地增加规模与吸纳农业转移人口落户数量挂钩机制。顺应农民保留土地承包权、流转土地经营权的意愿，实行所有权、承包权、经营权分置并行，探索建立进城落户农民土地承包权、宅基地使用权、集体收益分配权维护和自愿有偿退出机制。完善城镇基本公共服务政策，确保城市新老居民同城同待遇。

第二节　推动城市群人口集聚

以城市群为主体形态促进大中小城市和小城镇协调发展，优化提升东部地区城市群，培育发展中西部地区城市群，推动人口合理集聚。对京津冀、长三角、珠三角等城市群，要严格控制超大城市和特大城市人口规模，有序引导人口向中小城市集聚。对长江中游、成渝地区等城市群，要进一步做大做强中心城市，加强对周边欠发达地区的辐射带动作用，打造全国重要的人口集聚区。对山东半岛、海峡西岸、辽中南等东部地区城市群，要进一步加强区域内大中小城市联动发展，增强对中西部转移人口的吸引力。对哈长、中原、关中、北部湾、山西中部、呼包鄂榆、黔中、滇中、兰西、宁夏沿黄、天山北坡等城市群，要加快形成更多支撑区域发展的增长极，引导区域内人口就近集聚。力争今后 15 年上述 19 个城市群集聚的常住人口占全国比重稳步提升，特别是城镇人口总量占比增幅更高。

第三节　改善人口资源环境紧平衡

制定和完善与主体功能区相配套的人口政策。要统筹考虑国家战略意图和区域资源禀赋，在开展资源环境承载能力评价的基础上，科学确定不同主体功能区可承载的人口数量，实行差别化人口调节政策。对人居环境不适宜人类常年生活和居住的地区，实施限制人口迁入政策，有序推进生态移民。对人居环境临界适宜的地区，基本稳定人口规模，鼓励人口向重点市镇收缩集聚。对人居环境适宜和资源环境承载力不超载的地区，重视提高人口城镇化质量，培育人口集聚的空间载体，引导产业集聚，增强人口吸纳能力。

促进人口绿色发展。实施人口绿色发展计划，积极应对人口与资源环境的紧张矛盾，增强人口承载能力。大力推行创新驱动、资源集约节约、低碳环保的绿色生产方式，推广绿色低碳技术和产品，严格限制高耗能、高污染行业发展，节约集约利用土地、水和能源等资源，促进资源循环利用。积极倡导简约适度、绿色低碳、文明节约的生活方式，推广绿色建筑，鼓励绿色出行。

保障边境地区人口安全。要从维护国家安全的高度，多措并举稳住边境人口适度规模，优化人口结构和分布。统筹运用人口发展、产业促进、转移支付、公共服务和社会管理等政策，努力扩大就业、增加边民收入、提高公共服务水平，让边境各族群众安居乐业。加强人口跨境流动管理，促进边境地区繁荣发展。

第四节　完善人口流动政策体系

深化户籍制度改革，切实保障进城落户农业转移人口与城镇居民享有同等权利和义务。全面实施居住证制度，推进居住证制度覆盖全部未落户城镇常住人口，保障居住证持有人享有国家规定的各项基本公共服务和办事便利。鼓励地方各级政府根据本地实际不断扩大对居住证持有人的公共服务范围并提高服务标准。以人口为基本要素，完善公共服务资源配置，使基本公共服务设施布局、供给规模与人口分布、环境交通相适应，增强基本公共服务对人口集聚和吸纳能力的支撑。深化财政制度改革，建立农业转移人口市民化成本分担机制。深化农村集体产权制度改革，探索建立进城落户农民土地承包权、宅基地使用权、集体收益分配权维护和自愿有偿退出机制。研究完善支撑东北地区等老工业基地全面振兴的人口发展政策，适应西部大开发要求鼓励人口向西部地区迁移。健全全国流动人口分布、生存发展状况的动态监测体系，完善流动人口服务管理体制机制。

第六章　促进重点人群共享发展

——推动人口与社会和谐共进

老年人、妇女、儿童、残疾人和贫困人口，是人口发展中必须特别关注的重点人群。要构建管长远的制度框架，制定有针对性的政策措施，创造条件让重点人群共享发展成果，促进社会和谐与公平正义。

第一节　积极应对人口老龄化

针对人口老龄化程度不断加深的趋势，要加强顶层设计，做到及早应对、科学应对、综合应对。坚持持续、健康、参与、公平的原则，加快构建以社会保障、养老服务、健康支持、宜居环境为核心的应对老龄化制度框架，完善以人口政策、人才开发、就业促进、社会参与为支撑的政策体系。建立更加公平可持续的社会保障制度，加快城乡居民全覆盖，逐步提高基本养老和基本医疗保险统筹层次，确保基金安全可持续运行。大力发展企业年金、职业年金、个人储蓄性养老保险和商业医疗保险，在试点基础上推出个人税收递延型养老保险。探索建立长期护理保险制度，开展长期护理保险试点。全面建立针对经济困难高龄、失能老年人的补贴制度，做好与长期护理保险的衔接。加快完善以居家为基础、社区为依托、机构为补充、医养结合的养老服务体系，增加养老服务和产品供给。建设预防、医疗、康复、护理、安宁疗护等相衔接的覆盖全生命周期的医疗服务体系，强化对老年常见病、慢性病的健康指导和综合干预，提升中医保健、体检体测、体育健身等健康管理水平。完善家庭养老支持措施，建设无障碍的老年友好型社区和城市，营造良好社会氛围，形成敬老、养老、助老的社会风尚。

第二节　促进妇女全面发展和未成年人保护

坚持男女平等基本国策，将性别平等全面纳入法律体系和公共政策，促进融入社会文化，切实保障妇女合法权益，消除性别歧视，提高妇女的社会参与能力和生命健康质量。加强出生人口性别比综合治理，营造男女平等、尊重女性、保护女童的社会氛围，加大打击非医学需要的胎儿性别鉴定和选择性别的人工终止妊娠行为力度。深入开展关爱女孩行动，改善女孩生存环境，建立健全有利于女孩家庭发展的帮扶支持政策体系。

坚持儿童优先原则，完善未成年人保护和儿童福利体系。探索适合国情的儿童早期综合发展指导模式，发展适度普惠型儿童福利制度。统筹推进农村留守儿童关爱和困境儿童保障工作，建立未成年人保护响应机制，构建以家庭监护为基础、国家监护为保障、社会监督为补充的保障制度，加强对流浪未成年人的救助保护，完善儿童收养制度。加强儿童健康干预和儿科诊疗能力建设，改善贫困地区儿童营养状况。

第三节　保障残疾人合法权益

增强残疾人制度化保障服务能力，全面实施困难残疾人生活补贴制度和重度残疾人护理补贴制度，建立残疾儿童康复救助制度，有条件的地方对贫困残疾人、重度残疾人基本型康复辅助器具配置和家庭无障碍改造给予补贴。健全残疾人托养照料和康复服务体系，大力开展社区康复，为贫困残疾人和重度残疾人提供基本康复服务。健全残疾人教育体系，对家庭经济困难的残疾儿童实行12年免费教育，对残疾儿童普惠性学前教育予以资助，对有劳动能力和就业意愿的残疾人按规定提供免费就业创业服务。发展残疾人文体事业，推动公共文化体育场所免费或低收费向残疾人开放。加强残疾人友好环境建设，完善城乡无障碍设施，推动信息无障碍发布。发展残疾人慈善事业和服务产业，培育服务残疾人的社会组织和企业，积极引入新的业态和科技成果。

第四节　实现贫困人口精准脱贫

加大脱贫攻坚力度，坚持精准扶贫、精准脱贫的基本方略，通过发展生产、易地搬迁、生态补偿、教育支持、医疗救助、低保兜底等有效措施，确保到2020年我国现行标准下农村贫困人口实现脱贫，贫困县全部摘帽，解决区域性整体贫困。根据经济社会发展水平，完善贫困标准动态调整机制。适应可持续发展新阶段新要求，完善贫困人口精准识别、精准扶持和精准脱贫的长效机制。探索建立符合国情的贫困人口治理体系，推动扶贫开发由主要解决绝对贫困向缓解相对贫困转变，由主要解决农村贫困向统筹解决城乡贫困转变，实现全体人民共同迈入全面小康社会、共同迈向现代化。

第七章　规划实施
——完善人口与发展综合决策机制

本规划由国务院有关部门和地方各级政府组织实施。各地区、各部门要高度重视、求真务实、开拓创新、攻坚克难，确保规划目标和任务顺利完成。

第一节　强化人口数据支撑

发挥人口基础信息对决策的支撑作用，切实推进人口基础信息共建共享。推动人口健康信息化建设，加强人口基础信息采集和统计工作，加快国家人口基础信息库建设，整合分散在教育、公安、民政、人力资源社会保障、卫生计生、统计等部门的人口数据和信息资源，实现就学升学、户籍管理、婚姻家庭、殡葬事务、就业创业、生育和健康、人口普查和抽样调查等人口基础信息的互联互通、动态更新和综合集成。加强人口数据开发和开放利用，为政府部门、企事业单位、社会公众做好人口信息服务。

第二节　建立人口预测预报制度

结合世界人口预测前沿技术方法，研发适合我国的人口预测技术和模型。在人口普查和抽样调查的基础上，加强人口中长期预测。健全人口动态监测和评估体系，科学监测和评估人口变动情况及趋势影响。建立常态化的人口预测预报机制，定期发布国家人口预测报告。推进分区域的人口预测预报工作。

第三节　开展重大决策人口影响评估

以现有人口计划为基础，完善年度人口发展形势会商机制，监测评估人口变动情况及趋势影响，提出重大人口发展政策建议。科学预测和分析人口因素对重大决策、重大改革和重大工程建设的影响，促进相关经济社会政策与人口政策有效衔接。加强与国家高端智库合作，完善重大人口政策咨询机制，提高决策科学合理性。在社会稳定风险评估框架内，试点增加人口风险评估内容，建立重点评价清单。科学评估经济增长和社会发展对人口的影响，加强人口安全风险防控，做好政策预研预案储备。

第四节　健全规划实施机制

加强组织领导。建立健全国家促进人口发展工作协调机制。加强人口战略研究，统筹重大政策研究制定，协调解决人口发展中的重大问题。国家发展改革委要牵头推进规划实施和相关政策落实，监督检查规划实施情况。各有关部门要切实履行职责，根据本规划提出的各项任务和政策措施，研究制定配套政策和具体实施方案，推动相关专项规划与本规划的衔接协调。地方各级政府要全面贯彻落实本规划，编制本地区的人口发展规划，建立健全工作机制，把规划的重点任务落到实处。

做好宣传引导。坚持正确的舆论导向，深入开展人口国情、人口规划和人口政策的宣传解读，及时解答社会各界关注的热点问题，主动回应社会关切，合理引导社会预期。充分发挥各类媒体的作用，深入开展群众喜闻乐见的宣传活动，为政策实施营造良好舆论氛围。

推进国际合作。加强世界人口发展趋势研究，积极开展人口发展领域国际合作，促进人口老龄化、国际减贫等政策交流与合作，引导人口发展领域国际规则制定。推动落实2030年可持续发展议程涉人口领域目标。对外宣介我国人口政策及计划生育的成就和经验，为我国人口发展营造良好国际环境。

开展监测评估。国家发展改革委牵头建立规划实施动态监测、定期通报制度，加强对规划实施情况的跟踪分析，定期组织对规划实施情况的评估，及时发现和解决规划执行过程中存在的突出问题，以5年为期定期组织对本规划实施情况的评估，确保规划各项任务落到实处。

中国工会章程

（2018年10月26日中国工会第十七次全国代表大会通过）

总　则

中国工会是中国共产党领导的职工自愿结合的工人阶级群众组织，是党联系职工群众的桥梁和纽带，是国家政权的重要社会支柱，是会员和职工利益的代表。

中国工会以宪法为根本活动准则，按照《中华人民共和国工会法》和本章程独立自主地开展工作，依法行使权利和履行义务。

工人阶级是我国的领导阶级，是先进生产力和生产关系的代表，是中国共产党最坚实最可靠的阶级基础，是改革开放和社会主义现代化建设的主力军，是维护社会安定的强大而集中的社会力量。中国工会高举中国特色社会主义伟大旗帜，以马克思列宁主义、毛泽东思想、邓小平理论、“三个代表”重要思想、科学发展观、习近平新时代中国特色社会主义思想为指导，贯彻执行党的以经济建设为中心，坚持四项基本原则，坚持改革开放的基本路线，保持和增强政治性、先进性、群众性，坚定不移地走中国特色社会主义工会发展道路，推动党的全心全意依靠工人阶级的根本指导方针的贯彻落实，全面履行工会的社会职能，在维护全国人民总体利益的同时，更好地表达和维护职工的具体利益，团结和动员全国职工自力更生、艰苦创业，坚持和发展中国特色社会主义，为全面建成小康社会、把我国建设成为富强民主文明和谐美丽的社会主义现代化强国、实现中华民族伟大复兴的中国梦而奋斗。

中国工会坚持自觉接受中国共产党的领导，承担团结引导职工群众听党话、跟党走的政治责任，巩固和扩大党执政的阶级基础和群众基础。

中国工会的基本职责是维护职工合法权益、竭诚服务职工群众。

中国工会按照中国特色社会主义事业“五位一体”总体布局和“四个全面”战略布局，贯彻创新、协调、绿色、开放、共享的发展理念，把握为实现中华民族伟大复兴的中国梦而奋斗的工人运动时代主题，弘扬劳模精神、劳动精神、工匠精神，动员和组织职工积极参加建设和改革，努力促进经济、政治、文化、社会和生态文明建设；代表和组织职工参与国家和社会事务管理，参与企业、事业单位和机关的民主管理；教育职工践行社会主义核心价值观，不断提高思想道德素质、科学文化素质和技术技能素质，推进产业工人队伍建设改革，建设有理想、有道德、有文化、有纪律的职工队伍，不断发展工人阶级先进性。

中国工会以忠诚党的事业、竭诚服务职工为己任，坚持组织起来、切实维权的工作方针，坚持以职工为本、主动依法科学维权的维权观，促进完善社会主义劳动法律，维护职工的经济、政治、文化和社会权利，参与协调劳动关系和社会利益关系，推动构建和谐劳动关系，促进经济高质量发展和社会的长期稳定，维护工人阶级和工会组织的团结统一，为构建社会主义和谐社会作贡献。

中国工会维护工人阶级领导的、以工农联盟为基础的人民民主专政的社会主义国家政权，协助人民政府开展工作，依法发挥民主参与和社会监督作用。

中国工会在企业、事业单位中，按照促进企事业发展、维护职工权益的原则，支持行政依法行使管理权力，组织职工参加民主管理和民主监督，与行政方面建立协商制度，保障职工的合法权益，调动职工的积极性，促进企业、事业的发展。

中国工会实行产业和地方相结合的组织领导原则，坚持民主集中制。

中国工会坚持以改革创新精神加强自身建设，构建联系广泛、服务职工的工作体系，增强团结教育、维护权益、服务职工的功能，坚持群众化、民主化，保持同会员群众的密切联系，依靠会员群众开展工会工作。各级工会领导机关坚持把工作重点放到基层，着力扩大覆盖面、增强代表性，着力强化服务意识、提高维权能力，着力加强队伍建设、提升保障水平，坚持服务职工群众的工作生命线，全心全意为基层、为职工服务，构建智慧工会，增强基层工会的吸引力凝聚力战斗力，把工会组织建设得更加充满活力、更加坚强有力，成为深受职工群众信赖的学习型、服务型、创新型“职工之家”。

工会兴办的企业、事业，坚持公益性、服务性，坚持为改革开放和发展社会生产力服务，为职工群众服务，为推进工运事业服务。

中国工会努力巩固和发展工农联盟，坚持最广泛的爱国统一战线，加强包括香港特别行政区同胞、澳门特别行政区同胞、台湾同胞和海外侨胞在内的全国各族人民的大团结，促进祖国的统一、繁荣和富强。

中国工会在国际事务中坚持独立自主、互相尊重、求同存异、加强合作、增进友谊的方针，在独立、平等、互相尊重、互不干涉内部事务的原则基础上，广泛建立和发展同国际和各国工会组织的友好关系，积极参与“一带一路”建设，增进我国工人阶级同各国工人阶级的友谊，同全世界工人和工会一起，在推动构建人类命运共同体中发挥作用，为世界的和平、发展、合作、工人权益和社会进步而共同努力。

中国工会落实新时代党的建设总要求，以党的政治建设为统领，全面加强党的建设，增强政治意识、大局意识、核心意识、看齐意识，坚定道路自信、理论自信、制度自信、文化自信，坚决维护习近平总书记党中央的核心、全党的核心地位，坚决维护党中央权威和集中统一领导，在思想上政治上行动上同以习近平同志为核心的党中央保持高度一致。

第一章 会 员

第一条 凡在中国境内的企业、事业单位、机关和其他社会组织中，以工资收入为主要生活来源或者与用人单位建立劳动关系的体力劳动者和脑力劳动者，不分民族、种族、性别、职业、宗教信仰、教育程度，承认工会章程，都可以加入工会为会员。

第二条 职工加入工会，由本人自愿申请，经工会基层委员会批准并发给会员证。

第三条 会员享有以下权利：

（一）选举权、被选举权和表决权。

（二）对工会工作进行监督，提出意见和建议，要求撤换或者罢免不称职的工会工作人员。

（三）对国家和社会生活问题及本单位工作提出批评与建议，要求工会组织向有关方面如实反映。

（四）在合法权益受到侵犯时，要求工会给予保护。

（五）工会提供的文化、教育、体育、旅游、疗休养、互助保障、生活救助、法律服务、就业服务等优惠待遇；工会给予的各种奖励。

（六）在工会会议和工会媒体上，参加关于工会工作和职工关心问题的讨论。

第四条 会员履行下列义务：

（一）认真学习贯彻习近平新时代中国特色社会主义思想，学习政治、经济、文化、法律、科学、技术和工会基本知识等。

（二）积极参加民主管理，努力完成生产和工作任务，立足本职岗位建功立业。

（三）遵守宪法和法律，践行社会主义核心价值观，弘扬中华民族传统美德，恪守社会公德、职业道德、家庭美德、个人品德，遵守劳动纪律。

（四）正确处理国家、集体、个人三者利益关系，向危害国家、社会利益的行为作斗争。

（五）维护中国工人阶级和工会组织的团结统一，发扬阶级友爱，搞好互助互济。

（六）遵守工会章程，执行工会决议，参加工会活动，按月交纳会费。

第五条 会员组织关系随劳动（工作）关系变动，凭会员证明接转。

第六条 会员有退会自由。会员退会由本人向工会小组提出，由工会基层委员会宣布其退会并收回会员证。

会员没有正当理由连续六个月不交纳会费、不参加工会组织生活，经教育拒不改正，应当视为自动退会。

第七条 对不执行工会决议、违反工会章程的会员，给予批评教育。对严重违法犯罪并受到刑事处分的会员，开除会籍。开除会员会籍，须经工会小组讨论，提出意见，由工会基层委员会决定，报上一级工会备案。

第八条 会员离休、退休和失业，可保留会籍。保留会籍期间免交会费。

工会组织要关心离休、退休和失业会员的生活，积极向有关方面反映他们的愿望和要求。

第二章 组织制度

第九条 中国工会实行民主集中制，主要内容是：

（一）个人服从组织，少数服从多数，下级组织服从上级组织。

（二）工会的各级领导机关，除它们派出的代表机关外，都由民主选举产生。

（三）工会的最高领导机关，是工会的全国代表大会和它所产生的中华全国总工会执行委员会。工会的地方各级领导机关，是工会的地方各级代表大会和它所产生的总工会委员会。

（四）工会各级委员会，向同级会员大会或者会员代表大会负责并报告工作，接受会员监督。会员大会和会员代表大会有权撤换或者罢免其所选举的代表和工会委员会组成人员。

（五）工会各级委员会，实行集体领导和分工负责相结合的制度。凡属重大问题由委员会民主讨论，作出决定，委员会成员根据集体的决定和分工，履行自己的职责。

（六）工会各级领导机关，加强对下级组织的领导和服务，经常向下级组织通报情况，听取下级组织和会员的意见，研究和解决他们提出的问题。下级组织应及时向上级组织请示报告工作。

第十条　工会各级代表大会的代表和委员会的产生，要充分体现选举人的意志。候选人名单，要反复酝酿，充分讨论。选举采用无记名投票方式，可以直接采用候选人数多于应选人数的差额选举办法进行正式选举，也可以先采用差额选举办法进行预选，产生候选人名单，然后进行正式选举。任何组织和个人，不得以任何方式强迫选举人选举或不选举某个人。

第十一条　中国工会实行产业和地方相结合的组织领导原则。同一企业、事业单位、机关和其他社会组织中的会员，组织在一个工会基层组织中；同一行业或者性质相近的几个行业，根据需要建立全国的或者地方的产业工会组织。除少数行政管理体制实行垂直管理的产业，其产业工会实行产业工会和地方工会双重领导，以产业工会领导为主外，其他产业工会均实行以地方工会领导为主，同时接受上级产业工会领导的体制。各产业工会的领导体制，由中华全国总工会确定。

省、自治区、直辖市，设区的市和自治州，县（旗）、自治县、不设区的市建立地方总工会。地方总工会是当地地方工会组织和产业工会地方组织的领导机关。全国建立统一的中华全国总工会。中华全国总工会是各级地方总工会和各产业工会全国组织的领导机关。

中华全国总工会执行委员会委员和产业工会全国委员会委员实行替补制，各级地方总工会委员会委员和地方产业工会委员会委员，也可以实行替补制。

第十二条　县和县以上各级地方总工会委员会，根据工作需要可以派出代表机关。

县和县以上各级工会委员会，在两次代表大会之间，认为有必要时，可以召集代表会议，讨论和决定需要及时解决的重大问题。代表会议代表的名额和产生办法，由召集代表会议的总工会决定。

全国产业工会、各级地方产业工会、乡镇工会和城市街道工会的委员会，可以按照联合制、代表制原则，由下一级工会组织民主选举的主要负责人和适当比例的有关方面代表组成。

上级工会可以派员帮助和指导用人单位的职工组建工会。

第十三条 各级工会代表大会选举产生同级经费审查委员会。中华全国总工会经费审查委员会设常务委员会，省、自治区、直辖市总工会经费审查委员会和独立管理经费的全国产业工会经费审查委员会，应当设常务委员会。经费审查委员会负责审查同级工会组织及其直属企业、事业单位的经费收支和资产管理情况，监督财经法纪的贯彻执行和工会经费的使用，并接受上级工会经费审查委员会的指导和监督。工会经费审查委员会向同级会员大会或会员代表大会负责并报告工作；在大会闭会期间，向同级工会委员会负责并报告工作。

上级经费审查委员会应当对下一级工会及其直属企业、事业单位的经费收支和资产管理情况进行审查。

中华全国总工会经费审查委员会委员实行替补制，各级地方总工会经费审查委员会委员和独立管理经费的产业工会经费审查委员会委员，也可以实行替补制。

第十四条 各级工会建立女职工委员会，表达和维护女职工的合法权益。女职工委员会由同级工会委员会提名，在充分协商的基础上组成或者选举产生，女职工委员会与工会委员会同时建立，在同级工会委员会领导下开展工作。企业工会女职工委员会是县或者县以上妇联的团体会员，通过县以上地方工会接受妇联的业务指导。

第十五条 县和县以上各级工会组织应当建立法律服务机构，为保护职工和工会组织的合法权益提供服务。

各级工会组织应当组织和代表职工开展劳动法律监督。

第十六条 成立或者撤销工会组织，必须经会员大会或者会员代表大会通过，并报上一级工会批准。工会基层组织所在的企业终止，或者所在的事业单位、机关和其他社会组织被撤销，该工会组织相应撤销，并报上级工会备案。其他组织和个人不得随意撤销工会组织，也不得把工会组织的机构撤销、合并或者归属其他工作部门。

第三章　全国组织

第十七条 中国工会全国代表大会，每五年举行一次，由中华全国总工会执行委员会召集。在特殊情况下，由中华全国总工会执行委员会主席团提议，经执行委员会全体会议通过，可以提前或者延期举行。代表名额和代表选举办法由中华全国总工会决定。

第十八条　中国工会全国代表大会的职权是：

（一）审议和批准中华全国总工会执行委员会的工作报告。

（二）审议和批准中华全国总工会执行委员会的经费收支情况报告和经费审查委员会的工作报告。

（三）修改中国工会章程。

（四）选举中华全国总工会执行委员会和经费审查委员会。

第十九条　中华全国总工会执行委员会，在全国代表大会闭会期间，负责贯彻执行全国代表大会的决议，领导全国工会工作。

执行委员会全体会议选举主席一人、副主席若干人、主席团委员若干人，组成主席团。

执行委员会全体会议由主席团召集，每年至少举行一次。

第二十条　中华全国总工会执行委员会全体会议闭会期间，由主席团行使执行委员会的职权。主席团全体会议，由主席召集。

主席团闭会期间，由主席、副主席组成的主席会议行使主席团职权。主席会议由中华全国总工会主席召集并主持。

主席团下设书记处，由主席团在主席团成员中推选第一书记一人，书记若干人组成。书记处在主席团领导下，主持中华全国总工会的日常工作。

第二十一条　产业工会全国组织的设置，由中华全国总工会根据需要确定。

产业工会全国委员会的建立，经中华全国总工会批准，可以按照联合制、代表制原则组成，也可以由产业工会全国代表大会选举产生。全国委员会每届任期五年。任期届满，应当如期召开会议，进行换届选举。在特殊情况下，经中华全国总工会批准，可以提前或者延期举行。

产业工会全国代表大会和按照联合制、代表制原则组成的产业工会全国委员会全体会议的职权是：审议和批准产业工会全国委员会的工作报告；选举产业工会全国委员会或者产业工会全国委员会常务委员会。独立管理经费的产业工会，选举经费审查委员会，并向产业工会全国代表大会或者委员会全体会议报告工作。产业工会全国委员会常务委员会由主席一人、副主席若干人、常务委员若干人组成。

第四章　地方组织

第二十二条　省、自治区、直辖市，设区的市和自治州，县（旗）、自治县、不设区的市的工会代表大会，由同级总工会委员会召集，每五年举行一次。在特殊情况下，由同级总工会委员会提议，经上一级工会批准，可以提前或者延期举行。工会的地方各级代表大会的职权是：

（一）审议和批准同级总工会委员会的工作报告。

（二）审议和批准同级总工会委员会的经费收支情况报告和经费审查委员会的工作报告。

（三）选举同级总工会委员会和经费审查委员会。

各级地方总工会委员会，在代表大会闭会期间，执行上级工会的决定和同级工会代表大会的决议，领导本地区的工会工作，定期向上级总工会委员会报告工作。

根据工作需要，省、自治区总工会可在地区设派出代表机关。直辖市和设区的市总工会在区一级建立总工会。

县和城市的区可在乡镇和街道建立乡镇工会和街道工会组织，具备条件的，建立总工会。

第二十三条　各级地方总工会委员会选举主席一人、副主席若干人、常务委员若干人，组成常务委员会。工会委员会、常务委员会和主席、副主席以及经费审查委员会的选举结果，报上一级总工会批准。

各级地方总工会委员会全体会议，每年至少举行一次，由常务委员会召集。各级地方总工会常务委员会，在委员会全体会议闭会期间，行使委员会的职权。

第二十四条　各级地方产业工会组织的设置，由同级地方总工会根据本地区的实际情况确定。

第五章　基层组织

第二十五条　企业、事业单位、机关和其他社会组织等基层单位，应当依法建立工会组织。社区和行政村可以建立工会组织。从实际出发，建立区域性、行业性工会联合会，推进新经济组织、新社会组织工会组织建设。

有会员二十五人以上的，应当成立工会基层委员会；不足二十五人的，可以单独建立工会基层委员会，也可以由两个以上单位的会员联合建立工会基层委员会，也可以选举组织员或者工会主席一人，主持基层工会工作。工会基层委员会有女会员十人以上的建立女职工委员会，不足十人的设女职工委员。

职工二百人以上企业、事业单位的工会设专职工会主席。工会专职工作人员的人数由工会与企业、事业单位协商确定。

基层工会具备法人条件，依法取得社团法人资格，工会主席为法定代表人。

第二十六条　工会基层组织的会员大会或者会员代表大会，每年至少召开一次。经基层工会委员会或者三分之一以上的工会会员提议，可以临时召开会员大会或者会员代表大会。工会会员在一百人以下的基层工会应当召开会员大会。

工会会员大会或者会员代表大会的职权是：

（一）审议和批准工会基层委员会的工作报告。

（二）审议和批准工会基层委员会的经费收支情况报告和经费审查委员会的工作报告。

（三）选举工会基层委员会和经费审查委员会。

（四）撤换或者罢免其所选举的代表或者工会委员会组成人员。

（五）讨论决定工会工作的重大问题。

工会基层委员会和经费审查委员会每届任期三年至五年，具体任期由会员大会或者会员代表大会决定。任期届满，应当如期召开会议，进行换届选举。在特殊情况下，经上一级工会批准，可以提前或者延期举行。

会员代表大会的代表实行常任制，任期与本单位工会委员会相同。

第二十七条　工会基层委员会的委员，应当在会员或者会员代表充分酝酿协商的基础上选举产生；主席、副主席，可以由会员大会或者会员代表大会直接选举产生，也可以由工会基层委员会选举产生。大型企业、事业单位的工会委员会，根据工作需要，经上级工会委员会批准，可以设立常务委员会。工会基层委员会、常务委员会和主席、副主席以及经费审查委员会的选举结果，报上一级工会批准。

第二十八条　工会基层委员会的基本任务是：

（一）执行会员大会或者会员代表大会的决议和上级工会的决定，主持基层工会的日常工作。

（二）代表和组织职工依照法律规定，通过职工代表大会、厂务公开和其他形式，参加本单位民主管理和民主监督，在公司制企业落实职工董事、职工监事制度。企业、事业单位工会委员会是职工代表大会工作机构，负责职工代表大会的日常工作，检查、督促职工代表大会决议的执行。

（三）参与协调劳动关系和调解劳动争议，与企业、事业单位行政方面建立协商制度，协商解决涉及职工切身利益问题。帮助和指导职工与企业、事业单位行政方面签订和履行劳动合同，代表职工与企业、事业单位行政方面签订集体合同或者其他专项协议，并监督执行。

（四）组织职工开展劳动和技能竞赛、合理化建议、技能培训、技术革新和技术协作等活动，培育工匠人才，总结推广先进经验。做好劳动模范和先进生产（工作）者的评选、表彰、培养和管理服务工作。

（五）加强对职工的政治引领和思想教育，开展法治宣传教育，重视人文关怀和心理疏导，鼓励支持职工学习文化科学技术和管理知识，开展健康的文化体育活动。推进企业文化职工文化建设，办好工会文化、教育、体育事业。

（六）监督有关法律、法规的贯彻执行。协助和督促行政方面做好工资、安全生产、职业病防治和社会保险等方面的工作，推动落实职工福利待遇。办好职工集体福利事业，改善职工生活，对困难职工开展帮扶。依法参与生产安全事故和职业病危害事故的调查处理。

（七）维护女职工的特殊利益，同歧视、虐待、摧残、迫害女职工的现象作斗争。

（八）搞好工会组织建设，健全民主制度和民主生活。建立和发展工会积极分子队伍。做好会员的发展、接收、教育和会籍管理工作。加强职工之家建设。

（九）收好、管好、用好工会经费，管理好工会资产和工会的企业、事业。

第二十九条 教育、科研、文化、卫生、体育等事业单位和机关工会，从脑力劳动者比较集中的特点出发开展工作，积极了解和关心职工的思想、工作和生活，推动党的知识分子政策的贯彻落实。组织职工搞好本单位的民主管理和民主监督，为发挥职工的聪明才智，创造良好的条件。

第三十条 工会基层委员会根据工作需要，可以在分厂、车间（科室）建立分厂、车间（科室）工会委员会。分厂、车间（科室）工会委员会由分厂、车间（科室）会员大会或者会员代表大会选举产生，任期和工会基层委员会相同。

工会基层委员会和分厂、车间（科室）委员会，可以根据需要设若干专门委员会或者专门小组。

按照生产（行政）班组建立工会小组，民主选举工会小组长，积极开展工会小组活动。

第六章 工会干部

第三十一条 各级工会组织按照革命化、年轻化、知识化、专业化的要求，努力建设一支坚持党的基本路线，熟悉本职业务，热爱工会工作，受到职工信赖的干部队伍。

第三十二条　工会干部要努力做到：

（一）认真学习马克思列宁主义、毛泽东思想、邓小平理论、“三个代表”重要思想、科学发展观、习近平新时代中国特色社会主义思想，学习政治、经济、历史、文化、科技、法律和工会业务等知识，提高政治能力，增强群众工作本领。

（二）执行党的基本路线和各项方针政策，遵守国家法律、法规，在改革开放和社会主义现代化建设中勇于开拓创新。

（三）信念坚定，忠于职守，勤奋工作，敢于担当，廉洁奉公，顾全大局，维护团结。

（四）坚持实事求是，认真调查研究，如实反映职工的意见、愿望和要求。

（五）坚持原则，不谋私利，热心为职工说话办事，依法维护职工的合法权益。

（六）作风民主，联系群众，增强群众意识和群众感情，自觉接受职工群众的批评和监督。

第三十三条　各级工会组织根据有关规定管理工会干部，重视发现培养和选拔优秀年轻干部、女干部、少数民族干部，成为培养干部的重要基地。

基层工会主席、副主席任期未满不得随意调动其工作。因工作需要调动时，应事先征得本级工会委员会和上一级工会同意。

第三十四条　各级工会组织建立与健全干部培训制度。办好工会干部院校和各种培训班。

第三十五条　各级工会组织关心工会干部的思想、学习和生活，督促落实相应的待遇，支持他们的工作，坚决同打击报复工会干部的行为作斗争。

县和县以上工会设立工会干部权益保障金，保障工会干部依法履行职责。

县和县以上工会可以为基层工会选派、聘用工作人员。

第七章　工会经费和资产

第三十六条　工会经费的来源：

（一）会员交纳的会费。

（二）企业、事业单位、机关和其他社会组织按全部职工工资总额的百分之二向工会拨缴的经费或者建会筹备金。

（三）工会所属的企业、事业单位上缴的收入。

（四）人民政府和企业、事业单位、机关和其他社会组织的补助。

（五）其他收入。

第三十七条 工会经费主要用于为职工服务和开展工会活动。各级工会组织应坚持正确使用方向，加强预算管理，优化支出结构，开展监督检查。

第三十八条 县和县以上各级工会应当与税务、财政等有关部门合作，依照规定做好工会经费收缴和应当由财政负担的工会经费拨缴工作。

未成立工会的企业、事业单位、机关和其他社会组织，按工资总额的百分之二向上级工会拨缴工会建会筹备金。

具备社团法人资格的工会应当依法设立独立经费账户。

第三十九条 工会资产是社会团体资产，中华全国总工会对各级工会的资产拥有终极所有权。各级工会依法依规加强对工会资产的监督、管理，保护工会资产不受损害，促进工会资产保值增值。根据经费独立原则，建立预算、决算、资产监管和经费审查监督制度。实行“统一领导、分级管理”的财务体制、“统一所有、分级监管、单位使用”的资产监管体制和“统一领导、分级管理、分级负责、下审一级”的经费审查监督体制。工会经费、资产的管理和使用办法以及工会经费审查监督制度，由中华全国总工会制定。

第四十条 各级工会委员会按照规定编制和审批预算、决算，定期向会员大会或者会员代表大会和上一级工会委员会报告经费收支和资产管理情况，接受上级和同级工会经费审查委员会审查监督。

第四十一条 工会经费、资产和国家及企业、事业单位等拨给工会的不动产和拨付资金形成的资产受法律保护，任何单位和个人不得侵占、挪用和任意调拨；不经批准，不得改变工会所属企业、事业单位的隶属关系和产权关系。

工会组织合并，其经费资产归合并后的工会所有；工会组织撤销或者解散，其经费资产由上级工会处置。

第八章 会 徽

第四十二条 中国工会会徽，选用汉字“中”、“工”两字，经艺术造型呈圆形重叠组成，并在两字外加一圆线，象征中国工会和中国工人阶级的团结统一。会徽的制作标准，由中华全国总工会规定。

第四十三条 中国工会会徽，可在工会办公地点、活动场所、会议会场悬挂，可作为纪念品、办公用品上的工会标志，也可以作为徽章佩戴。

第九章 附 则

第四十四条 本章程解释权属于中华全国总工会。

工会女职工委员会工作条例

（总工发〔2019〕11号　2019年3月20日）

第一章　总　则

第一条　为加强工会女职工委员会组织建设和工会女职工工作，根据《中华人民共和国工会法》和《中国工会章程》的有关规定，制定本条例。

第二条　工会女职工委员会是在同级工会委员会领导下和上一级工会女职工委员会指导下的女职工组织，根据女职工的特点和意愿开展工作。

第三条　工会女职工委员会以马克思列宁主义、毛泽东思想、邓小平理论、“三个代表”重要思想、科学发展观、习近平新时代中国特色社会主义思想为指导，坚持自觉接受党的领导，保持和增强政治性、先进性、群众性，坚定不移走中国特色社会主义工会发展道路，推动男女平等基本国策的贯彻落实，依法表达和维护女职工的合法权益和特殊利益、竭诚服务女职工。

第二章　基本任务

第四条　加强思想政治引领，组织女职工认真学习习近平新时代中国特色社会主义思想，开展理想信念教育，承担团结引导女职工听党话、跟党走的政治责任。教育女职工践行社会主义核心价值观，树立自尊、自信、自立、自强精神，不断提高思想道德素质、科学文化素质、技术技能素质和身心健康素质，建设有理想、有道德、有文化、有纪律的女职工队伍。

第五条　按照“五位一体”总体布局和“四个全面”战略布局要求，践行新发展理念，把握为实现中华民族伟大复兴的中国梦而奋斗的工人运动时代主题，弘扬劳模精神、劳动精神、工匠精神，动员和组织广大女职工在改革发展稳定第一线建功立业。

第六条　依法维护女职工在政治、经济、文化、社会和家庭等方面的合法权益和特殊利益，同一切歧视、虐待、摧残、迫害女职工的行为作斗争。

第七条　参与有关保护女职工权益的法律、法规、规章、政策的制定和完善，监督、协助有关部门贯彻实施。代表和组织女职工依法依规参加本单位的民主管理和民主监督。参与平等协商、签订集体合同和女职工权益保护等专项集体合同工作，并参与监督执行。指导和帮助女职工与用人单位签订并履行劳动合同。参与涉及女职工特殊利益的劳动关系协调和劳动争议调解，及时反映侵害女职工权益问题，督促和参与侵权案件的调查处理。做好对女职工的关爱服务，加强对困难女职工的帮扶救助。

第八条 开展家庭文明建设工作，围绕尊老爱幼、男女平等、夫妻和睦、勤俭持家、邻里团结等内容，充分发挥女职工在弘扬中华民族家庭美德、树立良好家风方面的独特作用。

第九条 推动营造有利于女职工全面发展的社会环境，发现、培养、宣传和推荐优秀女性人才，组织开展五一巾帼奖等评选表彰。

第十条 会同工会有关部门和社会有关方面共同做好女职工工作。在有关方面研究决定涉及女职工利益问题时，积极提出意见建议。

第十一条 与国际组织开展交流活动，为促进妇女事业发展作出贡献。

第三章 组织制度

第十二条 各级工会建立女职工委员会。女职工委员会与工会委员会同时建立。企业、事业单位、机关和其他社会组织等工会基层委员会有女会员十人以上的建立女职工委员会，不足十人的设女职工委员。基层工会女职工委员会主任、副主任与工会委员会同时报上级工会审批。

第十三条 省、自治区、直辖市、地（市、州）总工会女职工委员会，实行垂直领导的产业工会女职工委员会，大型企业、事业单位、机关和其他社会组织等工会女职工委员会应设立办公室（女职工部），负责女职工委员会的日常工作；县级、乡镇（街道）、村（社区）工会和中、小企事业单位、机关等工会女职工委员会根据工作需要设专职或兼职工作人员，也可以设立办公室（女职工部）。

第十四条 女职工委员会委员由同级工会委员会提名，在充分协商的基础上产生，也可召开女职工大会或女职工代表大会选举产生。注重提高女劳动模范、一线女职工和基层工会女职工工作者在工会女职工委员会委员中的比例。县以上工会女职工委员会根据工作需要可聘请顾问若干人。

第十五条 县以上工会女职工委员会常务委员会由主任一人、副主任若干人、常委若干人组成。

第十六条 在工会代表大会、职工代表大会、教职工代表大会中，女职工代表的比例应与女职工占职工总数的比例相适应。

第十七条 工会女职工委员会是县以上妇联的团体会员，通过县以上地方工会接受妇联的业务指导。

第四章　干　部

第十八条　女职工委员会主任由同级工会女主席或女副主席担任，也可经民主协商，按照相应条件配备，享受同级工会副主席待遇。女职工委员会主任应提名为同级工会委员会或常务委员会委员候选人。

第十九条　女职工 200 人以上的企业、事业单位工会女职工委员会，应配备专职女职工工作干部。

第二十条　女职工委员会委员任期与同级工会委员会委员任期相同。在任期内，由于委员的工作变动等原因需要调整时，由工会女职工委员会提出相应的替补、增补人选，经同级工会委员会审议通过予以替补、增补，并报上级工会女职工委员会备案。

第二十一条　各级工会女职工委员会要按照革命化、年轻化、知识化、专业化的要求和德才兼备、以德为先、任人唯贤的原则，努力建设一支政治坚定、业务扎实、作风过硬、廉洁自律、热爱女职工工作，深受女职工信赖的干部队伍。

第二十二条　各级工会女职工委员会要加强对女干部的培养，重视培训工作，提高女干部队伍的整体素质。

第五章　工作制度

第二十三条　女职工委员会实行民主集中制。凡属重大问题，要广泛听取女职工意见，由委员会或常务委员会进行充分的民主讨论后作出决定。

第二十四条　女职工委员会根据工作需要制定有关制度。每年召开一至二次常务委员会和委员会会议，也可临时召开会议。

第二十五条　工会女职工委员会要定期向同级工会委员会和上级工会女职工委员会报告工作。

第二十六条　县以上各级工会女职工委员会要把工作重心放在基层，增强基层女职工组织的活力，为广大女职工服务。

第六章　经　费

第二十七条　各级工会要为工会女职工委员会开展工作与活动提供必要的经费，所需经费应列入同级工会的经费预算。

第七章　附　则

第二十八条　各地方工会女职工委员会可根据本条例制定实施细则。

第二十九条　本条例由中华全国总工会女职工委员会负责解释。

企业工会工作条例

（2006年12月11日中华全国总工会第十四届执行委员会第四次全体会议通过）

第一章　总　则

第一条　为加强和改进企业工会工作，发挥企业工会作用，根据《工会法》《劳动法》和《中国工会章程》，制定本条例。

第二条　企业工会是中华全国总工会的基层组织，是工会的重要组织基础和工作基础，是企业工会会员和职工合法权益的代表者和维护者。

第三条　企业工会以邓小平理论和“三个代表”重要思想为指导，贯彻科学发展观，坚持全心全意依靠工人阶级根本指导方针，走中国特色社会主义工会发展道路，落实“组织起来、切实维权”的工作方针，团结和动员职工为实现全面建设小康社会宏伟目标作贡献。

第四条　企业工会贯彻促进企业发展、维护职工权益的工作原则，协调企业劳动关系，推动建设和谐企业。

第五条　企业工会在本企业党组织和上级工会的领导下，依照法律和工会章程独立自主地开展工作，密切联系职工群众，关心职工群众生产生活，热忱为职工群众服务，努力建设成为组织健全、维权到位、工作活跃、作用明显、职工信赖的职工之家。

第二章　企业工会组织

第六条　企业工会依法组织职工加入工会，维护职工参加工会的权利。

第七条　会员二十五人以上的企业建立工会委员会；不足二十五人的可以单独建立工会委员会，也可以由两个以上企业的会员按地域或行业联合建立基层工会委员会。同时按有关规定建立工会经费审查委员会、工会女职工委员会。

企业工会具备法人条件的，依法取得社会团体法人资格，工会主席是法定代表人。

企业工会受法律保护，任何组织和个人不得随意撤销或将工会工作机构合并、归属到其他部门。

企业改制须同时建立健全工会组织。

第八条　会员大会或会员代表大会是企业工会的权力机关，每年召开一至两次会议。经企业工会委员会或三分之一以上会员提议可临时召开会议。

会员代表大会的代表由会员民主选举产生，会员代表实行常任制，任期与企业本届工会委员会相同，可连选连任。

会员在一百人以下的企业工会应召开会员大会。

第九条　会员大会或会员代表大会的职权：

（一）审议和批准工会委员会的工作报告。

（二）审议和批准工会委员会的经费收支情况报告和经费审查委员会的工作报告。

（三）选举工会委员会和经费审查委员会。

（四）听取工会主席、副主席的述职报告，并进行民主评议。

（五）撤换或者罢免其所选举的代表或者工会委员会组成人员。

（六）讨论决定工会工作其他重大问题。

第十条　会员大会或会员代表大会与职工代表大会或职工大会须分别行使职权，不得相互替代。

第十一条　企业工会委员会由会员大会或会员代表大会差额选举产生，选举结果报上一级工会批准，每届任期三年或者五年。

大型企业工会经上级工会批准，可设立常务委员会，负责工会委员会的日常工作，其下属单位可建立工会委员会。

第十二条　企业工会委员会是会员大会或会员代表大会的常设机构，对会员大会或会员代表大会负责，接受会员监督。在会员大会或会员代表大会闭会期间，负责日常工作。

第十三条　企业工会委员会根据工作需要，设立相关工作机构或专门工作委员会、工作小组。

工会专职工作人员一般按不低于企业职工人数的千分之三配备，具体人数由上级工会、企业工会与企业行政协商确定。

根据工作需要和经费许可，工会可从社会聘用工会工作人员，建立专兼职相结合的干部队伍。

第十四条　企业工会委员会实行民主集中制，重要问题须经集体讨论作出决定。

第十五条　企业工会委员（常委）会一般每季度召开一次会议，讨论或决定以下问题：

（一）贯彻执行会员大会或会员代表大会决议和党组织、上级工会有关决定、工作部署的措施。

（二）提交会员大会或会员代表大会的工作报告和向党组织、上级工会的重要请示、报告。

（三）工会工作计划和总结。

（四）向企业提出涉及企业发展和职工权益重大问题的建议。

（五）工会经费预算执行情况及重大财务支出。

（六）由工会委员会讨论和决定的其他问题。

第十六条 企业生产车间、班组建立工会分会、工会小组，会员民主选举工会主席、工会小组长，组织开展工会活动。

第十七条 建立工会积极分子队伍，发挥工会积极分子作用。

第三章 基本任务和活动方式

第十八条 企业工会的基本任务：

（一）执行会员大会或会员代表大会的决议和上级工会的决定。

（二）组织职工依法通过职工代表大会或职工大会和其他形式，参加企业民主管理和民主监督，检查督促职工代表大会或职工大会决议的执行。

（三）帮助和指导职工与企业签订劳动合同。就劳动报酬、工作时间、劳动定额、休息休假、劳动安全卫生、保险福利等与企业平等协商、签订集体合同，并监督集体合同的履行。调解劳动争议。

（四）组织职工开展劳动竞赛、合理化建议、技术革新、技术攻关、技术协作、发明创造、岗位练兵、技术比赛等群众性经济技术创新活动。

（五）组织培养、评选、表彰劳动模范，负责做好劳动模范的日常管理工作。

（六）对职工进行思想政治教育，组织职工学习文化、科学和业务知识，提高职工素质。办好职工文化、教育、体育事业，开展健康的文化体育活动。

（七）协助和督促企业做好劳动报酬、劳动安全卫生和保险福利等方面的工作，监督有关法律法规的贯彻执行。参与劳动安全卫生事故的调查处理。协助企业办好职工集体福利事业，做好困难职工帮扶救助工作，为职工办实事、做好事、解难事。

（八）维护女职工的特殊利益。

（九）加强组织建设，健全民主生活，做好会员会籍管理工作。

（十）收好、管好、用好工会经费，管理好工会资产和工会企（事）业。

第十九条 坚持群众化、民主化，实行会务公开。凡涉及会员群众利益的重要事项，须经会员大会或会员代表大会讨论决定；工作计划、重大活动、经费收支等情况接受会员监督。

第二十条　按照会员和职工群众的意愿，依靠会员和职工群众，开展形式多样的工会活动。

第二十一条　工会召开会议或者组织职工活动，需要占用生产时间的，应当事先征得企业的同意。企业行政应积极支持工会开展活动。

工会非专职委员占用生产或工作时间参加会议或者从事工会工作，在法律规定的时间内工资照发，其他待遇不受影响。

第二十二条　开展建设职工之家活动，建立会员评议建家工作制度，增强工会凝聚力，提高工会工作水平。

推动企业关爱职工，引导职工热爱企业，创建劳动关系和谐企业。

第四章　工会主席

第二十三条　职工二百人以上的企业工会依法配备专职工会主席。由同级党组织负责人担任工会主席的，应配备专职工会副主席。

第二十四条　国有、集体及其控股企业工会主席候选人，应由同级党组织和上级工会在充分听取会员意见的基础上协商提名。工会主席按企业党政同级副职级条件配备，是共产党员的应进入同级党组织领导班子。专职工会副主席按不低于企业中层正职配备。

私营企业、外商投资企业、港澳台商投资企业工会主席候选人，由会员民主推荐，报上一级工会同意提名；也可以由上级工会推荐产生。已建党组织的企业工会候选人须经党组织审核。工会主席享受企业行政副职待遇。

企业行政负责人、合伙人及其近亲属不得作为本企业工会委员会成员的人选。

第二十五条　工会主席、副主席可以由会员大会或会员代表大会直接选举产生，也可以由企业工会委员会选举产生。工会主席出现空缺，须按民主程序及时进行补选。

第二十六条　工会主席应当具备下列条件：

（一）政治立场坚定，热爱工会工作。

（二）具有与履行职责相应的文化程度、法律法规和生产经营管理知识。

（三）作风民主，密切联系群众，热心为会员和职工服务。

（四）有较强的协调劳动关系和组织活动能力。

第二十七条　企业工会主席的职权：

（一）负责召集工会委员会会议，主持工会日常工作。

（二）参加企业涉及职工切身利益和有关生产经营重大问题的会议，反映职工的意愿和要求，提出工会的意见。

（三）以职工方首席代表的身份，代表和组织职工与企业进行平等协商、签订集体合同。

（四）代表和组织职工参与企业民主管理。

（五）代表和组织职工依法监督企业执行劳动安全卫生等法律法规，要求纠正侵犯职工和工会合法权益的行为。

（六）担任劳动争议调解委员会主任，主持企业劳动争议调解委员会的工作。

（七）向上级工会报告重要信息。

（八）负责管理工会资产和经费。

第二十八条 按照法律规定，企业工会主席、副主席任期未满时，不得随意调动其工作。因工作需要调动时，应征得本级工会委员会和上一级工会的同意。

罢免工会主席、副主席必须召开会员大会或会员代表大会讨论，非经会员大会全体会员或者会员代表大会全体代表无记名投票过半数通过，不得罢免。

工会专职主席、副主席或者委员自任职之日起，其劳动合同期限自动延长，延长期限相当于其任职期间；非专职主席、副主席或者委员自任职之日起，其尚未履行的劳动合同期限短于任期的，劳动合同期限自动延长至任期期满。任职期间个人严重过失或者达到法定退休年龄的除外。

第二十九条 新任企业工会主席、副主席，应在一年内参加上级工会举办的上岗资格或业务培训。

第五章　工作机制和制度

第三十条 帮助和指导职工签订劳动合同。代表职工与企业协商确定劳动合同文本的主要内容和条件，为职工签订劳动合同提供法律、技术等方面的咨询和服务。监督企业与所有职工签订劳动合同。

工会对企业违反法律法规和有关合同规定解除职工劳动合同的，应提出意见并要求企业将处理结果书面通知工会。工会应对企业经济性裁员事先提出同意或否决的意见。

监督企业和引导职工严格履行劳动合同，依法督促企业纠正违反劳动合同的行为。

第三十一条 依法与企业进行平等协商，签订集体合同，并可就劳动报酬、劳动安全卫生、女职工特殊权益保护等签订专项集体合同。

工会应将劳动报酬、工作时间、劳动定额、保险福利、劳动安全卫生等问题作为协商重点内容。

工会依照民主程序选派职工协商代表，可依法委托本企业以外的专业人士作为职工协商代表，但不得超过本方协商代表总数的三分之一。

小型企业集中的地方，可由上一级工会直接代表职工与相应的企业组织或企业进行平等协商，签订县以下区域性、行业性集体合同或专项集体合同。

劳务派遣工集中的企业，工会可与企业、劳务公司共同协商签订集体合同。

第三十二条　工会发出集体协商书面要约二十日内，企业不予回应的，工会可要求上级工会协调；企业无正当理由拒绝集体协商的，工会可提请县级以上人民政府责令改正，依法处理；企业违反集体合同规定的，工会可依法要求企业承担责任。

第三十三条　企业工会是职工代表大会或职工大会的工作机构，负责职工代表大会或职工大会的日常工作。

职工代表大会的代表经职工民主选举产生。职工代表大会中的一线职工代表一般不少于职工代表总数的百分之五十。女职工、少数民族职工代表应占相应比例。

第三十四条　国有企业、国有控股企业职工代表大会或职工大会的职权：

（一）听取审议企业生产经营、安全生产、重组改制等重大决策以及实行厂务公开、履行集体合同情况报告，提出意见和建议。

（二）审议通过集体合同草案、企业改制职工安置方案。审查同意或否决涉及职工切身利益的重要事项和企业规章制度。

（三）审议决定职工生活福利方面的重大事项。

（四）民主评议监督企业中层以上管理人员，提出奖惩任免建议。

（五）依法行使选举权。

（六）法律法规规定的其他权利。

集体（股份合作制）企业职工代表大会或职工大会的职权：

（一）制定、修改企业章程。

（二）选举、罢免企业经营管理人员。

（三）审议决定经营管理以及企业合并、分立、变更、破产等重大事项。

（四）监督企业贯彻执行国家有关劳动安全卫生等法律法规、实行厂务公开、执行职代会决议等情况。

（五）审议决定有关职工福利的重大事项。

私营企业、外商投资企业和港澳台商投资企业职工代表大会或职工大会的职权：

（一）听取企业发展规划和年度计划、生产经营等方面的报告，提出意见和建议。

（二）审议通过涉及职工切身利益重大问题的方案和企业重要规章制度、集体合同草案等。

（三）监督企业贯彻执行国家有关劳动安全卫生等法律法规、实行厂务公开、履行集体合同和执行职代会决议、缴纳职工社会保险、处分和辞退职工的情况。

（四）法律法规、政策和企业规章制度规定及企业授权和集体协商议定的其他权利。

第三十五条 职工代表大会或职工大会应有全体职工代表或全体职工三分之二以上参加方可召开。职工代表大会或职工大会进行选举和作出重要决议、决定，须采用无记名投票方式进行表决，经全体职工代表或全体职工过半数通过。

小型企业工会可联合建立区域或行业职工代表大会，解决本区域或行业涉及职工利益的共性问题。

公司制企业不得以股东会取代职工代表大会或职工大会。

第三十六条 督促企业建立和规范厂务公开制度。

第三十七条 凡设立董事会、监事会的公司制企业，工会应依法督促企业建立职工董事、职工监事制度。

职工董事、职工监事人选由企业工会提名，通过职工代表大会或职工大会民主选举产生，表达职工意愿和诉求，接受职工监督。企业工会主席、副主席一般应分别作为职工董事、职工监事的候选人。

第三十八条 建立劳动法律监督委员会，职工人数较少的企业应设立工会劳动法律监督员，对企业执行有关劳动报酬、劳动安全卫生、工作时间、休息休假、女职工和未成年工保护、保险福利等劳动法律法规情况进行群众监督。

第三十九条 建立劳动保护监督检查委员会，生产班组中设立工会小组劳动保护检查员。建立完善工会监督检查、重大事故隐患和职业危害建档跟踪、群众举报等制度，建立工会劳动保护工作责任制。依法参加职工因工伤亡事故和其他严重危害职工健康问题的调查处理。协助与督促企业落实法律赋予工会与职工安全生产方面的知情权、参与权、监督权和紧急避险权。开展群众性安全生产活动。

依照国家法律法规对企业新建、扩建和技术改造工程中的劳动条件和安全卫生设施与主体工程同时设计、同时施工、同时使用进行监督。

发现企业违章指挥、强令工人冒险作业，或者生产过程中发现明显重大事故隐患和职业危害，工会应提出解决的建议；发现危及职工生命安全的情况，工会有权组织职工撤离危险现场。

第四十条　依法建立企业劳动争议调解委员会，劳动争议调解委员会由职工代表、企业代表和工会代表组成，办事机构设在企业工会。职工代表和工会代表的人数不得少于调解委员会成员总数的三分之二。

建立劳动争议预警机制，发挥劳动争议调解组织的预防功能，建立企业劳动争议信息员制度，做好劳动争议预测、预报、预防工作。

企业发生停工、怠工事件，工会应当积极同企业或者有关方面协商，反映职工的意见和要求并提出解决意见，协助企业做好工作，尽快恢复生产、工作秩序。

第四十一条　开展困难职工生活扶助、医疗救助、子女就学和职工互助互济等工作。有条件的企业工会建立困难职工帮扶资金。

第六章　女职工工作

第四十二条　企业工会有女会员十名以上的，应建立工会女职工委员会，不足十名的应设女职工委员。

女职工委员会在企业工会委员会领导和上一级工会女职工委员会指导下开展工作。

女职工委员会主任由企业工会女主席或副主席担任。企业工会没有女主席或副主席的，由符合相应条件的工会女职工委员担任，享受同级工会副主席待遇。

女职工委员会委员任期与同级工会委员会委员相同。

第四十三条　女职工委员会依法维护女职工的合法权益，重点是女职工经期、孕期、产期、哺乳期保护，禁忌劳动、卫生保健、生育保险等特殊利益。

第四十四条　女职工委员会定期研究涉及女职工特殊权益问题，向企业工会委员会和上级女职工委员会报告工作，重要问题应提交企业职工代表大会或职工大会审议。

第四十五条　企业工会应为女职工委员会开展工作与活动提供必要的经费。

第七章　工会经费和资产

第四十六条　督促企业依法按每月全部职工工资总额的百分之二向工会拨缴经费、提供工会办公和开展活动的必要设施和场所等物质条件。

第四十七条　工会依法设立独立银行账户，自主管理和使用工会经费、会费。工会经费、会费主要用于为职工服务和工会活动。

第四十八条　督促企业按国家有关规定支付工会会同企业开展的职工教育培训、劳动保护、劳动竞赛、技术创新、职工疗休养、困难职工补助、企业文化建设等工作所需费用。

第四十九条　工会经费审查委员会代表会员群众对工会经费收支和财产管理进行审查监督。

建立经费预算、决算和经费审查监督制度，经费收支情况接受同级工会经费审查委员会审查，接受上级工会审计，并定期向会员大会或会员代表大会报告。

第五十条　企业工会经费、财产和企业拨给工会使用的不动产受法律保护，任何单位和个人不得侵占、挪用和任意调拨。

企业工会组织合并，其经费财产归合并后的工会所有；工会组织撤销或解散，其经费财产由上级工会处置。

第八章　工会与企业党组织、行政和上级工会

第五十一条　企业工会接受同级党组织和上级工会双重领导，以同级党组织领导为主。未建立党组织的企业，其工会由上一级工会领导。

第五十二条　企业工会与企业行政具有平等的法律地位，相互尊重、相互支持、平等合作，共谋企业发展。

企业工会与企业可以通过联席会、民主议事会、民主协商会、劳资恳谈会等形式，建立协商沟通制度。

第五十三条　企业工会支持企业依法行使经营管理权，动员和组织职工完成生产经营任务。

督促企业按照有关规定，按职工工资总额的百分之一点五至百分之二点五、百分之一分别提取职工教育培训费用和劳动竞赛奖励经费，并严格管理和使用。

第五十四条　企业行政应依法支持工会履行职责，为工会开展工作创造必要条件。

第五十五条　上级工会负有对企业工会指导和服务的职责，为企业工会

开展工作提供法律、政策、信息、培训和会员优惠等方面的服务，帮助企业工会协调解决工作中的困难和问题。

企业工会在履行职责遇到困难时，可请上级工会代行企业工会维权职责。

第五十六条　县以上地方工会设立保护工会干部专项经费，为维护企业工会干部合法权益提供保障。经费来源从本级工会经费中列支，也可以通过其他渠道多方筹集。

建立上级工会保护企业工会干部责任制。对因履行职责受到打击报复或不公正待遇以及有特殊困难的企业工会干部，上级工会应提供保护和帮助。

上级工会与企业工会、企业行政协商，可对企业工会兼职干部给予适当补贴。

第五十七条　上级工会应建立对企业工会干部的考核、激励机制，对依法履行职责作出突出贡献的工会干部给予表彰奖励。

工会主席、副主席不履行职责，上级工会应责令其改正；情节严重的可以提出罢免的建议，按照有关规定予以罢免。

第九章　附　则

第五十八条　本条例适用于中华人民共和国境内所有企业和实行企业化管理的事业单位工会。

第五十九条　本条例由中华全国总工会解释。

第六十条　本条例自公布之日起施行。

机关工会工作暂行条例

（总工发〔2015〕27 号　2015 年 6 月 26 日）

第一章　总　则

第一条　为加强机关工会工作制度化、规范化建设，充分发挥机关工会作用，根据《中华人民共和国工会法》和《中国工会章程》，制定本条例。

第二条　机关工会是指党的机关、人大机关、行政机关、政协机关、审判机关、检察机关，各民主党派和工商联的机关，以及使用国家行政编制的人民团体和群众团体机关等依法建立的工会组织。

第三条 机关工会必须坚持党的领导，在同级机关党组织领导下，依照法律和《中国工会章程》独立自主地开展工作，依法行使权利和履行义务。

第四条 机关工会以马克思列宁主义、毛泽东思想、邓小平理论、“三个代表”重要思想、科学发展观为指导，深入贯彻习近平总书记系列重要讲话精神，坚持正确政治方向，在思想上、政治上、行动上同党中央保持一致，坚定不移走中国特色社会主义工会发展道路，认真履行工会各项社会职能，团结动员机关职工为完成机关各项任务作贡献，在全面建成小康社会、实现中华民族伟大复兴的中国梦的历史进程中充分发挥作用。

第五条 机关工会坚持以改革创新精神加强自身建设，坚持群众化、民主化、制度化，改进工作作风，保持同职工的密切联系，依靠职工开展工作，把机关工会组织建设成职工群众信赖的“职工之家”，把工会干部锤炼成听党话、跟党走、职工群众信赖的“娘家人”。

第二章　组织建设

第六条 机关单位应当依法建立工会组织。有会员二十五人以上的，应当建立机关工会委员会；不足二十五人的，可以单独建立机关工会委员会，也可以由两个以上单位的会员联合建立机关工会委员会，也可以选举工会主席一人，主持工会工作。

机关内设部门及机构，可以建立机关工会分会或者工会小组。

会员人数较多的工会组织，可以根据需要设立相应的专门工作委员会，承担工会委员会的有关工作。

第七条 机关工会组织按照民主集中制原则建立。工会委员会由会员大会或者会员代表大会民主选举产生，选举结果报上一级工会批准。

机关工会接受同级机关党组织和上级工会双重领导，以同级机关党组织领导为主。

第八条 机关工会委员会每届任期三至五年，具体任期由会员大会或者会员代表大会决定。

机关工会委员会应当按期换届。因故提前或者延期换届的，应当报上一级工会批准。任期届满未换届的，上级工会有权督促其限期进行换届。

第九条 机关工会委员会具备条件的，应当依法申请取得工会法人资格，工会主席或者主持工作的副主席为法定代表人。

第十条 各省、自治区、直辖市，设区的市（地）和自治州（盟），县（区、旗）、自治县、不设区的市所属机关，经同级地方工会或者其派出机关批准，成立机关工会委员会或者联合机关工会委员会。

各省、自治区、直辖市，设区的市（地）和自治州（盟），县（区、旗）、自治县、不设区的市，经同级地方工会批准，可以成立地方机关工会联合会，也可以设立地方机关工会工作委员会，领导本级各机关工会委员会或者联合机关工会委员会。

地方机关工会联合会或者地方机关工会工作委员会以同级地方直属机关党的工作委员会领导为主，同时接受地方工会的领导。

第十一条　中央直属机关工会联合会、中央国家机关工会联合会的建立，由中华全国总工会批准。中央直属机关工会联合会、中央国家机关工会联合会以中央直属机关工作委员会、中央国家机关工作委员会领导为主，同时接受中华全国总工会的领导。

中央和国家机关各部委、各人民团体机关，经中央直属机关工会联合会或者中央国家机关工会联合会批准，成立机关工会委员会。

第三章　工作职责

第十二条　机关工会的职责是：

（一）加强对职工进行中国特色社会主义理论体系教育，深入开展党的基本理论、基本路线、基本纲领、基本经验、基本要求教育，培育和践行社会主义核心价值观，不断提高机关职工政治理论、思想道德、科学文化和业务素质水平。

（二）动员组织职工围绕机关中心工作，开展创先争优活动，做好先进工作者的评选、表彰、培养、管理和服务工作。

（三）加强和改进职工思想政治工作，注重人文关怀和心理疏导，开展群众性精神文明创建、文化体育活动，丰富职工精神文化生活，推动机关文化建设。

（四）配合党政机关贯彻落实《中华人民共和国公务员法》等法律法规，维护机关职工合法权益，协助党政机关解决涉及职工切身利益的问题。做好困难职工帮扶工作，组织职工参加疗养、休养及健康体检，努力为职工办实事、做好事、解难事，促进和谐机关建设。

（五）加强调查研究，反映机关职工意见和建议，参与机关内部事务民主管理、民主监督，促进机关内部事务公开，保障职工的知情权、参与权、表达权、监督权，推进机关廉政建设。

（六）加强工会组织建设，健全工会民主制度，做好会员的发展、接收、教育和会籍管理工作，加强对专（兼）职工会干部和工会积极分子的培养，深入开展建设职工之家活动。

（七）依法收好、管好、用好工会经费，管理好工会资产。

第四章　组织制度

第十三条　机关工会每年至少召开一次会员大会或者会员代表大会。经机关工会委员会或者三分之一以上会员提议，可以临时召开会议。会员在一百人以下的应当召开会员大会。

会员大会和会员代表大会的主要任务是：传达党组织、上级工会的重要指示精神；审议和批准工会委员会工作报告；审议和批准工会委员会的经费收支情况报告和经费审查委员会的工作报告；选举工会委员会、经费审查委员会；讨论决定工会工作的重大问题；公开工会内部事务；民主评议监督工会工作和工会领导人。

会员代表大会代表实行常任制，任期与工会委员会相同。

第十四条　机关工会委员会主持会员大会或者会员代表大会的日常工作，向会员大会或者会员代表大会负责并报告工作，接受会员监督。

第十五条　机关工会委员会的主要任务是：负责贯彻党组织和上级工会工作部署、会员大会或者会员代表大会决议；向党组织和上级工会请示报告有关召开会员大会或者会员代表大会的重要事宜；研究制定工会工作计划和重大活动方案，提出工作报告；编制和执行工会经费预算，编报工会经费决算，审批重大支出项目；讨论和决定其他重要事项。

第十六条　机关工会委员会向同级机关党组织请示汇报以下事项：贯彻上级党组织对工会工作重要指示和上级工会重要工作部署的意见；召开会员大会或者会员代表大会的方案、工会工作报告、工作安排、重要活动及主要领导成员的推荐人选；涉及职工切身利益的重大问题及思想工作和生活情况；推荐表彰先进等事项。

第五章　干部队伍

第十七条　机关工会应当根据职工人数相应配备专（兼）职工会干部。职工人数较多的，可以配备专职工会主席。

第十八条　机关工会设专职主席的，一般按同级机关党组织副职领导干部配备；设专职副主席的，一般按相应职级的干部配备。机关工会主席是党员的，应当具备提名作为同级机关党组织常委、委员候选人的条件。

第十九条　机关工会主席、副主席和委员实行任期制，可以连选连任。

工会主席、副主席因工作需要调动时，应当征得本级工会委员会和上一级工会的同意。

工会主席、副主席缺额时，应当及时补选，空缺时间不超过半年。

第六章　工会经费和资产

第二十条　工会会员按规定标准按月缴纳会费。

建立工会组织的机关，按每月全部职工工资总额的百分之二向机关工会拨缴工会经费；由财政统一划拨经费的，工会经费列入同级财政预算，按财政统一划拨方式执行。

机关工会可以按照《中华人民共和国工会法》有关规定，向机关单位申请经费补助，以弥补工会经费不足。

上级工会有权对下级工会所在机关拨缴工会经费情况进行监督检查。对无正当理由拖延或者拒不拨缴工会经费的单位，依据《中华人民共和国工会法》相关规定处理。

第二十一条　具备社团法人资格的机关工会可以设立独立经费账户。费用支出实行工会主席签批制度。

工会经费主要用于为职工服务和工会活动。

机关工会应当按照有关规定收缴、上解工会经费，依法独立管理和使用工会经费。任何组织和个人不得截留、挪用、侵占工会经费。

第二十二条　机关工会应当根据经费独立原则建立预算、决算和经费审查制度，坚持量入为出、厉行节约、收支平衡的原则。

工会经费的收支情况应当由同级工会经费审查委员会审查，并定期向会员大会或者会员代表大会报告，采取一定方式公开，接受会员监督。工会经费的审查工作按照有关法律、规定和工会经费审查制度进行。

工会主席任期届满或者任期内离任的，应当按照规定进行经济责任审计。

第二十三条　各级人民政府和机关单位应当依法为工会办公和开展活动提供必要的设施和活动场所等物质条件。

工会经费、资产和国家拨给工会的不动产及拨付资金形成的资产，任何单位和个人不得侵占、挪用和任意调拨；未经批准，工会所属的为职工服务的企业、事业单位，其隶属关系和产权关系不得改变。

第七章　工会经费审查审计

第二十四条　会员大会或者会员代表大会在选举机关工会委员会的同时，选举产生经费审查委员会，会员人数较少的，可以选举经费审查委员一人。

经费审查委员会主任、副主任由经费审查委员会全体会议选举产生。经费审查委员会主任按同级工会副职级配备。经费审查委员会或者经费审查委员的选举结果，与机关工会委员会的选举结果同时报上一级工会批准。

第二十五条 机关工会经费审查委员会的任期与机关工会委员会相同，向同级会员大会或者会员代表大会负责并报告工作；在会员大会或者会员代表大会闭会期间，向同级工会委员会负责并报告工作。

第二十六条 机关工会经费审查委员会审查审计同级工会组织的经费收支、资产管理等全部经济活动。

经费审查委员会对审查审计工作中的重大事项，有权向同级工会委员会和上一级经费审查委员会报告。

机关工会经费审查委员会应当接受上级工会经费审查委员会的业务指导和督促检查。

第八章　女职工工作

第二十七条 机关工会有女会员十人以上的建立女职工委员会，不足十人的设女职工委员。

女职工委员会由同级机关工会委员会提名，在充分协商的基础上组成或者选举产生，女职工委员会与工会委员会同时建立，在同级工会委员会领导下开展工作，接受上级工会女职工委员会指导，任期与同级工会委员会相同。

女职工委员会主任由机关工会女主席或者女副主席担任，也可以经民主协商，按照同级工会副主席相应条件配备女职工委员会主任。

第二十八条 机关工会女职工委员会的任务是：依法维护女职工的合法权益和特殊利益；组织开展女职工岗位建功活动；开展教育培训，全面提高女职工的思想道德、科学文化、业务技能和健康素质；关心女职工成长进步，积极发现、培养、推荐女性人才。

第二十九条 机关工会女职工委员会定期研究涉及女职工的有关问题，向机关工会委员会和上级工会女职工委员会报告工作。

机关工会应当支持女职工委员会根据女职工的特点开展工作，并提供必要的活动场地和经费。

第三十条 机关工会女职工委员会通过县以上地方工会接受妇联的业务指导。

第九章　附　则

第三十一条 参照《中华人民共和国公务员法》管理的事业单位，适用本条例。

机关直属企业和实行企业化管理的事业单位工会，依照《企业工会工作条例》执行。

第三十二条 各省、自治区、直辖市总工会，中央直属机关工会联合会、中央国家机关工会联合会可以依据本条例，制定具体实施办法。

第三十三条 本条例由中华全国总工会负责解释。

第三十四条 本条例自公布之日起施行。

事业单位工会工作条例

（总工发〔2018〕26号 2018年9月4日）

第一章 总 则

第一条 为深入推进新时代事业单位工会工作改革创新，充分发挥事业单位工会作用，促进事业单位改革发展，根据《中华人民共和国工会法》《中国工会章程》，制定本条例。

第二条 本条例所指事业单位工会是指国家为了社会公益目的，由国家机关举办或者其他社会组织利用国有资产举办的，从事教育、科技、文化、卫生、体育等活动的社会服务组织中依法建立的工会组织。

第三条 事业单位工会以马克思列宁主义、毛泽东思想、邓小平理论、“三个代表”重要思想、科学发展观、习近平新时代中国特色社会主义思想为指导，坚持正确政治方向，坚持围绕中心、服务大局，牢牢把握为实现中华民族伟大复兴的中国梦而奋斗的工人运动时代主题，坚定不移走中国特色社会主义工会发展道路，推进事业单位工会制度化、规范化建设，加强维权服务，积极创新实践，强化责任担当，团结动员事业单位职工群众为全面建成小康社会、夺取新时代中国特色社会主义伟大胜利、实现中华民族伟大复兴的中国梦作出积极贡献。

第四条 事业单位工会接受同级党组织和上级工会双重领导，以同级党组织领导为主。对不在事业单位所在地的直属单位工会，实行属地管理原则。

第五条 事业单位工会工作应遵循把握以下原则：坚持党的领导，贯彻落实党的全心全意依靠工人阶级的根本指导方针，始终保持正确的政治方向；坚持以职工为本，保持和增强政治性、先进性、群众性，发挥联系职工桥梁纽带作用；坚持依法依规，做到依法建会、依法管会、依法履职、依法维权；坚持改革创新，适应形势任务要求，积极探索实践，不断加强自身建设，把工会组织建设得更加充满活力、更加坚强有力，努力增强吸引力凝聚力战斗力。

第二章　组织建设

第六条　事业单位应当依法建立工会组织，组织职工加入工会。

会员二十五人以上的事业单位建立工会委员会；不足二十五人的可以单独建立工会委员会，也可以由两个以上事业单位的会员联合建立工会基层委员会，也可以选举组织员或者工会主席一人，主持工会工作。同时按有关规定建立工会经费审查委员会、工会女职工委员会。

第七条　会员人数较多的事业单位工会组织，可以根据需要设立专门工作委员会，承担工会委员会的有关工作。

事业单位内设机构，可以建立工会分会或工会小组。

第八条　事业单位工会具备法人条件的，依法取得社团法人资格，工会主席为法定代表人。

第九条　事业单位工会受法律保护，不得随意撤销、合并或归属其他部门。

事业单位被撤销，其工会组织相应撤销，并报告上一级工会，已取得社团法人资格的，办理社团法人注销手续。

事业单位改革改制，应同时建立健全工会组织和相应机构。

第十条　会员大会或会员代表大会每年至少召开一次会议。经事业单位工会委员会或三分之一以上会员提议，可临时召开会议。

第十一条　会员代表大会的代表实行常任制，任期与本单位工会委员会相同。

第十二条　会员在一百人以下的事业单位工会应召开会员大会。

第十三条　会员大会或会员代表大会的职权：

（一）审议和批准工会委员会的工作报告；

（二）审议和批准工会委员会的经费收支情况报告和经费审查委员会的工作报告；

（三）选举工会委员会和经费审查委员会；

（四）撤换或罢免其所选举的代表或工会委员会组成人员；

（五）讨论决定工会工作其他重大问题；

（六）公开工会内部事务；

（七）民主评议和监督工会工作及工会负责人。

第十四条　会员代表大会或会员大会与职工代表大会（或职工大会，下同）须分别行使职权，不得相互替代。

第十五条　大型事业单位工会委员会，根据工作需要，经上级工会批准，可设立常务委员会，负责工会委员会的日常工作，其下属单位可建立工会委员会。

事业单位工会委员会委员和常务委员会委员应差额选举产生，可以直接采用候选人数多于应选人数的差额选举办法进行正式选举，也可以先采用差额选举办法进行预选产生候选人名单，然后进行正式选举。委员会委员和常务委员会委员的差额率分别不低于5%和10%。选举结果报上一级工会批准。

第十六条　事业单位工会委员会是会员大会或会员代表大会的常设机构，对会员大会或会员代表大会负责，接受会员监督。在会员大会或会员代表大会闭会期间，负责日常工作。

第十七条　事业单位工会委员会和经费审查委员会每届任期三年至五年，具体任期由会员大会或者会员代表大会决定。任期届满，应当如期召开会员大会或者会员代表大会，进行换届选举。特殊情况下，经上一级工会批准，可以提前或者延期举行，延期时间一般不超过半年。

第十八条　工会委员会实行民主集中制，重要人事事项、大额财务支出、资产处置、评先评优等重大问题、重要事项须经集体讨论作出决定。

第十九条　工会委员会（常委会）一般每季度召开一次会议，讨论或决定下列事项：

（一）贯彻党组织、上级工会有关决定和工作部署，执行会员大会或会员代表大会决议；

（二）向党组织、上级工会提交的重要请示、报告，向会员大会或会员代表大会提交的工作报告；

（三）工会工作计划和总结；

（四）向行政提出涉及单位发展、有关维护服务职工重大问题的建议；

（五）工会经费预算执行情况及重大财务支出；

（六）由工会委员会讨论和决定的其他事项。

第三章　职责任务

第二十条　事业单位工会的职责任务：

（一）坚持用习近平新时代中国特色社会主义思想武装头脑，认真学习贯彻党的基本理论、基本路线、基本方略，教育引导职工树立共产主义远大理想和中国特色社会主义共同理想，团结引导职工群众听党话、跟党走。

（二）培育和践行社会主义核心价值观，加强和改进职工思想政治工作，开展理想信念教育，实施道德建设工程，培养职工的社会公德、职业道德、家庭美德、个人品德，深化群众性精神文明创建活动，提高职工的思想觉悟、道德水准、文明素养。

（三）弘扬劳模精神、劳动精神、工匠精神，营造劳动光荣的社会风尚和精益求精的敬业风气，深入开展劳动和技能竞赛，开展群众性技术创新、技能培训等活动，提升职工技能技术素质，建设知识型、技能型、创新型职工队伍。

（四）加强职工文化建设，注重人文关怀和心理疏导，开展主题文化体育活动，丰富职工精神文化生活。

（五）加强以职工代表大会为基本形式的民主管理工作，深入推进事业单位内部事务公开，落实职工的知情权、参与权、表达权、监督权。

（六）做好职工维权工作，开展集体协商，构建和谐劳动人事关系，协调处理劳动人事争议，推动解决劳动就业、技能培训、工资报酬、安全健康、社会保障以及职业发展、民主权益、精神文化需求等问题。

（七）做好服务职工工作，倾听职工意见，反映职工诉求，协助党政办好职工集体福利事业，开展困难职工帮扶，组织职工参加疗养、休养及健康体检，为职工办实事、做好事、解难事。

（八）加强工会组织建设，建立健全工会内部运行和开展工作的各项制度，做好会员的发展、接转、教育和会籍管理工作，加强对专（兼）职工会干部和工会积极分子的培养，深入开展“职工之家”和“职工小家”创建活动。

（九）收好、管好、用好工会经费，管理使用好工会资产，加强工会经费和工会资产审查审计监督工作。

第四章　工作制度

第二十一条　职工代表大会是事业单位实行民主管理的基本形式，是职工行使民主管理权力的机构。

事业单位职工代表大会每三年至五年为一届，每年至少召开一次。召开职工代表大会正式会议，必须有全体职工代表三分之二以上出席。

事业单位工会是职工代表大会工作机构，负责职工代表大会的日常工作。

事业单位工会承担以下与职工代表大会相关的工作职责：

（一）做好职工代表大会的筹备工作和会务工作，组织选举职工代表大会代表，征集和整理提案，提出会议议题、方案和主席团建议人选；

（二）职工代表大会闭会期间，组织传达贯彻会议精神，督促检查会议决议的落实；

（三）组织职工代表的培训，接受和处理职工代表的建议和申诉；

（四）就本单位民主管理工作向单位党组织汇报；

（五）完成职工代表大会委托的其他任务。

事业单位应当为本单位工会承担职工代表大会工作机构的职责提供必要的工作条件和经费保障。

第二十二条　事业单位的党政工联席会议，研究和解决事关职工切身利益的重要问题，由本单位工会召集。

第二十三条　建立和规范事务公开制度，协助党政做好事务公开工作，明确公开内容，拓展公开形式，并做好民主监督。

第二十四条　畅通职工表达合理诉求渠道，通过协商、协调、沟通的办法，化解劳动人事矛盾，构建和谐劳动人事关系。

第二十五条　建立健全劳动人事关系调解机制，协商解决涉及职工切身利益的问题。建立和完善科学有效的利益协调机制、诉求表达机制、权益保障机制。建立劳动人事关系争议预警机制，做好劳动人事关系争议预测、预报、预防工作。事业单位工会应当积极同有关方面协商，表达职工诉求，提出解决的意见建议。

第五章　自身建设

第二十六条　事业单位依法依规设置工会工作机构，明确主要职责、机构规格、领导职数和编制数额。

第二十七条　事业单位工会主席应以专职为主，兼职为辅。职工两百人以上的事业单位，设专职工会主席。工会专职工作人员的具体人数由事业单位工会与单位行政协商确定。根据工作需要和经费许可，事业单位工会可从社会聘用工会工作人员，建立专兼职相结合的干部队伍。

事业单位工会主席、副主席和委员实行任期制，可以连选连任。

工会主席、副主席因工作需要调动时，应当征得本级工会委员会和上一级工会的同意。

工会主席、副主席空缺时，应当及时补选，空缺期限一般不超过半年。

第二十八条　突出政治标准，选优配强事业单位工会领导班子和干部队伍，牢固树立政治意识、大局意识、核心意识、看齐意识，坚定道路自信、理论自信、制度自信、文化自信，坚决维护党中央权威和集中统一领导。按照既要政治过硬、又要本领高强的要求，建设忠诚干净担当的高素质事业单位工会干部队伍，注重培养专业能力、专业精神，提高做好群众工作本领。

第六章　工会经费和资产

第二十九条　具备社团法人资格的事业单位工会应当独立设立经费账户。工会经费支出实行工会法定代表人签批制度。

事业单位工会经费主要用于为职工服务和工会活动。

第三十条　工会会员按规定标准和程序缴纳会费。

建立工会组织的事业单位，按每月全部职工工资总额的百分之二向事业单位工会拨缴工会经费；由财政统一划拨经费的，工会经费列入同级财政预算，按财政统一划拨方式执行。

事业单位工会因工作需要，可以依据《中华人民共和国工会法》等有关规定，向单位行政申请经费补助。

上级工会有权对下级工会所在事业单位拨缴工会经费情况进行监督检查。对无正当理由拖延或者拒不拨缴工会经费的单位，依据《中华人民共和国工会法》等有关规定处理。

事业单位工会应当按照有关规定收缴、上解工会经费，依法独立管理和使用工会经费。任何组织和个人不得截留、挪用、侵占工会经费。

第三十一条　事业单位工会应当根据经费独立原则建立预算、决算和经费审查审计制度，坚持遵纪守法、经费独立、预算管理、服务职工、勤俭节约、民主管理的原则。事业单位工会应当建立健全财务制度，完善经费使用流程和程序，各项收支实行工会委员会集体领导下的主席负责制，重大收支必须集体研究决定。

事业单位工会应根据国家和全国总工会的有关政策规定以及上级工会的要求，依法、科学、完整、合理地编制工会经费年度预（决）算，按程序报上一级工会批准，严禁无预算、超预算使用工会经费。

第三十二条　各级人民政府和事业单位应当依法为事业单位工会办公和开展活动提供必要的设施和活动场所等物质条件。

工会经费、资产和国家拨给工会的不动产及拨付资金形成的资产，任何单位和个人不得侵占、挪用和任意调拨。

第七章　工会经费审查审计

第三十三条　会员大会或者会员代表大会在选举事业单位工会委员会的同时，选举产生经费审查委员会，会员人数较少的，可以选举经费审查委员一人。

经费审查委员会主任、副主任由经费审查委员会全体会议选举产生。经费审查委员会主任按同级工会副职级配备。

经费审查委员会或者经费审查委员的选举结果，与事业单位工会委员会的选举结果同时报上一级工会批准。

第三十四条　事业单位工会经费审查委员会的任期与事业单位工会委员会相同，向同级会员大会或者会员代表大会负责并报告工作；在会员大会或者会员代表大会闭会期间，向同级工会委员会负责并报告工作；事业单位工会经费审查委员会应当接受上级工会经费审查委员会的业务指导和督促检查。

第三十五条　事业单位工会经费审查委员会审查审计同级工会组织的经费收支、资产管理等全部经济活动，定期向会员大会或者会员代表大会报告，并采取一定方式公开，接受会员监督。

经费审查委员会对审查审计工作中的重大事项，有权向同级工会委员会和上一级经费审查委员会报告。

工会主席任期届满或者任期内离任的，应当按照规定对其进行经济责任审计。

第八章　女职工工作

第三十六条　事业单位工会有女会员十人以上的建立工会女职工委员会，不足十人的设女职工委员。

女职工委员会与工会委员会同时建立，在同级工会委员会领导下开展工作，接受上级工会女职工委员会指导，任期与同级工会委员会相同。女职工委员会委员由同级工会委员会提名，在充分协商的基础上组成或者选举产生。

女职工委员会主任由事业单位工会女主席或者女副主席担任，也可以经民主协商，按照同级工会副主席相应条件选配女职工委员会主任。

第三十七条　女职工委员会的基本任务是：依法维护女职工的合法权益和特殊利益；组织实施女职工提升素质建功立业工程，全面提高女职工的思想道德、科学文化和业务技能素质；开展家庭文明建设工作；关注女职工身心健康，做好关爱帮困工作；加强工会女职工工作的理论政策研究；关心女职工成长进步，积极发现、培养、推荐女性人才。

第三十八条　女职工委员会定期研究涉及女职工的有关问题，向同级工会委员会和上级工会女职工委员会报告工作，重要问题应提交职工代表大会审议。

事业单位工会应为女职工委员会开展工作与活动提供必要的场地和经费。

第九章　附　则

第三十九条　民办非企业单位（社会服务机构）工会参照本条例执行。

第四十条　参照公务员法管理的事业单位工会和承担行政职能的事业单位工会，依照《机关工会工作暂行条例》执行。

从事生产经营活动的事业单位工会，依照《企业工会工作条例》执行。

第四十一条　各省、自治区、直辖市总工会可依据本条例，制定具体实施办法。

第四十二条　本条例由中华全国总工会负责解释。

第四十三条　本条例自公布之日起施行。

中华全国总工会关于进一步加强基层工会工作的决定

（总工发〔2004〕56 号　2004 年 12 月 23 日）

为认真贯彻党的十六届四中全会精神，中华全国总工会第十四届执行委员会第二次全体会议从加强党的执政能力建设、增强党的阶级基础和扩大党的群众基础的高度，按照“组织起来、切实维权”的工作方针，全面分析了工会工作面临的形势和任务，着重研究了进一步加强基层工会工作的问题，作出如下决定。

一、充分认识新形势下进一步加强基层工会工作的重要性和紧迫性

随着改革开放的深入发展，社会主义市场经济体制的不断完善，我国经济关系、劳动关系发生了深刻变化，企业组织形式、经营方式、用工方式、分配方式多样化，各种矛盾和利益关系更为复杂，对工会工作提出了新的更高的要求。基层工会直接联系和服务职工群众，是工会全部工作和凝聚力、创造力的基础，是落实工会各项工作的组织者、推动者和实践者。在全面建设小康社会的历史进程中，工会要团结动员广大职工充分发挥主力军作用，切实成为党联系职工群众的桥梁纽带、国家政权的重要社会支柱、职工群众合法权益的代表者和维护者，迫切需要基层工会更好地履行各项社会职能，突出维护职工合法权益的职能。

近年来，基层工会工作取得了较大进展。在巩固发展公有制企业工会组织，推进非公有制经济组织工会组建工作，依法维护职工合法权益，建立和谐稳定的劳动关系，促进企事业单位健康发展等方面发挥了重要作用，工会组织的吸引力、凝聚力不断增强。但是，从总体上看，基层工会工作仍然比较薄弱。工会组建与企业快速发展、职工队伍迅速壮大的状况还不相适应，依法履行基本职责的能力与党的要求、职工群众的愿望还不相适应，工作机制、活动方式与企事业深化改革的要求还不相适应。同时，工会领导机关指导服务基层的思想观念、工作能力以及工作作风，也还不适应加强基层工会工作的需要。

面对新形势新任务，切实加强基层工会工作，夯实工会组织的基础，对于提高党的执政能力、巩固党的执政地位，对于协调企业劳动关系、推进构建社会主义和谐社会，对于维护职工合法权益、促进经济发展和社会进步，都具有十分重要的意义。各级工会组织必须站在实践“三个代表”重要思想的高度，坚持以人为本，树立和落实科学发展观，深入学习贯彻党的十六届四中全会精神，充分认识新形势下进一步加强基层工会工作的重要性和紧迫性，增强政治责任感和历史使命感，把加强基层工会工作作为当前和今后一个时期的工作重点来抓，采取有力措施，努力开创基层工会工作新局面。

二、进一步加强基层工会工作的指导思想、目标要求和主要任务

进一步加强基层工会工作，必须坚持以邓小平理论和“三个代表”重要思想为指导，认真贯彻党的十六大和十六届三中、四中全会精神，全面贯彻实施《工会法》，牢牢把握全面建设小康社会的主题，推动党的全心全意依靠工人阶级根本指导方针的贯彻落实，按照“组织起来、切实维权”的工作方针，以建立健全工会基层组织为基础，以服务大局、服务职工群众为根本，以建立健全协调劳动关系机制为重点，以提高依法履行基本职责的能力为关键，在创新中激发基层工会活力，使工会工作更好地体现时代性、把握规律性、富于创造性。

进一步加强基层工会工作，必须按照统筹兼顾、突出重点、分类指导、整体推进的原则，科学构建基层工会工作的新格局。既要推进基层工会组织的建立，又要推进基层工会作用的发挥；既要推进公有制企业、事业单位和机关工会工作的巩固和发展，又要推进非公有制经济组织工会工作的规范和提高；既要推进工会组织领导体制向乡镇、街道以及社区延伸，又要推进基层工会自身的改革和建设，全面加强基层工会工作，最广泛地把职工群众组织到工会中来，最充分地把基层工会的活力激发出来，努力把基层工会建设成为组织健全、维权到位、工作活跃、作用明显、职工信赖的职工之家，在改革发展稳定大局中充分发挥工会组织的作用。

进一步加强基层工会工作，必须解放思想、实事求是、与时俱进、开拓创新。当前和今后一个时期的主要任务是：依法推进工会组建工作，不断扩大工会组织的覆盖面；坚持发展为第一要务，调动职工投身经济建设的积极性和创造性；坚持健全维权机制，建立和谐稳定的社会主义新型劳动关系；坚持服务职工群众，为职工办好事办实事；坚持建设“四有”职工队伍，提高职工队伍整体素质；坚持群众化、民主化、法制化，不断推进自身改革和建设，把基层工会工作提高到一个新水平。

三、依法推进工会组建工作，不断扩大工会组织的覆盖面

要充分认识工会组建工作的重要性、艰巨性和长期性，坚持依法、科学、规范的建会思路，坚持“哪里有职工，哪里就要建立工会组织”的原则，明确目标，落实责任，实现工会组建与不断变化发展的企业状况相适应，会员发展与不断壮大的职工队伍相统一，工会组织体制的延伸与不断加快的工业化、城镇化进程相协调。

（一）突出组建重点，加大非公有制经济组织工会组建工作力度。摸清底数，制订规划，推进非公有制企业、民办非企业单位和社会中介组织依法组建工会。上级工会可以派员帮助和指导企业职工组建工会。各种所有制企业、事业单位及机关工会要采取灵活方式，尽快把本单位的进城务工人员吸纳到工会中来，尤其要抓紧做好进城务工人员比较集中的建筑、采掘、商贸等重点行业的工会组建工作。坚持实行会员关系随劳动关系转移的制度，任何工会组织不得推诿和拒绝接收。按照属地管理的原则，加强会员会籍管理工作，防止会员流失。

（二）创新组织形式，建立健全组织网络。在坚持主要依托单位组建工会的同时，推进组织形式的创新。把难以单独建会单位的职工组织到联合基层工会、基层工会联合会、社区工会或区域性、行业性工会组织中来。通过组建楼宇工会、市场工会、施工项目工会等方式，把大量分散、流动的职工组织起来。劳务输出地与输入地工会要相互配合，积极组织进城务工人员加入工会并做好其维权工作。有条件的地方逐步建立完善乡镇（街道）工会、社区工会、企业工会“小三级”工会组织网络。

（三）建立长效机制，推进组建工作持续发展。坚持和完善党建带工建的工作机制，不断丰富党建与工建相结合的形式、内容和方法。加大源头参与力度，为工会组建提供更加有利的法律法规和政策保障。落实建会目标责任制，把建会成效与有关评选表彰结合起来。采取体现会员优惠的措施，增强工会对职工的吸引力。建立和完善有利于组建工会和发展会员的工会经费收缴管理制度和办法，调动各级工会做好组建工作的积极性。进一步实现工会组建方式的转变，深入基层，贴近职工，切实做好宣传教育和服务职工的工作，不断增强职工加入工会的内在动力。继续探索建立聘用工会“组织员”队伍制度。

（四）依法规范基层组织建设，巩固发展建会成果。把组建工会与依法规范工作紧密结合起来。建立工会组织必须报上一级工会批准。按照《工会法》和《中国工会章程》的规定，民主选举产生基层工会委员会及其主席、副主席。职工200人以上的企业、事业单位工会，应设专职工会主席。国有、集体改制企业应同步建立工会组织，不得随意撤销工会组织或将工会工作机构合并归属到其他部门，已经合并或与其他部门合署办公的要依法予以纠正。建立基层工会要同步建立经费审查委员会和女职工委员会。基层工会组织具备民法通则规定的法人条件的，依法取得社会团体法人资格。要依法保护工会资产。

四、坚持发展为第一要务，调动职工投身经济建设的积极性和创造性

进一步加强基层工会工作，必须牢牢把握新世纪新阶段我国工人运动的主题，团结动员广大职工以主人翁的姿态投身企事业改革和建设，为全面建设小康社会贡献智慧和力量。

（一）开展职工经济技术创新活动，把职工的积极性和创造性引导到促进企事业发展上来。适应市场经济要求和多种所有制企业的发展，动员和组织广大职工立足本职，学赶先进，围绕企业生产经营中的重点、难点问题，广泛开展合理化建议、技术革新、技术协作、发明创造等多种形式的劳动竞赛，推动职工经济技术创新活动不断开展。认真组织开展重点工程的劳动竞赛活动，为社会主义现代化建设多做贡献。

（二）提高职工技术技能水平，增强职工的创新能力和竞争能力。广泛开展评选职工创新能手、创新示范岗活动，充分发挥职工技协组织的作用，帮助职工努力掌握各种新知识、新技能，努力培养更多的适应社会主义现代化建设要求的高素质劳动者和专门人才。增加经济技术创新的知识含量和科技含量，推动提高劳动和技术要素参与分配的合理比例。

（三）弘扬劳模精神，努力为劳模提供服务。广泛开展评先选模活动，表彰和奖励劳动模范和先进工作者。大力宣传劳模的先进事迹，弘扬劳模的先进思想和崇高精神，发挥劳模的带头、骨干和示范作用。推动劳模政策的落实，做好劳模生活补助资金的管理和发放工作，组织开展劳模疗休养活动，定期为劳模检查身体，帮助劳模特别是困难劳模解决生产生活问题。加强劳模管理和教育工作。

五、坚持健全维权机制，建立和谐稳定的社会主义新型劳动关系

建立和谐稳定的社会主义新型劳动关系是构建社会主义和谐社会的重

要内容。要依法建立和完善基层协调劳动关系的有效机制，把维护职工的合法权益贯穿于改革、发展、参与和帮扶工作的全过程，促进社会主义劳动者与社会主义建设者的和谐、企业生产者与经营管理者的和谐，共谋企业健康发展。

（一）建立健全平等协商集体合同制度，实现劳动关系双方互利双赢。以非公有制企业和国有、集体改制企业为重点，努力扩大平等协商集体合同制度的覆盖面。积极推行工资集体协商，推动企业建立和完善工资分配协商机制和正常调整机制。推行劳动安全卫生、女职工特殊权益保护、补充保险和福利、劳动合同管理等专项集体合同。积极推行区域性、行业性集体合同制度。提高职工群众运用平等协商集体合同制度维护自身合法权益的自觉性和参与度。培养建立工资协商和集体合同工作专业人员队伍。推动扩大劳动合同覆盖面，指导和帮助职工签订劳动合同，督促企业依法严格执行劳动合同制度。

（二）坚持完善以职工代表大会为基本形式的企事业民主管理制度，切实落实职工民主管理的各项权利。国有、集体企业改制方案必须经职代会讨论审议，企业裁员和分流安置等涉及职工切身利益的重大方案必须经职代会表决通过。公司制企业要积极推行职工董事、职工监事制度，促进企业法人治理结构的完善。深入推行厂务公开、校务公开和民主评议领导干部等制度。积极探索和推进非公有制企业职工民主管理，建立与本单位实际相适应的以职代会为基本形式的多种民主管理制度，保障职工依法行使知情、参与、监督等民主管理的权利。小型企业比较集中的乡镇（街道）和社区，积极探索建立联合职代会、区域（行业）职代会制度。推行职工代表培训、述职等制度，提高职工代表素质。

（三）健全完善劳动法律监督、劳动争议调解制度，把群众监督和化解矛盾的工作落实在基层。加强工会劳动法律监督工作，建立健全劳动安全卫生监督检查制度，加强工会劳动法律监督员和劳动保护监督检查员队伍建设，广泛开展“安康杯”竞赛活动，普及安全生产基本知识。协助和督促企业严格执行国家各项劳动安全卫生法律法规和标准，建立健全工会安全生产工作责任制。建立健全企业劳动争议调解组织，建立区域性、行业性劳动争议调解组织，及时化解劳动纠纷。建立健全劳动关系预警机制和职工群体性事件报告制度，代表职工向有关方面反映职工的合理要求，协助党政妥善处理职工群体性事件。

六、坚持服务职工群众，为职工办好事办实事

竭诚为职工群众服务，是工会开展一切工作的出发点和落脚点。要带着满腔热情和深厚感情，从职工群众的需要出发，充分发挥自身优势，努力为职工做好事、办实事、解难事，更好地服务职工，吸引职工，赢得职工，把广大职工群众团结凝聚在党的周围。

（一）深入职工群众，及时了解反映职工群众的意愿和要求。通过广交职工朋友、走访职工家庭、建立维权热线电话、设置征求意见箱等多种途径，倾听职工群众的反映和呼声，想职工所想，急职工所急，办职工所需。及时掌握职工群众劳动权益、经济利益、民主权利以及精神文化需求等方面的情况，针对职工群众最现实、最关心、最直接、最急需解决的问题，加强协调、提供服务、反映诉求，为职工群众排忧解难。

（二）加强监督检查，积极推动涉及职工利益法规政策的落实。监督企业在改制过程中规范操作，落实职工分流安置、经济补偿、社会保险接续等相关政策。敢于反映真实情况，监督企业纠正执行法规政策中的偏差。督促企业按照有关规定缴纳各种社会保险费，帮助特困职工家庭纳入最低生活保障范围，积极促进有条件的企业为职工建立企业年金。督促企业改善进城务工人员的工作生活条件，关心他们的冷暖疾苦，把服务职工的工作做深、做细、做实。

（三）深入实施送温暖工程，切实做好帮扶工作。推动送温暖工作向经常化、制度化、社会化方向发展，建立健全困难职工档案，推行干部联系职工生活困难户制度，组织开展职工互助互济活动，因地制宜地开展多种帮扶活动。从实际需要出发，搞好企业帮扶站（点）的建设与管理，加强与当地困难职工帮扶中心的联系，切实帮助职工解决生活困难。采取政府（行政）财力支持、社会捐助和工会经费投入等多种形式，拓宽帮扶资金和物资筹措渠道。创新帮扶工作内容和方式，实现从生活救助向政策帮扶、就业帮扶、助学帮扶、医疗帮扶、法律帮扶等方面拓展。积极发展职工劳动福利事业，增强为职工群众服务的实力。

七、坚持建设“四有”职工队伍，提高职工队伍整体素质

以“创建学习型组织、争做知识型职工”活动为载体，引导职工树立与社会主义市场经济相适应的思想观念，坚持用丰富的科学文化知识充实职工，增强职工的学习能力、创新能力、竞争能力、创业能力。

（一）用科学理论武装职工，不断提高职工的思想政治素质。深入学习宣传邓小平理论和“三个代表”重要思想，引导职工树立正确的世界观、人生观、价值观。推动“文明单位”、“文明班组”、“职业道德标兵”等群众性精神文明创建活动深入开展，提高职工的职业道德水平。做好深入细致的思想政治工作，教育引导职工理解改革、支持改革、投身改革，正确处理利益关系调整中遇到的问题。深入开展职工普法教育活动，提高职工法制观念，以理性合法的形式表达利益要求、解决矛盾，自觉维护职工队伍的团结统一和社会政治的稳定。

（二）组织开展广泛持久的学习实践活动，不断推进职工队伍的知识化进程。协助行政制定和落实职工教育培训计划，大力开展“创建学习型组织、争做知识型职工”活动，把活动的重点放在建设学习型班组上。切实督促企业将职工的教育培训经费使用纳入职代会、厂务公开、集体合同内容中，从制度上保证职工参加学习培训权利的落实。要重视做好进城务工人员的培训教育工作。

（三）丰富职工的文化生活，不断满足职工的精神文化需求。开展丰富多彩、健康有益、职工群众喜闻乐见的文化体育活动，促进企业文化建设。创新和发展特色活动，更好地满足职工群众日益增长的精神文化需求。

八、坚持群众化、民主化、法制化，不断推进自身改革和建设

基层工会要根据会员和职工群众的意愿，依靠会员特别是工会积极分子开展基层工会工作，不断推进群众化、民主化、法制化进程，努力增强基层工会的活力。

（一）建立健全各项民主制度，保障会员的民主权利。坚持每年至少召开一次工会会员大会或会员代表大会的制度，进一步推行基层工会会员代表常任制，坚持按期换届选举和定期向会员大会或会员代表大会报告工作的制度，会员代表民主评议、民主测评工会领导人制度和会员大会或会员代表大会按规定选举、撤换、罢免工会领导人制度。实行会务公开，凡涉及会员群众利益的重要事项，须经会员大会或会员代表大会讨论决定。基层工会的工作计划、重大活动、经费收支等情况，接受会员监督。上级工会要对基层工会建立和执行各项民主制度的情况定期进行检查，督促落实。对违反工会组织制度的做法应予以纠正。

（二）不断完善选举制度，积极稳妥地推进基层直选工会主席。依据《中国工会章程》的规定，在搞好试点的基础上，有领导、有步骤地在条件成熟的基层工会实行主席、副主席由会员群众直接选举。要加强对基层工会主席直接选举的指导，严格规范直选程序，做好审核把关和对直选效果的评估工作，把坚持党管干部、工会协管和尊重会员意愿有机统一起来。

（三）加强基层工会干部队伍和积极分子队伍建设，调动基层工会工作者的积极性和创造性。上级工会要依据法律规定，协助基层工会与企事业单位协商配备专职工会干部，落实相应待遇。有条件的地方可以通过向社会招聘、由上级工会选派等多种途径向基层推荐工会干部。从基层工会的特点和实际出发，加大教育培训经费投入，采取多种形式和方法，抓紧对基层工会干部进行培训。探索建立基层工会干部保护机制，基层工会干部因履行职责受到不公正对待时，上级工会要坚决维护其合法权益。积极探索改变非公有制企业工会主席受劳资关系制约难以维权状况的有效办法和途径。树立先进典型，宣传基层工会干部的先进事迹，把评选表彰基层工会干部的先进典型与评选五一劳动奖章、劳动模范等工作结合起来。建立一支宏大的工会积极分子队伍，形成“专兼群”相结合的基层工会工作者队伍。适应基层需要，转变活动方式，开展业余、小型、多样的活动。对基层兼职工会工作者，可以给予适当的经济补贴。

（四）深入开展建设职工之家活动，提高会员和职工群众对基层工会的满意度。要不断创新建家思路，丰富建家内容，拓宽建家领域。重视工会小组建设，与加强班组建设紧密结合，不断提高“小家”建设水平。建立健全会员评家机制，以职工群众是否认可和满意作为考核建家成效的重要标准。非公有制企业开展以“双爱双评”（职工爱企业、经营者爱职工，评选热爱企业的优秀员工、评选热爱员工的优秀经营者）为主要内容的建家活动。继续推动“示范乡镇（街道）工会”和县（市）、乡镇（街道）、基层工会“三级联创”等活动向广度和深度发展。

九、切实加强对基层工会工作的指导和服务

加强基层工会工作是一项全局性、综合性的工作，是各级工会组织的共同责任。工会领导机关要牢固树立面向基层、服务基层的思想，坚持把工作重点放在基层，把基层工会是否具有活力作为检查考核工会工作的重要标准。

（一）加强领导，形成加强基层工会工作的合力。各级工会领导机关要把加强基层工会工作摆上重要议事日程，建立健全工会基层组织建设协调工作机构，加强内外协调，整合社会资源，形成共同服务基层的工作格局。市（地）级以上工会主要应加强理论政策研究，搞好源头参与，加强工作指导，搞好干部培训，为推进基层工会建设提供理论、法律、政策和信息等方面的服务。坚持和完善地方工会与同级政府的联席（联系）会议制度，继续推进协调劳动关系三方机制向市、县、乡镇（街道）延伸，及时协商解决本地区劳动关系方面的突出问题。县（区）级以下工会主要是统筹安排部署基层工会工作，加强具体指导和督促检查，帮助基层工会解决遇到的困难和问题。

（二）完善和创新工会组织领导体制，为基层工会工作提供组织保证。适应加强基层工会建设的需要，理顺工会组织领导体制。健全和完善中心城市产业工会组织体系，使之全面覆盖本行业不同所有制企业。重视发挥产业工会作用。加强和改进县级工会工作，充分发挥县级工会在加强基层工会工作中的重要作用。用创新的思路加强乡镇（街道）工会建设，建立健全乡镇（街道）工会委员会。经济比较发达、职工人数较多的地区，要积极进行建立乡镇（街道）总工会试点工作。乡镇（街道）工会在协调区域性劳动关系中，要切实承担起基层工会难以承担的维权工作。充分发挥区域性、行业性等各种形式的基层工会联合会以及社区工会的作用。理顺中央企业工会领导关系。

（三）坚持分类指导，以点带面推动工作。针对不同所有制企业、不同工作基础和不同组织形式的基层工会，提出不同的工作要求。国有企业工会要保持和发展工会工作的优势，研究新情况，解决新问题，适应新要求。对工作基础薄弱的非公有制企业工会，要从实际出发，提出切实可行的工作要求。加强对非公有制企业工会工作的研究和探索。尊重和支持基层的首创精神，为基层创造良好的工作氛围。凡是有利于维护职工合法权益、有利于协调劳动关系、有利于增强基层工会活力的探索和尝试，都要鼓励和支持基层大胆实践。认真总结和推广基层的新鲜经验，加强示范引导，推动基层工会的理论创新、体制创新、机制创新和工作方式方法的创新，全面提升基层工会建设水平。

（四）转变工作作风，提高指导服务基层的实效。加强调查研究，深入基层，贴近职工，帮助基层工会解决实际困难和问题。精减会议和文件，严格规范和精减各种检查、评比、表彰活动，力戒形式主义和机关化、行政化倾向。向下布置任务、安排工作，要充分考虑基层的实际情况和承受能力。基层工会依法独立建立工会经费账户，依法提请企事业单位、机关为基层工会办公和开展活动提供必要的设施等物质条件，按规定及时、足额拨缴工会经费。要保证落实规定的基层工会经费留成比例。建立工会领导干部联系基层、下派代职、基层工会评议工会领导机关等制度，逐步形成自下而上的工会工作评价和监督机制，形成上级工会代表下级工会、工会代表会员和职工的自上而下的服务体系。

加强基层工会工作，激发基层工会活力，提高基层工会工作水平，既面临着难得的机遇和非常有利的条件，也面临着许多困难和新的挑战。各级工会要在以胡锦涛同志为总书记的党中央领导下，高举邓小平理论和“三个代表”重要思想伟大旗帜，全面贯彻党的十六大精神，坚持“组织起来、切实维权”的工作方针，团结一致，振奋精神，求真务实，开拓创新，为实现全面建设小康社会的宏伟目标作出新的贡献。

中华全国总工会关于加强和改进新形势下工会自身建设的决定

（总工发〔2010〕6号 2010年2月24日）

中华全国总工会第十五届执行委员会第三次全体会议，认真学习贯彻党的十七届四中全会精神，紧密联系工会实际，就加强和改进新形势下工会自身建设作出如下决定。

一、充分认识加强和改进新形势下工会自身建设的重要性和紧迫性

中国工会是党领导的职工自愿结合的工人阶级群众组织。长期以来，工会紧紧围绕党在不同历史时期的中心任务，从自身的性质、特点和优势出发，不断加强和改进自身建设，积极应对各种挑战和考验，推动工作创新发展，团结动员广大职工为实现党领导的伟大事业作出了重要贡献。

当今世界正处在大发展大变革大调整时期。经济全球化的深入发展，给我国发展带来新的机遇和挑战。党的十七大描绘了全面建设小康社会、加快社会主义现代化建设的宏伟蓝图，我国经济建设、政治建设、文化建设、社会建设以及生态文明建设和党的建设正在全面推进。深入贯彻落实科学发展观，促进经济社会又好又快发展，应对后国际金融危机时期我国经济发展和职工权益面临的新情况新问题，大力发展和谐劳动关系，促进职工队伍和社会稳定，工会承担的任务和肩负的责任更加繁重。各级工会要适应新形势新任务的要求，团结动员全国各族职工充分发挥工人阶级主力军作用，在推动科学发展、维护职工权益、促进社会稳定中大有可为、大有作为，必须进一步加强和改进自身建设。

当前，工会自身建设的状况总体上同担负的任务是相适应的。同时，也存在不少不适应新形势新任务新要求的问题：一些工会干部忽视理论学习，思想不够解放，履行基本职责意识不强，缺乏用创新理论解决新情况新问题的能力；一些工会组织贯彻民主集中制不力，有的对会员和职工民主权利保障不到位，有的对上级工会决策部署执行不够有力；一些基层工会特别是非公有制企业工会组建难、基础工作不扎实、发挥作用不明显；一些工会组织存在机关化、行政化现象，有些工会干部作风不够深入扎实，服务大局、服务职工的能力和水平还不够高，等等。这些问题不同程度地削弱了工会履行基本职责的能力，削弱了工会的凝聚力，影响了与职工群众的紧密联系，必

须引起高度重视，下大气力加以解决。

党的十七届四中全会对加强和改进新形势下党的建设作出战略部署，提出了推进党的建设新的伟大工程的主要任务和奋斗目标，也对新形势下加强和改进工会自身建设提出新的更高的要求。各级工会必须紧紧抓住贯彻党的十七届四中全会精神的有利时机，认真分析和把握工会自身建设面临的新形势新任务，继续以改革创新精神推进工会的思想建设、组织建设、作风建设、制度建设和反腐倡廉建设，不断提高工会自身建设科学化水平，在中国特色社会主义工会发展道路上迈出新步伐。

二、加强和改进新形势下工会自身建设的基本原则和目标要求

面对新的形势和任务，总结和运用多年来工会自身建设正反两方面的经验，加强和改进新形势下工会自身建设，应当遵循以下基本原则：

坚持自觉接受党的领导。工会必须在党的领导下，从自身性质和特点出发，紧紧围绕和服从服务于党领导的工运事业，有组织、有领导、有计划、有步骤地推进自身建设，始终坚持自身建设的正确方向。

坚持服务工会工作全局。工会自身建设必须围绕实现工会中心任务和工作重点来展开，为推动工会工作创新和工运事业发展提供保证。

坚持全面履行工会各项社会职能、突出维护职能。加强和改进工会自身建设必须统筹兼顾、突出重点，有利于主动依法科学维权，切实履行工会维护职工合法权益的基本职责。

坚持工会组织的团结统一。坚持产业和地方相结合的工会组织领导原则，全国建立统一的中华全国总工会。决不允许出现“第二工会”和所谓的职工“维权”组织。

坚持解放思想、实事求是、与时俱进。以解放思想为先导、以改革创新为动力，在继承基础上不断推进工会自身建设的理论创新、制度创新、实践创新和工作创新，使工会自身建设始终体现时代性、把握规律性、富于创造性。

当前和今后一个时期，加强和改进新形势下工会自身建设，必须深入贯彻党的十七大和十七届三中、四中全会精神，全面落实中国工会十五大部署的任务，适应世情、国情、会情和职工队伍结构的深刻变化，着眼于切实解决工会思想认识、组织体制、运行机制、工作作风、能力素质等方面与推动科学发展、履行基本职责、促进社会和谐要求不符合不适应的问题，进一步提高工会干部运用科学理论指导工会工作的自觉性和本领；进一步扩大工会工作覆盖面、增强工会组织吸引力和凝聚力；进一步提高工会工作群众化、民主化、法制化、社会化水平，激发各级工会特别是基层工会活力；进一步改进工作作风，密切联系职工群众；进一步增强服务科学发展、服务职工群众的能力，全面提高工会自身建设科学化水平，努力把中国工会建设成为自觉接受党的领导、用中国特色社会主义理论体系武装、坚定不移走中国特色社会主义工会发展道路、能够切实代表和维护职工群众合法权益的学习型、服务型、创新型的工人阶级群众组织。

三、建设学习型工会，提高全会思想政治水平

建设学习型工会，是坚持走中国特色社会主义工会发展道路的迫切要求。必须按照科学理论武装、具有世界眼光、善于把握工会运动发展规律、富有创新精神的要求，把思想政治建设摆在首位，为加强和改进工会自身建设奠定坚实的思想政治基础。

（一）坚持用中国特色社会主义理论体系武装工会干部头脑。组织工会干部深入学习马克思列宁主义、毛泽东思想、邓小平理论、“三个代表”重要思想以及科学发展观等重大战略思想，牢固树立辩证唯物主义和历史唯物主义世界观和方法论，系统掌握中国特色社会主义理论体系，增强工会工作的原则性、系统性、预见性和创造性。党员领导干部要做真学真懂真信真用的表率。坚持开展社会主义核心价值体系学习教育，引导工会干部坚定理想信念，增强政治敏锐性和政治鉴别力，始终保持立场坚定、头脑清醒。加强思想道德建设，自觉践行社会主义荣辱观，培养高尚的道德情操和健康生活情趣，始终保持蓬勃朝气、昂扬锐气、浩然正气。

（二）坚持用中国特色社会主义工会发展道路理论指导和推动工会工作。组织工会干部深入学习领会党中央关于工人阶级和工会工作的一系列重要指示精神，准确把握中国特色社会主义工会发展道路形成的时代背景、实践基础，深刻理解其科学内涵、精神实质和基本要求。同时，运用马克思主义的立场、观点和方法，坚持继承与创新相结合、理论与实践相结合，不断深化对经济关系和劳动关系发展规律、工人阶级队伍发展规律、工人运动和工会工作发展规律的认识，增强走中国特色社会主义工会发展道路的自觉性和坚定性。

（三）坚持理论联系实际。引导工会干部把学习理论同研究解决本地区本产业本单位改革发展稳定的重大问题相结合，同研究解决职工群众最关心最直接最现实的利益问题相结合，同研究解决工会工作和自身建设中的突出问题相结合，把学习成效转化为解决问题的实际能力，努力解决制约工会工作发展的实际问题，推动工会组织体制、工作内容、运行机制和活动方式创新，努力使中国特色社会主义工会发展道路越走越宽广。

（四）努力建设学习型工会。以“创建学习型工会、争做知识型工会干部”活动为载体，努力建设学习型工会。坚持党委（党组）中心组学习制度，定期进行集中学习、理论研讨和工作务虚，工会领导干部要带头学习，成为学习型工会的精心组织者、积极促进者、自觉实践者。建立健全促进学习、保障学习的竞争机制、激励机制、创新机制和考核机制，引导工会干部牢固确立终身学习理念，形成全会重视学习、崇尚学习、坚持学习的浓厚氛围，使各级工会组织成为学习型工会组织、各级工会领导班子成为学习型领导班子。

四、着力夯实组织基础，充分发挥基层工会履行基本职责、促进劳动关系和谐的作用

基层工会直接联系、服务会员和职工群众，是工会全部工作和创造力、维权力、凝聚力的基础。抓好基层、夯实基础，充分发挥基层工会履行基本职责、促进劳动关系和谐的作用，始终是工会工作的重点。

（一）继续扩大基层工会组织覆盖面。坚持党建带动工建、工建服务党建，推动把组建工会纳入党建考核目标。切实转变建会思路，发动、依靠职工建立工会。规范建会程序，提高建会质量，建立工会组建工作长效机制。抓住重点、突破难点，继续推进非公有制企业、社会组织、社区（村）等基层工会组织建设，广泛吸纳包括农民工、劳务派遣工在内的职工加入工会，进一步提高单位建会率与职工入会率。坚持组建工会的同时建立工会女职工组织。创新组织形式，积极推进建立区域性、行业性基层工会联合会（联合基层工会），充分发挥乡镇、街道、工业园区工会在组织建会中的重要作用，推进构建城乡统筹的基层工会建设新格局，进一步健全“小三级”工会组织网络。切实加强县（市、区）以下行业工会建设。加强机关和事业单位工会组织建设。在企业改制重组中，不得撤销工会组织或将工会机构合并到其他部门，已撤销合并的，必须坚决予以纠正。充分利用现代信息化手段，加强会员会籍管理，逐步建立全国工会会员信息库。全面推进基层工会法人资格登记工作，落实基层工会法人地位。进一步推行会员优惠办法，拓宽优惠渠道，增强工会组织的吸引力、凝聚力。

（二）依法选好配强基层工会主席。依照法律和工会章程以及《企业工会主席产生办法（试行）》，改进基层工会主席候选人提名方式，完善选举办法和程序，把政治素质好、履职能力强、能够为会员和职工群众说话办事的人选拔到基层工会主席岗位上来。推荐工人党员担任工会骨干，推荐工会骨干加入党组织。推进聘任职业化工会主席候选人工作。区域性、行业性基层工会联合会（联合基层工会）至少配备一名专职工会主席（副主席）或专职工会工作人员。企业行政负责人、合伙人及其近亲属、人力资源部门负责人不得作为本企业工会委员会成员的人选。对不符合规定的，要结合换届予以纠正。有组织、有计划、有步骤地稳步推进基层工会主席直接选举工作。建立健全上级工会保护基层工会主席合法权益制度，设立工会主席权益保障金，支持基层工会主席依法维权。从思想、工作和生活上关心基层工会干部，有条件的地方可给予基层工会主席一定的岗位补贴。开展区域性、行业性工会联合会主席（副主席）工资由工会分级负担的试点工作。加大对生活困难基层工会干部的帮扶力度。评选表彰优秀工会工作者等，应优先考虑优秀的基层工会主席。

（三）不断推进基层工会工作创新。企业工会要按照促进企业发展、维护职工权益的原则，找准开展活动、发挥作用的着力点，不断增强工会活力。探索中央企业工会工作的领导方式，健全和完善中央企业工会组织领导体制。跨地区企业集团工会对本地区所属单位工会实行直接领导，对跨地区所属单位工会实行企业所在地总工会和集团工会双重领导，以企业所在地总工会领导为主，工会经费上解渠道不变。企业工会、新社会组织工会、机关事业单位工会要突出工作重点，建立维权机制，着力解决会员和职工群众最关心、最直接、最现实的利益问题。深入推进“双措并举、二次覆盖”，充分发挥区域性、行业性基层工会联合会（联合基层工会）破解“维权难”的作用。继续探索解决乡镇（街道）工会经费保障问题。帮助非公有制企业工会落实专职工会干部、解决办公设备、活动场所等实际困难，保证其正常开展工作。加强少数民族地区、边远贫困地区工会工作，维护各民族职工团结，促进社会和谐稳定。

（四）深入开展建设职工之家活动。按照组织健全、维权到位、工作规范、作用明显、职工信赖的要求，深入推进建家活动，丰富建家内容，拓展建家领域，改进建家方式。在基层工会开展创建职工之家活动，从整体上激发基层工会参与创建活动的内在动力，加强区域性、行业性基层工会联合会（联合基层工会）建家工作。按照《关于开展会员评议职工之家活动的意见》，广泛开展会员评家活动，把建家的评判权真正交给会员群众。坚持和完善建家工作激励约束机制。定期评选表彰全国模范职工之家，提高非公有制企业工会在评选表彰中的比例。

五、坚持和完善民主集中制，积极发展工会内部民主

民主集中制是工会的根本组织制度。要建立健全以《工会法》和《中国工会章程》为根本、以民主集中制为核心的制度体系，增强制度建设的系统性、协调性和科学性，保障工会组织的团结统一。要切实保障会员民主权利，以加强基层工会民主为基础，广泛凝聚全会的意志，增强工会的创造活力。

（一）坚持和完善民主集中制。健全完善各级工会委员会议事规则，明确议事决策范围和程序。完善主席团（常委会）向执委会（全委会）报告工作制度，探索推行市、县两级会员代表列席同级全委会制度。完善工会民主决策机制，发挥委员会对重大问题的决策作用，提高科学决策、民主决策、依法决策水平。健全决策失误纠错机制和责任追究制度。坚持把上级工会的部署要求与发挥下级工会的积极性统一起来，把局部利益与全局利益统一起来，自觉维护工会组织的团结统一。

（二）保障会员主体地位和民主权利。以落实会员知情权、参与权、监督权、选举权为重点，依靠会员开展工会工作，进一步提高会员对工会事务的参与度，充分发挥会员的主体作用。保障会员各项民主权利，建立会员意愿表达机制，通过各种形式，拓宽会员意见表达渠道，营造工会内部民主讨论、民主监督的环境。加强会员教育，增强会员意识，引导会员正确行使民主权利。健全基层工会的各项民主生活制度，充分体现会员群众意愿，保持工会与会员的密切联系。

（三）完善会员（代表）大会制度。坚持和完善工会委员会向会员（代表）大会报告工作制度，凡涉及会员利益的大事和工会重大活动及重要事项，要由会员（代表）大会讨论决定。基层工会会员（代表）大会每年至少召开一次，不得以职代会代替会员（代表）大会。小型企业工会一般召开会员大会。推进建立区域性、行业性工会联合会会员代表大会制度。基层工会会员代表大会代表实行常任制，优化代表结构，提高代表素质，建立会员代表提案制度，组织代表开展活动。探索县（市、区）级工会代表大会代表常任制，保证代表在整个任期内履行职责、发挥作用。要把坚持和完善会员（代表）大会制度作为评估基层工会规范化建设的重要内容。健全基层工会内部情况通报制度，推进会务公开。基层工会要将工会经费收支情况等向全体会员公开，接受会员监督。

六、提高干部队伍素质，加强工会领导班子和干部队伍建设

以提高服务科学发展、服务职工群众能力为目标，采取切实有效措施，努力建设一支政治坚定、业务扎实、作风过硬、廉洁自律的高素质工会干部队伍。

（一）坚持党管干部原则，深化工会干部人事制度改革。坚持民主、公开、竞争、择优方针，把握科学化、民主化、制度化的正确方向，形成充满活力的选人用人机制，促进优秀人才脱颖而出，推进工会干部知识化、年轻化、专业化。坚持德才兼备、以德为先用人标准，不断提高选人用人公信度和职工群众满意度。建立健全主体清晰、程序科学、责任明确的干部选拔任用提名制度，完善公开选拔、竞争上岗等选拔干部方式，推进干部工作信息公开，匡正选人用人风气，形成风清气正的用人环境。建立和完善工会领导班子和领导干部考核评价机制，形成各有侧重、各具特色的考核内容和考核指标体系。健全工会干部管理机制，深化干部分类管理改革。建立工会领导干部问责制度。推进工会干部对外交流及内部轮岗交流。坚持严格要求与关心爱护相结合，关心工会干部成长，为工会干部开展工作创造良好环境和条件。

（二）完善工会干部管理制度，选好配强工会领导班子。积极协助地方党委和组织部门，选好配强工会领导班子，优化工会领导班子整体结构，提高领导班子整体素质。抓住工会干部协管工作的重点环节，建立健全工会干部协管制度和程序，推进工会干部协管工作的规范化、制度化。按照下管一级的原则，积极主动与地方党委组织部门加强沟通、联系，建立和完善联合考察制度，工会领导班子换届、工会主要负责人调整、工会领导班子存在突出问题时必须考察。积极协助各地党委落实好中共中央有关文件关于经济发达、职工人数多的地方工会党员主要负责人提名为党委常委候选人的规定，选好配强工会主要负责人。大力推进市（地）、县（区）总工会主席按同级党委常委或党政副职配备工作。积极参与工会干部考核工作，向党委和组织部门推荐优秀工会干部。要按照《工会法》、《中国工会章程》等有关规定，做到任期届满按时换届，上级工会要及时对下级工会予以指导。

（三）以提高培训质量和效率为重点，积极推进工会干部教育培训的改革创新。发挥工会大学校作用，全面推进工会干部教育培训理念、内容、方式和体制机制的改革创新。以岗位培训为基础，以专业人才培训为重点，贯彻理论联系实际、学用一致、按需施教的原则，切实增强工会干部推动科学发展、促进社会和谐的能力，组织、宣传、教育、服务职工的能力，协调劳动关系、依法维权的能力，善于运用、引导新兴媒体的能力，应对和处置群体性突发事件的能力，全面提高做好新形势下工会工作的本领。建立自主选学与组织调训相结合的干部参训机制和干部教育培训实效考核评估制度，充分激发干部参加培训的内在动力。新任工会主席要做到当年上岗当年培训。切实加大非公有制企业工会干部培训工作力度，积极开展远程教育。认真总结经验，严格教学管理，加强院校建设和师资队伍建设，不断提高教学质量，充分发挥工会干部院校培养造就高素质工会干部的作用。保证工会干部教育培训经费。

（四）注重党性修养和实践锻炼，扎实抓好年轻干部培养选拔工作和后备干部队伍建设。以轮岗交流和实践锻炼为重要手段，有计划地选送年轻干部到基层锻炼，提高做好工作的本领。积极协助各级党委做好培养选拔优秀年轻干部和后备干部的工作，实现领导班子年龄结构的梯次配备和新老干部的正常交替。

七、进一步改进作风，密切与职工群众的联系

加强新形势下工会干部特别是领导干部作风建设，关系到工会能否担当好党联系职工群众桥梁纽带的重大问题。必须防止和克服工会组织行政化、机关化倾向，切实解决一些工会干部脱离会员和职工群众的问题。

（一）坚持求真务实。大兴求真务实之风，真正做到真抓实干、开拓创新。坚持说实话、办实事、出实招、求实效，反对华而不实、虚报浮夸；坚持知难而进、攻坚克难，多做打基础、利长远的工作，反对作风漂浮、形式主义、做表面文章；坚持从实际出发，创造性地开展工作，反对照搬照抄、敷衍应付；精简会议文件，大力整治会风、文风，提倡开短会、讲短话、写短文，解决繁文缛节、评比达标表彰过滥的问题。要敢于和善于向党政和上级工会及时反映职工权益的真实情况，提出工会的主张和建议，做到不唯书、不唯上，只唯实。

（二）坚持深入基层。工会领导机关要坚持工作重心下移，始终把工作重点放在基层，做到人往基层走、劲往基层使、钱往基层用，以职工是否满意、基层是否有活力作为检验工作的重要标准。创新联系基层、联系会员和职工群众方式，建立下基层调研、建立联系点等制度，深入基层，深入群众，真诚倾听他们的呼声，掌握基层和职工的真实情况，着力解决他们迫切需要解决的问题。下基层要坚持轻车简从，不搞层层陪同，减轻基层负担。

（三）加强调查研究。适应时代发展和社会生活的变化，深入研究工会工作面临的新情况新问题，探索新形势下做好工会工作的新思路新办法。抓住制约和影响工会工作发展的突出问题，摸清症结，寻求突破的途径和办法。尊重基层的首创精神，注重总结和推广基层的新鲜经验，不断推进工会工作的创新发展。

（四）加强党风廉政建设。必须把加强党性修养、反对腐败、勤政廉政建设作为重大政治任务来抓，切实加强反腐倡廉工作。加强廉洁从政教育，强化工会干部党性党风党纪观念，领导干部要带头廉洁自律，严格执行党风廉政建设责任制及其他各项规定，自觉约束个人行为，自觉接受群众监督，有效预防腐败。按照节俭、高效、廉洁的原则，严格公务接待和公务消费，严格经费管理制度，进一步控制办公经费，优化工会经费支出结构，把有限的资金和资源更多地用于为基层、为职工服务。健全监督机制，开展会务公开工作，进一步加强工会经费、工会资产以及工程项目建设的审查审计监督工作，坚决查处工会经费使用、资产管理运作、工会企事业经营活动中的违法违纪案件。加强工会组织内党的建设，充分发挥工会党组的领导核心作用、基层党组织的战斗堡垒作用和党员的先锋模范作用。

八、切实加强领导，确保工会自身建设取得更大成效

加强工会自身建设，事关工会工作全局。各级工会必须高度重视，切实加强领导，落实责任，扎实有效地加以推进。

（一）统一思想认识，加强组织领导。各级工会要站在全局和战略的高度，把加强和改进工会自身建设列入重要议事日程。主要领导切实履行第一责任人的职责。要制定规划、分步实施，扎实推进、务求实效，及时研究解决存在的问题，形成各级工会主要领导亲自抓、各部门齐抓共管、一级抓一级、层层抓落实的工作格局。

（二）明确目标责任，建立长效机制。认真落实工会自身建设工作责任制，明确工作目标，采取有效措施，落实各项任务。建立健全工会自身建设各项工作制度，形成长效机制，确保各项工作落到实处。完善工会自身建设工作考核综合评价体系，加强监督检查，把工会自身建设成效作为考核工会领导班子和领导干部的重要内容。

（三）强化维权基本职责，增强工会吸引力和凝聚力。加强和改进新形势下工会自身建设，最终要落实到工会主动依法科学维护职工合法权益、推动发展和谐劳动关系上来。各级工会维权声音要更响一些，措施更实一些，力度更大一些。要坚持以维护职工合法权益的实际举措，积极回应职工的期待，并以此检验工会加强和改进自身建设取得的实际成效。

（四）加强工作指导，提高工会自身建设科学化水平。各级工会领导机关要及时研究自身建设的新情况、新问题，总结新经验，加强分类指导，不断认识和把握工会自身建设规律，为加强和改进新形势下工会自身建设提供科学指导。工会报刊、网站等宣传媒体要加大宣传力度，为加强和改进工会自身建设创造良好氛围。

各级工会要在以胡锦涛同志为总书记的党中央坚强领导下，高举中国特色社会主义伟大旗帜，坚定不移地走中国特色社会主义工会发展道路，不断推进工会自身建设，努力开创工会工作新局面，团结动员全国各族职工为全面建设小康社会、构建社会主义和谐社会作出更大的贡献！

中华全国总工会关于进一步加强企业工会工作充分发挥企业工会作用的决定

（总工发〔2010〕39号　2010年7月26日）

中华全国总工会第十五届执行委员会第四次全体会议，认真学习贯彻党中央最近关于发展和谐劳动关系，加大工会维权力度，特别是加强企业工会工作的重要指示精神，全面分析企业工会工作实际，一致认为，企业工会是我国工会的重要组织基础和工作基础。随着改革开放的深化和社会主义市场经济的发展，我国的经济关系和劳动关系日趋复杂，企业工会面临着许多新情况和新挑战。各级工会必须进一步增强政治意识、大局意识、忧患意识、责任意识，认真贯彻“促进企业发展、维护职工权益”的企业工会工作原则，统一思想，增强信心，真抓实干，努力把企业工会建设成为职工信赖的职工之家。为此，就进一步加强企业工会工作、充分发挥企业工会作用作出如下决定。

一、进一步推动规范企业工会组织建设

1. 加大工会组建工作力度，推动企业普遍建立工会组织。以非公有制企业特别是外资企业、港澳台资企业、中小企业为重点领域，继续加大企业工会组建工作力度。深入推进“双措并举、二次覆盖”，建立区域性、行业性基层工会联合会，规范基层工会联合会建设。国有企业发挥示范带头作用，坚决依法纠正企业在改革改制中撤并工会组织、把工会工作机构合并到党群工作部或其他工作部门的错误做法。

2. 以农民工、劳务派遣工为主要对象，最大限度组织职工加入工会组织。切实提高已建会企业职工入会率，不得以务工时间、用工方式等附加条件限制职工入会。认真贯彻《中华全国总工会关于组织劳务派遣工加入工会的规定》，加强检查督促，务求工作落实。按照持证接转会籍关系的要求，加强会员会籍管理，逐步建立全国工会会员信息库。

3. 进一步规范建会程序，提高建会质量。切实转变建会方式，着力启发职工依法组织和参加工会的自觉性和主动性。规模企业健全工会组织网络，建立工会分会、工会小组和工会积极分子队伍，加强企业工会女职工组织建设。尊重会员主体地位，坚持会员（代表）大会制度和会员代表常任制，推行会务公开，不断提高企业工会的凝聚力。

二、选好配强企业工会主席

4. 企业工会主席产生必须履行民主选举程序。严格按照《企业工会主席产生办法》民主推荐工会主席候选人。制定企业工会主席民主选举办法，完善选举程序，落实有关工会主席任职条件和回避的规定，确保选出的工会主席能代表职工，能为职工说话办事，维护职工权益。依法推进所属职工在200人以上的企业工会配备专职主席。

5. 由上级工会聘用的乡镇（街道）工会、区域性、行业性基层工会联合会专职工会工作者，其工资由工会发放。加快上级工会分级负担工会工作者工资试点工作，2011年全国乡镇（街道）工会、区域性、行业性基层工会联合会聘任工会工作者的工资由上级工会分级负担。

6. 加强对企业工会主席的培训和激励。各级工会特别是县级工会、乡镇（街道）工会要发挥优势，采取就地、就近、短期、专题等培训方式，不断提高企业工会主席的素质。企业工会主席新上岗半年内必须参加培训。落实会员评议职工之家制度，定期组织会员对企业工会主席进行满意度测评。对优秀工会工作者，依据规定评选先进。进一步建立和完善企业工会主席权益保护机制，依法保护其合法权益，支持他们履职尽责。对不能正确履行职责的工会主席，经企业工会委员会或者三分之一以上工会会员提议，报上级工会批准，可以临时召开会员（代表）大会，履行撤换或罢免企业工会主席程序。

三、全面推进平等协商签订集体合同工作

7. 着眼发展和谐劳动关系，推动所有企业普遍建立集体协商机制和集体合同制度。以非公有制企业、中小企业为重点，以劳动定额、工时工价制定为突破口，科学合理确定工资水平，全面推动建立工资集体协商共决机制、正常增长机制和支付保障机制，确保职工工资特别是生产一线职工工资收入水平随着企业效益增长和经济社会发展不断提高。积极推进签订女职工权益保护专项集体合同。

8. 企业工会要健全协商要约制度，对拒绝或变相拒绝要约等违法行为及时向上级工会报告或提请有关部门依法处理。集体协商应有生产一线职工代表参加，集体合同草案应提交职代会或全体职工讨论通过。企业工会可以邀请上级工会或聘请专家帮助开展集体协商，增强集体协商的实效性。帮助指导职工在平等自愿、协商一致的基础上签订劳动合同。监督集体合同和劳动合同的切实履行。

9. 推动小企业集中的地区开展区域性、行业性集体协商，不断创新集体协商的建制形式。积极推动将工资集体协商纳入地方经济社会发展总体规划，

制定和实施职工工资集体协商条例等地方法规或政策规定，为开展工资集体协商提供有力保障。到2012年，基本实现已建工会企业建立集体合同制度。

四、坚持和完善企业职工民主管理制度

10. 推动各类企业特别是非公有制企业建立健全以职工代表大会为基本形式的民主管理制度，企业工会履行职工代表大会工作机构的职责。推行厂务公开，推动依法建立职工董事职工监事制度。

11. 监督推动企业在制定、修改或决定直接涉及职工切身利益的规章制度或重大事项时，依法经职工代表大会或者全体职工讨论，提出方案和意见，与工会或职工代表平等协商确定。企业改革改制方案、职工裁减安置方案等必须提交职工代表大会或全体职工讨论通过。推进在县以下建立区域性、行业性职工代表大会制度。

12. 畅通民主渠道，定期召开职工代表大会，督促企业开展经理接待日、劳资恳谈会、总经理信箱、信息公开、网上论坛等多种形式的民主管理工作，落实职工的知情权、参与权、监督权和选举权。

五、关心职工生产生活和精神文化需求

13. 充分发挥工会大学校的作用，以社会主义核心价值体系建设为主线，实施职工素质建设工程。大力弘扬劳模精神和工人阶级伟大品格。推动加强企业文化、职工文化建设，组织开展职工喜闻乐见、丰富多彩的业余文化体育活动，不断满足职工日益增长的精神文化需求。

14. 深入开展建设“职工之家”活动，企业工会干部要做职工贴心人。坚持把加强职工政治思想教育与解决职工实际困难结合起来。企业工会主席要与职工有深厚感情，建立工会主席与职工联系制度，密切联系职工群众，主动倾听职工的意愿和诉求，对职工做到知情、知心，做好困难职工帮扶工作，为职工办好事、办实事、解难事。促进企业改善管理，履行社会责任，加强对职工的人文关怀。建立健全劳动保护监督检查委员会，选聘好工会小组劳动保护检查员，深入开展“安康杯”竞赛活动，增强职工劳动安全意识，落实工会劳动保护责任。

15. 注重加强青年职工特别是新生代农民工的心理疏导，开展互帮互助和心理咨询活动，帮助他们搞好自我管理、自我调适，舒缓心理压力，提高耐挫能力，营造良好的人际关系。

六、做好劳动争议调处和纠纷化解工作

16. 建立健全企业劳动争议调解委员会，企业工会主席担任调解委员会主任。公正及时解决劳动争议，把劳动关系矛盾化解在企业。监督企业严格执行劳动法律法规，积极为职工提供法律服务，支持帮助职工进行劳动争议仲裁和诉讼。

17. 及时掌握职工思想动态，关注网络舆情对职工思想的影响，引导职工依法、理性、有序表达利益诉求，防止经济诉求政治化，企业矛盾社会化。

18. 对企业发生的集体劳动争议和群体性事件，企业工会应在第一时间深入职工群众了解情况，旗帜鲜明地代表职工反映诉求，同时向同级党委和上级工会报告。在党委政府统一领导和协调下，通过集体协商等方法，依法维护职工合法权益，防止矛盾激化。

七、加大企业工会经费保障力度

19. 企业工会依法取得法人资格，单独设立工会经费账户。税务代收工会经费实行全额征收，保证企业工会经费足额到位。

20. 小企业工会联合会在所属企业工会自愿的基础上，可以集中管理、分户使用企业工会经费。改制企业所欠的工会经费应列入债务偿还项目。

21. 实行上级工会对乡镇（街道）工会、区域性、行业性基层工会联合会经费留成或经费补贴，保障其必要的工作经费，发挥其重要的作用。

八、切实提高指导和服务企业工会工作水平

22. 各级工会要牢固树立抓基层、打基础的观念，始终把加强企业工会工作摆在重中之重的位置，进一步形成工作合力。坚持把企业工会是否具有活力、是否发挥作用，作为检查考核各级工会工作的重要标准。全总在表彰全国模范职工之家的同时，对企业工会工作成绩突出的省级工会给予奖励。

23. 坚持党建带动工建、工建服务党建。进一步推动把企业工会建设纳入党建工作规划和考核体系。推荐企业工会骨干加入党组织，推荐企业职工党员担任工会负责人。广泛开展创先争优活动，创新企业党工共建互促工作机制和活动载体。加强立法参与和政策制定工作，推动实施劳动合同法等相关法律，为开展工会工作争取更多的资源和手段。

24. 从改进工作作风入手，克服工会机关化、行政化现象，深入企业，贴近职工，加强调查研究，总结推广基层创造的工作经验。正确处理树立典型和整体推进的关系。坚持分类指导，对不同类型企业工会实施有针对性的指导服务。对一些政策性强、规范要求高、操作难度大的工作，上级工会要搞好典型示范，组织专门培训，加强具体指导。

25. 在企业工会遇到难以履行的维权职责时，上级工会要出面指导帮助解决或代行其维权职责，保护企业工会干部，提高维权工作实效。加强乡镇（街道）、村（社区）、工业园区工会工作。采取多种渠道，为乡镇（街道）工会、区域性、行业性基层工会联合会至少配备一名专职工会干部，充分发挥这一级工会直接指导服务企业工会的重要作用。

中华全国总工会关于印发《中华全国总工会关于新形势下加强基层工会建设的意见》的通知

（总工发〔2014〕22号　2014年7月29日）

各省、自治区、直辖市总工会，各全国产业工会，中共中央直属机关工会联合会、中央国家机关工会联合会，全总各部门、各直属单位：

现将《中华全国总工会关于新形势下加强基层工会建设的意见》印发给你们，请结合实际，认真贯彻落实。同时，根据各自实际情况，制定具体实施意见。全总各部门要按照工作分工，明确职责，提出贯彻落实《意见》的具体措施。有关贯彻落实情况，请及时报全总。

中华全国总工会关于新形势下加强基层工会建设的意见

为深入贯彻党的十八大、十八届三中全会和习近平总书记系列重要讲话特别是关于工人阶级和工会工作的重要指示精神，进一步夯实工会基层基础，增强基层工会组织吸引力凝聚力，现就新形势下加强基层工会建设提出如下意见。

一、新形势下加强基层工会建设的重要意义、指导思想和目标要求

1. 工会是党联系职工群众的桥梁和纽带，基层工会直接联系和服务职工群众，是工会全部工作的基础，是落实工会各项工作的组织者、推动者和实践者。新形势下加强基层工会建设，是巩固党执政的阶级基础和群众基础的必然要求，是动员广大职工积极投身改革、实现中国梦的迫切需要，是服务职工、维护职工合法权益、构建和谐劳动关系的重要保障，是加强工会自身建设、增强工会组织活力、推进国家治理体系和治理能力现代化的客观需要。近年来，各级工会主动适应企业组织形式、职工队伍结构和劳动关系的变化，始终把抓基层、打基础、增活力作为重点工作，在维护职工合法权益、构建和谐劳动关系、推动经济社会发展中发挥了重要作用。但从总体上看，基层工会工作与形势任务的要求、党中央的重托和职工群众的期盼仍有较大差距，主要表现在：工会组建工作与企业快速发展、组织形式多样化的特点不相适应；工会会员发展和管理与职工队伍迅速壮大、内部结构的深刻变化不相适应；工会组织体制、运行机制与基层工会工作创新发展的迫切需要不相适应；工会活动的内容方式与职工群众多样化的需求不相适应；工会干部队伍建设与基层工会所承担的工作职责不相适应；为基层工会提供的指导服务保障与基层工会面临的繁重任务不相适应。各级工会要进一步统一思想、提高认识，切实增强责任感和使命感，按照“巩固、发展、提高”的要求，以职工满意不满意、工会作用发挥充分不充分为标尺，全面加强基层工会建设，努力开创基层工会工作新局面。

2. 新形势下加强基层工会建设，要高举中国特色社会主义伟大旗帜，坚持以邓小平理论、“三个代表”重要思想、科学发展观为指导，贯彻落实习近平总书记系列重要讲话精神，坚持走中国特色社会主义工会发展道路，牢牢把握为实现中华民族伟大复兴的中国梦而奋斗这个我国工人运动的时代主题，坚持依法建会、依法管会、依法履职、依法维权，以组织建设为基础，以作用发挥为关键，以健全机制为保障，以职工满意为标准，突出服务职工、突出问题导向、突出改革创新，着力加强基层服务型工会建设，扩大覆盖面、增强凝聚力，努力把基层工会建设成为职工群众信赖的“职工之家”，把广大基层工会干部锤炼成为听党话、跟党走、职工群众信赖的“娘家人”。

3. 新形势下加强基层工会建设，要坚持从工会组织的性质和特点出发，努力建设“六有”工会：一是有依法选举的工会主席，建设心系职工、善于维权、开拓进取的骨干队伍；二是有独立健全的组织机构，完善工会委员会、经费审查委员会、女职工委员会等组织；三是有服务职工的活动载体，满足职工的多样化需求；四是有健全完善的制度机制，实现工会工作的群众化、民主化、制度化、法制化；五是有自主管理的工会经费，真正用于服务职工和工会活动；六是有会员满意的工作绩效，切实让职工群众感受到工会是“职工之家”。通过3—5年努力，使基层工会覆盖面明显扩大，服务职工能力明显提高，工会组织吸引力凝聚力明显增强，力争实现全国80%以上的基层工会基本达到“六有”目标。

二、加强基层工会组织建设

4. 加强企业和机关事业单位工会建设。企业和机关事业单位工会是基层工会的主体。要适应工业化、信息化、城镇化和农业现代化，依法推进各类企业和机关事业单位普遍建立工会组织，巩固建会成果，提高建会质量。国有及国有控股企业、机关、事业单位工会组建实现全覆盖，职工人数较多、规模以上企业工会组建实现全覆盖。积极推进非公有制企业、社会组织以及服务业单位建会工作，25 人以上单位应单独组建工会，25 人以下单位一般通过联合基层工会实现组织覆盖。切实纠正企业和机关事业单位改革改制中撤销工会或将工会合并到党群工作部门的现象。

5. 加强乡镇（街道）、开发区（工业园区）工会建设。乡镇（街道）、开发区（工业园区）工会承担地方工会和基层工会双重职责。积极推进乡镇（街道）、开发区（工业园区）组建工会，已经建立工会工作委员会的，要逐步向工会联合会、总工会等组织形式转变。企业 100 家左右、职工 5000 人左右的乡镇（街道）、省级以上开发区（工业园区）可以设立总工会，作为一级地方工会组织，履行地方工会领导职责。乡镇（街道）、开发区（工业园区）工会组织机构单独设置，工会主席按党政同级副职配备，副主席享受中层正职待遇。乡镇（街道）设立总工会的，要积极推动乡镇（街道）党（工）委副书记兼任总工会主席，配备 1 名专职副主席，并配备专职工会干事，同时选配好兼职副主席和委员。

6. 加强区域（行业）基层工会联合会建设。按照地域相近、行业相同的原则，在县以下建立区域性或行业性基层工会联合会。联合会委员会由专职工作人员和所属基层工会主席组成，也可吸收党委政府相关部门人员参加。联合会原则上至少配备 1 名专职工作人员，会员人数较多的应适当增加配备人数。加强村（社区）工会建设，努力实现对不具备单独建会条件的小微企业和零散就业人员全覆盖。规范联合基层工会组织架构，所辖单位原则上不超过 50 家。

7. 加强基层工会干部队伍建设。基层工会干部队伍是基层工会赖以发挥作用的关键。要在同级党组织和上级工会的领导下，充分发扬民主，依法依规推进基层工会民主选举。按照积极稳妥、确保质量的要求，扎实推进基层工会主席（副主席）由会员大会或者会员代表大会直接选举产生。根据各地实际和工作需要，上级工会可以向基层工会推荐、选派工会主席候选人。积极争取公益性岗位，运用市场化、社会化方式聘用社会化工会工作者，建立完善社会化工会工作者选聘、使用、履职、考核、退出等机制。加强基层工会干部培训工作，切实增强政治意识、大局意识和服务意识，不断提高履职能力。基层工会主席上岗一年内应参加培训。

8. 加强会员发展和会籍管理工作。加大会员发展力度，最大限度地把广大职工组织到工会中来。切实做好农民工会员发展工作，积极探索运用多种形式，把农民工吸引到工会中来、吸引到工会活动中来。加强对职工特别是农民工服务类社会组织的团结、联系和吸纳，通过服务和活动吸引凝聚职工，充分发挥工会枢纽型社会组织的作用。推进会员管理工作制度化、规范化、信息化，健全会员档案，做好会员登记和会员证发放工作，积极推进会员实名制管理，通过举行职工入会仪式等多种途径增强会员意识。会员组织关系随劳动关系流动，完善“源头入会、凭证接转、属地管理”机制，畅通会员组织关系接转渠道。

三、明确基层工会建设的主要任务

9. 教育引导职工。培育和践行社会主义核心价值观，提高职工的道德素养，激发职工奋发向上、崇德向善的正能量。大力弘扬劳动精神、劳模精神和工人阶级伟大品格，深入开展“中国梦·劳动美”主题教育活动，倡导辛勤劳动、诚实劳动、科学劳动。加强职工思想政治工作，注重对职工的人文关怀、心理疏导和情绪引导，突出做好农民工、青年职工和知识分子等职工群体的思想工作。加强职工文化建设，广泛开展职工文化体育活动，丰富职工精神文化生活。加强普法宣传教育，提高职工法律意识。

10. 推动改革发展。引导职工群众拥护支持改革、参与推动改革，夯实全面深化改革的群众基础。深入开展多种形式的劳动竞赛活动，深化合理化建议、技术攻关、技术革新、发明创造等群众性技术创新活动。加强班组建设，广泛开展“工人先锋号”创建活动。深入实施职工素质建设工程，加大职工职业技能培训力度，建立健全技术工人培养、评价、使用、激励机制，培养造就知识型、技术型、创新型的高素质职工队伍。

11. 履行维权职责。认真履行维护职工合法权益的基本职责，坚持以职工为本，主动依法科学维权。紧紧围绕职工最关心最直接最现实的利益问题、最困难最操心最忧虑的实际问题，以一线职工、农民工、困难职工等为重点群体，以劳动就业、技能培训、收入分配、社会保障、安全卫生等为重点领域，切实维护好广大职工的各项合法权益。坚持维权与维稳相统一，引导职工依法理性表达利益诉求，维护职工队伍和社会和谐稳定。

12. 协调劳动关系。建立健全科学有效的利益协调机制、诉求表达机制、矛盾调处机制、权益保障机制，推动形成规范有序、公正合理、互利共赢、和谐稳定的社会主义新型劳动关系。引导企业开展创建和谐劳动关系活动，依法推动企业普遍开展工资集体协商，促进基础扎实、条件成熟的行业建立集体协商制度。建立健全以职代会为基本形式的企事业单位民主管理制度、厂务公开制度和职工董事职工监事制度。加强劳动争议特别是集体劳动争议调处工作。深入开展“安康杯”竞赛活动，改善劳动安全卫生条件，保障职工群众生命安全和健康权益。

13. 服务职工群众。坚持全心全意为职工服务的宗旨，以服务增强工会组织的吸引力和凝聚力，以服务增强职工群众对工会组织的归属感和认同感。深化“面对面、心贴心、实打实服务职工在基层”活动长效机制，积极为职工办实事、做好事、解难事。加快构建服务职工工作体系，按照“会、站、家”一体化的思路，把组建工会、创办职工帮扶服务中心、建设“职工之家”统一起来，着力打造基层服务型工会。大力推行会员普惠制，加大投入、创新方式、完善机制，使全体会员都能享受到工会组织提供的实实在在的服务。探索向职工服务类社会组织购买服务，推进项目制、订单式、社会化服务方式。

四、加强基层工会建设的方法措施

14. 坚持分类指导。坚持从实际出发，在认真履行基本职责的基础上，针对不同性质、不同工作基础、不同组织形式的基层工会，提出不同的工作要求。国有企业工会要围绕生产经营搞好服务，保障职工参与管理和监督的民主权利，组织职工为企业改革发展献力献策。非公有制企业工会要围绕构建互利双赢的劳动关系，代表和维护职工合法权益，促进企业科学发展、和谐稳定。机关工会要围绕机关中心工作，开展群众性精神文明创建活动，不断丰富职工精神文化生活。事业单位工会要围绕深化分类改革、促进事业发展，做好职工思想政治工作，不断提升公益服务水平。区域（行业）基层工会联合会要有效指导所属单位工会开展工作，推动区域（行业）性维权和服务机制建设。

15. 完善工作格局。健全完善党委领导、政府支持、工会运作、职工参与、社会协同的工作格局。深化党建带动工建、工建服务党建、党工共建机制，推动基层工会建设纳入党建工作规划和考核体系。健全完善各级地方工会、产业工会与政府联席（系）会议制度、劳动关系三方协商机制，逐步向乡镇（街道）、开发区（工业园区）延伸。积极参与和促进人大立法，配合各级人大、政协开展执法检查、专题视察。推动建立企业经营者履行社会责任激励引导机制，争取相关部门在推荐协商企业界党代表、人大代表、政协委员、工商联会员及评选劳动模范、五一劳动奖章、各类先进企业时将企业经营者支持工会工作、履行社会责任作为必要条件，并征求同级工会意见。加强与国资委、工商联、企业协会等单位协作，选树典型，调动企业经营者积极性，为开展工会工作创造良好的外部环境。

16. 强化激励机制。关心爱护基层工会干部，按照有关规定全面落实保障待遇，让他们在政治上有关心、经济上有保障、职业上有发展，增强基层工会干部的积极性及职业荣誉感。积极推动基层工会主席享受同级党政副职待遇。大力表彰基层工会建设中涌现出的先进集体和先进个人，事迹特别突出的分别授予五一劳动奖状、五一劳动奖章。有条件的地方可以由上级工会向基层兼职工会干部发放补贴。健全完善工会主席合法权益保护机制，用好用活工会干部权益保障金。基层工会主席劳动合同变更、解除或终止前应向上级工会报告和备案。

17. 畅通联系渠道。健全完善基层工会向同级党组织和上级工会报告工作制度。建立健全劳动关系预警、预判、预报和紧急处置机制，发生集体劳动争议时，基层工会主席应第一时间深入职工了解情况并向上级工会报告。在基层工会难以履行维权职责时，上级工会要加强指导帮助或“上代下”维权。积极推进工会联系点制度建设，探索建立各级工会代表大会代表联系职工群众制度。建立健全基层工会与行政沟通协商制度。

18. 深化建家活动。职工之家建设是加强基层工会建设的本质要求和综合载体。要以职工之家建设为引领，以会员是否满意为基本标准，建立健全基层工会建设综合考核评价体系。围绕实践“两个信赖”，深入开展“深化建家达标创优”活动，探索建立各层级模范职工之家创建、申报、考核、表彰、复查等制度，提升职工之家品牌影响力。坚持依靠会员办工会，深化“工会组织亮牌子、工会主席亮身份”活动，推进会员评家、会务公开以及会员代表常任制等工作，落实会员的知情权、参与权、选举权和监督权。探索推进联合职工之家、网上职工之家建设。基层单位及其党政负责人拟推荐申报工会系统评选表彰的各层级五一劳动奖状、五一劳动奖章等荣誉称号的，其工会组织应荣获相应层级的模范职工之家称号。

19. 加大经费保障。积极推动税务部门全额代征工会经费，保证基层工会经费足额到位。上级工会按照权随责走、费随事转原则，通过转移支付、项目化管理等方式，把工会经费向基层工会倾斜。在基层工会自愿基础上，探索实行财务集中管理、分户核算的“上代下”会计核算模式。各地工会要扩大工会经费来源渠道，积极承接政府转移职能和项目，争取政府财政补助、活动经费或专项经费，强化基层工会经费保障。全总在对下补助中安排专项资金用于乡镇（街道）工会（不低于补助总额的10%），并专款专用。省及省以下各级工会都要加大对乡镇（街道）、开发区（工业园区）工会和基层工会资金投入力度，把更多的资金用在职工身上。

五、加强基层工会建设的组织领导

20. 加强统筹谋划。各级工会要站在全局和战略的高度，把加强基层工会建设列入重要议事日程，制定工作规划和具体实施办法，加强统筹协调。省级和地市级工会主要抓好基层工会建设的总体规划、资源统筹、宏观指导和督促检查，为推进基层工会建设提供理论、法律、政策和信息等方面服务。县级工会要制定具体实施意见，加强具体指导，集中时间、组织专人推动落实，帮助基层工会解决遇到的困难和问题。乡镇（街道）、开发区（工业园区）工会要加强自身建设，抓好村（社区）、企业工会建设，发挥承上启下的重要作用。产业（行业）工会要立足产业（行业）特点，认真研究产业发展趋势、产业政策、行业劳动安全卫生和行业劳动标准，加强县以下行业工会联合会建设，搭建基层工会建设的载体平台，组织开展富有产业（行业）特色的工会活动。

21. 落实领导责任。逐级建立加强基层工会建设工作领导小组，明确各级工会主要领导为第一责任人，形成主要领导亲自抓、分管领导具体抓、职能部门共同抓、一级抓一级、层层抓落实的工作格局。推动建立上级工会对下级工会开展基层工会建设考核评价制度，每年至少召开一次考核评议会。建立健全基层工会建设目标管理、定期研究、工作通报等制度，加强督查指导，及时研究解决问题。

22. 强化宣传引导。精心培育打造基层工会建设的先进典型，充分发挥示范辐射和带动作用。加强舆论宣传，运用现场会、观摩会、学习交流会和各种宣传阵地，及时宣传推广基层工会建设的成功经验和做法，形成推进基层工会建设的良好氛围。充分利用网站、微博、微信、QQ 群等现代传媒手段，不断增强宣传实效，扩大工会工作影响力。

23. 改进工作作风。认真践行党的群众路线，落实“三严三实”要求，加强党风廉政建设，健全完善改进作风、联系基层、服务职工的长效机制。坚持群众化、民主化，破除机关化、行政化，坚持工作重心下沉、资源配置下沉和组织力量下沉，为基层工会开展工作创造良好条件。各级工会干部特别是领导干部要走出高楼大院，摆脱文山会海，更多到基层工会和职工群众中去，帮助他们排忧解难。要顺应时代要求，适应社会变化，善于创造科学有效的工作方法，让职工群众真正感到工会是“职工之家”，工会干部是最可信赖的“娘家人”。

工会基层组织选举工作条例

（总工发〔2016〕27 号　2016 年 10 月 9 日）

第一章　总　则

第一条　为规范工会基层组织选举工作，加强基层工会建设，发挥基层工会作用，根据《中华人民共和国工会法》《中国工会章程》等有关规定，制定本条例。

第二条　本条例适用于企业、事业单位、机关和其他社会组织单独或联合建立的基层工会委员会。

第三条　基层工会委员会由会员大会或会员代表大会选举产生。工会委员会的主席、副主席，可以由会员大会或会员代表大会直接选举产生，也可以由工会委员会选举产生。

第四条　工会会员享有选举权、被选举权和表决权。保留会籍的人员除外。

第五条　选举工作应坚持党的领导，坚持民主集中制，遵循依法规范、公开公正的原则，尊重和保障会员的民主权利，体现选举人的意志。

第六条　选举工作在同级党组织和上一级工会领导下进行。未建立党组织的在上一级工会领导下进行。

第七条　基层工会委员会换届选举的筹备工作由上届工会委员会负责。

新建立的基层工会组织选举筹备工作由工会筹备组负责。筹备组成员由同级党组织代表和职工代表组成，根据工作需要，上级工会可以派人参加。

第二章　委员和常务委员名额

第八条　基层工会委员会委员名额，按会员人数确定：

不足25人，设委员3至5人，也可以设主席或组织员1人；

25人至200人，设委员3至7人；

201人至1000人，设委员7至15人；

1001人至5000人，设委员15至21人；

5001人至10000人，设委员21至29人；

10001人至50000人，设委员29至37人；

50001人以上，设委员37至45人。

第九条　大型企事业单位基层工会委员会，经上一级工会批准，可以设常务委员会，常务委员会由9至11人组成。

第三章　候选人的提出

第十条　基层工会委员会的委员、常务委员会委员和主席、副主席的选举均应设候选人。候选人应信念坚定、为民服务、勤政务实、敢于担当、清正廉洁，热爱工会工作，受到职工信赖。

基层工会委员会委员候选人中应有适当比例的劳模（先进工作者）、一线职工和女职工代表。

第十一条　单位行政主要负责人、法定代表人、合伙人以及他们的近亲属不得作为本单位工会委员会委员、常务委员会委员和主席、副主席候选人。

第十二条 基层工会委员会的委员候选人，应经会员充分酝酿讨论，一般以工会分会或工会小组为单位推荐。由上届工会委员会或工会筹备组根据多数工会分会或工会小组的意见，提出候选人建议名单，报经同级党组织和上一级工会审查同意后，提交会员大会或会员代表大会表决通过。

第十三条 基层工会委员会的常务委员会委员、主席、副主席候选人，可以由上届工会委员会或工会筹备组根据多数工会分会或工会小组的意见提出建议名单，报经同级党组织和上一级工会审查同意后提出；也可以由同级党组织与上一级工会协商提出建议名单，经工会分会或工会小组酝酿讨论后，由上届工会委员会或工会筹备组根据多数工会分会或工会小组的意见，报经同级党组织和上一级工会审查同意后提出。

根据工作需要，经上一级工会与基层工会和同级党组织协商同意，上一级工会可以向基层工会推荐本单位以外人员作为工会主席、副主席候选人。

第十四条 基层工会委员会的主席、副主席，在任职一年内应按规定参加岗位任职资格培训。凡无正当理由未按规定参加岗位任职资格培训的，一般不再提名为下届主席、副主席候选人。

第四章 选举的实施

第十五条 基层工会组织实施选举前应向同级党组织和上一级工会报告，制定选举工作方案和选举办法。

基层工会委员会委员候选人建议名单应进行公示，公示期不少于5个工作日。

第十六条 会员不足100人的基层工会组织，应召开会员大会进行选举；会员100人以上的基层工会组织，应召开会员大会或会员代表大会进行选举。

召开会员代表大会进行选举的，按照有关规定由会员民主选举产生会员代表。

第十七条 参加选举的人数为应到会人数的三分之二以上时，方可进行选举。

基层工会委员会委员和常务委员会委员应差额选举产生，可以直接采用候选人数多于应选人数的差额选举办法进行正式选举，也可以先采用差额选举办法进行预选产生候选人名单，然后进行正式选举。委员会委员和常务委员会委员的差额率分别不低于5%和10%。常务委员会委员应从新当选的工会委员会委员中产生。

第十八条 基层工会主席、副主席可以等额选举产生，也可以差额选举产生。主席、副主席应从新当选的工会委员会委员中产生，设立常务委员会的应从新当选的常务委员会委员中产生。

第十九条 基层工会主席、副主席由会员大会或会员代表大会直接选举产生的，一般在经营管理正常、劳动关系和谐、职工队伍稳定的中小企事业单位进行。

第二十条 召开会员大会进行选举时，由上届工会委员会或工会筹备组主持；不设委员会的基层工会组织进行选举时，由上届工会主席或组织员主持。

召开会员代表大会进行选举时，可以由大会主席团主持，也可以由上届工会委员会或工会筹备组主持。大会主席团成员由上届工会委员会或工会筹备组根据各代表团（组）的意见，提出建议名单，提交代表大会预备会议表决通过。

召开基层工会委员会第一次全体会议选举常务委员会委员、主席、副主席时，由上届工会委员会或工会筹备组或大会主席团推荐一名新当选的工会委员会委员主持。

第二十一条 选举前，上届工会委员会或工会筹备组或大会主席团应将候选人的名单、简历及有关情况向选举人介绍。

第二十二条 选举设监票人，负责对选举全过程进行监督。

召开会员大会或会员代表大会选举时，监票人由全体会员或会员代表、各代表团（组）从不是候选人的会员或会员代表中推选，经会员大会或会员代表大会表决通过。

召开工会委员会第一次全体会议选举时，监票人从不是常务委员会委员、主席、副主席候选人的委员中推选，经全体委员会议表决通过。

第二十三条 选举采用无记名投票方式。不能出席会议的选举人，不得委托他人代为投票。

选票上候选人的名单按姓氏笔画为序排列。

第二十四条 选举人可以投赞成票或不赞成票，也可以投弃权票。投不赞成票者可以另选他人。

第二十五条 会员或会员代表在选举期间，如不能离开生产、工作岗位，在监票人的监督下，可以在选举单位设立的流动票箱投票。

第二十六条 投票结束后，在监票人的监督下，当场清点选票，进行计票。

选举收回的选票，等于或少于发出选票的，选举有效；多于发出选票的，选举无效，应重新选举。

每张选票所选人数等于或少于规定应选人数的为有效票，多于规定应选人数的为无效票。

第二十七条 被选举人获得应到会人数的过半数赞成票时，始得当选。

获得过半数赞成票的被选举人人数超过应选名额时，得赞成票多的当选。如遇赞成票数相等不能确定当选人时，应就票数相等的被选举人再次投票，得赞成票多的当选。

当选人数少于应选名额时，对不足的名额可以另行选举。如果接近应选名额且符合第八条规定，也可以由大会征得多数会员或会员代表的同意减少名额，不再进行选举。

第二十八条 大会主持人应当场宣布选举结果及选举是否有效。

第二十九条 基层工会委员会、常务委员会和主席、副主席的选举结果，报上一级工会批准。上一级工会自接到报告15日内应予批复。违反规定程序选举的，上一级工会不得批准，应重新选举。

基层工会委员会的任期自选举之日起计算。

第五章 任期、调动、罢免和补选

第三十条 基层工会委员会每届任期三年或五年，具体任期由会员大会或会员代表大会决定。经选举产生的工会委员会委员、常务委员会委员和主席、副主席可连选连任。基层工会委员会任期届满，应按期换届选举。遇有特殊情况，经上一级工会批准，可以提前或延期换届，延期时间一般不超过半年。

上一级工会负责督促指导基层工会组织按期换届。

第三十一条 基层工会主席、副主席任期未满时，不得随意调动其工作。因工作需要调动时，应征得本级工会委员会和上一级工会的同意。

第三十二条 经会员大会或会员代表大会民主测评和上级工会与同级党组织考察，需撤换或罢免工会委员会委员、常务委员会委员和主席、副主席时，须依法召开会员大会或会员代表大会讨论，非经会员大会全体会员或会员代表大会全体代表无记名投票过半数通过，不得撤换或罢免。

第三十三条 基层工会主席因工作调动或其他原因空缺时，应及时按照相应民主程序进行补选。

补选主席，如候选人是委员的，可以由工会委员会选举产生，也可以由会员大会或会员代表大会选举产生；如候选人不是委员的，可以经会员大会或会员代表大会补选为委员后，由工会委员会选举产生，也可以由会员大会或会员代表大会选举产生。

补选主席的任期为本届工会委员会尚未履行的期限。

补选主席前征得同级党组织和上一级工会的同意，可暂由一名副主席或委员主持工作，期限一般不超过半年。

第六章　经费审查委员会

第三十四条　凡建立一级工会财务管理的基层工会组织，应在选举基层工会委员会的同时，选举产生经费审查委员会。

第三十五条　基层工会经费审查委员会委员名额一般3至11人。经费审查委员会设主任1人，可根据工作需要设副主任1人。

基层工会的主席、分管财务和资产的副主席、财务和资产管理部门的人员，不得担任同级工会经费审查委员会委员。

第三十六条　基层工会经费审查委员会由会员大会或会员代表大会选举产生。主任、副主任可以由经费审查委员会全体会议选举产生，也可以由会员大会或会员代表大会选举产生。

第三十七条　基层工会经费审查委员会的选举结果，与基层工会委员会选举结果同时报上一级工会批准。

基层工会经费审查委员会的任期与基层工会委员会相同。

第七章　女职工委员会

第三十八条　基层工会组织有女会员10人以上的建立女职工委员会，不足10人的设女职工委员。女职工委员会与基层工会委员会同时建立。

第三十九条　基层工会女职工委员会委员由同级工会委员会提名，在充分协商的基础上产生，也可召开女职工大会或女职工代表大会选举产生。

第四十条　基层工会女职工委员会主任由同级工会女主席或女副主席担任，也可经民主协商，按照相应条件配备女职工委员会主任。女职工委员会主任应提名为同级工会委员会或常务委员会委员候选人。基层工会女职工委员会主任、副主任名单，与工会委员会选举结果同时报上一级工会批准。

第八章　附　则

第四十一条　乡镇（街道）、开发区（工业园区）、村（社区）建立的工会委员会，县级以下建立的区域（行业）工会联合会如进行选举的，参照本条例执行。

第四十二条　本条例由中华全国总工会负责解释。

第四十三条　本条例自发布之日起施行，以往有关规定与本条例不一致的，以本条例为准。1992 年 5 月 18 日全国总工会办公厅印发的《工会基层组织选举工作暂行条例》同时废止。

基层工会会员代表大会条例

（总工发〔2019〕6 号　2019 年 1 月 15 日）

第一章　总　则

第一条　为完善基层工会会员代表大会制度，推进基层工会民主化、规范化、法治化建设，增强基层工会政治性、先进性、群众性，激发基层工会活力，发挥基层工会作用，根据《中华人民共和国工会法》《中国工会章程》等有关规定，制定本条例。

第二条　本条例适用于企业、事业单位、机关、社会团体和其他社会组织单独或联合建立的基层工会组织。

乡镇（街道）、开发区（工业园区）、村（社区）建立的工会委员会，县级以下建立的区域（行业）工会联合会，如召开会员代表大会的，依照本条例执行。

第三条　会员不足 100 人的基层工会组织，应召开会员大会；会员 100 人以上的基层工会组织，应召开会员大会或会员代表大会。

第四条　会员代表大会是基层工会的最高领导机构，讨论决定基层工会重大事项，选举基层工会领导机构，并对其进行监督。

第五条　会员代表大会实行届期制，每届任期三年或五年，具体任期由会员代表大会决定。会员代表大会任期届满，应按期换届。遇有特殊情况，经上一级工会批准，可以提前或延期换届，延期时间一般不超过半年。

会员代表大会每年至少召开一次，经基层工会委员会、三分之一以上的会员或三分之一以上的会员代表提议，可以临时召开会员代表大会。

第六条　会员代表大会应坚持党的领导，坚持民主集中制，坚持依法规范，坚持公开公正，切实保障会员的知情权、参与权、选举权、监督权。

第七条　基层工会召开会员代表大会应向同级党组织和上一级工会报告。换届选举、补选、罢免基层工会委员会组成人员的，应向同级党组织和上一级工会书面报告。

上一级工会对下一级工会召开会员代表大会进行指导和监督。

第二章　会员代表大会的组成和职权

第八条　会员代表的组成应以一线职工为主，体现广泛性和代表性。中层正职以上管理人员和领导人员一般不得超过会员代表总数的20%。女职工、青年职工、劳动模范（先进工作者）等会员代表应占一定比例。

第九条　会员代表名额，按会员人数确定：

会员100至200人的，设代表30至40人；

会员201至1000人的，设代表40至60人；

会员1001至5000人的，设代表60至90人；

会员5001至10000人的，设代表90至130人；

会员10001至50000人的，设代表130至180人；

会员50001人以上的，设代表180至240人。

第十条　会员代表的选举和会议筹备工作由基层工会委员会负责，新成立基层工会的由工会筹备组负责。

第十一条　会员代表大会根据需要，可以设立专门工作委员会（小组），负责办理会员代表大会交办的具体事项。

第十二条　会员代表大会的职权是：

（一）审议和批准基层工会委员会的工作报告；

（二）审议和批准基层工会委员会经费收支预算决算情况报告、经费审查委员会工作报告；

（三）开展会员评家，评议基层工会开展工作、建设职工之家情况，评议基层工会主席、副主席履行职责情况；

（四）选举和补选基层工会委员会和经费审查委员会组成人员；

（五）选举和补选出席上一级工会代表大会的代表；

（六）罢免其所选举的代表、基层工会委员会组成人员；

（七）讨论决定基层工会其他重大事项。

第三章　会员代表

第十三条　会员代表应由会员民主选举产生，不得指定会员代表。劳务派遣工会员民主权利的行使，如用人单位工会与用工单位工会有约定的，依照约定执行；如没有约定或约定不明确的，在劳务派遣工会员会籍所在工会行使。

第十四条　会员代表应具备以下条件：

（一）工会会员，遵守工会章程，按期缴纳会费；

（二）拥护党的领导，有较强的政治觉悟；

（三）在生产、工作中起骨干作用，有议事能力；

（四）热爱工会工作，密切联系职工群众，热心为职工群众说话办事；

（五）在职工群众中有一定的威信，受到职工群众信赖。

第十五条 会员代表的选举，一般以下一级工会或工会小组为选举单位进行，两个以上会员人数较少的下一级工会或工会小组可作为一个选举单位。

会员代表由选举单位会员大会选举产生。规模较大、管理层级较多的单位，会员代表可由下一级会员代表大会选举产生。

第十六条 选举单位按照基层工会确定的代表候选人名额和条件，组织会员讨论提出会员代表候选人，召开有三分之二以上会员或会员代表参加的大会，采取无记名投票方式差额选举产生会员代表，差额率不低于15%。

第十七条 会员代表候选人，获得选举单位全体会员过半数赞成票时，方能当选；由下一级会员代表大会选举时，其代表候选人获得应到会代表人数过半数赞成票时，方能当选。

第十八条 会员代表选出后，应由基层工会委员会或工会筹备组，对会员代表人数及人员结构进行审核，并对会员代表进行资格审查。

符合条件的会员代表人数少于原定代表人数的，可以把剩余的名额再分配，进行补选，也可以在符合规定人数情况下减少代表名额。

第十九条 会员代表实行常任制，任期与会员代表大会届期一致，会员代表可以连选连任。

第二十条 会员代表的职责是：

（一）带头执行党的路线、方针、政策，自觉遵守国家法律法规和本单位的规章制度，努力完成生产、工作任务；

（二）在广泛听取会员意见和建议的基础上，向会员代表大会提出提案；

（三）参加会员代表大会，听取基层工会委员会和经费审查委员会的工作报告，讨论和审议代表大会的各项议题，提出审议意见和建议；

（四）对基层工会委员会及代表大会各专门委员会（小组）的工作进行评议，提出批评、建议；对基层工会主席、副主席进行民主评议和民主测评，提出奖惩和任免建议；

（五）保持与选举单位会员群众的密切联系，热心为会员说话办事，积极为做好工会各项工作献计献策；

（六）积极宣传贯彻会员代表大会的决议精神，对工会委员会落实会员代表大会决议情况进行监督检查，团结和带动会员群众完成会员代表大会提出的各项任务。

第二十一条　选举单位可单独或联合组成代表团（组），推选团（组）长。团（组）长根据会员代表大会议程，组织会员代表参加大会各项活动；在会员代表大会闭会期间，按照基层工会的安排，组织会员代表开展日常工作。

第二十二条　基层工会讨论决定重要事项，可事先召开代表团（组）长会议征求意见，也可根据需要，邀请代表团（组）长列席会议。

第二十三条　基层工会应建立会员代表调研、督查等工作制度，充分发挥会员代表作用。

第二十四条　会员代表在法定工作时间内依法参加会员代表大会及工会组织的各项活动，单位应当正常支付劳动报酬，不得降低其工资和其他福利待遇。

第二十五条　有下列情形之一的，会员代表身份自然终止：

（一）在任期内工作岗位跨选举单位变动的；

（二）与用人单位解除、终止劳动（工作）关系的；

（三）停薪留职、长期病事假、内退、外派超过一年，不能履行会员代表职责的。

第二十六条　会员代表对选举单位会员负责，接受选举单位会员的监督。

第二十七条　会员代表有下列情形之一的，可以罢免：

（一）不履行会员代表职责的；

（二）严重违反劳动纪律或单位规章制度，对单位利益造成严重损害的；

（三）被依法追究刑事责任的；

（四）其他需要罢免的情形。

第二十八条　选举单位工会或三分之一以上会员或会员代表有权提出罢免会员代表。

会员或会员代表联名提出罢免的，选举单位工会应及时召开会员代表大会进行表决。

第二十九条　罢免会员代表，应经过选举单位全体会员过半数通过；由会员代表大会选举产生的代表，应经过会员代表大会应到会代表的过半数通过。

第三十条　会员代表出现缺额，原选举单位应及时补选。缺额超过会员代表总数四分之一时，应在三个月内进行补选。补选会员代表应依照选举会员代表的程序，进行差额选举，差额率应按照第十六条规定执行。补选的会员代表应报基层工会委员会进行资格审查。

第四章　会员代表大会的召开

第三十一条　每届会员代表大会第一次会议召开前，应将会员代表大会的组织机构、会员代表的构成、会员代表大会主要议程等重要事项，向同级党组织和上一级工会书面报告。上一级工会接到报告后应于15日内批复。

第三十二条　每届会员代表大会第一次会议召开前，基层工会委员会或工会筹备组应对会员代表进行专门培训，培训内容应包括工会基本知识、会员代表大会的性质和职能、会员代表的权利和义务、大会选举办法等。

第三十三条　会员代表全部选举产生后，应在一个月内召开本届会员代表大会第一次会议。

第三十四条　会员代表大会召开前，会员代表应充分听取会员意见建议，积极提出与会员切身利益和工会工作密切相关的提案，经基层工会委员会或工会筹备组审查后，决定是否列入大会议程。

第三十五条　召开会员代表大会，应提前5个工作日将会议日期、议程和提交会议讨论的事项通知会员代表。

第三十六条　每届会员代表大会第一次会议召开前，可举行预备会议，听取会议筹备情况的报告，审议通过关于会员代表资格审查情况的报告，讨论通过选举办法，通过大会议程和其他有关事项。

第三十七条　召开会员代表大会时，未当选会员代表的经费审查委员会委员、女职工委员会委员应列席会议，也可以邀请有关方面的负责人或代表列席会议。

可以邀请获得荣誉称号的人员、曾经作出突出贡献的人员作为特邀代表参加会议。

列席人员和特邀代表仅限本次会议，可以参加分组讨论，不承担具体工作，不享有选举权、表决权。

第三十八条　基层工会委员会、经费审查委员会及女职工委员会的选举工作，依照《工会基层组织选举工作条例》规定执行。

第三十九条　会员代表大会应每年对基层工会开展工作、建设职工之家和工会主席、副主席履行职责等情况进行民主评议，在民主评议的基础上，以无记名投票方式进行测评，测评分为满意、基本满意、不满意三个等次。测评结果应及时公开，并书面报告同级党组织和上一级工会。

基层工会主席、副主席测评办法应由会员代表大会表决通过，并报上一级工会备案。

第四十条　基层工会主席、副主席，具有下列情形之一的，可以罢免：

（一）连续两年测评等次为不满意的；

（二）任职期间个人有严重过失的；

（三）被依法追究刑事责任的；

（四）其他需要罢免的情形。

基层工会委员会委员具有上述（二）（三）（四）项情形的，可以罢免。

第四十一条　本届工会委员会、三分之一以上的会员或会员代表可以提议罢免主席、副主席和委员。

罢免主席、副主席和委员的，应经同级党组织和上一级工会进行考察，未建立党组织的，由上一级工会考察。经考察，如确认其不能再担任现任职务时，应依法召开会员代表大会进行无记名投票表决，应参会人员过半数通过的，罢免有效，并报上一级工会批准。

第四十二条　规模较大、人数众多、工作地点分散、工作时间不一致，会员代表难以集中的基层工会，可以通过电视电话会议、网络视频会议等方式召开会员代表大会。不涉及无记名投票的事项，可以通过网络进行表决，如进行无记名投票的，可在分会场设立票箱，在规定时间内统一投票、统一计票。

第四十三条　会员代表大会与职工代表大会应分别召开，不得互相代替。如在同一时间段召开的，应分别设置会标、分别设定会议议程、分别行使职权、分别作出决议、分别建立档案。

第四十四条　会员代表大会通过的决议、重要事项和选举结果等应当形成书面文件，并及时向会员公开。

第五章　附　则

第四十五条　除会员代表的特别规定外，召开会员大会依照本条例相关规定执行。

第四十六条　本条例由中华全国总工会负责解释。

第四十七条　本条例自发布之日起施行，以往有关规定与本条例不一致的，以本条例为准。1992 年 4 月 14 日中华全国总工会办公厅印发的《关于基层工会会员代表大会代表实行常任制的若干暂行规定》同时废止。

中华全国总工会关于在新形势下深入开展建设职工之家活动的意见

（总工发〔2003〕18号　2003年7月3日）

为深入贯彻“三个代表”重要思想和党的十六大精神，进一步加强工会基层组织建设，推动各级工会把工作重点放在基层，切实增强工会组织的凝聚力、吸引力，不断提高工会工作整体水平，现就在新形势下深入开展建设职工之家活动（以下简称建家活动），提出如下意见。

一、充分认识在新形势下深入开展建家活动的重要性

当前，我国已经进入全面建设小康社会、加快推进社会主义现代化的新的发展阶段。党的十六大提出的宏伟奋斗目标，对工会工作提出了新的更高的要求。全面贯彻“三个代表”重要思想，建立社会主义市场经济条件下的和谐稳定劳动关系，充分发挥工人阶级在全面建设小康社会中的主力军作用，工会基层组织是承载者和实践者。在全国工会基层组织中深入开展建家活动，更好地把工会履行维护的基本职责和坚持发展这一党执政兴国的第一要务统一起来，促进社会主义物质文明、政治文明和精神文明的协调发展，是新世纪新阶段工会工作服务于党和国家工作大局的现实要求。

近几年来，随着我国社会主义市场经济体制的逐步建立完善尤其是非公有制经济的迅速发展，全国组建工会和发展会员工作取得了突破性进展。但是，工会基层组织快速发展与其工作基础薄弱的矛盾日益突出，工会基层组织作用的发挥与职工群众的期望差距较大的问题普遍存在。适应形势和实践发展的需要，深入开展建家活动，把建会建制建家紧密结合起来，推动工会基层组织特别是非公有制企业工会进一步健全组织，加强规范化建设，建立和完善维护职工合法权益的有效机制，切实发挥基层工会的作用，是摆在各级工会面前的重要课题。

工会基层组织是工会全部工作和战斗力的基础，工会的各项工作都要通过基层工会来落实，工会的作用最终要通过基层工会来体现。长期的实践证明，深入开展建家活动是推动工会各项工作落实到基层的重要手段，是加强工会基层组织建设的有效载体。各级工会组织一定要从战略的高度，进一步强化把工作重点放在基层的观念，着眼于夯实工会组织的基础，切实把建家作为一项经常性、长期性的工作来抓，与时俱进，开拓创新，努力把建家活动提高到新水平，推向创新发展的新阶段。

二、正确把握新形势下深入开展建家活动的指导思想和原则

新形势下深入开展建家活动的指导思想是：以邓小平理论和“三个代表”重要思想为指导，紧密围绕企业、事业单位、机关的中心任务，坚定不移地推动党的全心全意依靠工人阶级根本指导方针的贯彻落实，依法规范工会基层组织建设，切实履行工会维护职工合法权益的基本职责，努力把工会的重点工作落实到基层，不断增强工会基层组织的凝聚力和吸引力，提高基层工会组织的整体工作水平，促进企事业等基层单位的改革、发展、稳定。

深入开展建家活动应遵循以下原则：

——服务大局的原则。围绕中心，促进发展，正确把握开展建家活动与推进企业、事业单位和机关建设发展的关系，把广大职工的智慧和力量凝聚到为搞好企业，加强事业单位和机关建设做贡献上来。

——突出维护的原则。围绕工会履行维护职工合法权益的基本职责，把推进工会重点工作的落实，作为建家活动的重要内容。

——依靠群众的原则。突出职工群众在建家活动中的主体地位，充分依靠职工群众开展建家活动，把职工和会员群众是否满意作为衡量建家活动成效的主要标准。

——创新发展的原则。建家活动要体现时代性、把握规律性、富于创造性，尊重基层的实践，不断赋予建家新内容，拓展新领域，注入新活力。

——齐抓共建的原则。努力形成党组织统一领导、行政积极支持、工会具体实施、职工热情参与的合力建家工作格局。

三、新形势下深入开展建家活动的目标和基本要求

新形势下深入开展建家活动的目标是：认真贯彻“三个代表”重要思想，适应工会依法履行维护职工合法权益基本职责的要求，着力加强调整劳动关系机制建设，突出抓好为职工群众办实事，大力推进基层工会的群众化、民主化、法制化，努力把基层工会建设成为组织健全、维权到位、工作规范、作用明显、职工信赖的职工之家。

紧密结合新的形势和任务，深入开展建家活动的基本要求是：

（1）工会组织健全，依法独立自主地开展工作，工作成效明显；工会组织各项民主制度健全并得到认真执行，基层工会民主化、群众化、法制化建设有成效；收好、管好、用好工会经费；职工（包括各种用工形式、多种用工期限的职工）入会率达到85%以上；职工小家建设工作扎实、规范。

（2）坚持和完善以职工代表大会为基本形式的企事业民主管理制度，落实职工代表大会各项职权。国有、集体及其控股企业认真实行厂务公开、民主评议企业领导人制度；国有、集体及其控股企业依照有关规定选举职工代表参加董事会和监事会，职工董事和监事在工作中积极发挥作用，并坚持向职代会报告工作制度；法律规定的工会参与企业管理、维护职工合法权益的各项制度得到落实并切实发挥作用。

（3）建立健全平等协商和集体合同制度，协商解决涉及职工切身利益的重大问题；建立集体合同的履约责任制和监督检查制度，集体合同履行情况定期向职工（代表）大会报告，纳入企业行政和工会的目标管理；集体合同的内容符合实际，条款充实具体，履约率和职工认可率比较高；指导和帮助职工签订劳动合同，建立健全劳动争议调解委员会，加强群众法律监督，形成协调劳动关系的有效机制，发生劳动争议问题能够在基层依法妥善解决。

（4）做好劳动保护、劳动安全卫生工作，协助和督促企业行政落实国家各项劳动保护、劳动安全卫生、女职工和未成年工特殊保护的法律法规；开展劳动竞赛、合理化建议、技术革新、技术协作、发明创造等群众性经济技术创新活动有成效；职工教育经常化、制度化，业余文化生活丰富多彩，职工素质不断得到提高，工会在企业文化和精神文明建设中发挥作用明显。

（5）工会组织关心职工疾苦，倾听职工呼声，在职工就业、工资分配、劳动保护、社会保障等方面为职工群众说话办事，履行好帮扶特困职工“第一责任人”的职责，尽力为特困职工和困难职工提供帮助。

非公有制企业开展建家活动要从其特点出发，把“双爱双评”活动与建家活动统一起来，逐步提高建家水平。在落实建家基本要求的内容和标准上，可以与公有制企业有所区别。小型非公有制企业要把依法规范工会组织建设，监督企业改善劳动安全卫生条件，执行国家有关工作时间、休息休假等规定，按时足额发放职工工资，为职工缴纳养老、医疗、失业等社会保险金，依法拨缴工会经费等，作为建家的重要内容，切实为职工办实事。

科研、教育、文化、卫生、体育等事业单位和机关工会开展建家活动，要结合本行业、本系统的特点，着力推进基层民主政治建设，组织职工参与本单位的民主管理和民主监督，开展院务、所务、校务和机关内部事务公开，积极反映职工的愿望和要求，协助有关方面提高职工思想道德和业务素质，调动职工的积极性和创造性。

乡镇、街道及社区工会要认真组织所属基层工会开展建家活动。要从实际出发，积极探索适应乡镇、街道及社区工会开展建家活动的内容和形式，不断拓宽建家的领域。基本要求是：抓好所辖企业工会组建工作和自身组织建设，配备必要的专职工会干部；积极协调所辖区域的劳动关系，做好劳动争议处理工作；直接承担基层工会难以承担的维权工作，努力为职工群众办实事；加强对基层工会干部的培训和保护工作等。

大中型企业深化建家活动要把重点放在车间、班组（科室），深入开展建设“职工小家”活动，夯实建家的基础。基本要求是：加强工会分会、工会小组建设，由会员直接选举工会分会负责人和工会小组长，建立一支热心为职工群众服务的积极分子队伍；建立健全班组民主管理、民主参与、民主监督制度，定期召开民主管理会议，坚持各项公开制度，积极反映职工群众的意愿和要求；发扬团结友爱和集体主义精神，搞好互助互济，帮助职工解决实际困难；组织职工进行政治业务学习，不断提高思想觉悟和职业技能，开展群众性经济技术创新活动，努力完成生产工作任务；严格执行各项安全生产、劳动保护制度，不断改善职工生产作业环境，加强安全生产、劳动保护检查监督，做好女职工的特殊保护工作；加强“职工小家”阵地建设，因地制宜，开展形式多样、丰富多彩的文体活动，满足职工的精神文化需求。

四、加强对新形势下深入开展建家活动的组织领导

各级工会领导机关要进一步统一认识，加强领导，明确责任，把建家工作摆上重要议事日程。要建立由领导同志负责、有关部门参加的建家工作领导机构，定期研究有关问题，加强协调配合，努力形成抓建家工作的合力。要充实建家工作的专门力量，继续发挥新建企业工会组建工作领导小组的作用，一手抓巩固和发展建会成果，一手抓深入开展建家活动，不断提高基层工会工作水平。

搞好分类指导，增强建家活动的实际效果。适应不同所有制、不同规模企业和不同类型基层建家工作的需要，在实施建家工作指导中，要针对企业、事业单位、机关的不同特点，提出符合实际的建家工作内容要求和考核标准，不搞一个模式，力戒形式主义。各层次职工之家的考核条件，应尽可能细化、量化，使之便于操作和考核。基层工会每年都要通过会员（代表）大会，对本单位工会开展的建家活动进行民主评议，对所获职工之家荣誉称号是否认可做出表决，促进建家活动水平不断提高。企业改组分营后，曾获得“全国模范职工之家”称号的基层工会应同其他基层工会一样，重新争创“全国模范职工之家”。

要进一步改进工作作风，创新工作方法，推动建家活动常建常新。各级工会领导机关要切实把工作重点放在基层，深入实际，贴近职工，认真研究解决深入建家工作中遇到的新情况、新问题，不断推动建家工作的实践创新和理论创新。要认真总结并及时推广基层工会开展建家活动的新鲜经验，加强对建家活动的宣传，形成良好的舆论氛围，推动建家活动深入发展。要建立激励机制，充分调动基层工会开展建家活动的积极性，加强对建设职工之家活动的组织和管理。在每五年召开的中国工会代表大会上，全国总工会集中表彰一批“全国模范职工之家”“全国模范职工小家”。做出突出贡献的基层工会，可以随时申报“全国模范职工之家”。

各省、自治区、直辖市总工会和铁路、民航、金融工会以及中共中央直属机关、中央国家机关工会联合会要根据本《意见》，结合本地区、本产业的特点，制定开展建家活动的实施意见。各市（地）、县（市、区）和城市产业工会要按照上级工会的实施意见，制定具体方案，精心组织和指导本地区、本产业基层工会开展建家活动。各地工会开展建家活动的经验和有关情况，要及时报上级工会。

中华全国总工会关于开展会员评议职工之家活动的意见

（总工发〔2009〕28 号　2009 年 6 月 24 日）

为深入贯彻落实党的十七大和工会十五大精神，推进基层工会群众化民主化建设，激发基层工会活力，切实增强工会组织的凝聚力和吸引力，提高基层工会工作整体水平，现就开展会员评议职工之家活动（以下简称“会员评家”）提出如下意见。

一、会员评家的重要意义

按照党中央关于“工会要真正成为职工之家、工会干部成为工人之友”的指示，25 年来，全国基层工会开展的建设职工之家活动，在激发基层工会活力、提升工作水平、密切工会与职工群众联系、推动基层单位改革发展稳定中发挥了重要作用。2008 年 12 月 22 日，中央书记处再次提出“把各级工会组织进一步建成名副其实的职工之家”，为深化建设职工之家活动提出了新的要求。贯彻落实党中央重要指示，推动建设职工之家活动深入发展，必须充分依靠会员群众，高度重视会员评家工作。会员评家是加强基层工会民主建设的重要内容。党的十七大对加强社会主义基层民主建设作出了部署，对基层工会民主建设提出了新的要求。工会本身应是民主的模范。进一步开展会员评家活动，有利于加强基层工会民主建设，发扬会员民主，保障会员知情权、参与权、监督权的落实。会员评家是密切工会与会员群众联系的客观需要。当前，基层工会工作与党中央的新要求、职工群众的新期待还有一定距离。一些基层工会存在着民主制度不健全、会员主体作用发挥不充分等问题。在会员评家中加强民主制度建设，有利于坚持完善会员（代表）大会制度和会员代表常任制，实行会务公开，推进基层工会决策的民主化科学化。会员评家是推进建设职工之家深入发展的有效机制。会员满意度是衡量基层工会工作和建设职工之家成效的根本标准。广泛开展会员评家活动，有利于创新建设职工之家工作机制，充分调动会员群众参与工会活动的热情，使基层工会工作更加富有生机和活力。

二、会员评家的基本内容

依据建设职工之家的基本要求，会员评家的基本内容是：

（一）健全组织体系。基层工会委员会、经费审查委员会、女职工委员会等组织健全，单独设置工会工作机构，依法独立自主开展工作；工会主席（副主席）的产生符合有关规定，工会委员会按期换届选举；依法进行工会法人资格或工会法人代表变更登记；有单独工会财务账号，独立使用工会经费；加强专兼职工会干部、积极分子队伍建设；加强会员会籍管理，职工入会率达到85%以上。

（二）促进科学发展。以创建“工人先锋号”为主要载体，深入开展“当好主力军、建功‘十一五’、和谐奔小康”，“同舟共济保增长、建功立业促发展”，“我为节能减排做贡献”等劳动竞赛，推动企事业单位发展；广泛开展合理化建议、技术革新、技术协作和发明创造等群众性经济技术创新活动，激发干部职工的创新活力；加强劳动模范（先进工作者）的培养、评选、表彰、宣传和管理，激励职工立足岗位、建功立业。

（三）履行维权职责。建立平等协商和签订集体合同制度，开展“共同约定行动”，协商解决涉及职工切身利益的重大问题；指导和帮助职工签订劳动合同，依法妥善处理劳动争议纠纷，提供法律援助，构建和谐劳动关系；坚持和完善以职工代表大会为基本形式的民主管理制度，推行厂务公开，落实职工代表大会各项职权；公司制企业依照有关规定选举职工代表参加董事会和监事会，参与企业管理；协助和督促行政落实国家各项涉及职工权益的法律法规。

（四）实施素质工程。发挥工会“大学校”作用，积极开展“共筑理想信念、共促科学发展”主题教育活动，以社会主义核心价值体系引领职工；深入开展“创建学习型组织，争做知识型职工”活动，加强职工教育培训，提高职工整体素质；开展群众性精神文明创建和文化体育活动，推动职工文化和企业文化建设。

（五）服务职工群众。关心职工疾苦，倾听职工呼声，积极反映职工的意愿和要求；热心服务职工群众，努力为职工做好事、办实事、解难事；开展送温暖活动，履行帮扶特困职工“第一知情人”“第一报告人”“第一协调人”的职责。

（六）加强自身建设。工会领导成员坚持民主集中制，密切联系群众，廉洁自律，管好用好工会经费和资产；健全各项组织制度、工作制度，基础资料齐全；坚持会员（代表）大会制度，完善会员代表常任制，实行会务公开，接受会员群众民主评议和监督；深入开展建设职工之家、“双爱双评”活动，按照会员群众意愿开展活动，提升工会工作水平。

三、会员评家的方式方法

（一）在同级党组织领导和上级工会指导下，会员评家通过召开会员（代表）大会进行，每年至少评议一次。

（二）会员评家主要评议基层工会开展工作、建设职工之家情况，评议工会主席（副主席）履行职责情况。

（三）会员评家前应将评议内容、评议标准告知会员，做好组织发动和准备工作，并向上级工会报告。

（四）工会主席（副主席）在会员（代表）大会上报告工会工作及建设职工之家情况，并就个人履行职责情况进行述职。会员（代表）对工会工作、建设职工之家情况和工会主席（副主席）在进行民主评议的基础上，以无记名投票方式进行测评。测评可分为满意、基本满意和不满意三个等次，当场公开民主测评结果。

（五）会员评家的结果应报同级党组织和上一级工会，并作为考核基层工会工作和工会主席（副主席）的重要依据。对会员群众民主评议、民主测评反映的突出问题，该基层工会应向会员（代表）群众反馈整改措施。

四、会员评家的激励与约束

（一）应把会员民主测评满意等次作为评价基层工会工作和评选先进的依据。对获得满意等次的基层工会和工会主席（副主席），可作为推荐申报本级或上级各类先进集体、先进个人的依据；对连续三年以上获得满意等次的模范职工之家的基层工会和工会主席（副主席），可作为推荐申报本地或上级“五一劳动奖状”“五一劳动奖章”的依据；对获得满意等次的基层工会和工会主席（副主席），上级工会和本单位可以给予适当奖励。

（二）对会员民主测评不满意的基层工会，限其一年内进行整改；会员仍不满意的，对已获得合格、先进、模范职工之家称号的，上级工会可撤销其称号。对会员测评不满意的工会主席（副主席），所在单位党组织和上级工会应在核实的基础上对其进行诫勉谈话；连续两年会员仍不满意的，应按照工会章程和有关规定程序对工会主席（副主席）进行调整。

（三）基层单位及其党政负责人拟推荐申报工会系统评选表彰的各类先进，会员评家必须达到满意等次。

五、会员评家的组织领导

（一）各级工会领导机关要切实把会员评家作为全面推进职工之家建设、加强基层工会工作的一项重要制度和措施，摆上重要议事日程，加强组织领导。要结合本地区、本产业（系统）实际，研究制定具体的实施细则，健全完善制度，可在适当范围、集中一段时间，适时统一部署开展会员评家活动，扎扎实实地加以推进。

（二）各级工会要加强宣传，引导会员群众正确把握会员评家的内容、方法和程序，正确行使民主权利，积极参加会员评家活动，保证会员评家工作健康发展。要防止“建家”和“评家”中的形式主义，正确处理硬件建设和发挥作用的关系，真正以会员群众的满意度评价工会工作和工会干部。

（三）基层工会应增强责任意识，把会员评家作为会员（代表）大会的重要内容，认真抓好落实。对未经上级工会同意，没有开展会员评家的基层工会，上一级工会应督促其改进，并取消该工会组织、工会主席（副主席）当年参加工会系统评先的资格。

（四）各级工会领导机关要加强对会员评家工作的督促检查，形成长效机制，定期组织进行自查、互查、抽查，适时进行通报，确保会员评家取得实际效果。加强分类指导，针对不同类型基层工会的实际，研究解决工作中遇到的新情况新问题，总结经验，推广典型。

（五）会员评家在各类企业、事业单位、机关和其他社会组织的基层工会普遍展开，积极探索区域性、行业性基层工会联合会开展会员评家的新形式新途径，有计划分步骤地扩大会员评家工作覆盖面。

中华全国总工会关于进一步加强建设职工之家工作充分发挥基层工会作用的意见

（总工发〔2010〕29 号 2010 年 5 月 26 日）

为深入贯彻党的十七大和十七届四中全会精神，认真落实中华全国总工会《关于加强和改进新形势下工会自身建设的决定》，切实加强基层工会组织建设，增强基层工会活力，不断提高工会工作水平，现就进一步加强建设职工之家（以下简称建家）工作，充分发挥基层工会作用，提出如下意见。

一、统一思想，充分认识进一步加强建设职工之家工作的重要性和紧迫性

开展建设职工之家活动，是发挥基层工会作用的重要平台，是增强基层工会活力的有效手段，是全面提升基层工会工作水平的综合性载体。当前，建家工作面临着新的形势、新的任务，也面临着新的发展机遇。

党中央一系列重要指示对建设职工之家提出新的更高的要求。党的十七大和十七届四中全会提出，以党的基层组织建设带动其他各类基层组织建设，在党的基层组织和党员中深入开展创先争优活动；胡锦涛总书记多次强调，各级工会组织要扩大工作覆盖面，增强组织凝聚力；中央书记处在关于工会工作的重要指示中指出，把各级工会组织进一步建成名副其实的职工之家。党中央一系列重要指示，既是对工会工作提出的更高标准和更高要求，也是对建家工作提出的更高标准和更高要求。必须按照党中央的要求，着眼于抓好基层、打牢基础，坚持把建会、建制、建家紧密结合，切实加强和改进工会自身建设，不断赢得广大职工群众的信赖。

基层工会面临的新情况新问题对建家工作提出了新任务新要求。随着各类基层工会组织的迅速发展，特别是大量非公有制企业工会组建之后，对夯实基础工作、发挥工会作用提出了新的要求；大量农民工成为职工队伍新成员，维护工人阶级团结统一和职工队伍稳定的任务更加艰巨。基层工会组织建设和发挥作用的现状，迫切要求在坚持抓好组建工作的同时，进一步把工作着力点放在发挥基层工会作用上，充分运用建家这一有效载体，推动各个领域、各种类型基层工会全面开展建家活动，做到哪里有职工哪里就要建立工会组织，哪里有工会组织哪里就要开展建家活动，最广泛地把建家活动覆盖到每个基层工会组织，最充分地激发出每个基层工会的活力。

各级工会一定要从党和国家工作大局出发，立足深入贯彻落实科学发展观，紧紧把握全面建设小康社会、坚持和发展中国特色社会主义这个当代中国工人运动的主题，进一步增强大局意识、责任意识，充分认识进一步加强建家工作的重要性和紧迫性，适应加快经济发展方式转变的新要求，团结动员广大职工大力弘扬劳模精神和工人阶级伟大品格，明晰建家新思路，提出建家新举措，实现建家新发展，在推动经济发展、维护职工合法权益、维护职工队伍和社会稳定中大有可为、大有作为。

二、与时俱进，进一步明确建设职工之家的基本要求

进一步加强建家工作，要坚持在继承的基础上不断创新，与时俱进地赋予新内容，努力把基层工会组织建设成为组织健全、维权到位、工作规范、作用明显、职工信赖的名副其实的职工之家。

（一）健全组织体系。基层工会委员会、经费审查委员会、女职工委员会组织健全，按时换届选举，单独设置工会工作机构，依法独立自主开展工作；依法进行工会法人资格或工会法人代表变更登记；工会主席（副主席）的产生、配备符合有关规定，职工二百人以上的单位依法配备专职工会主席；按不低于职工人数千分之三的比例配备专职工会干部；加强工会积极分子队伍建设；加强会员会籍管理，职工（含农民工、劳务派遣工）入会率达到85%以上。

（二）促进科学发展。围绕加快经济发展方式转变，深入开展多种形式的争先创优建功立业活动，持续形成劳动竞赛热潮；深入开展以增强自主创新能力为重点、以合理化建议和“五小”活动为内容的职工技术创新活动和“我为节能减排做贡献”活动，推动经济又好又快发展；加强劳动模范（先进工作者）的培养、评选、表彰、宣传和管理，激励职工立足岗位、勇创佳绩。

（三）履行维权职责。建立和完善以职工（教工）代表大会为基本形式的民主管理制度，推行厂务（院务、校务）公开，公司制企业依照有关规定选举职工代表进入董事会和监事会，参与企业管理；深化“共同约定”行动，建立平等协商和签订集体合同制度，协商解决涉及职工切身利益的重大问题；指导和帮助职工签订劳动合同，依法妥善处理劳动争议纠纷，提供法律援助，构建和谐劳动关系；协助和督促企业落实国家各项涉及职工权益的法律法规，遵守劳动安全卫生等规定，安全生产无事故；维护女职工的特殊权益。

（四）提高职工素质。落实《全国职工素质建设工程五年规划》，发挥工会“大学校”作用，深入开展“共筑理想信念、共促科学发展”主题教育活动，弘扬中国工人阶级伟大品格，用社会主义核心价值体系引领职工群众；开展“创建学习型组织、争做知识型职工”活动，培育“四有”职工队伍；开展群众性精神文明创建和文化体育活动，满足职工群众精神文化需求，推动职工文化和企业文化建设。

（五）服务职工群众。以职工最关心、最直接、最现实的利益为重点，认真倾听职工呼声，积极反映职工意愿，提出政策建议和主张；关心职工生产生活问题，指导帮助职工就业，进一步叫响做实“职工有困难找工会”，努力为职工办实事、做好事、解难事；开展“送温暖”“金秋助学”等活动，履行帮扶困难职工“第一知情人”“第一报告人”“第一协调人”“第一监督人”的职责。

（六）加强自身建设。坚持民主集中制，密切联系群众，廉洁自律；健全各项组织制度、民主制度、工作制度，基础资料齐全；坚持会员（代表）大会制度，完善会员代表常任制，实行会务公开，接受会员群众民主评议和监督，保障会员民主权利；开展“创建学习型工会、争做知识型工会干部”活动，加强思想、作风、能力建设，提高工会自身建设科学化水平，建设学习型、服务型、创新型工会；建立单独工会财务账号，独立使用工会经费，收好管好用好工会经费，保护好工会资产；工会工作有创新、有特色。

三、健全机制，强化建设职工之家的激励与约束

深入开展建家活动必须调动各方面的积极性，强化激励与约束机制建设，激发工作的内在动力与活力，保持常建常新、蓬勃发展。

（一）结合召开全国工会代表大会，每五年集中表彰一批全国模范职工之家、全国模范职工小家、全国优秀工会工作者、全国优秀工会积极分子、全国优秀工会之友；届中评选表彰一批全国模范职工之家、全国模范职工小家、全国优秀工会工作者。适当扩大对非公有制企业工会、乡镇（街道）工会、村（社区）工会、各类基层工会联合会的表彰比例。对于作出突出成绩的先进基层工会和优秀工会干部，可由省（部）级工会即时推荐申报，由全总授予荣誉称号。对获得全国模范职工之家称号的企事业单位工会和工会主席，上级工会和本单位可以给予适当物质奖励。全总在表彰全国模范职工之家的同时，对建家工作成绩突出的省级工会，给予通报表扬。

（二）评选表彰模范职工之家、优秀工会工作者与评选五一劳动奖状、奖章有机结合。对已获得各层级模范职工之家称号、经会员民主测评连续三年以上获得满意等次的基层工会和工会主席（副主席），可优先推荐申报本地或上级五一劳动奖状、奖章。全总在表彰全国模范职工之家和全国优秀工会工作者的同时，对其中事迹特别突出的先进单位和先进个人分别授予全国五一劳动奖状和全国五一劳动奖章称号。

（三）各级工会要真正重视、真诚关心、真心爱护在建家工作中作出优异成绩的基层工会干部。全国总工会每年组织部分获得全国模范职工之家称号单位的工会主席参加疗休养活动。

（四）基层单位及其党政负责人拟推荐申报工会系统评选表彰的各层级五一劳动奖状、五一劳动奖章等荣誉称号的，其工会组织必须荣获相应层级的模范职工之家称号。

（五）切实落实会员评家制度，以会员满意度为标准，定期对获得荣誉称号的基层工会进行复查。对会员不满意的应提出限期整改要求，逾期未改或经整改仍达不到要求的，撤销其荣誉称号。对会员测评不满意的工会主席（副主席），所在单位党组织和上级工会应在核实的基础上对其进行诫勉谈话；连续两年会员仍不满意的，应按照《中国工会章程》的有关规定对其进行组织调整。对三年内未达到合格职工之家标准的基层工会，上级工会应采取措施予以整顿。

四、加强领导，切实提高建设职工之家工作水平

各级工会必须把建家工作作为一项长期性、战略性的任务，高度重视，持之以恒地推进。

（一）加强领导、形成合力。各级工会要切实把建家工作摆上重要议事日程，建立领导小组，形成主要领导亲自抓、分管领导具体抓、职能部门共同抓的工作格局。要制定工作规划和具体实施办法，健全完善考核评价机制，务必抓出实效。要积极主动取得同级党组织的领导，争取把建家工作纳入党建工作的重要内容，统一部署、统一检查、统一考核、统一表彰，推动建家工作健康发展。

（二）突出重点、拓展领域。各级工会要把非公有制企业作为建家工作的重点，向各类基层工会拓展，开展区域性、行业性工会联合会建家活动，不断扩大建家工作覆盖面。积极探索非公有制企业工会建家的新形式，正确处理硬件建设、软件建设、自身建设的关系，把工作重点放在维护职工最关心最直接最现实的利益上，认真解决自身建设中存在的突出问题，不断提高建家工作质量和工会工作水平。

（三）分类指导、提高水平。要根据各种类型基层工会的特点，提出不同的建家标准，突出针对性，不搞一个模式。国有、集体企业工会，机关和事业单位工会要认真对照标准，查找差距，把工作重点放在提高建家水平和增强工会活力上；改制企业工会要着力抓好工会组织的整顿和重建工作，发挥职代会作用，切实维护职工合法权益；非公有制企业工会要适应企业特点，打好基础、规范起步，切实提高规范建设水平。

（四）深入调研、不断创新。要加强调查研究，认真总结分析，坚持以理论创新推动工作创新、实践创新，及时抓住制约和影响建家工作的突出问题，研究解决的办法，提出指导性意见，不断探索建家规律，推动建家工作创新发展。

（五）加强宣传、树立典型。要加强舆论宣传，形成建家良好氛围，不断扩大建家影响，引导会员和职工群众积极参与建家活动，增强吸引力和凝聚力。要及时总结推广先进经验，发挥典型示范作用，树立品牌形象，形成学先进、赶先进、超先进的热潮。

中华全国总工会办公厅
关于印发《全国模范职工之家、全国模范职工小家、全国优秀工会工作者评选表彰管理办法》的通知

（总工办发〔2020〕15号　2020年8月10日）

各省、自治区、直辖市总工会，各全国产业工会，中央和国家机关工会联合会，全总各部门、各直属单位：

《全国模范职工之家、全国模范职工小家、全国优秀工会工作者评选表彰管理办法》已经全总第十七届书记处第29次会议审议通过，现印发给你们，请遵照执行。

全国模范职工之家、全国模范职工小家、全国优秀工会工作者评选表彰管理办法

第一章　总　则

第一条　为规范全国模范职工之家、全国模范职工小家、全国优秀工会工作者评选表彰工作，发挥先进典型的示范引领作用，根据《中华人民共和国工会法》《中国工会章程》及中华全国总工会关于加强职工之家建设的有关规定，结合工会工作实际，制定本办法。

第二条　全国模范职工之家、全国模范职工小家、全国优秀工会工作者，是中华全国总工会设立的分别授予先进基层工会，基层工会下属先进工会或工会小组，基层工会优秀专兼职干部、专职社会化工会工作者和各级工会领导机关处级以下优秀工会干部的荣誉称号。

对积极参加基层工会活动的会员，可命名为全国优秀工会积极分子；对关心支持工会工作的厅局级以下党政领导干部、基层工会所在单位党政负责人，可命名为全国优秀工会之友。

第三条　评选表彰工作的指导思想是：深入贯彻落实习近平新时代中国

特色社会主义思想，贯彻落实习近平总书记关于工人阶级和工会工作的重要论述特别是加强基层工会建设“三个着力”重要指示精神，增强基层工会政治性、先进性、群众性，激发基层工会活力，发挥基层工会作用，切实把工会建设成为职工群众信赖的“职工之家”，把工会干部培养成为职工群众信赖的“娘家人”。

第四条　评选表彰工作的原则是：

（一）坚持面向基层一线。评选对象突出工会基层组织、基层干部和一线职工，畅通基层工会和广大会员的参与渠道，着力夯实工会基层基础；

（二）坚持公开公平公正。保障评选表彰工作规范有序，保护调动会员积极性，确保表彰对象得到广大会员普遍认可，突出评选表彰的权威性；

（三）坚持会员主体地位。实行上级工会考察和职工群众评议相结合，充分尊重广大会员的知情权、参与权、表达权、监督权，真正让会员当主角；

（四）坚持高标准严要求。严格评选条件，做到优中选优，确保表彰对象的先进性，充分体现和发挥先进典型的引领性示范性；

（五）坚持动态监督管理。实行动态评估、跟踪监管，形成完备的闭环管理机制，做到能进能出，破除“一评终身制”，确保评选表彰的质量。

第二章　评选表彰范围和基本条件

第五条　全国模范职工之家从我国境内企业、事业单位、机关、社会团体和其他社会组织单独或联合建立的基层工会，乡镇（街道）、开发区（工业园区）、村（社区）工会，县级以下区域（行业）工会联合会中评选。

全国模范职工小家从基层工会下属的子公司（分公司）、分厂、车间（科室）、班组工会或工会小组中评选。

全国优秀工会工作者从基层工会专兼职干部、专职社会化工会工作者、各级工会领导机关处级以下干部中评选。全国优秀工会积极分子从不脱离生产、工作岗位，热心从事工会工作的基层工会骨干会员和兼职工会干部中命名，一线职工数量不低于百分之六十，女性占适当比例。

全国优秀工会之友从给予工会工作关心支持的厅局级以下党政领导干部及企业、事业单位、社会团体（除工会外）和其他社会组织党政负责人中命名。

先进集体和个人，一般不重复评选表彰或命名。

第六条　全国模范职工之家一般从省级模范职工之家中产生，其基本条件是：

（一）认真贯彻习近平新时代中国特色社会主义思想，执行党的路线方针政策，遵守国家法律法规，践行社会主义核心价值观，加强职工思想政治引领，团结带领职工建功新时代；

（二）工会组织机构单独设立，工会委员会、经费审查委员会及女职工委员会等领导机构健全，工会劳动保护委员会、劳动法律监督委员会等工作机构完善，具备条件的工会依法取得社会团体法人资格，近三年职工（含农民工、劳务派遣工）入会率均在百分之九十以上；

（三）依法独立设立工会经费账户，及时足额拨缴工会经费，自主管理，规范使用；

（四）工会会员代表大会、民主选举、会务公开、会员评议职工之家等制度落实到位；

（五）有效落实以职工代表大会为基本形式的民主管理制度，依法实行厂务公开，开展集体协商签订集体合同，健全劳动争议调解组织，有效化解劳动纠纷，劳动关系和谐稳定；

（六）热忱服务职工群众，工会工作获得职工高度认可，近三年工会会员代表大会评议职工之家满意率均在百分之九十以上。

第七条 全国模范职工小家一般从省级模范职工小家中产生，其基本条件是：

（一）认真贯彻习近平新时代中国特色社会主义思想，执行党的路线方针政策，遵守国家法律法规，践行社会主义核心价值观，工会工作充满活力；

（二）子公司（分公司）、分厂、车间（科室）、班组工会或工会小组建设好，依法选举工会主席或小组长，具备条件的工会依法取得社会团体法人资格，近三年职工（含农民工、劳务派遣工）入会率均在百分之九十以上；

（三）子公司（分公司）、分厂、车间（科室）、班组民主管理好，依法实行厂务公开、会务公开，开展集体协商；

（四）子公司（分公司）、分厂、车间（科室）、班组完成生产、工作任务好，组织职工开展技术创新、劳动技能竞赛，团结带领职工建功立业；

（五）职工小家阵地建设好，活动场所和服务设施齐全，服务活动丰富，近三年工会会员代表大会评议职工之家满意率均在百分之九十以上。

第八条 全国优秀工会工作者一般从省级优秀工会工作者中产生，其基本条件是：

（一）认真学习贯彻习近平新时代中国特色社会主义思想，坚定走中国特色社会主义工会发展道路，以实际行动践行社会主义核心价值观；

（二）坚持原则，模范执行工会会员代表大会、民主选举、会务公开、会员评议职工之家等制度，积极推动落实以职工代表大会为基本形式的民主管理制度，推进厂务公开和集体协商，所在单位劳动关系和谐稳定；

（三）尽职尽责，热忱服务职工群众，切实维护职工合法权益，团结带领职工创新创效、建功立业，推动培育高素质职工队伍，受到职工广泛信赖；

（四）遵纪守法，廉洁自律，作风民主，密切联系职工群众，自觉接受批评监督，基层工会主席、副主席近三年的工会会员代表大会测评等次均为满意。

第九条　在优中选优的基础上，对工作成绩优异、贡献突出的全国模范职工之家、全国优秀工会工作者，分别授予全国模范职工之家红旗单位、全国优秀工会工作者标兵荣誉称号。

第十条　全国优秀工会积极分子的基本条件是：

（一）认真学习贯彻习近平新时代中国特色社会主义思想，坚定走中国特色社会主义工会发展道路，积极为党的工运事业做贡献；

（二）热爱集体，团结协作，爱岗敬业，甘于奉献，圆满完成生产、工作任务，发挥模范带头作用；

（三）积极参加工会活动，热忱服务职工群众，积极参与落实工会会员代表大会、民主选举、会务公开、会员评议职工之家等制度，推动落实以职工代表大会为基本形式的民主管理制度；

（四）遵纪守法，廉洁自律，密切联系职工群众，自觉接受批评监督。

第十一条　全国优秀工会之友的基本条件是：

（一）认真学习贯彻习近平新时代中国特色社会主义思想，拥护中国特色社会主义工会发展道路，尊重劳动，尊重职工主体地位，模范贯彻落实党的全心全意依靠工人阶级的根本方针；

（二）坚持以人民为中心的发展思想，重视提高职工队伍素质，积极解决职工群众困难，受到职工群众信赖；

（三）遵守《工会法》和劳动法律法规，重视支持所辖区域（行业）或本单位工会工作，把更多的资源手段赋予工会组织，积极落实协调劳动关系制度机制，支持工会依法自主管理、规范使用工会经费，为工会工作创造良好条件；

（四）廉洁自律，作风民主，密切联系职工群众，自觉接受批评监督。

第十二条　单位有下列情形之一的，该单位工会不得申报推荐为全国模范职工之家、全国模范职工小家：

（一）存在未全员签订劳动合同、拖欠职工工资、不按规定缴纳职工社会保险费等违反劳动法律法规行为的；

（二）近一年内发生过一般安全生产责任事故、三年内发生过重大安全生产责任事故，职业病危害严重，能源消耗超标、环境污染严重，存在重大安全隐患拒不整改的；

（三）劳动争议案件多发，近三年内因违反法律法规引发职工群体性事件的；

（四）近三年内未依法及时足额拨缴工会经费的；

（五）民主管理、集体协商、劳动争议调解等制度机制不落实的；

（六）有违法违纪行为受到处罚并在影响期之内，或正在被执法执纪部门调查处理的。

第十三条 基层工会有下列情形之一的，工会干部不得申报推荐为全国优秀工会工作者：

（一）工会组织和工作机构被随意撤销、合并或归属到党政部门的；

（二）工会不依法按期换届选举，具备条件而不依法进行工会法人资格登记的；

（三）不依法独立设立工会经费账户，或工会经费使用管理出现严重问题的；

（四）不推动落实职工代表大会、厂务公开制度，不进行集体协商签订集体合同的。

第三章 评选表彰周期和基本程序

第十四条 全国模范职工之家、全国模范职工小家、全国优秀工会工作者评选表彰每五年开展两次。一般在工会全国代表大会届中开展一次，在工会全国代表大会换届之年开展一次。在换届之年评选表彰中，可同时命名全国优秀工会积极分子、全国优秀工会之友。

评选表彰工作在中华全国总工会书记处领导下进行，中华全国总工会基层工作部负责具体实施。各省（区、市）总工会、各全国产业工会、中央和国家机关工会联合会负责推荐。新疆生产建设兵团总工会通过新疆维吾尔自治区总工会推荐。

第十五条 在评选表彰年度，中华全国总工会发布评选表彰通知，就评选表彰的项目、对象、条件、程序、名额分配、组织实施等作出具体要求，部署评选表彰工作。

第十六条 基层工会按推荐评选条件申报全国模范职工之家、全国模范职工小家、全国优秀工会工作者，推荐全国优秀工会积极分子、全国优秀工会之友。申报推荐集体和个人的，应通过基层工会会员大会或会员代表大会征求会员群众意见。本单位有党组织和纪检组织的，应征求党组织和纪检组织意见。推荐名单和事迹应在本单位进行不少于五个工作日的公示。

被推荐人选是党员领导干部或公职人员的，基层工会应按照干部管理权限，征求纪检监察机关和组织人事部门意见。地市级以下地方工会、各产业工会在充分听取各方面意见的基础上，对申报推荐集体和个人进行审查通过后，逐级上报。

第十七条　各省（区、市）总工会、各全国产业工会、中央和国家机关工会联合会按照推荐评选条件进行审核把关。推荐集体和个人名单应经领导班子集体研究确定，并在省（区、市）工会报刊或网络媒体上进行不少于五个工作日的公示。公示后符合条件的，向中华全国总工会推荐。

第十八条　各省（区、市）总工会推荐的集体和个人中，来自非公有制单位的一般不少于推荐总数的二分之一。

第十九条　中华全国总工会基层工作部对各省（区、市）总工会、各全国产业工会、中央和国家机关工会联合会推荐材料进行审核。

对伪造材料或未按照推荐评选条件和规定程序推荐的集体和个人，经查实后撤销其评选资格，取消相应名额，不得递补或重报。

对符合条件的集体和个人，作为向中华全国总工会书记处提出拟表彰和命名的建议名单。

第二十条　拟表彰和命名的建议名单，经中华全国总工会书记处审议通过后，在《工人日报》或中工网上进行不少于五个工作日的公示，接受公众监督。

根据公示结果，最终确定表彰和命名名单。

第二十一条　对受表彰和命名的先进集体、先进个人，由中华全国总工会印发表彰决定，颁发证书、奖牌。

第四章　监督管理服务

第二十二条　各级工会对受表彰和命名的先进集体、先进个人实行动态监督管理服务。做好以下日常工作：

（一）完善评选管理机制，建立监督管理制度，制定和协调落实有关激励政策，指导督促提高工会工作水平；

（二）加强基础工作，建立健全管理档案，跟踪先进集体和个人所在单位的工会建设、劳动关系等情况，重大情况及时报告；

（三）宣传先进集体和个人的先进事迹，总结推广他们的典型经验，充分发挥其示范导向作用；

（四）根据推荐评选条件和实际工作要求，上级工会应加强对获得荣誉的集体和个人的复查，复查不合格的，按程序撤销荣誉称号、取消命名；

（五）关心全国优秀工会工作者、全国模范职工之家和职工小家工会主席、全国优秀工会积极分子、全国优秀工会之友的思想、工作和生活，帮助他们解决生产生活等困难，依法维护他们的合法权益；

（六）接受群众举报，调查核实有关情况，提出处理意见。

第二十三条 有下列情形之一的，可撤销全国模范职工之家、全国模范职工小家荣誉称号，收回证书和奖牌：

（一）弄虚作假，骗取荣誉的；

（二）工会组织和工作机构被随意撤销、合并或归属到党政部门的；

（三）工会不依法按期换届选举，不依法进行工会法人资格变更登记的；

（四）工会经费不依法足额拨缴或使用管理出现严重问题的；

（五）不推动落实职工代表大会、厂务公开制度，不进行集体协商签订集体合同的；

（六）所在单位发生重大安全生产责任事故或严重职业危害，工会未依法履行职责的；

（七）所在单位发生群体性事件，造成恶劣影响的；

（八）所在单位拖欠职工工资，不按规定缴纳职工养老、医疗、工伤、失业、生育等社会保险费，工会未依法履行职责的；

（九）工会会员代表大会评议职工之家不满意率连续两年超过百分之五十的；

（十）其他需要撤销的情形。

第二十四条 有下列情形之一的，可撤销全国优秀工会工作者荣誉称号，取消全国优秀工会积极分子、全国优秀工会之友命名，收回证书和奖牌：

（一）弄虚作假，骗取荣誉的；

（二）工作严重过失，经批评教育仍不改正的；

（三）存在道德败坏、腐化堕落等不良行为，造成恶劣社会影响的；

（四）受到党内严重警告以上处分，或受到记大过以上政务处分的；

（五）被依法追究刑事责任的；

（六）其他需要撤销、取消的情形。

第二十五条 基层工会主席、副主席除适用第二十四条规定情形外，另有下列情形之一的，可撤销全国优秀工会工作者荣誉称号，收回证书和奖牌：

（一）不履行职责或履行职责不到位，工会会员代表大会测评等次连续两年为不满意，或被依法罢免的；

（二）工会不依法按期换届选举，不依法进行工会法人资格变更登记的；

（三）工会经费不依法足额拨缴或使用管理出现严重问题的；

（四）不推动落实职工代表大会、厂务公开制度，不进行集体协商签订集体合同的；

（五）工会会员代表大会评议职工之家不满意率连续两年超过百分之五十的。

第二十六条　撤销全国模范职工之家、全国模范职工小家、全国优秀工会工作者荣誉称号，取消全国优秀工会积极分子、全国优秀工会之友命名，一般由原推荐单位逐级申请，经所在省（区、市）总工会、全国产业工会、中央和国家机关工会联合会同意后，向中华全国总工会基层工作部提出书面报告。

对核查属实的，向中华全国总工会书记处提出书面请示，经审核批准后，撤销荣誉称号、取消命名，收回证书和奖牌。

对查实具有本办法第二十三条、第二十四条、第二十五条规定情形的集体和个人，中华全国总工会书记处也可直接决定撤销荣誉称号、取消命名，收回证书和奖牌，并书面通报推荐单位。

第二十七条　受表彰的基层工会所在单位破产、终止或撤销的，上一级工会应及时收回证书和奖牌，并逐级上报。

第二十八条　县级以上地方工会、各产业工会可对受表彰的先进集体进行工作经费补助，不对受表彰和命名的先进个人进行物质奖励或设置待遇。

基层工会可对其下属工会中受表彰的先进集体进行一定的工作经费补助。经会员代表大会审议通过后，基层工会也可对受表彰和命名的先进个人进行一定的物质奖励。

工作经费补助、物质奖励应符合工会经费支出有关规定。

第五章　附　则

第二十九条　各省（区、市）总工会、各全国产业工会可参照本办法制定本地区、本产业评选表彰实施办法，但不得与本办法相抵触。

第三十条　本办法由中华全国总工会负责解释。

第三十一条　本办法自发布之日起施行。

中华全国总工会
关于进一步加强女职工工作的意见

（总工发〔2000〕19号　2000年9月11日）

为了深入贯彻江泽民同志“三个代表”的重要思想，贯彻落实国务院《中国妇女发展纲要》和工会工作指导方针及任务，更好地维护女职工合法权益和特殊利益，结合当前女职工工作的实际，现就进一步加强工会女职工工作提出如下意见：

一、进一步提高认识，加强对女职工工作的领导

广大女职工是工人阶级队伍的重要组成部分，是我国妇女的中坚力量，在建设有中国特色社会主义伟大事业中发挥了重要的作用。充分调动女职工的积极性和创造性，对于促进改革发展稳定和社会文明进步具有重要意义。社会主义市场经济的发展，所有制结构的调整和完善，公有制实现形式的多样化和非公有制经济的发展，给企业的经济关系和劳动关系带来极其深刻的变化。随着国有企业改革的深入和新建企业的发展，女职工的劳动就业、工资福利、社会保障、劳动保护等方面出现了许多新情况和新问题，侵犯女职工权益的事件时有发生，女职工合法权益和特殊利益的问题比较突出。因此，切实加强工会女职工工作，在当前显得十分重要和紧迫。各级工会组织要充分认识女职工工作在工会全局中的地位和作用，充分认识女职工工作的综合性和特殊性，把它摆上工会工作的重要议事日程，进一步加强对女职工工作的领导；定期听取女职工工作的汇报，研究解决女职工工作中存在的困难和问题；为女职工组织开展工作与活动提供必要的经费保证；重视和加强对女职工工作的宣传，在工会主办的报刊上开辟宣传女职工工作的栏目；把女职工工作纳入工会国际交往工作的计划之中，为女职工组织的国际交流创造条件；主动争取党委、政府及有关部门和社会各个方面对女职工工作的重视和支持，协调工会各方面力量共同做好女职工工作。

二、结合实施群众性“经济技术创新工程”，推进女职工双文明建功立业竞赛活动的发展

各级工会女职工组织要适应社会主义市场经济和企业改革、发展的要求，继续深入开展女职工双文明建功立业竞赛活动，与全总在全国推出的面向新世纪的群众性“经济技术创新工程”结合起来，继续团结动员广大女职工积极投身到“女职工双文明建功立业竞赛”活动中来。

要从女职工的特点出发，以“岗位立功、学习成才、姐妹献爱心、创建文明家庭”四项活动为主体，不断拓展和深化活动内容，采取各种灵活多样的形式，深入开展竞赛活动，为企业的技术进步和产业升级作出新贡献。要充分体现女职工的意愿，着眼于调动发挥广大女职工的积极性和创造性，提高女职工队伍的整体素质，逐步完善竞赛活动的组织发动、考核评比、表彰奖励、树立典型、推广先进等具体办法和措施。

三、突出维护职能，依法维护女职工合法权益和特殊利益

各级工会女职工组织要在同级工会领导下，代表和维护女职工在政治、经济、文化、社会和家庭等方面的合法权益和特殊利益。要积极参与有关保护女职工权益的法律、法规、政策的制定，并协助和监督有关部门贯彻实施。继续深入贯彻落实《中华人民共和国劳动法》《中华人民共和国妇女权益保障法》《女职工劳动保护规定》等法律法规，协同有关部门对严重侵犯女职工合法权益、摧残女职工身心健康的违法行为，依法严肃处理。要加大宣传力度，促使用人单位自觉遵守有关法律法规，提高女职工的自我保护能力。协助有关部门做好下岗女职工基本生活保障和再就业工作，重点做好下岗职工中的特困女职工的帮扶工作。帮助下岗女职工转变择业观念，选树推广下岗女职工再就业的先进典型，为下岗女职工实现再就业多办实事。

各级工会女职工组织要积极参与平等协商和签订集体合同工作，努力促使女职工特殊保护内容纳入集体合同制度之中，有些问题可以通过签订单项集体合同或劳动协议予以规定，以确保女职工的特殊利益不受侵害。女职工人数较多的企业，集体协商的职工代表一方应有女职工委员会的代表参加，参与平等协商和签订集体合同的全过程。要加强对集体合同执行情况进行监督检查，使集体合同的内容落到实处。

要建立和完善女职工民主参与、民主管理和民主监督的工作机制。把维护女职工合法权益和特殊利益纳入职工代表大会制度之中，作为厂务公开的重要内容之一。职工代表大会或教职工代表大会中的女职工代表应占与该单位女职工数相应的比例。女职工人数较多的用人单位的劳动争议调解委员会、劳动仲裁委员会，其成员中应有女职工组织的代表。女职工比较集中的公司制企业可以依法选举女职工代表参加企业董事会和监事会。

四、加强女职工组织建设，配备好女职工工作的干部力量

1999 年底，中央在听取工会、妇联工作汇报时，进一步明确了包括新建企业在内的所有企业的女职工工作由工会负责。《中华人民共和国工会法》规定了企业、事业单位工会及其女职工组织保护女职工特殊权益的权利和义务。

各级工会要认真贯彻执行党中央指示，按照《中华人民共和国工会法》和《中国工会章程》《工会女职工委员会条例》的规定，做好建立工会女职工组织的工作。在包括非公有制企业在内的所有企业中，要做到工会女职工组织与工会同步建立。在企业改制和精简机构过程中，工会女职工工作只能加强，不能削弱，不能予以随意合并、撤销。要坚持做到企业改制到哪里，女职工组织就要巩固、整顿、重建到哪里。经济技术开发区、工业区、高新技术园区、街道、乡镇等，凡是已建立工会组织的，都要建立工会女职工组织。

党政机关和科教文卫等事业单位的干部、职工、知识分子是工人阶级的组成部分，这些单位在依法建立工会的同时，要建立工会女职工委员会，并努力做好女职工工作。在工会领导机关机构改革中，要从有利于加强工会女职工工作出发，设置女职工部，并配备必要的干部力量。女职工部既是工会的职能部门，又是女职工委员会的工作机构。县以上地方工会和大型企业工会要根据各自的实际情况设置女职工工作机构，省级工会应根据本地区女职工人数配备相应数量的女职工工作专职干部。县以上地方工会正副主席中至少应有1名女性。要逐步实现各全国产业工会领导班子中应有女性成员的目标，并建立和健全全国产业工会女职工委员会。基层工会要视女职工人数相应地建立女职工委员会、女职工小组或设女职工委员。

各级工会要关心女职工干部的生活，落实好相应的待遇，解除她们的后顾之忧，维护她们的合法权益，为她们创造良好的工作和生活条件。

五、加强女职工和女职工干部的教育与培训，提高女职工素质

要以邓小平理论和党的基本路线为指导，坚持对女职工进行爱国主义、社会主义、集体主义思想教育，帮助她们树立正确的人生观、价值观、道德观，努力提高女职工的思想道德和科学文化技术素质，建设“四有”“四自”女职工队伍。

积极引导女职工学理论、学文化、学科学、学技术、学法律、学管理，加快女职工的知识技能储备和观念更新，以适应形势发展的需要。要帮助女职工立足岗位精一业，面对竞争会两手、学三门。要联系女职工实际，特别要针对下岗困难女职工的思想和工作实际，加强女职工的思想政治工作。

各级工会要关心和重视女干部的培养。将女职工干部的选拔和交流工作纳入组织部门的总体规划。要加强对年轻女干部的培养和选拔工作，注意将优秀女干部列入后备干部人选；积极做好向党委组织部门的举荐工作。要在工会统计中设性别统计，建立女职工人才档案和优秀女干部人才库。各级工会要把培训女职工干部工作纳入工会干部的岗位培训之中。全总在组织省级工会干部培训时，要有一定数量的女干部参加。

六、增强女职工组织的战斗力，提高女职工工作水平

各级工会女职工组织要肩负起历史使命，加强思想建设、组织建设和作风建设，增强女职工组织的凝聚力和战斗力，提高女职工工作水平。努力把自己建设成为能够代表和维护女职工的合法权益和特殊利益、广大女职工信赖的组织。

加强各级工会女职工工作干部队伍的思想建设，最重要的是用马列主义、毛泽东思想，特别是邓小平理论武装头脑，造就一支思想好、作风正、业务精、能力强的高素质女职工工作干部队伍。广大女职工工作者要树立全心全意为女职工服务的思想，加强理论学习和党性锻炼，理论联系实际，钻研业务，勤政廉洁，加强团结，开拓进取，从女职工工作实际出发，积极主动地、创造性地开展工作。要切实转变工作作风，注重调查研究，做到胸中有全局，心中有底数，手中有典型，提高源头参与、指导基层、服务群众的水平。要狠抓基层，夯实基础，真心实意地为女职工办实事。要建立健全各项规章制度，提高办事效率，使女职工工作逐步走上科学化、制度化、规范化的轨道。

各级工会要根据此意见精神，结合本地、本系统、本单位实际情况，进行认真研究，提出具体贯彻意见。

中华全国总工会
关于加强企业工会女职工工作的意见

（总工发〔2009〕32 号　2009 年 7 月 17 日）

为深入贯彻党的十七大精神，认真落实中国工会十五大提出的目标和任务，更好地发挥企业工会女职工组织的作用，切实维护女职工的合法权益和特殊利益，依据《工会法》《中国工会章程》《企业工会工作条例》《工会女职工委员会工作条例》等有关规定，现就加强企业工会女职工工作提出以下意见。

一、加强企业工会女职工工作的重要意义、指导思想和总体要求

（一）充分认识企业工会女职工工作的重要意义。企业工会女职工组织是企业女职工合法权益和特殊利益的代表者和维护者。切实加强企业工会女职工工作，对于维护女职工的合法权益，更好地调动女职工参与改革和建设的积极性、主动性和创造性，建立和谐稳定的劳动关系，推动和谐企业建设具有十分重要的意义。各级工会要充分认识加强新形势下企业工会女职工工作的重要性和必要性，努力推动企业工会女职工工作的创新和发展。

（二）切实明确企业工会女职工工作的指导思想。坚持高举中国特色社会主义伟大旗帜，以邓小平理论和“三个代表”重要思想为指导，深入贯彻落实科学发展观，坚定不移地走中国特色社会主义工会发展道路，努力建设服务科学发展、服务女职工的企业工会女职工组织，充分发挥企业工会女职工组织的作用，团结和动员广大女职工为促进企业发展，夺取全面建设小康社会新胜利而努力奋斗。

（三）认真把握加强企业工会女职工工作的总体要求。坚持促进企业发展、维护职工权益的原则，认真贯彻“组织起来、切实维权”的工作方针，最大限度地把女职工吸收到工会组织中来，不断增强女职工组织的吸引力和凝聚力，通过开展各种活动，提高女职工素质，调动女职工参与企业发展的积极性和创造性。坚持以职工为本，进一步建立和完善女职工维权工作机制，及时反映女职工的愿望和诉求，推动解决女职工最关心、最直接、最现实的利益问题，主动依法科学维权，切实代表和维护女职工的合法权益和特殊利益，努力创建劳动关系和谐企业。

二、大力推进企业工会女职工组织建设

（四）努力实现在已建工会组织企业中女职工组织的全覆盖。坚持哪里建工会、哪里有女职工，哪里就要建立工会女职工组织的原则。凡是企业工会中有10名以上女会员的，都应建立工会女职工委员会；不足10名的，设女职工委员。大力推进非公有制企业工会女职工组织的建立与完善，积极探索创新组建形式。建立县以下区域性、行业性工会联合会的同时建立工会女职工组织。

（五）加强企业工会女职工委员会规范化建设。女职工委员会与工会委员会同时建立。企业在筹备组建工会或工会换届时，同时提名女职工委员会主任、副主任人选。工会女职工委员会主任、副主任与工会委员会同时报上级工会审批。女职工委员会主任由企业工会女主席或女副主席担任，也可按照相应条件配备女职工委员会主任。有条件的企业可直接选举产生女职工委员会主任，享受同级工会副主席待遇。大型企业工会设立女职工委员会办公室（女职工部），女职工200人以上的企业工会女职工委员会配备专职女职工工作干部。中小企业工会女职工委员会可根据工作需要设专兼职工作人员和办公室。建立健全女职工委员会向同级工会委员会和上级工会女职工委员会报告工作制度、定期研究工作制度等。企业工会应保障女职工委员会开展工作与活动的必要经费。

企业不建立妇联组织，企业工会女职工委员会通过县以上地方工会接受妇联的业务指导。

三、组织动员女职工充分发挥主力军作用，为推动企业发展做贡献

（六）充分调动女职工立足岗位建功立业的积极性、主动性和创造性。适应全面建设小康社会的新要求，结合企业实际和女职工特点，组织女职工积极参与争创“工人先锋号”、社会主义劳动竞赛和女职工提升素质建功立业等活动，不断探索创新活动方式，务求活动实效。通过岗位练兵、技能比赛、技术培训、技术交流等形式，不断提高女职工的学习能力、创新能力、竞争能力，为建设创新型企业做贡献。广泛开展富有女职工特色的女职工建功立业标兵（岗）、五一巾帼奖创建等活动，充分发挥女劳模的示范带动作用。

（七）切实把提高女职工队伍整体素质作为一项战略任务抓紧抓好。充分发挥工会“大学校”作用，深入开展社会主义核心价值体系主题教育活动和“创建学习型组织、争做知识型职工”以及女职工素质教育活动，引导女职工不断提高思想道德、科学文化、业务技能等综合素质和树立自尊、自信、自立、自强精神；组织和帮助女职工逐步成长为学习型、知识型、技能型、专家型的复合人才。充分发挥女职工在构建和谐企业、和谐家庭等各项文明建设中的作用。督促企业根据实际情况和女职工需求，为女职工提供多渠道多层次培训和受教育机会。

四、切实维护女职工的合法权益和特殊利益

（八）推动和促进国家保护女职工权益法律法规的贯彻落实。宣传国家保护女职工权益的法律法规，帮助女职工增强法律意识和自我保护能力，促进企业经营者提高遵纪守法的自觉性。指导和帮助女职工签订劳动合同。加强对女职工劳动保护的监督检查，督促《女职工劳动保护规定》《女职工禁忌劳动范围的规定》等法规的贯彻落实。反映女职工的呼声与诉求，配合有关部门处理侵犯女职工权益的案件，参与劳动争议调解和仲裁工作，在女职工人数较多的企业，劳动争议调解委员会应有女职工组织的代表。

（九）切实做好女职工权益保护专项集体合同工作。围绕女职工的劳动就业、工资分配、休息休假、保险福利待遇、教育发展等内容，特别是女职工经期、孕期、产期和哺乳期保护，禁忌从事的劳动范围，有毒有害工种防护，生育保险，妇科疾病普查等，与企业签订女职工权益保护专项集体合同。凡建立工会女职工组织的企业都应签订女职工权益保护专项集体合同，也可将女职工权益保护专项内容作为集体合同的附件或在集体合同中设立专门章节。中小型非公有制企业工会应根据具体情况，单独签订或参加区域性、行业性女职工权益保护专项集体合同的签订。建立女职工权益保护专项集体合同监督检查机制，确保企业女职工权益保护专项集体合同的有效实施。

（十）加强和完善企业女职工民主管理工作。组织女职工通过职工代表大会、厂务公开等民主管理方式参与企业民主决策、民主管理和民主监督，行使好职工代表大会及工会会员代表大会代表的各项职权。职工代表大会、工会会员代表大会中女代表比例应与本企业女职工比例相适应。

五、进一步做好对困难女职工的帮扶工作

（十一）积极为困难女职工办实事、做好事、解难事。建立困难女职工档案，做到对困难女职工家庭情况清、致困原因清、经济收入清、救助愿望清，努力实现对困难女职工帮扶工作的经常化、制度化、规范化。配合有关部门积极推进将符合低保条件的女职工家庭纳入低保范围。对低保边缘、零就业、单亲、遭受重大灾害和患重大疾病等特殊困难的女职工家庭以及困难女劳模给予重点帮扶。不断拓展帮扶范围，完善帮扶方式，提高帮扶水平，切实帮助女职工解决生产生活中的实际困难。大力开展结对帮扶、金秋助学等活动，努力为困难女职工特别是单亲困难女职工、女农民工提供多方位的服务和帮助。

（十二）切实维护女职工的劳动就业权益。推动国家有关促进就业法律法规政策的贯彻落实，推进女职工充分就业，稳定就业岗位，改善就业环境，实现体面劳动。配合有关部门积极为下岗失业女职工自谋职业和自主创业提供就业培训、政策咨询、信息交流等各项服务，不断提高女职工的就业技能和创业能力，为其实现就业再就业创造有利条件。

六、强化对企业工会女职工工作的领导和服务

（十三）各级工会要切实加强对企业工会女职工工作的领导和服务。关心和支持企业工会女职工工作，为女职工工作创造良好环境。加强理论政策研究，深入调查、认真研究解决企业工会女职工工作中面临的新情况和新问题。把女职工工作纳入工会整体工作同步部署、检查和考核，列入企业“模范职工之家”、创建“劳动和谐企业”等活动评比内容。坚持分类指导，总结和推广企业工会女职工工作经验，注意培育和选树企业工会女职工工作先进典型，以点带面推动工作。产业工会应发挥自身优势，推动本系统企业工会女职工组织建设，创造性地开展工作。

（十四）各级工会要高度重视企业工会女职工工作干部队伍建设。注重培养、选拔、使用女职工工作干部，维护企业工会女职工工作干部的合法权益，保障其依法履行工作职责，真正做到在政治上关心、生活上关爱、工作上支持女职工工作干部。研究探索企业工会女职工工作干部配备和待遇落实的有效途径，更好地调动女职工工作干部的积极性。加大对企业工会女职工工作干部的培训力度，不断提高女职工工作干部的理论水平和业务能力，努力建设一支素质高、能力强、业务精的工会女职工工作干部队伍。

提素建功

国务院办公厅关于促进家政服务业提质扩容的意见

（2019 年 6 月 16 日）

各省、自治区、直辖市人民政府，国务院各部委、各直属机构：

家政服务业是指以家庭为服务对象，由专业人员进入家庭成员住所提供或以固定场所集中提供对孕产妇、婴幼儿、老人、病人、残疾人等的照护以及保洁、烹饪等有偿服务，满足家庭生活照料需求的服务行业。近年来，我国家政服务业快速发展，但仍存在有效供给不足、行业发展不规范、群众满意度不高等问题。家政服务业作为新兴产业，对促进就业、精准脱贫、保障民生具有重要作用。为促进家政服务业提质扩容，实现高质量发展，经国务院同意，现提出以下意见。

一、采取综合支持措施，提高家政从业人员素质

（一）支持院校增设一批家政服务相关专业。原则上每个省份至少有 1 所本科高校和若干职业院校（含技工院校，下同）开设家政服务相关专业，扩大招生规模。开展 1 + X 证书制度试点，组织家政示范企业和职业院校共同编制家政服务职业技能等级标准及大纲，开发职业培训教材和职业培训包，支持家政服务相关专业学生在获得学历证书的同时，取得家政服务类职业技能等级证书。（教育部会同人力资源社会保障部、商务部等负责）

（二）市场导向培育一批产教融合型家政企业。到 2022 年，全国培育 100 家以上产教融合型家政企业，实现城区常住人口 100 万以上的地级市家政服务培训能力全覆盖。各地要以较低成本向家政企业提供闲置厂房、社区用房等作为家政服务培训基地，共享职业院校、社区教室等培训资源。（地方各级人民政府，发展改革委、教育部、商务部负责）

（三）政府支持一批家政企业举办职业教育。将家政服务列为职业教育校企合作优先领域，打造一批校企合作示范项目。支持符合条件的家政企业举办家政服务类职业院校，各省（区、市）要设立审批绿色通道，简化流程优化服务。推动 30 家以上家政示范企业、50 所以上有关院校组建职业教育集团。对符合条件的家政类产教融合校企合作项目，优先纳入中央预算内投资支持范围。（教育部、发展改革委、财政部、商务部、人力资源社会保障部，地方各级人民政府负责）

（四）提高失业保险基金结余等支持家政培训的力度。将家政服务纳入职业技能提升行动工作范畴，并把灵活就业家政服务人员纳入培训补贴范围。所需资金按规定从失业保险基金支持职业技能提升行动专项资金中列支。地方各级政府要加大筹资力度，积极使用就业补助资金、地方人才经费和行业产业发展经费等支持家政服务培训。（人力资源社会保障部会同财政部等负责，地方各级人民政府负责）

（五）加大岗前培训和“回炉”培训工作力度。对新上岗家政服务人员开展岗前培训，在岗家政服务人员每两年至少得到1次“回炉”培训。组织30所左右院校和企业引进国际先进课程设计和教学管理体系。组织实施巾帼家政服务专项培训工程，开展家政培训提升行动，确保到2020年底前累计培训超过500万人次。（商务部、发展改革委、教育部、人力资源社会保障部、全国总工会、全国妇联等按职责分工负责）

二、适应转型升级要求，着力发展员工制家政企业

（六）员工制家政企业员工根据用工方式参加相应社会保险。大力发展员工制家政企业，员工制家政企业是指直接与消费者（客户）签订服务合同，与家政服务人员依法签订劳动合同或服务协议并缴纳社会保险费（已参加城镇职工社会保险或城乡居民社会保险均认可为缴纳社会保险费），统一安排服务人员为消费者（客户）提供服务，直接支付或代发服务人员不低于当地最低工资标准的劳动报酬，并对服务人员进行持续培训管理的企业。员工制家政企业应依法与招用的家政服务人员签订劳动合同，按月足额缴纳城镇职工社会保险费；家政服务人员不符合签订劳动合同情形的，员工制家政企业应与其签订服务协议，家政服务人员可作为灵活就业人员按规定自愿参加城镇职工社会保险或城乡居民社会保险。（人力资源社会保障部、医保局、商务部负责）

（七）灵活确定员工制家政服务人员工时。家政企业及用工家庭应当保障家政服务人员休息权利，具体休息或者补偿办法可结合实际协商确定，在劳动合同或家政服务协议中予以明确。（人力资源社会保障部、商务部、全国总工会，地方各级人民政府负责）

（八）对员工制家政企业实行企业稳岗返还和免费培训。对不裁员或少裁员的员工制家政企业按规定返还失业保险费，为符合条件的员工制家政企业员工提供免费岗前培训和“回炉”培训。（人力资源社会保障部、财政部按职

责分工负责，地方各级人民政府负责）

（九）重点城市率先支持员工制家政企业发展。北京、上海等大中型以上城市要率先发展员工制家政企业，加大社保补贴力度，利用城市现有设施改造作为员工制家政服务人员集体宿舍。各地支持有条件的员工制家政企业提供职工集体宿舍，园区配建职工宿舍优先面向员工制家政服务人员。（相关地方人民政府负责）

三、强化财税金融支持，增加家政服务有效供给

（十）提高家政服务业增值税进项税额加计抵减比例。研究完善增值税加计抵减政策，进一步支持家政服务业发展。（财政部、税务总局按职责分工负责）

（十一）扩大员工制家政企业免征增值税的适用范围。对与消费者（客户）、服务人员签订服务协议，代发服务人员劳动报酬，对服务人员进行持续培训管理，并建立业务管理系统的家政企业提供的家政服务免征增值税。（财政部、税务总局、商务部等按职责分工负责）

（十二）开展家政服务“信易贷”试点。依托全国信用信息共享平台，引导和鼓励商业银行在市场化和商业自愿的前提下为信用状况良好且符合条件的家政企业提供无抵押、无担保的信用贷款。（发展改革委、人民银行、银保监会按职责分工负责，地方各级人民政府负责）

（十三）拓展发行专项债券等多元化融资渠道。支持符合条件的家政企业发行社会领域产业专项债券。鼓励地方运用投资、基金等组合工具，支持家政企业连锁发展和行业兼并重组。（发展改革委、商务部、人民银行、银保监会按职责分工负责，地方各级人民政府负责）

四、完善公共服务政策，改善家政服务人员从业环境

（十四）加强社保补贴等社会保障支持。对家政企业招用就业困难人员或毕业年度高校毕业生并缴纳社会保险费的，按规定予以社保补贴。（人力资源社会保障部，地方各级人民政府负责）

（十五）支持发展家政商业保险。进一步研究家政服务商业综合保险方案。鼓励家政企业参保雇主责任保险，为员工投保意外伤害保险、职业责任保险。鼓励保险公司开发专门的家政服务责任保险、意外伤害保险产品。鼓励有条件的地区组织家政企业和从业人员统一投保并进行补贴。（商务部、银保监会，地方各级人民政府负责）

（十六）保障家政从业人员合法权益。最大限度把家政从业人员组织到工会中，探索适合家政从业人员特点的入会形式、建会方式和工作平台。完善家政从业人员维权服务机制，保障其合法权益，促进实现体面劳动。（全国总

工会负责）

（十七）积极推动改善家政从业人员居住条件。各地应将符合条件的家政从业人员纳入公租房保障范围，有条件的地方可集中配租，家政从业人员通过市场租房居住的，政府对符合条件的给予租赁补贴。支持各地采取多种方式帮助解决家政从业人员改善居住条件的需求。（住房城乡建设部、财政部，地方各级人民政府负责）

（十八）畅通家政从业人员职业发展路径。引导家政企业将员工学历、技能水平与工资收入、福利待遇、岗位晋升等挂钩。支持家政从业人员通过高职扩招专项考试、专升本等多种渠道提升学历层次。（人力资源社会保障部、教育部、商务部按职责分工负责，地方各级人民政府负责）

（十九）表彰激励优秀家政从业人员。五一劳动奖章、五一巾帼标兵、三八红旗手（集体）、城乡妇女岗位建功先进个人（集体）、青年文明号等评选表彰要向家政从业人员倾斜，对获得上述奖励以及在世界技能大赛和国家级一类、二类职业技能大赛中获奖的家政从业人员，纳入国家高技能人才评定范围，并在积分落户等方面给予照顾。加大家政服务业典型案例宣传力度。（商务部、人力资源社会保障部、全国总工会、全国妇联、共青团中央、发展改革委等按职责分工负责，相关地方人民政府负责）

五、健全体检服务体系，提升家政服务人员健康水平

（二十）分类制定家政服务人员体检项目和标准。研究制定科学合理的家政服务人员体检项目和标准，育婴员、养老护理员等职业应实行更加严格的岗前健康体检，其他从业人员上岗前应按所从事家政服务类别进行体检。（商务部会同卫生健康委负责）

（二十一）更好为家政服务人员提供体检服务。从事体检的医院或体检机构要明示收费标准，做好体检记录，缩短体检报告制作时间。（卫生健康委、商务部按职责分工负责，地方各级人民政府负责）

六、推动家政进社区，促进居民就近享有便捷服务

（二十二）支持家政企业在社区设置服务网点。家政企业在社区设置服务网点，其租赁场地不受用房性质限制，水电等费用实行居民价格。支持依托政府投资建设的城乡社区综合服务设施（场地）设立家政服务网点，有条件的地区可减免租赁费用。（商务部、住房城乡建设部、发展改革委，地方各级人民政府负责）

（二十三）加大社区家庭服务税费减免力度。落实好支持养老、托幼、家政等社区家庭服务业发展的税费优惠政策。（财政部、税务总局按职责分工负责）

七、加强平台建设，健全家政服务领域信用体系

（二十四）建立家政服务信用信息平台系统。中央财政通过服务业发展资金支持家政服务领域信用体系建设。依托全国信用信息共享平台，全量归集家政企业、从业人员、消费者的基础信息和信用信息，并按规定向相关部门及家政企业充分共享金融、税务、司法等可公开信用信息。探索建立全国家政企业和从业人员社会评价互动系统。（商务部、发展改革委、财政部按职责分工负责）

（二十五）优化家政服务信用信息服务。建立家政从业人员个人信用记录注册、跟踪评价和管理制度。开通家政从业人员职业背景信息验证核查渠道。依托“信用中国”网站、信用类应用程序（APP）等，按规定提供家政企业、从业人员的身份认证、信誉核查、信用报告等信息。（商务部、发展改革委、公安部按职责分工负责）

（二十六）加大守信联合激励和失信联合惩戒力度。基于全国信用信息共享平台建立联合奖惩系统，对在家政服务过程中存在违法违规和严重失信行为的家政企业及从业人员实行联合惩戒。开展家政企业公共信用综合评价，对信用等级较高的企业减少监管频次，提供融资、租赁、税收等便利服务。开展家政服务领域信用建设专项行动。（商务部、发展改革委按职责分工负责）

八、加强家政供需对接，拓展贫困地区人员就业渠道

（二十七）建立家政服务城市与贫困县稳定对接机制。把家政服务作为劳动力输出地区各类职业技能实训基地重要培训内容，在中西部人口大省重点打造一批家政服务人才培训基地。（人力资源社会保障部、商务部、全国总工会、全国妇联等按职责分工负责）

（二十八）建立健全特殊人群家政培养培训机制。对困难学生、失业人员、贫困劳动力等人群从事家政服务提供支持。推进“雨露计划”。为去产能失业人员、建档立卡贫困劳动力免费提供家政服务培训。（地方各级人民政府负责）

九、推进服务标准化，提升家政服务规范化水平

（二十九）健全家政服务标准体系。开展家政服务国家标准修订工作。完善行业标准体系。研究制定家政电商、家政教育、家政培训等新业态服务标准和规范。推进家政服务标准化试点专项行动。（商务部、市场监管总局等负责）

（三十）推广使用家政服务合同示范文本。规范家政服务三方权利义务关系，推广使用合同示范文本。家政企业应与消费者签订家政服务协议，公开

服务项目和收费标准，明确服务内容清单和服务要求。（商务部会同人力资源社会保障部等负责）

（三十一）加快建立家政服务人员持证上门制度。政府通过多种方式，逐步实现统一为每一位合格的家政从业人员免费发放“居家上门服务证”，并在公共信息平台上实施诚信监管。鼓励各地参照上海等城市的先进经验，探索建立覆盖全域的家政持证上岗模式。（地方各级人民政府负责）

（三十二）开展家政服务质量第三方认证。家政企业要开展优质服务承诺，公开服务质量信息。开展家政服务质量监测。建立家政服务质量第三方认证制度。对家政企业开展考核评价并进行动态监管。（商务部、市场监管总局按职责分工负责）

（三十三）建立家政服务纠纷常态化多元化调解机制。进一步畅通“12315”互联网平台等消费者诉求渠道，发挥家政行业协会、消费者权益保护组织等作用，建立家政服务纠纷常态化多元化调解机制。（商务部、市场监管总局、全国总工会按职责分工负责）

十、发挥规范示范作用，促进家政服务业可持续发展

（三十四）建立健全家政服务法律法规。加强家政服务业立法研究。充分发挥家政行业协会作用，制定完善行业规范。各地要制定或者修改完善家政服务领域法规、规章、规范性文件和标准。（商务部，地方各级人民政府负责）

（三十五）促进家政服务业与相关产业融合发展。推动家政服务业与养老、育幼、物业、快递等服务业融合发展。大力发展家政电商、“互联网＋家政”等新业态。培育以专业设备、专用工具、智能产品研发制造为支撑的家政服务产业集群。（商务部，地方各级人民政府负责）

（三十六）培育家政服务品牌和龙头企业。各地要培育一批具有区域引领和示范效应的龙头企业，形成家政服务业知名品牌。实施家政服务业提质扩容“领跑者”行动。（发展改革委、商务部，地方各级人民政府负责）

国务院建立由发展改革委、商务部牵头的部际联席会议制度，各省级人民政府要建立家政服务工作协调机制，各地要把推动家政服务业提质扩容列入重要工作议程，构建全社会协同推进的机制，确保各项政策措施落实到位。

中华全国总工会办公厅
关于印发《全国总工会贯彻落实〈关于促进家政服务业提质扩容的意见〉的实施方案》及有关文件的通知

（2020 年 5 月 12 日）

各省、自治区、直辖市总工会：

为贯彻落实《关于促进家政服务业提质扩容的意见》，推动家政服务业高质量发展，全国总工会制定了《贯彻落实〈关于促进家政服务业提质扩容的意见〉的实施方案》及《关于 2020 年全总家政服务培训补助资金的使用说明》等有关文件。现印发给你们，请遵照执行。

附件：1.《全国总工会贯彻落实〈关于促进家政服务业提质扩容的意见〉的实施方案》

2.《关于 2020 年全总家政服务培训补助资金的使用说明》

3.《家政服务培训学员档案》

4.《家政服务培训补助资金培训情况实名制汇总表》

附件 1：

全国总工会贯彻落实《关于促进家政服务业提质扩容的意见》的实施方案

为贯彻落实《关于促进家政服务业提质扩容的意见》，实现家政服务业高质量发展，全国总工会按照分工，制定 2019—2020 年推动家政服务业提质扩容的实施方案。

一、将家政服务培训作为“工会技能培训促就业行动”的重点内容，指导各级工会对新上岗家政服务人员开展岗前培训、在岗家政服务人员开展“回炉”培训，确保到 2020 年底各级工会组织培训家政从业人员 20 万人（次）。

二、推动各级工会加大家政服务业培训投入力度，有效开展技能培训，促进农民工、去产能分流职工、困难家庭成员等群体就业，满足家政服务行业用工需求。根据工作需要，可研究将家政服务业培训作为全总确定的重点项目，列入对下项目补助中统一安排。

三、依托行业主管部门、龙头企业工会，借助行业协会（商会）力量规范建立家政行业工会联合会。积极引导家政从业人员加入工会组织。探索在员工制家政服务企业就家政员劳动报酬、工作时间、休息休假、劳动安全卫生、保险福利等事项开展集体协商，积极维护家政服务人员合法权益。

四、推动各级工会开展家政服务行业职业技能大赛，助推家政服务业规范化、职业化建设，进一步提升家政服务从业人员的职业素质和技能水平。

五、通过“全国工会就业创业服务月”“京津冀蒙跨区域就业创业服务系列活动”等就业服务平台，促进家政服务人员与用工企业城市间劳务对接。整合地区间就业服务资源，鼓励劳动力输出地工会打造家政服务人才培训基地，努力推动家政服务城市工会与贫困县工会供需对接，积极拓展贫困地区人员就业渠道。

六、各级工会在评选表彰五一劳动奖章、五一巾帼标兵工作中，积极推荐符合条件的家政行业人选。鼓励各级工会和家政服务企业总结经验做法，大力培养选树先进典型，加大家政服务业典型案例的宣传力度，引导家政服务业人员更好地弘扬劳模精神、劳动精神、工匠精神。

七、积极协助国家商务部、市场监管总局，推动建立以各地家政行业协会调解为主，诉讼为补充的多部门共同参与的家政服务纠纷常态化多元化调解机制，妥善解决家政纠纷，为家政服务行业发展提供制度保障。

附件2：

关于2020年全总家政服务培训补助资金的使用说明

为贯彻落实《国务院办公厅关于促进家政服务业提质扩容的意见》，支持各级工会积极开展家政服务培训工作，加大培训资金投入力度，加强培训资金的规范管理，提高培训资金使用效益，特制定本说明。

全国总工会家政服务培训补助资金（以下简称“全总家政服务培训补助资金”）是指，全国总工会从2020年对下回拨经费中以“专项”形式列支、用于支持和引导各级工会开展家政服务培训的补助资金。

一、范围和标准

（一）全总家政服务培训补助资金重点用于各级工会对以下群体开展的家政服务培训：

1. 各级工会常态化帮扶的困难职工家庭成员（含配偶、子女）；

2. 加入工会组织的农民工；

3. 下岗职工、转岗待岗职工。

（二）获得补贴的培训对象需取得政府有关部门颁发的职业资格证书（或职业技能等级证书、专项职业能力证书）、培训机构出具的培训合格证书（或结业证书）。

（三）各地工会在2020年1月1日—12月31日之间开展的家政服务培训可使用全总家政服务培训补助资金。

（四）全总家政服务培训补助资金人均补贴标准：初级培训不超过600元，中级培训不超过800元，高级培训不超过1000元。

（五）各地工会组织的家政服务培训费用标准不得偏离当地人社部门规定的同类或相近培训项目标准；没有人社部门标准的，不得偏离当地市场上同类或相近项目培训费用。

与政府相关部门或社会培训机构联合举办的培训项目，且已享受政府培训资金补贴的不得再申请全总家政服务培训补助资金。

二、使用和管理

（六）各级工会权益保障工作部（或有关工作部门）商财务部门对家政服务培训人数和使用资金进行预估，经同级工会领导班子集体研究后，将培训人数和资金需求逐级上报。

5月25日前，各省（区、市）总工会将2020年已开展家政服务培训人数、计划培训人数和资金预算报给全总权益保障部，全总统筹考虑资金分配办法。

9月15日前，各省（区、市）总工会将已完成的人数、资金以及到2020年底计划完成的人数、额度报全总权益保障部。全总根据各省（区、市）上报情况，将全总家政服务培训补助资金回拨至各省（区、市）总工会账户。

2021年1月20日前，各省（区、市）总工会将资金使用情况报告提交至全总权益保障部，并附《全国总工会家政服务培训补助资金培训情况实名制汇总表》（附件4）。

（七）各地工会组织开展家政服务培训，培训班可由各级工会单独组织，也可联合当地人力资源和社会保障部门或有办学许可（资质）的培训机构、有培训需求的企业共同组织实施。培训班采取实名制，严格考勤、考核。

（八）各级工会组织的家政服务培训以“谁组织、谁验收、谁报销、谁负责”为原则。项目结束后，由组织培训的本级工会对项目进行总结验收并出具报告。

验收材料包括：家政服务培训学员档案（附件3）及身份证复印件；享受补贴学员实名制汇总表（附件4）；职业资格证书（或职业技能等级证书、专项职业能力证书）、学员培训结业证（合格证）复印件；培训协议；享受补贴学员的出勤记录、培训影像资料；培训机构开具的行政事业性收费票据或税务发票；培训机构力、学资质复印件等。

（九）全总家政服务培训补助资金采取实名制报销方式。验收报告报同级工会领导班子审议通过后，由组织培训的本级工会将补助资金打到有关学员银行账户。

（十）培训项目资料应按照“一班次一档案”原则，及时整理归档以备检查。相关资料应包括但不限于第八条第二款规定的验收材料，及项目主管单位（地方工会）出具的项目验收报告。档案资料留存组织培训的总工会，保管期限5年。

三、监督检查

（十一）全国总工会对省级工会开展的家政服务培训项目进行抽查。各省、市总工会要适时对下级工会开展的家政服务培训进行抽查。抽查包括但不限于现场检查、电话回访等方式。

（十二）各地对工会家政服务培训资金应当建立健全严格的财务管理制度，强化内部财务管理，优化业务流程，加强内部风险防控，专款专用，不得截留、挤占和挪用，不得虚报培训人数，同一班次不得重复申报。自觉接受上级业务部门和财务、经审、纪检部门的监督检查。对弄虚作假，骗取补助资金的，除追回补助资金外，将按有关规定严肃查处。

附件3：

家政服务培训学员档案

<table>
<tr><td>职工姓名</td><td></td><td>档案编号</td><td colspan="2"></td></tr>
<tr><td>身份证号</td><td></td><td>联系电话</td><td colspan="2"></td></tr>
<tr><td>家庭住址</td><td></td><td></td><td colspan="2"></td></tr>
<tr><td>培训学校</td><td></td><td>培训班名称</td><td colspan="2"></td></tr>
<tr><td>培训专业（工种）</td><td></td><td>培训成本</td><td colspan="2"></td></tr>
<tr><td>培训时间</td><td colspan="4">年　月　日至　年　月　日</td></tr>
<tr><td rowspan="2">培训课程</td><td rowspan="2">培训教材</td><td colspan="2">学　时</td><td rowspan="2">考试成绩</td></tr>
<tr><td>理论课</td><td>实践课</td></tr>
<tr><td></td><td></td><td></td><td></td><td></td></tr>
<tr><td></td><td></td><td></td><td></td><td></td></tr>
<tr><td></td><td></td><td></td><td></td><td></td></tr>
<tr><td></td><td></td><td></td><td></td><td></td></tr>
<tr><td></td><td></td><td></td><td></td><td></td></tr>
<tr><td rowspan="3">发证情况</td><td colspan="4">证书种类及编号</td></tr>
<tr><td colspan="2">鉴定职业（工种）</td><td colspan="2">鉴定等级</td></tr>
<tr><td colspan="4">技能等级证书（或职业资格证书）编号</td></tr>
<tr><td rowspan="4">学员推荐就业情况</td><td colspan="2">推荐就业单位</td><td colspan="2">是否订立劳动合同或劳务协议</td></tr>
<tr><td colspan="4">工资水平</td></tr>
<tr><td colspan="4">五险一金缴纳情况</td></tr>
<tr><td colspan="4">单位联系电话</td></tr>
</table>

注：上述培训情况由培训机构填写，核对无误后签字盖章。（此表供参考）

培训机构名称（单位盖章）

负责人签字：　　　　　　　　　　　　　　　　年　　月　　日

附件4：

全国总工会家政服务培训补助资金培训情况实名制汇总表

填报单位：　　　　　填报人：　　　　　联系电话：　　　　　　　　　　　　　年　　月　　日

序号	姓名	性别	年龄	身份证号	工作单位（家庭住址）	培训职业（工种）	培训课时	证书种类编号	联系电话	补助金额	开户行及卡号	签字
1												
2												
3												
4												
5												
6												
7												
8												
9												
10												
11												
12												
13												
14												
15												

注：此表由组织培训的本级工会填写，逐级上报至全总。（此表供参考使用）

中华全国总工会办公厅关于推荐评选2021年全国先进女职工集体和个人的通知

（总工办发〔2020〕23号 2020年12月17日）

各省、自治区、直辖市总工会，各全国产业工会，中央和国家机关工会联合会：

为学习贯彻习近平新时代中国特色社会主义思想，学习贯彻党的十九大和十九届二中、三中、四中、五中全会精神，贯彻落实习近平总书记在全国劳动模范和先进工作者表彰大会上的重要讲话精神，大力弘扬劳模精神、劳动精神、工匠精神，团结动员广大女职工为全面建设社会主义现代化国家建功立业，为实现“十四五”规划和2035年远景目标作出更大贡献，中华全国总工会决定，在2021年“三八”国际劳动妇女节前夕，表彰一批为国家经济建设和社会发展作出突出贡献的先进女职工集体和个人。现将有关事项通知如下。

一、推荐评选范围及名额

（一）推荐评选范围。

全国五一巾帼标兵岗：授予在我国境内依法注册或登记的企业、事业单位、机关、社会组织及其他组织所属的女职工占多数的集体。

全国五一巾帼标兵：授予在我国境内依法注册或登记的企业、事业单位、机关、社会组织及其他组织中的中国籍女职工。

已获得全国五一巾帼标兵岗（标兵）荣誉称号的集体和个人，原则上不再重复授予。

（二）推荐评选名额。

2021年在2019年评选表彰全国五一巾帼标兵岗300个、标兵300名基础上各增加50个（名），即表彰全国五一巾帼标兵岗350个、全国五一巾帼标兵350名，并从中分别选树10个（名）有突出贡献的标兵岗（标兵），授予全国五一巾帼奖状（奖章）。本次名额分配综合考虑各地女职工人数、经济社会发展水平、工会女职工工作成效等因素，增加的名额用于表彰抗击新冠肺炎疫情一线女职工，适当向疫情严重地区和医务人员倾斜（名额分配表见附件1）。

二、推荐评选条件

推荐评选的全国先进女职工集体和个人要以习近平新时代中国特色社会主义思想为指导，牢固树立“四个意识”，坚定“四个自信”，做到“两个维护”，自觉在思想上政治上行动上同以习近平同志为核心的党中央保持高度一致，坚定不移听党话、跟党走，坚决贯彻新发展理念，积极为实现中华民族伟大复兴的中国梦不懈努力，并分别具备以下条件：

（一）全国五一巾帼标兵岗（标兵）评选条件。

1. 全国五一巾帼标兵岗：在推进国家重大战略、重大工程、重大项目、重点产业等建设，促进科技、教育、文化、卫生、体育等社会事业发展，决战决胜脱贫攻坚及抗击新冠肺炎疫情中作出突出贡献的先进集体。以车间、科室、班组等为评选单位，其中女职工比例不少于60%，主要负责人为女性。

2. 全国五一巾帼标兵：具备良好的职业道德和较高的业务水平，爱岗敬业，勇于创新，直接从事生产、教育、文化、卫生、体育和科研等一线工作，在省级以上国家重大工程或重大科技专项推进、自主创新、脱贫攻坚、爱心帮扶、维护社会稳定、增进民族团结及在抗击新冠肺炎疫情中作出突出贡献的先进女职工。

（二）全国五一巾帼奖状（奖章）评选条件。

1. 全国五一巾帼奖状：具有积极向上的团队精神和良好的职业道德风貌，立足自主创新，注重资源节约，推动高质量发展，在女职工提升素质建功立业活动中取得突出成绩，为推进社会主义经济、政治、文化、社会、生态文明建设及在决战决胜脱贫攻坚、抗击新冠肺炎疫情中作出重大贡献的先进集体。全国五一巾帼奖状推荐评选集体从全国五一巾帼标兵岗中产生，原则上应具有省（部）级表彰的荣誉基础。

2. 全国五一巾帼奖章：模范执行党的路线方针政策，带头遵守国家法律法规，积极参加女职工提升素质建功立业活动，在本职岗位上奋发进取，开拓创新，服务人民，奉献社会，为推进社会主义经济、政治、文化、社会、生态文明建设及在决战决胜脱贫攻坚、抗击新冠肺炎疫情中作出重大贡献并在群众中享有较高威信的先进女职工。全国五一巾帼奖章推荐评选人选从全国五一巾帼标兵中产生，原则上应具有省（部）级表彰的荣誉基础。

三、推荐评选程序

（一）全国五一巾帼标兵岗（标兵）候选者和全国五一巾帼奖状（奖章）候选者须经所在单位职工代表大会等民主推荐，工会女职工委员会进行评审，工会和申报单位逐级审核，所在单位纪检监察组织同意，并由所在单位进行公示，签署意见后，报所在市（地、州、盟）级工会审核。申报全国五一巾幅奖状的单位，须经地方发展改革、人力资源社会保障、生态环境、应急管理、税务、市场监管等部门审查同意。

（二）市（地、州、盟）级工会在充分听取各方意见基础上，对候选集体和个人进行审查后，报省级工会审核。省级工会审核同意后，报全总女职工委员会办公室。

（三）各全国产业工会、中央和国家机关工会联合会推荐全国五一巾帼标兵岗（标兵）候选者，须逐级审核同意，并由所在单位进行公示，签署意见后，报全总女职工委员会办公室。

（四）全总女职工委员会办公室负责评选工作的组织实施。

1. 全国五一巾帼标兵岗（标兵）实行等额推荐。各推荐单位按照评选条件和分配名额等额上报推荐人选。全总女职工委员会办公室对上报材料进行审核，产生全国五一巾帼标兵岗（标兵）获得者建议名单。

2. 全国五一巾帼奖状（奖章）实行差额推荐。各省（区、市）总工会严格按照评选条件，从推荐的全国五一巾帼标兵岗（标兵）中，推荐全国五一巾帼奖状（奖章）候选者各 1 个（名）。

被推荐的候选集体和个人应逐级审核，经各省（区、市）总工会党组会议研究同意后，报全总女职工委员会办公室。全总女职工委员会办公室在此基础上组织召开全国五一巾帼奖评审会议，对推荐的 31 个候选集体和 31 名候选个人进行评审，产生 10 个全国五一巾帼奖状、10 名全国五一巾帼奖章获得者建议名单。

全国五一巾帼标兵岗（标兵）和全国五一巾帼奖状（奖章）获得者建议名单报请全总书记处会议审定，并进行 5 天公示。

四、推荐评选工作要求

推荐评选工作本着公开、公平、公正的原则，面向基层、面向一线、面向普通劳动者，坚持评选标准，严格推荐程序，保证评选质量。

（一）高度重视，精心组织。

各级工会要将评选表彰先进的过程，作为大力弘扬社会主义核心价值观、弘扬中华民族传统美德的过程，作为树立时代楷模，弘扬劳模精神、劳动精神、工匠精神的过程，作为挖掘先进典型、宣传展示女职工巾帼风采的过程，上下联动、形成合力，进一步打造“五一巾帼奖”工作品牌。以评选表彰活动为契机，努力营造创先争优、学赶先进的良好氛围，团结动员广大女职工为全面建设社会主义现代化国家建功立业。

（二）坚持面向基层和一线。

1. 推荐评选面向基层、面向一线女职工。注重推荐在重大工程、促进区域发展劳动和技能竞赛中涌现的先进女职工集体和个人；具有工匠精神的高技能人才和优秀技术工人；在抗击新冠肺炎疫情中做出突出贡献的医务工作者、社区工作者、志愿者等。

2. 抗疫一线先进女职工集体和个人数量不低于分配名额的15%。

3. 女性农民工和少数民族女职工应占一定比例。

4. 副司局级或者相当于副司局级及以上单位和干部、省级工会组织和工会干部不参评。市级及以下工会组织和工会干部比例不超过10%。凡被推荐人选是机关和事业单位县处级干部，要按照干部管理权限，征得组织、纪检监察部门同意。

5. 凡未建立工会女职工组织的用人单位及其女职工不得作为全国五一巾帼标兵岗（标兵）和全国五一巾帼奖状（奖章）推荐对象。

（三）严肃推荐评选工作纪律。

切实贯彻党和国家关于评选表彰工作的有关精神，坚决执行相关规定，进一步强化推荐评选工作的严肃性，自觉接受各方监督。按照推荐评选程序履职尽责，从严审核。对于伪造相关材料或未严格按照评选条件和规定程序推荐的集体和个人，一经查实撤销其评选资格，取消相应名额，且不得递补或重报。

（四）加强对推荐评选工作的领导。

各推荐单位要成立推荐评选工作领导小组，及时研究解决本地区本系统推荐评选工作中遇到的情况和问题。建立工作责任制，明确责任主体和时间进度，强化过程管控，严把评选标准关和评选质量关。细化落实方案，精心组织实施，不断提高推荐评选工作水平和成效。

（五）做好材料报送工作。

1. 如实填写全国五一巾帼标兵岗（标兵）登记表（见附件2、3）、全国五一巾帼奖状（奖章）推荐表（见附件4、5）和全国五一巾帼标兵岗（标兵）基本情况汇总表（见附件6、7）。主要事迹要重点突出、文字精练。

2. 全国五一巾帼标兵岗（标兵）登记表、全国五一巾帼奖状（奖章）推荐表各一式3份。

3. 全国五一巾帼标兵岗（标兵）汇总名单须准确填报，分别按区域和姓氏笔划排序，并加盖省级工会公章。

4. 报送全国五一巾帼奖状（奖章）候选者短视频（1分钟以内，高清MP4格式），主要内容包括简要介绍、典型事迹等，用于全国五一巾帼奖评审工作。

5. 所有表格须统一用A4纸填写打印，并逐级加盖公章。

请于2021年1月15日前将推荐表、登记表、基本情况汇总表、汇总名单和短视频，通过电子邮件发送至全国总工会女职工委员会办公室。有关表格请在中国工会女职工工作网 http：//nzw. acftu. org 下载。

附件：1. 全国五一巾帼标兵岗、标兵名额分配表（略）

2. 全国五一巾帼标兵岗登记表（略）

3. 全国五一巾帼标兵登记表（略）

4. 全国五一巾帼奖状推荐表（略）

5. 全国五一巾帼奖章推荐表（略）

6. 全国五一巾帼标兵岗基本情况汇总表（略）

7. 全国五一巾帼标兵基本情况汇总表（略）

中华全国总工会　人力资源和社会保障部　卫生部　中华全国妇女联合会关于举办2012年全国女职工岗位创新技能大赛的通知

（总工发〔2012〕42号　2012年5月8日）

各省、自治区、直辖市总工会，人力资源社会保障厅（局），卫生厅（局），妇女联合会：

为推动人才强国战略和《国家中长期人才发展规划纲要（2010—2020年）》的实施，贯彻落实国务院关于发展家庭服务业的指导意见和《“十二五”期间深化医药卫生体制改革规划暨实施方案》，落实全国总工会创先争优建功立业决议和劳动竞赛5年规划，深入实施女职工提升素质建功立业工程，进一步激发广大女职工的劳动热情和创造活力，提升女职工职业道德素质、岗位创新能力和技能水平，培养和造就适应时代要求的知识型、技能型、创新型高素质女职工队伍，组织动员全国广大女职工为实施“十二五”规划目标任务作出积极贡献，全国总工会、人力资源社会保障部、卫生部、全国妇联决定联合举办2012年全国女职工岗位创新技能大赛（以下简称“大赛”）。现将有关事项通知如下：

一、项目设置

大赛设家政服务（育婴、养老护理）、医疗护理（临床护理、儿科护理、重症监护护理）、话务服务、服装设计创新四类7个项目。

二、主办、承办单位

大赛由全国总工会、人力资源社会保障部、卫生部、全国妇联共同主办。

（一）育婴、养老护理项目由全总女职工委员会、人力资源社会保障部农民工工作司、全国妇联妇女发展部、中国财贸轻纺烟草工会主办，中国家庭服务业协会和广东省家庭服务业协会承办。

（二）临床护理、儿科护理、重症监护护理项目，由全总女职工委员会、卫生部直属机关党委和医政司、中国教科文卫体工会主办，中华护理学会和卫生部医院管理研究所承办。

（三）话务服务项目由全总女职工委员会、中国国防邮电工会主办，中国移动通信集团工会承办。

（四）服装设计创新项目由全总女职工委员会、中国财贸轻纺烟草工会主办，中国服装协会和中国服装设计师协会承办。

三、参赛人员

凡从事与竞赛相关职业（工种）并符合各竞赛项目参赛条件的女职工，均可报名参加。

四、大赛内容

大赛将根据有关项目的技术要求命题，由理论考试和实际操作两部分组成。其中，理论考试成绩占30%，实际操作成绩占70%，具体实施办法见各竞赛项目方案。

五、决赛地点

家政服务：广东

医疗护理：北京

话务服务：北京或广东

服装设计：北京

六、奖励办法

本次大赛以荣誉奖励为主，适当给予一定的物质奖励。

（一）个人奖。

1. 对各项目总决赛前五名选手，分别授予奖章，并发放奖金予以鼓励；对其他进入总决赛的选手，颁发“全国女职工岗位创新技能大赛提名奖”证书。

2. 对各项目总决赛获得第一名并符合相关规定的选手，按程序向全国总工会申报“全国五一劳动奖章”；对各项目总决赛前十名的选手，按程序审核后授予“全国女职工建功立业标兵”。

3. 各省（区、市）总工会、人力资源社会保障厅（局）可参照以上精神，制定相应的奖励办法。

（二）团体奖。对各行业（按家政服务、医疗护理、话务服务、服装设计创新四大类别）团体总分前三名的代表队颁发名次奖奖杯和证书；四至十名的代表队颁发优胜奖奖牌和证书。

（三）大赛组委会对组织工作出色的承办单位颁发优秀组织奖奖牌和证书；对承担决赛任务的单位颁发特殊贡献奖奖牌和证书。

七、时间安排

大赛于 3 月至 11 月举办。分为启动、练兵选拔和分区决赛、总决赛和表彰展示 3 个阶段。

（一）启动阶段（3 月至 5 月）

以各主办单位名义联合印发通知和竞赛项目技术文件，对开展大赛工作做出部署安排。

（二）练兵选拔和分区决赛阶段（6 月至 9 月）

各项目承办单位按照项目技术标准要求，在本系统广泛组织女职工和女农民工开展岗位练兵活动，选拔出参加分区决赛的选手，在此基础上，以省（区、市）为单位组织开展分项目决赛，选拔出选手组成代表队参加全国总决赛。

（三）总决赛和表彰展示阶段（10 月至 11 月）

总决赛在大赛组委会领导下，由承办地负责组织实施。之后在北京召开总结表彰大会，对获奖选手进行表彰，同时举办获奖作品展示活动。

八、组织机构

大赛成立组委会，负责大赛的组织领导工作（组委会成员名单见附件）。

大赛组委会办公室设在全总女职工委员会办公室，办公室主任由全总女职工委员会负责人兼任。

按四大类别成立分组委会，负责对所承办竞赛项目的组织实施，主任、副主任由主办或承办单位负责人担任。分组委会下设评判委员会和监审委员会。评判委员会负责竞赛规则、命题、评判标准制定及裁判等赛务工作；监审委员会负责竞赛过程的监督、审查和仲裁等工作。

九、工作要求

（一）高度重视，精心组织。要充分认识开展全国女职工岗位创新技能大赛的重要意义，切实加强对大赛的组织领导，成立相应的工作机构。结合实际制定具体实施方案，周密部署，有序推进，形成一级抓一级、层层抓落实的工作格局，确保大赛各项工作任务落到实处。

（二）坚持原则，规范运作。大赛要坚持公开、公平、公正原则，完善工作制度，规范比赛程序，杜绝暗箱操作，做好安全保密工作。要加强对裁判职业道德培训和相关业务知识培训，严格按照要求，着力提高大赛质量，真正把职业道德好、技术水平高的选手选拔出来，赛出风格、赛出团结、赛出水平，使大赛成为提高女职工技能水平、展示女职工风采的有效载体。

（三）突出创新，彰显特色。要围绕女职工岗位创新技能大赛主题，在各竞赛项目中突出创新理念，融入创新意识，组织引导女职工努力学习新知识、掌握新技能，立足岗位、创新创造，打造知识型、创新型、技能型女职工队伍。

（四）加强培训，广泛发动。要通过多种形式广泛发动广大女职工积极参与大赛活动，参与率力争达到各项目从业女职工总数的80%以上。要在组织开展女职工岗位技能培训的基础上，逐级选拔，以赛促练，达到广泛参与、层层练兵的目的，进一步在女职工中掀起学技能、练硬功、比贡献、创一流的热潮。

（五）加强协作，密切配合。要按照大赛组委会的统一部署和责任分工，各司其职、密切配合，形成分工合作、齐抓共管的竞赛工作格局，共同做好竞赛项目的组织实施。要加强协调沟通，根据各地实际，积极争取对各项目决赛取得名次的选手给予一定的奖励。同时要做好各项目竞赛相关数据统计工作。

（六）扩大宣传，营造氛围。要通过广播、电视、报刊、网络等传媒，广泛宣传开展女职工岗位创新技能大赛的意义，宣传开展活动的典型经验及做法，宣传活动中涌现出来的女职工先进典型，不断扩大竞赛活动的社会影响，营造有利于竞赛活动的良好社会氛围。大赛组委会将不定期编印简报，对各地工作情况进行通报，各地要加强信息交流和情况反馈，及时向大赛组委会办公室提供信息。

十、其他事项

（一）各竞赛项目技术文件、决赛具体时间等未尽事宜由各分组委会另发通知。

（二）各省（区、市）相关单位可参照本通知精神，制定相应的奖励办法。

（三）联系方式：（略）

附件：大赛组委会成员名单（略）

中华全国总工会女职工委员会关于实施“女职工建功立业工程”的指导意见

（总工女委〔2004〕1号　2004年9月2日）

为深入贯彻“三个代表”重要思想和党的十六大精神，全面完成中国工会十四大提出的各项任务，团结动员广大女职工为全面建设小康社会建功立业，全国总工会女职工委员会四届一次会议决定，在全国女职工中实施“女职工建功立业工程”。

一、实施“女职工建功立业工程”的重要意义

全面建设小康社会、加快推进社会主义现代化建设是包括广大女职工在内的中国工人阶级肩负的光荣而神圣的历史使命。实施“女职工建功立业工程”是团结动员女职工积极投身全面建设小康社会的有效载体和具体行动，为女职工参与社会主义现代化建设，充分展示聪明才智提供广阔空间。实施“女职工建功立业工程”，就是要团结动员女职工紧紧围绕经济建设这个中心不动摇，发扬工人阶级识大体、顾大局的优良传统，正确认识和对待改革过程中利益关系的调整，自觉地把个人命运与国家、民族命运相联系，增强促进发展的责任感和紧迫感。

二、实施“女职工建功立业工程”的指导思想和总体目标

实施“女职工建功立业工程”的指导思想是：以“三个代表”重要思想和党的十六大精神为指导，全面贯彻落实中国工会十四大及全总女职工委员会四届一次会议精神，按照全国总工会开展“职工经济技术活动”的有关部署，团结动员广大女职工立足本职岗位，自强不息，努力奉献，增强主人翁精神，为实现全面建设小康社会的宏伟目标建功立业。

实施“女职工建功立业工程”的总体目标是：用五年左右时间，通过开展内容丰富、形式多样的劳动竞赛和合理化建议、岗位练兵、技术比武、发明创造、技术革新等经济技术创新活动，使60%以上的女职工在原有基础上，文化程度上一个档次，技术级别上一个等级，学习能力、创新能力、竞争能力和创业能力有明显提高。从而充分展示女职工的聪明才智，发挥女职工的积极性、主动性和创造性，在全面建设小康社会进程中发挥更大的作用。

三、实施“女职工建功立业工程”的主要内容和方法

实施“女职工建功立业工程”是引导女职工积极投身到现代化建设事业的有效途径。各级工会女职工组织把“女职工建功立业工程”与“职工经济技术活动”紧密结合起来，针对女职工的特点，不断创新活动载体，丰富活动内容，积极构筑女职工建功立业活动的平台。

1. 针对不同行业、不同所有制形式以及不同层面女职工群体的特点，组织和协调有关部门开展适合生产需要、女职工需求的技术技能培训，培养一批能够运用现代科技知识、具有创造才能的高技能女职工人才，为全面建设小康社会建功立业。

2. 积极开展全方位岗位练兵、技术比武、发明创造、理化建议活动。组织女职工相对集中的行业、工种进行岗位练兵、技术比武等各项劳动竞赛。女职工开展技术比武、发明创造、技术革新、合理化建议等活动，既是“女职工建功立业工程”的有效载体，也是“职工经济技术活动”的重要组成部分。竞赛活动要力求形式多样，内容丰富，突出特色，注重实效。

3. 加强人才档案管理。要协助配合有关方面建立健全女职工高技能人才档案，调查研究，摸清底数，及时了解掌握女职工技术技能情况和人才培养、分布及结构状况，实行动态管理。

四、实施“女职工建功立业工程”的基本要求

1. 加强领导。全国总工会女职工委员会将成立由有关方面组成的“女职工建功立业工程”和“女职工素质提升工程”指导委员会，各地也要切实加强组织领导。要结合实际制定“女职工建功立业工程”实施方案，明确活动的总体目标和阶段目标，有工作计划，有检查评比，有表彰奖励制度。要加强与有关部门的协调与合作，争取社会多方面的支持与配合，为实施“女职工建功立业工程”创造良好的外部环境。

2. 突出特色。要针对不同行业、不同职业女职工群体结构特点，创新“女职工建功立业工程”的内容和形式。要根据各地经济发展水平和发展战略，确定“女职工建功立业工程”的要求、目标和工作方式，强化活动的针对性和时效性，突出女职工组织及女职工工作特色。要继续巩固和发展多年来开展“女职工双文明建功立业活动”的经验和成果，进一步扩大活动范围和领域，总结活动的基本规律，推进“女职工建功立业工程”的全面开展。

3. 选树典型。要高度重视“女职工建功立业工程”中的先进典型的选树和宣传工作，充分利用各种宣传阵地，广泛宣传在活动中涌现出来的先进人物和事迹，激发广大女职工投身于全面建设小康社会的责任感和使命感，树立中国职业女性的良好形象，扩大工会女职工组织的社会影响。要积极培育、总结和宣传不同职业群体的女职工参与“女职工建功立业工程”的工作模式，形成异彩纷呈的工作局面，打造工会女职工组织的工作品牌。

4. 健全激励机制。广泛开展争当“女职工建功立业标兵”和“女职工建功立业示范岗”活动。全国总工会对“全国女职工建功立业标兵”和“全国女职工建功立业示范岗”每两年表彰一次，每次选树“全国女职工建功立业标兵”400 名，“全国女职工建功立业示范岗”200 个，由全国总工会统一颁发奖牌和证书。对其中各 10 名成绩突出、贡献较大者授予“全国十佳女职工标兵”和“全国十佳女职工示范岗”称号。各级工会组织也要科学制定评选标准，组织好评选表彰。

中华全国总工会女职工委员会关于实施“女职工素质提升工程”的指导意见

（总工女委〔2004〕2 号　2004 年 9 月 2 日）

为深入贯彻党的十六大精神落实“三个代表”重要思想，保持和发展工人阶级的先进性，促进“全民学习、终身学习的学习型社会”的形成，推动“创建学习型组织争做知识型职工”活动的开展，实现女职工队伍整体素质的全面提升，全总女职工委员会四届一次会议决定在全国女职工中实施“女职工素质提升工程”。

一、实施“女职工素质提升工程”的重要意义

全面提升职工队伍的整体素质，是工会组织树立和落实全面、协调、可持续的发展观，促进经济社会和人的全面发展的必然要求。女职工是工人阶级的重要组成部分，在广大女职工中实施“女职工素质提升工程”，是保持和发展工人阶级先进性，更好地服务于全面建设小康社会的需要；是落实科教兴国和人才强国战略，培养女职工队伍中高技能人才推动技术创新和实现科技成果转化的具体实践；是动员组织女职工发挥自身优势和特点，积极参与“创建学习型组织，争做知识型职工”活动的有效载体；是推进女职工队伍知识化进程，实现全面提升女职工队伍整体素质的重要举措。实施“女职工素质提升工程”既反映了女职工要学习、求发展的迫切愿望，又符合她们的长远利益和根本利益，使女职工树立人人都能成才和终身学习的新理念，不断提高政治觉悟、文化水平、业务能力和整体素质，通过作出的贡献和取得的业绩充分展示女职工的时代风貌和伟大创造力。

二、实施“女职工素质提升工程”的指导思想和总体目标

实施“女职工素质提升工程”的指导思想是坚持以邓小平理论和“三个代表”重要思想为指导，树立人才资源是第一资源、人人可以成才的理念，为经济建设和社会发展提供人才保证和智力支持；结合女职工的实际，以提升女职工队伍整体素质为重点，努力提高女职工的学习能力、创新能力、竞争能力和创业能力；注重以人为本。切实维护女职工的学习权和发展权。以实际行动促进造就数以亿计的高素质劳动者、数以千万计的专门人才和一大批拔尖创新人才目标的实现。

实施“女职工素质提升工程”的总体目标是：各级工会女职工组织通过实施“女职工素质提升工程”，搭建起培养和造就高素质女职工队伍、开发女职工人才资源的平台，为女职工中优秀人才脱颖而出和展示才能创造机会和条件；营造尊重知识、尊重人才的社会环境，不断改进和完善终身学习和学以致用的激励机制，保护和发挥好女职工学习的主动性和积极性；在广大女职工中倡导全员学习、全程学习、团队学习观念，发扬刻苦学习、勤于实践、不断超越、勇于创新精神，全面提升广大女职工的综合能力和整体素质。

三、实施“女职工素质提升工程”的主要内容和方法

1. 提高女职工的思想道德素质。根据不同女职工群体自身发展的规律、特点和实施“女职工素质提升工程”的要求，教育、帮助女职工树立正确的世界观、人生观和价值观，把自己的岗位作为奉献社会的窗口和提升素质的着力点，以实现全面建设小康社会目标为己任，以高度的主人翁精神、政治责任感和历史主动性充分发挥女职工在三个文明建设中的作用，以公民道德基本行为准则规范自己的言行，弘扬“四自”“四有”精神，自觉遵守社会公德、职业道德和弘扬家庭美德。

2. 提高女职工科技文化素质。将“女职工素质提升工程”与读书自学活动紧密地结合起来，引导鼓励广大女职工通过读书自学活动，掌握现代科学技术知识，努力提升科学技术文化和理论修养、企业管理、法律知识水平。通过学习使不同行业、不同层面的女职工，逐步建立起适应形势发展要求的知识结构，为广大女职工在投身经济建设过程中成为一流的工人，创造一流的工作效率，干出一流的工作业绩打下坚实的基础。

3. 提高女职工的岗位技能素质。实施“女职工素质提升工程”的针对性和实效性。通过素质达标、开办业余学校等形式，充分利用工会培训机构和社会办学条件，加大培训力度，丰富培训内容，鼓励广大女职工针对自身条件和工作实际，以学校教育、企业培训、自学等形式，寓学习于工作之中，搭建起女职工素质提升工作的平台。教育广大女职工以许振超和李斌为榜样，立足岗位，爱岗敬业，勤奋学习，刻苦钻研岗位业务技能，不断学习新知识，掌握新本领，在平凡的岗位上作出不平凡的贡献。

4. 提高女职工的心理、生理素质。教育广大女职工理解改革，支持改革，增强适应社会发展和岗位变化的能力。通过“女职工特病保险”、女性保健知识讲座等，提高女职工健康水平和女性保健意识，使她们以更加饱满的热情和健康的体魄投身于经济建设。

四、实施“女职工素质提升工程”的基本要求

1. 加强领导。一是要成立有关方面负责同志组成的“女职工素质提升工程”指导委员会，指导和协调“女职工素质提升工程”的实施、检查、监督和评估等；二是要把“女职工素质提升工程”作为“创建学习型组织，争做知识型职工”活动的重要内容列入议事日程，统筹安排，周密部署，精心组织，确保此项工作扎实有效地开展起来；三是要履行组织协调职责，与党政部门及社会各有关方面加强协作，互相配合，齐抓共管，形成合力，使“女职工素质提升工程”实现社会化、群众化。

2. 突出特色。根据本地区、本行业特点和女职工的实际，制定实施“女职工素质提升工程”的长期规划（五年）、近期目标（半年或一年）和实施计划，细化、量化各项指标，推动将这方面内容纳入各地教育发展规划和人才资源开发部署之中，结合在职工中开展的“创建学习型组织，争做知识型职工”等活动，使计划中的内容、目标、要求、步骤等切实可行。

3. 选树典型。要着力发现典型、精心培养典型、认真总结典型、大力宣传典型，以点带面，发挥典型的示范作用。特别要总结有代表性、有特色的典型，利用宣传媒体和现代传媒手段，广泛宣传，扩大影响，形成用事业造就人才、用环境凝聚人才、用机制激励人才的良好社会氛围。

4. 健全机制。因地制宜，分类指导，针对不同行业、不同类型、不同层次的女职工群体，建立考核、评估机制和人才培养、使用机制以及表彰和激励机制。

中华全国总工会女职工委员会关于实施女职工提升素质建功立业工程的意见

（总工女委〔2010〕3号　2010年5月11日）

为了全面贯彻党的十七大和中国工会十五大精神，落实《中华全国总工会关于全面实施职工素质建设工程的意见》《关于充分发挥工会“大学校”作用，提高职工队伍整体素质的决议》和《中华全国总工会关于广泛深入开展社会主义劳动竞赛的决定》精神，现就实施女职工提升素质建功立业工程提出以下意见。

一、重要意义

女职工是中国工人阶级的重要组成部分，是我国改革开放和社会主义现代化建设的主力军，在推动科学发展、促进社会和谐中肩负着光荣而神圣的使命。

实施女职工提升素质建功立业工程，是学习实践科学发展观、落实科教兴国战略和人才强国战略的具体措施；是组织动员女职工积极投身全面建设小康社会伟大实践的重要载体；是展示女职工的时代风采、促进女职工全面发展的有效手段；是工会女职工组织的一项长期的战略任务。实施女职工提升素质建功立业工程，有利于进一步促进女性人才的培养，提高女职工队伍的整体素质，在推动科学发展、促进社会进步的历史进程中，充分发挥女职工的“半边天”作用。

二、指导思想

高举中国特色社会主义伟大旗帜，以邓小平理论和“三个代表”重要思想为指导，全面贯彻落实科学发展观，充分发挥工会“大学校”作用，按照全面提高职工队伍整体素质的任务、目标和要求，深入实施女职工提升素质建功立业工程，大力弘扬劳模精神和工人阶级伟大品格，进一步激发女职工的创造潜能和创造活力，培养和造就“学习型、知识型、技能型、创新型”的女职工队伍。

三、目标任务

贯彻实施全国职工素质建设工程五年规划，从2010年起，用3年左右的时间，组织85%以上的女职工参加建功立业实践活动，使700万以上女职工提升技术等级；组织80%以上的女职工接受各类教育培训，使350万以上女职工提升学历层次；选树200个工会女职工培训示范学校，发挥培训示范学校的引领作用，形成多层次、多类型、开放式提升素质工作新格局。

四、主要内容

（一）大力推进社会主义核心价值体系建设，引导女职工认真学习中国特色社会主义理论体系，打牢为坚持和发展中国特色社会主义而共同奋斗的思想基础；弘扬以爱国主义为核心的民族精神和以改革创新为核心的时代精神，践行社会主义荣辱观；深入开展形式多样的主题教育和普法宣传教育活动，不断提高女职工的思想道德素质；加强社会公德、职业道德、家庭美德和个人品德建设，引导女职工牢固树立正确的世界观、人生观和价值观。

（二）充分发挥工会“大学校”作用，广泛开展文化教育、技能培训和读书活动，激发女职工获取知识、更新知识的积极性和主动性；引导女职工树立科学理念，掌握科学知识，针对自身条件和工作实际，制定自我达标学习计划，提高自身科学文化素质，努力成为一专多能的复合型人才，为更好地参与国家经济和社会建设奠定基础。

（三）围绕加快经济发展方式转变和经济结构调整的新要求，组织动员女职工积极参加多种形式的建功立业活动，为推动经济又好又快发展作出新贡献；根据行业和女职工的特点，广泛开展技能竞赛、岗位练兵、技术比武、合理化建议等活动，引导女职工学习业务、钻研技术，促进女职工岗位技术和技能水平的提高。

（四）激发女职工的创造活力，组织女职工积极投身自主创新实践。围绕加快传统产业升级、推动战略性新兴产业发展，建设创新型国家等重大任务，以推动企业技术进步为主题，以增强女职工自主创新能力为重点，深入开展经济技术创新活动，推广和应用女职工优秀技术创新成果，引领女职工及班组立足本职岗位，争做“创新能手”、“创新示范岗”和“创新型班组”。

（五）加强对女职工的人文关怀，通过专题讲座、知识竞赛、影视观摩等喜闻乐见的形式，向女职工普及生理、心理、安全、健康和女职工“四期”保护知识；倡导科学文明健康的生活方式，传播生理和心理健康新理念，加强心理疏导；组织女职工参加积极向上、健康有益、适合女职工特点的文艺体育活动，不断增强女职工的体质，提高女职工的心理素质和身体素质。

五、工作要求

（一）切实加强领导，推动女职工提升素质建功立业工程的深入实施。要进一步提高对实施女职工提升素质建功立业工程重要性的认识，将此项工作列入议事日程，与全会开展的各项争先创优建功立业活动紧密结合，精心组织，统筹安排，整体推进；创新工作思路、活动内容和形式，制定工作方案，把握活动规律，坚持分类指导，提高活动的针对性和实效性；积极争取党政支持，整合社会资源，不断推动活动深入、持久、健康发展。

（二）突出工作特色，把女职工提升素质建功立业工程目标任务落到实处。要针对新时期女职工队伍的新特点，针对不同女职工群体的实际需求，因地制宜，因企制宜，搭建工作平台，吸引女职工广泛参与，推动活动向各行各业女职工群体拓展；活动内容要突出主题、体现特色，增强吸引力和凝聚力；完善工作运行机制，加强规范管理，督促检查落实。

（三）健全激励机制，激发女职工争先创优的积极性。以争创“工人先锋号”“五一巾帼奖”“女职工建功立业标兵岗（标兵）”等活动为载体，开展争先创优活动和评先表彰活动；注重发现、培养和选树典型，进一步营造劳动光荣、知识崇高、人才宝贵、创造伟大的良好社会氛围，全总每两年表彰一批在建功立业活动中涌现出的先进女职工。

（四）加大宣传力度，进一步扩大社会影响。充分利用新闻、广播、电视、报刊、网络等现代传媒和工会宣传阵地，采用通俗易懂、寓教于乐、贴近女职工的宣传形式，大力宣传实施女职工提升素质建功立业工程的重要意义，宣传在活动中涌现出的先进集体和个人；总结推广经验、着力打造工作品牌，扩大女职工提升素质建功立业工程的社会影响。

请各省、自治区、直辖市总工会女职工委员会按照此意见的精神，结合实际，制定贯彻落实的具体措施。

中华全国总工会女职工委员会关于新形势下深入实施女职工提升素质建功立业工程的意见

（工女委发〔2015〕3号　2015年10月9日）

为贯彻实施《全国职工素质建设工程五年规划（2015—2019年）》，进一步提升女职工队伍整体素质，引导女职工为实现“两个一百年”奋斗目标、实现中华民族伟大复兴的中国梦建功立业，现就新形势下深入实施女职工提升素质建功立业工程提出如下意见。

一、指导思想

深入学习贯彻党的十八大、十八届三中、四中全会精神和中央党的群团工作会议精神，深入学习贯彻习近平总书记系列重要讲话精神特别是关于工人阶级和工会工作的重要论述，紧紧围绕“四个全面”的战略布局，大力实施女职工提升素质建功立业工程，着力培养知识型、技术型、创新型女职工队伍，动员广大女职工为实现“两个一百年”奋斗目标、实现中华民族伟大复兴的中国梦作出新的更大贡献。

二、目标任务

进一步加大女职工教育培训力度，充分发挥女职工培训阵地作用，培养和造就一支适应时代发展要求、具有开拓创新能力的高素质女职工队伍；进一步引导女职工投身劳动竞赛、技能比武、发明创造等经济技术创新活动，为推动企业科学发展建功立业；进一步创新活动载体，丰富活动内涵，打造形式多样、贴近女职工的工作品牌，搭建起女职工提升素质建功立业的服务平台；进一步弘扬劳模精神、劳动精神，发挥先进女职工示范带动作用，引导女职工在推动经济平稳健康发展和社会和谐稳定中彰显巾帼风采。

三、活动内容

（一）提高女职工思想道德素质。

深入推进“四德”“四自”教育，引导女职工继承和弘扬中华优秀传统文化，自觉培育和践行社会主义核心价值观。深化“中国梦·劳动美——女职工在行动”主题教育活动，引导女职工把实现个人理想、岗位建功立业与实现中国梦紧密结合起来，汇聚同心共筑中国梦的强大力量。发挥女职工在家庭生活中的独特作用，扎实推进“培育好家风——女职工在行动”主题实践活动，引导女职工传承良好家风，发扬中华民族传统家庭美德。广泛开展面向女职工的普法宣传教育，引导女职工增强法治观念，做社会主义法治的忠实崇尚者、自觉遵守者、坚决捍卫者。

（二）提高女职工科学文化素质。

充分利用工会女职工培训示范学校、女职工周末学校、流动课堂、网络课堂等，广泛开展科学文化知识的教育传播与普及，着力推出一批女职工培训精品课程，形成多渠道、多层次、开放式的女职工学习培训新格局，为女职工接受继续教育提供多样化途径，鼓励和帮助女职工提升学历层次。深入开展女职工读书活动，充分利用职工书屋，组织推荐好书、读书沙龙、征文、演讲等活动，引导广大女职工树立终身学习理念，激发和调动女职工获取知识、更新知识的积极性主动性。

（三）提高女职工技术技能素质。

动员引导女职工积极投身大众创业、万众创新。围绕提高职工技术素质、推动加快经济发展方式转变，根据行业和女职工特点，广泛开展女职工岗位创新技能竞赛，组织动员女职工积极参加岗位练兵、技能比赛、技术交流、师徒帮带等活动，不断拓展竞赛项目，扩大参与覆盖面，增强竞赛的实用性及实效性，为女职工切磋技艺、提升技能搭建平台。适应就业方式和企业用工需求的变化，针对在岗女职工、下岗女职工、女大学生等不同群体开展多种类型的技术技能培训，提高技能培训的针对性和实效性，帮助女职工不断提高技术等级，为女职工就业、创业和发展创造条件。推进女职工创新班组、创新团队建设，因地制宜地培育、选树女职工“创新工作室”“创新示范岗”等，总结推广女职工优秀技术创新成果，积极争取将其纳入职工创新成果评选，促进女职工优秀技术创新成果的应用和转化，为女职工搭建施展创新才能的平台。

（四）提高女职工心理素质和体能素质。

通过咨询辅导、服务热线、开展联谊活动等形式，深入开展“心理援助进企业”等活动，对不同群体的女职工开展心理关怀、婚恋关怀等服务，多途径多形式向女职工传播心理健康新理念，帮助女职工解决实际问题，引导女职工保持健康积极的心态。组织女职工参加健康有益的文体活动，引导女职工树立科学文明的健康意识，不断提升体能素质。开展女性健康职业安全卫生知识教育，提高安全意识和职业健康意识，以积极的心态和健康的体魄迎接新的挑战。

（五）坚持以劳模精神激励引领女职工建功立业。

引导广大女职工树立辛勤劳动、诚实劳动、创造性劳动的理念，以“五一巾帼奖”争创活动为载体，在广大女职工中广泛开展学比赶超、创先争优等活动，发现、培育和宣传表彰活动中涌现出的先进女职工集体和个人，让劳动最光荣、劳动最崇高、劳动最伟大、劳动最美丽蔚然成风。通过先进女职工事迹报告会、巡回演讲、劳模大讲堂等形式，开展先进女职工进企业、进班组活动，用先进思想、模范行为感召和带动广大女职工，发挥各行各业先进典型、“最美人物”等的示范带动作用，激发女职工学习先进、追赶先进、争当先进的持久内生动力，引导女职工积极投身经济建设主战场，在平凡的岗位上争创一流。

四、工作要求

（一）加强组织领导。

要进一步提高对新形势下深入实施提素建功工程重要性的认识，与工会组织开展的各项创先争优建功立业活动有机结合，精心组织、统筹安排，周密部署、全力推进。要有效整合社会及工会系统资源，形成全会重视、社会关注、工会女职工组织推进的良好工作格局。

（二）增强工作实效。

要重视对提素建功工程的工作指导、督导检查和调查研究，及时研究解决新情况新问题，探讨推进工作的思路，确保各项任务扎实推进，取得实效。要加强分类指导，针对新时期女职工队伍特点，坚持以问题为导向，以女职工需求为导向，积极回应不同女职工群体的新需求新期待，从实际出发，设计务实管用的载体，突出区域特色、行业特点和企业需求，着力提高女职工的参与率。要不断丰富活动内涵、创新活动载体，使活动更加深入、更加务实、更加有效。

（三）加大宣传力度。

要充分利用广播、电视、报刊等传统媒体和网络论坛、微博、微信、手机 APP 等现代传媒手段，采用通俗易懂、寓教于乐、贴近女职工的宣传形式，大力宣传深入实施提素建功工程的重要意义，及时总结推广好经验好做法，充分发挥示范辐射和引领作用，形成女职工广泛参与的良好氛围，不断扩大新形势下深入实施提素建功工程的感召力和社会影响力。

权益维护

国务院办公厅关于全面推进生育保险和职工基本医疗保险合并实施的意见

（国办发〔2019〕10号　2019年3月25日）

各省、自治区、直辖市人民政府，国务院各部委、各直属机构：

全面推进生育保险和职工基本医疗保险（以下统称两项保险）合并实施，是保障职工社会保险待遇、增强基金共济能力、提升经办服务水平的重要举措。根据《中华人民共和国社会保险法》有关规定，经国务院同意，现就两项保险合并实施提出以下意见。

一、指导思想

以习近平新时代中国特色社会主义思想为指导，全面贯彻党的十九大和十九届二中、三中全会精神，认真落实党中央、国务院决策部署，统筹推进“五位一体”总体布局和协调推进“四个全面”战略布局，坚持以人民为中心，牢固树立新发展理念，遵循保留险种、保障待遇、统一管理、降低成本的总体思路，推进两项保险合并实施，实现参保同步登记、基金合并运行、征缴管理一致、监督管理统一、经办服务一体化。通过整合两项保险基金及管理资源，强化基金共济能力，提升管理综合效能，降低管理运行成本，建立适应我国经济发展水平、优化保险管理资源、实现两项保险长期稳定可持续发展的制度体系和运行机制。

二、主要政策

（一）统一参保登记。参加职工基本医疗保险的在职职工同步参加生育保险。实施过程中要完善参保范围，结合全民参保登记计划摸清底数，促进实现应保尽保。

（二）统一基金征缴和管理。生育保险基金并入职工基本医疗保险基金，统一征缴，统筹层次一致。按照用人单位参加生育保险和职工基本医疗保险的缴费比例之和确定新的用人单位职工基本医疗保险费率，个人不缴纳生育保险费。同时，根据职工基本医疗保险基金支出情况和生育待遇的需求，按照收支平衡的原则，建立费率确定和调整机制。

职工基本医疗保险基金严格执行社会保险基金财务制度，不再单列生育保险基金收入，在职工基本医疗保险统筹基金待遇支出中设置生育待遇支出项目。探索建立健全基金风险预警机制，坚持基金运行情况公开，加强内部控制，强化基金行政监督和社会监督，确保基金安全运行。

（三）统一医疗服务管理。两项保险合并实施后实行统一定点医疗服务管理。医疗保险经办机构与定点医疗机构签订相关医疗服务协议时，要将生育医疗服务有关要求和指标增加到协议内容中，并充分利用协议管理，强化对生育医疗服务的监控。执行基本医疗保险、工伤保险、生育保险药品目录以及基本医疗保险诊疗项目和医疗服务设施范围。

促进生育医疗服务行为规范。将生育医疗费用纳入医保支付方式改革范围，推动住院分娩等医疗费用按病种、产前检查按人头等方式付费。生育医疗费用原则上实行医疗保险经办机构与定点医疗机构直接结算。充分利用医保智能监控系统，强化监控和审核，控制生育医疗费用不合理增长。

（四）统一经办和信息服务。两项保险合并实施后，要统一经办管理，规范经办流程。经办管理统一由基本医疗保险经办机构负责，经费列入同级财政预算。充分利用医疗保险信息系统平台，实行信息系统一体化运行。原有生育保险医疗费用结算平台可暂时保留，待条件成熟后并入医疗保险结算平台。完善统计信息系统，确保及时全面准确反映生育保险基金运行、待遇享受人员、待遇支付等方面情况。

（五）确保职工生育期间的生育保险待遇不变。生育保险待遇包括《中华人民共和国社会保险法》规定的生育医疗费用和生育津贴，所需资金从职工基本医疗保险基金中支付。生育津贴支付期限按照《女职工劳动保护特别规定》等法律法规规定的产假期限执行。

（六）确保制度可持续。各地要通过整合两项保险基金增强基金统筹共济能力；研判当前和今后人口形势对生育保险支出的影响，增强风险防范意识和制度保障能力；按照“尽力而为、量力而行”的原则，坚持从实际出发，从保障基本权益做起，合理引导预期；跟踪分析合并实施后基金运行情况和支出结构，完善生育保险监测指标；根据生育保险支出需求，建立费率动态调整机制，防范风险转嫁，实现制度可持续发展。

三、保障措施

（一）加强组织领导。两项保险合并实施是党中央、国务院作出的一项重要部署，也是推动建立更加公平更可持续社会保障制度的重要内容。各省（自治区、直辖市）要高度重视，加强领导，有序推进相关工作。国家医保局、财政部、国家卫生健康委要会同有关方面加强工作指导，及时研究解决工作中遇到的困难和问题，重要情况及时报告国务院。

（二）精心组织实施。各地要高度重视两项保险合并实施工作，按照本意见要求，根据当地生育保险和职工基本医疗保险参保人群差异、基金支付能力、待遇保障水平等因素进行综合分析和研究，周密组织实施，确保参保人员相关待遇不降低、基金收支平衡，保证平稳过渡。各省（自治区、直辖市）要加强工作部署，督促指导各统筹地区加快落实，2019年底前实现两项保险合并实施。

（三）加强政策宣传。各统筹地区要坚持正确的舆论导向，准确解读相关政策，大力宣传两项保险合并实施的重要意义，让社会公众充分了解合并实施不会影响参保人员享受相关待遇，且有利于提高基金共济能力、减轻用人单位事务性负担、提高管理效率，为推动两项保险合并实施创造良好的社会氛围。

国家卫生计生委　国家发展改革委
住房城乡建设部等十部门
关于加快推进母婴设施建设的指导意见

（国卫指导发〔2016〕63号　2016年11月15日）

各省、自治区、直辖市卫生计生委、发展改革委、住房城乡建设厅、交通运输厅、旅游局、总工会、妇联，各地区铁路监督管理局，民航各地区管理局，铁路总公司所属各单位：

为贯彻落实《中共中央　国务院关于实施全面两孩政策改革完善计划生育服务管理的决定》（中发〔2015〕40号，以下简称中央《决定》）精神，完善配套政策措施，加快推进母婴设施建设，现提出如下意见。

一、总体目标

全面贯彻党的十八大和十八届三中、四中、五中、六中全会以及中央《决定》精神，坚持“四个全面”战略布局和五大发展理念，落实相关法律法规，满足群众对母婴设施建设的需求，支持母乳喂养，保障母婴权益，积极营造生育友好的社会环境。力争到2016年底，全国省会城市应配置母婴设施的机场、主要火车站（包括高铁站）均按要求配置母婴设施；其他地区公共场所应配置母婴设施的，配置率不低于50%；到2018年底，应配置母婴设施的公共场所，配置率达到80%以上。到2020年底，所有应配置母婴设施的公共场所和用人单位基本建成标准化的母婴设施。

二、基本要求

——需求主导。以孕期、哺乳期妇女和婴幼儿需求为导向，注重发挥政府部门、社会组织和相关单位积极性，加快推进母婴设施建设。

——标准先行。推动制修订相关法规规章，制定母婴设施设计标准和规范，依法配置母婴设施。

——分类实施。综合考虑公共场所面积、人流量、母婴逗留情况和用人单位孕期、哺乳期女职工人数等因素，建设和完善母婴设施。

——属地管理。在地方政府的统一领导下，各相关部门根据职责分工，协调推进母婴设施建设。按照“谁管理，谁建设”的原则，明确母婴设施的建设管理职责。

三、标准指引

——设施配置。经常有母婴逗留且建筑面积超过 1 万平方米或日客流量超过 1 万人的交通枢纽、商业中心、医院、旅游景区及游览娱乐等公共场所，应当建立使用面积一般不少于 10 平方米的独立母婴室，并配备基本设施（推荐标准见附件）。对已建成的母婴室要做好改造完善工作。用人单位参照该标准建设女职工休息哺乳室等设施。

火车等移动空间，应按要求配置母婴设施或提供便利服务。

——便民服务。统一母婴设施标识，设置醒目的导向标志。鼓励各地因地制宜设置母婴候乘厅（区）、母婴专座等。在乘车、登机和检票口针对孕期、哺乳期妇女，以及携带婴幼儿的乘客提供绿色服务通道或便利服务。

四、组织保障

（一）加强组织领导。各省（区、市）卫生计生委、发展改革委、住房城乡建设厅、交通运输厅、旅游局、总工会、妇联以及各地区铁路、民航等单位要高度重视公共场所母婴设施建设，将其纳入建设规划指引和建筑设计规范，做好指导和监督。同时，要贯彻落实《女职工劳动保护特别规定》《女职工保健工作规定》等法规规章，积极推进国家机关、企业、事业等用人单位女职工休息哺乳室等设施建设。要将母婴设施建设情况作为全国文明城市、卫生城市、国家 A 级旅游景区创建的重要评选条件，作为各相关单位精神文明建设的重要内容。

（二）加强管理维护。各省（区、市）有关部门可对母婴设施建设和运行给予必要的经费支持，并广泛动员社会力量投入。建立健全母婴设施运行管理制度，明确相关人员职责，做好日常管理和维护，确保母婴设施整洁卫生、功能正常。

（三）加强宣传推广。通过高层倡导、新闻报道、公益广告等形式，广泛宣传建设和维护母婴设施的必要性和重要性，提高各级政府和全社会对母婴设施建设的重视程度。普及母婴设施安全使用知识。可通过互联网位置查询服务等方式，推广母婴设施服务，提高设施利用率和服务可及性。

（四）加强督导检查。各省（区、市）有关部门要加强指导，依据推荐标准，组织开展对母婴设施建设、使用情况的评估。定期组织检查，通报情况和问题，确保母婴设施正常运行。国家卫生计生委、国家发展改革委、住房城乡建设部、交通运输部、国家旅游局、国家铁路局、中国民航局、全国总工会、全国妇联、中国铁路总公司将适时联合组织开展对各地母婴设施建设情况的调研督导。

各地可结合本意见，根据实际制定推进母婴设施建设的实施意见，并及时将工作进展及存在的问题报告国家各有关部门。

附件：

公共场所母婴设施配置推荐标准

基本配置：

面积一般不低于10平方米

防滑地面

带安全扣的婴儿尿布台

提供热水和洗手液的洗手台

婴儿床

便于哺乳休息的座椅

便于放置哺乳有关用品的桌子

电源插座

垃圾桶

保护哺乳私密性的可上锁的门、帘子遮挡设备等

根据条件可配置（舒适配置）：

恒温空调

尿不湿自动销售机

呼叫设备

移动空间（如火车等交通工具内）可在卫生间内设折叠的婴儿整理台，在无障碍洗手间或车厢适当位置灵活安排哺乳空间。

人力资源社会保障部　教育部　司法部等九部门关于进一步规范招聘行为促进妇女就业的通知

（人社部发〔2019〕17号　2019年2月18日）

各省、自治区、直辖市及新疆生产建设兵团人力资源社会保障厅（局）、教育厅（教委）、司法厅（局）、卫生健康委（卫生计生委）、国资委、医保局、总工会、妇联、人民法院：

男女平等是我国基本国策。促进妇女平等就业，有利于推动妇女更加广泛深入参加社会和经济活动，提升社会生产力和经济活力。党和政府对此高度重视，劳动法、就业促进法、妇女权益保障法等法律法规对保障妇女平等就业权利、不得实施就业性别歧视作出明确规定。当前我国妇女就业情况总体较好，劳动参与率位居世界前列，但妇女就业依然面临一些难题，尤其是招聘中就业性别歧视现象屡禁不止，对妇女就业带来不利影响。为进一步规范招聘行为，促进妇女平等就业，现就有关事项通知如下：

一、把握总体工作要求。各地要以习近平新时代中国特色社会主义思想为指导，深入贯彻男女平等基本国策，把解决就业性别歧视作为推动妇女实现更高质量和更充分就业的重要内容，坚持突出重点和统筹兼顾相结合，坚持柔性调解和刚性执法相结合，坚持积极促进和依法惩戒相结合，以规范招聘行为为重点，加强监管执法，健全工作机制，加大工作力度，切实保障妇女平等就业权利。

二、依法禁止招聘环节中的就业性别歧视。各类用人单位、人力资源服务机构在拟定招聘计划、发布招聘信息、招用人员过程中，不得限定性别（国家规定的女职工禁忌劳动范围等情况除外）或性别优先，不得以性别为由限制妇女求职就业、拒绝录用妇女，不得询问妇女婚育情况，不得将妊娠测试作为入职体检项目，不得将限制生育作为录用条件，不得差别化地提高对妇女的录用标准。国有企事业单位、公共就业人才服务机构及各部门所属人力资源服务机构要带头遵法守法，坚决禁止就业性别歧视行为。

三、强化人力资源市场监管。监督人力资源服务机构建立健全信息发布审查和投诉处理机制，切实履行招聘信息发布审核义务，及时纠正发布含有性别歧视内容招聘信息的行为，确保发布的信息真实、合法、有效。对用人单位、人力资源服务机构发布含有性别歧视内容招聘信息的，依法责令改正；拒不改正的，处1万元以上5万元以下的罚款；情节严重的人力资源服务机构，吊销人力资源服务许可证。将用人单位、人力资源服务机构因发布含有性别歧视内容的招聘信息接受行政处罚等情况纳入人力资源市场诚信记录，依法实施失信惩戒。

四、建立联合约谈机制。畅通窗口来访接待、12333、12338、12351热线等渠道，及时受理就业性别歧视相关举报投诉。根据举报投诉，对涉嫌就业性别歧视的用人单位开展联合约谈，采取谈话、对话、函询等方式，开展调查和调解，督促限期纠正就业性别歧视行为，及时化解劳动者和用人单位间矛盾纠纷。被约谈单位拒不接受约谈或约谈后拒不改正的，依法进行查处，并通过媒体向社会曝光。

五、健全司法救济机制。依法受理妇女就业性别歧视相关起诉，设置平等就业权纠纷案由。积极为遭受就业性别歧视的妇女提供法律咨询等法律帮助，为符合条件的妇女提供法律援助。积极为符合条件的遭受就业性别歧视的妇女提供司法救助。

六、支持妇女就业。加强就业服务，以女大学生为重点，为妇女提供个性化职业指导和有针对性的职业介绍，树立正确就业观和择业观。组织妇女参加适合的培训项目，鼓励用人单位针对产后返岗女职工开展岗位技能提升培训，尽快适应岗位需求。促进3岁以下婴幼儿照护服务发展，加强中小学课后服务，缓解家庭育儿负担，帮助妇女平衡工作与家庭。完善落实生育保险制度，切实发挥生育保险保障功能。加强监察执法，依法惩处侵害女职工孕期、产期、哺乳期特殊劳动保护权益行为。对妇女与用人单位间发生劳动人事争议申请仲裁的，要依法及时快速处理。

七、开展宣传引导。坚决贯彻男女平等基本国策，强化男女平等意识，逐步消除性别偏见。加大反就业性别歧视、保障妇女平等就业权利法律、法规、政策宣传，引导全社会尊重爱护妇女，引导用人单位知法守法依法招用妇女从事各类工作，引导妇女合法理性保障自身权益。树立一批保障妇女平等就业权利用人单位典型，对表现突出的推荐参加全国维护妇女儿童权益先进集体、全国城乡妇女岗位建功先进集体等创评活动。营造有利于妇女就业的社会环境，帮助妇女自立自强，充分发挥自身优势特长，在各行各业展示聪明才智，体现自身价值。

八、加强组织领导。各地区、各有关部门要高度重视促进妇女平等就业，履职尽责、协同配合，齐抓共管、综合施策。人力资源社会保障部门要会同有关部门加强对招用工行为的监察执法，引导合法合理招聘，加强面向妇女的就业服务和职业技能培训。教育部门要推进中小学课后服务。司法部门要提供司法救济和法律援助。卫生健康部门要促进婴幼儿照护服务发展。国有资产监督管理部门要加强对各级各类国有企业招聘行为的指导与监督。医疗保障部门要完善落实生育保险制度。工会组织要积极推动企业依法合规用工。妇联组织要会同有关方面组织开展相关评选表彰，加强宣传引导，加大对妇女的关心关爱。人民法院要积极发布典型案例、指导性案例，充分发挥裁判的规范、引导作用。人力资源社会保障部门、工会组织、妇联组织等部门对涉嫌就业性别歧视的用人单位开展联合约谈。

全国爱卫办　国家卫生健康委
工业和信息化部等七部门
关于推进健康企业建设的通知（摘录）

（全爱卫办发〔2019〕3号　2019年10月21日）

各省、自治区、直辖市及新疆生产建设兵团爱卫办、卫生健康委、工信委（经信委、厅）、生态环境厅（局）、工会、团委、妇联，中国疾病预防控制中心：

为贯彻党的十九大和十九届二中、三中全会及全国卫生与健康大会精神，落实《中华人民共和国职业病防治法》《“健康中国2030”规划纲要》《关于实施健康中国行动的意见》《关于开展健康城市健康村镇建设的指导意见》等要求，深入开展健康城市健康村镇建设，促进健康“细胞”建设广泛开展，我们组织制定了《健康企业建设规范（试行）》，现印发给你们，请结合实际参照执行。同时，就做好有关工作提出如下要求：

一、加强组织领导

健康企业建设坚持党委政府领导、部门统筹协调、企业负责、专业机构指导、全员共建共享的指导方针，按照属地化管理、自愿参与的原则，面向全国各级各类企业开展，具体管理办法由各省级爱卫会结合本地实际研究制订。地方各级爱卫会要充分发挥政府议事协调机构的统筹协调作用，把健康企业建设纳入健康城市健康村镇建设的总体部署，确定推进本地健康企业建设的具体工作举措，明确有关部门职责分工，加强协调配合，形成工作合力。各级爱卫会办公室具体承担好部门协调、信息沟通、指导检查等工作。卫生健康部门负责做好卫生与健康服务技术指导，开展职业病防治和职业健康有关工作，加强健康教育和健康知识普及。工业和信息化部门要发挥行业管理作用，促进企业积极参与。生态环境部门负责监督管理影响劳动者健康的生态环境问题。工会要积极配合有关部门，宣传健康企业理念，倡导劳动者积极参与，维护劳动者相关权益，促进健康文化，和谐劳动关系。共青团、妇联要维护好团员、青年和妇女等劳动者的健康权益。

二、强化技术支撑

各地要充分发挥专业技术机构和专家作用，为健康企业建设的政策制定、标准研制、师资培训、考核评估、经验总结等提供专业技术支撑。全国爱卫办委托中国疾病预防控制中心职业卫生与中毒控制所作为全国健康企业建设技术指导单位。各地要结合实际，委托符合条件的专业技术机构承担健康企业建设的技术指导工作，参照《健康企业建设规范（试行）》要求，定期对建设效果进行评估，不断完善健康企业建设的举措。

三、广泛宣传动员

各地爱卫办要会同有关部门，充分利用电视、报纸等传统媒体和微博、微信等新媒体，加强对健康企业建设工作的政策宣传，对健康企业建设的好做法、好经验进行总结和报道，推动全社会关心、关注、支持健康企业建设。全国爱卫办将会同有关部门，对各地健康企业建设的示范典型进行经验推广和交流，带动全国健康企业建设工作全面深入开展。

附件：

健康企业建设规范（试行）

第三章　提供健康管理与服务

第二十条　落实《女职工劳动保护特别规定》，加强对怀孕和哺乳期女职工的关爱和照顾。积极开展婚前、孕前和孕期保健，避免孕前、孕期、哺乳期妇女接触有毒有害物质和放射线。将妇科和乳腺检查项目纳入女职工健康检查。企业应当根据女职工的需要按规定建立女职工卫生室、孕妇休息室、哺乳室、母婴室等设施。

第四章　营造健康文化

第二十九条　关爱员工身心健康，构建和谐、平等、信任、宽容的人文环境。采取积极有效措施预防和制止工作场所暴力、歧视和性骚扰等。

中华全国总工会办公厅关于推进女职工权益保护专项集体合同工作的意见

（总工办发〔2006〕38号　2006年12月1日）

为推进女职工权益保护专项集体合同工作，依法维护女职工的合法权益和特殊利益，根据《劳动法》《工会法》《妇女权益保障法》《女职工劳动保护规定》《集体合同规定》等法律法规，现对推进女职工权益保护专项集体合同工作提出如下意见。

一、充分认识推进女职工权益保护专项集体合同工作的重要性和必要性

女职工权益保护专项集体合同工作，是推行集体合同制度的重要组成部分，是切实维护女职工合法权益和特殊利益的重要机制和手段。开展女职工权益保护专项集体合同工作，对于进一步推动国家保护女职工权益各项法律法规的贯彻落实，保护女职工在劳动过程中的安全与健康，维护女职工在政治、经济、文化、社会、发展等方面的合法权益，充分调动女职工参与改革和建设的积极性、主动性和创造性，建立和谐稳定的新型劳动关系具有重要意义。各级工会及工会女职工组织要从树立和落实科学发展观、构建社会主义和谐社会的高度，充分认识开展女职工权益保护专项集体合同工作的重要性和必要性，进一步增强做好这项工作的自觉性和责任感，实现工会女职工维权工作的创新与发展。

二、推进女职工权益保护专项集体合同工作的指导思想和工作目标

推进女职工权益保护专项集体合同工作要以邓小平理论和“三个代表”重要思想为指导，坚持落实科学发展观，坚持走中国特色社会主义工会发展道路，完善女职工工作维权机制，不断扩大工会女职工工作的覆盖面，增强工会女职工组织的凝聚力，推动建立和谐稳定的社会主义新型劳动关系，更好地实现和保障广大女职工的合法权益，团结动员广大女职工在构建社会主义和谐社会、全面实现建设小康社会宏伟目标中发挥积极作用。

各级工会及工会女职工组织要将女职工权益保护专项集体合同工作与平等协商和集体合同工作同步推进。凡应建立工会女职工组织并签订了集体合同的单位，都要积极推进女职工权益保护专项集体合同工作。尚未建立集体合同制度的单位，应当围绕本地区、本行业、本单位中女职工权益保护的突出问题进行平等协商，签订女职工权益保护专项集体合同。当前，非公有制企业特别是中小型非公有制企业是推进这项工作的重点。在非公有制小企业比较集中的乡镇（街道）、村（社区），要大力推行区域性女职工权益保护专项集体合同。纺织、服装、餐饮等女职工相对集中的行业，应通过签订行业性女职工权益保护专项集体合同，确定女职工权益保护的行业标准和具体内容。从2006年起，力争用三年时间，在已建立工会女职工组织并签订了集体合同的单位中，使女职工权益保护专项集体合同的签订率达到80%。

三、女职工权益保护专项集体合同的主要内容和形式

女职工权益保护专项集体合同的主要内容应包括：

1. 女职工的劳动权利：劳动就业、同工同酬、休息休假、保险福利待遇等。

2. 女职工的特殊利益：女职工禁忌劳动保护、“四期”保护、妇科疾病普查、生育待遇等。

3. 女职工的政治、文化、教育、发展权利：职业教育、技术培训、晋职晋级、参与企业民主管理等。

4. 双方认为应当协商的其他内容。

女职工权益保护专项集体合同签订的形式，可以是单独签订女职工权益保护专项集体合同，也可以是将女职工权益保护专项协议作为集体合同的附件。

四、推进女职工权益保护专项集体合同工作的程序

平等协商和签订女职工权益保护专项集体合同，应按照平等协商和签订集体合同的法定程序进行，并注意做好以下工作：

1. 准备工作。

（1）协商代表、首席代表的产生。已建立集体合同制度的单位，女职工一方的协商代表、首席代表与集体合同协商代表、首席代表一致。未建立集体合同制度的单位，女职工一方的协商代表由本单位工会选派，首席代表由本单位工会主席担任，工会主席可以书面委托工会女职工委员会主任担任首席代表。工会主席、工会女职工委员会主任空缺的，首席代表由工会主要负责人担任。未建立工会组织的单位，女职工一方的协商代表由本单位女职工民主推荐，并经本单位半数以上女职工同意，首席代表从协商代表中民主推举产生。用人单位一方的协商代表，由用人单位法定代表人指派，首席代表一般由单位法定代表人担任，特殊情况下可由其书面委托的其他管理人员担任。

（2）开展专项培训。根据女职工权益保护专项集体合同工作需要，对职工协商代表开展有针对性的培训。

（3）起草集体合同草案。职工协商代表会同本单位工会女职工干部在对企业女职工权益保护状况进行调查和分析的基础上，起草《女职工权益保护专项集体合同（草案）》，并广泛征求用人单位和女职工意见，进一步修改和完善。

2. 协商签约。工会和工会女职工组织代表与企业行政方代表就《女职工权益保护专项集体合同（草案）》开展平等协商。经双方协商一致同意，将《女职工权益保护专项集体合同（草案）》提交职工代表大会或职工大会审议通过后，由双方的首席代表签字。

3. 报送与审查。女职工权益保护专项集体合同签订后，要报送当地劳动保障行政部门进行审查。劳动保障行政部门自收到文本之日起15日内未提出异议的，女职工权益保护专项集体合同即行生效。

4. 履约及监督检查。生效的女职工权益保护专项集体合同，应当自其生效之日起由协商代表及时以适当的形式向本方全体人员公布，用人单位和全体女职工都要严格执行。集体合同监督检查小组应有工会女职工组织的代表参加，尚未建立工会或工会女职工组织的，要有女职工代表参加，共同对女职工权益保护专项集体合同履行情况定期进行检查和监督。对发现的问题要督促用人单位采取措施进行整改，同时每年应至少一次将女职工权益保护专项集体合同履行情况向职工代表大会报告，接受职工的监督。

五、推进女职工权益保护专项集体合同工作的主要措施

1. 加强领导，整合力量，合力推进女职工权益保护专项集体合同工作。要将推进女职工权益保护专项集体合同工作融入工会工作全局，纳入女职工整体工作规划和部署。要结合集体合同工作的总体安排进行研究，并作为深化集体合同工作的重要措施提出要求，建立目标责任考核制度，采取相应的激励措施，积极稳妥推进。要以贯彻落实《企业工会工作条例（试行）》为契机，并将女职工权益保护专项集体合同的协商、签约、履约和监督检查工作，作为创建劳动关系和谐企业活动的重要内容。各级工会要积极争取党政部门的重视和支持，进一步整合工会内外资源，依托劳动关系三方协商机制，优化协商环境，形成协同推进的工作态势。

2. 从实际出发，加强对女职工权益保护专项集体合同的分类指导。在推行女职工权益保护专项集体合同工作中，各级工会及工会女职工组织要加强对基层工作的指导，为基层开展工作提供服务和帮助。要根据不同地区、不同行业及不同类型用人单位的实际，有针对性地就女职工权益保护中的突出问题开展平等协商。在协商过程中力求重点突出，议题集中，措施可行。女职工权益保护专项集体合同的条款要具体，标准要量化，切实增强女职工权益保护专项集体合同工作的针对性、实效性和可操作性。

3. 加强宣传培训工作，营造推进女职工权益保护专项集体合同工作的良好氛围。各级工会组织要广泛宣传国家有关劳动法律法规和政策规定，宣传推进女职工权益保护专项集体合同工作的重要性和必要性，统一思想，达成共识。加强培训，通过培训使工会干部及工会女职工工作干部熟悉相关法律法规和政策，掌握平等协商和签订女职工权益保护专项集体合同的基本知识、协商要领及技巧，确保女职工权益保护专项集体合同工作规范有序、顺利开展和工作目标的实现。

4. 建立监督检查机制，将女职工权益保护专项集体合同工作落到实处。各级工会及工会女职工组织要积极借助社会力量，并充分发挥工会各职能部门作用，建立女职工权益保护专项集体合同工作监督检查机制。基层工会及工会女职工组织要加强与用人单位的沟通和协调，督促其认真履行女职工权益保护专项集体合同。对于用人单位违反女职工权益保护专项集体合同条款的行为，工会应依法要求其整改。要将履约情况纳入用人单位向职代会报告的事项中。通过监督检查，确保女职工权益保护专项集体合同工作的有效实施。

5. 总结经验，推动女职工权益保护专项集体合同工作的深入开展。各级工会及工会女职工组织要建立健全工作机制，在推进女职工权益保护专项集体合同工作中明确任务，落实责任，积极探索，勇于实践。要及时了解情况，总结推广典型经验，注意研究解决协商、签订和履行女职工权益保护专项集体合同工作中的问题。要不断扩大女职工权益保护专项集体合同的覆盖面，推动女职工权益保护专项集体合同工作的深化与完善，切实维护女职工的合法权益和特殊利益。

中华全国总工会办公厅关于推进工会女职工组织和女职工权益保护专项集体合同全覆盖工作的意见

（总工办发〔2011〕14 号　2011 年 3 月 29 日）

为进一步夯实工会女职工组织基础，更好地发挥女职工组织作用，切实维护女职工的合法权益和特殊利益，实现在已建工会企业中女职工组织和女职工权益保护专项集体合同的全覆盖（以下简称“两个覆盖”），依据《工会法》《劳动合同法》《中国工会章程》《工会女职工委员会工作条例》等有关规定，特制定推进“两个覆盖”工作意见。

一、重要意义

随着改革开放的深化和社会主义市场经济的发展，我国的经济关系和劳动关系日趋复杂，工会女职工工作面临着许多新情况和新挑战。切实加强新形势下女职工工作，实施“两个覆盖”，是贯彻落实“组织起来、切实维权”工会工作方针的要求，是落实依法推动企业普遍建立工会组织、普遍开展工资集体协商、加强女职工权益保护的举措。实施“两个覆盖”，对于进一步加强工会女职工组织建设和维权机制建设，构建和谐稳定的劳动关系，维护职工队伍稳定和社会稳定具有重要意义。各级工会女职工组织要从战略和全局的高度，充分认识实现“两个覆盖”的重要性和紧迫性，认清形势、把握机遇、明确责任，找准女职工工作与工会全局工作的切入点和着力点。要以依法推进企业的“两个普遍”带动女职工组织的“两个覆盖”，以实现女职工组织的“两个覆盖”服务企业的“两个普遍”。

二、目标任务

自2011年起，用3年时间，基本实现在已建工会企业中女职工组织和女职工权益保护专项集体合同（以下简称“女职工专项合同”）的全覆盖。女职工组织组建工作目标是：在已建工会企业中女职工组织组建率2011年达到85%，2012年达到95%，2013年底基本实现全覆盖；推进女职工专项合同工作目标是：在已建工会女职工组织并签订集体合同的企业中，女职工专项合同覆盖率2011年达到90%，2012年达到95%，2013年底基本实现全覆盖。

三、基本原则

推进“两个覆盖”，要坚持哪里建工会、哪里有女职工，哪里就要建立工会女职工组织的原则；坚持促进企业发展、维护职工权益的原则，贯彻落实保障女职工合法权益和特殊利益的各项法律法规，构建和谐稳定的劳动关系，更好地实现和保障女职工的合法权益；坚持突出重点、分类推进的原则，积极探索不同规模、不同经营状况企业的特点和规律，采取灵活多样的形式和方法，着力推进“两个覆盖”；坚持循序渐进、注重实效的原则，从实际出发，从重点行业、企业入手，抓紧抓实、抓出成效。

四、主要措施

（一）将“两个覆盖”纳入全会重点工作同步推进。进一步贯彻全总《关于加强企业工会女职工工作的意见》和《关于推进女职工权益保护专项集体合同工作的意见》，抓住机遇，借势借力，将“两个覆盖”工作目标纳入工会组建和发展会员预期目标、组建目标考核体系、“模范职工之家”、“创建劳动关系和谐企业”活动、“广普查、深组建、全覆盖”集中行动，做到工会女职工组织与工会组建筹备、产生、报批的“三同时”，女职工专项合同与集体合同协商、签订、履约的“三同步”。

（二）加大重点企业、重点领域推进工作力度。根据企业的特点，因地、因企制宜开展工作。以非公企业特别是中小企业和新建企业为重点，加快在区域性、行业性工会联合会特别是小企业工会联合会推进“两个覆盖”的工作步伐。探索创新女职工组织组建形式，提高组建质量，通过属地联合，促进分层覆盖；通过条块联合，促进区域覆盖；通过垂直联合，促进行业覆盖。加强对签订女职工专项合同工作的指导服务，进一步确立协商主体，完善协商内容，规范协商程序和运作方式等，全面推进区域性、行业性女职工专项合同的签订和履约，切实维护好中小企业女职工的权益。

（三）加强推进“两个覆盖”的制度建设。按照工会女职工组织体系网络化、基础工作标准化、工作格局社会化的总体要求，明确组建工作目标、内容和程序，健全组织制度、工作制度、干部培训制度和督导检查制度，建立顺畅有效的工作运行机制。健全女职工专项合同履约责任制度，把加强平等协商签订女职工专项合同制度与健全企业管理体制有机结合，纳入企业管理制度。健全激励、考核制度，开展争创达标活动，提高推进“两个覆盖”的工作水平。

（四）加强对推进“两个覆盖”的督导检查。定期和不定期督导检查相结合、全面检查与专项检查相结合，集中力量，切实解决工作中存在的突出问题。充分发挥劳动关系三方协调机制作用，形成工作合力。在工会组建检查考核、企业集体合同和劳动法律监督检查、创建劳动关系和谐企业、实行厂务公开和职代会报告制度等工作中，对推进“两个覆盖”统筹安排，一并进行，组织建设和发挥作用并重，扩大覆盖面与提高质量并举。

五、工作要求

（一）要进一步统一思想，提高对推进“两个覆盖”工作重要性认识，将推进“两个覆盖”作为当前和今后一个时期工会女职工工作的重要内容，采取切实措施，积极稳步推进。各级工会要加强组织领导，争取同级党政的重视与支持，进一步整合资源，加强与工会内外相关部门的沟通协调，优化工作环境，形成协同推进“两个覆盖”的工作格局。

（二）要按照全总推进“两个覆盖”的总体部署和要求，认真分析本地区面临的新情况新问题，结合实际制定实施方案，明确总体目标和阶段目标，逐年逐级分解任务，落实工作责任。要不断创新工作思路，强化工作措施，开展专项培训，提高女职工工作干部的专业能力和水平，确保“两个覆盖”

工作规范有序开展。

（三）要加强对基层工作的分类指导，对不同地区、行业、企业的工作情况要做到底数清、情况明，积极为基层工会开展工作提供有效的服务和帮助。要坚持重心下移，深入基层加强调查研究和督导检查，帮助解决基层工作中的突出困难和问题。要及时总结、推广基层的好经验好做法，充分发挥其示范导向作用，提高推进“两个覆盖”工作的整体水平。

（四）要积极做好舆论宣传工作，把宣传引导贯穿于“两个覆盖”工作的始终，借助全会依法推进“两个普遍”的有利契机，充分利用新闻、广播、报刊、网络等主流媒体和工会宣传阵地，大力宣传实施“两个覆盖”的重要意义和作用，宣传各地的典型经验及做法，不断扩大“两个覆盖”的社会影响，推进“两个覆盖”工作的良好发展和目标的如期实现。

中华全国总工会办公厅
关于做好新冠肺炎疫情防控期间
支持企业安全有序复工复产和
劳动关系协调工作的通知（摘录）

（工发电〔2020〕4号 2020年3月2日）

（三）切实维护职工合法权益。切实保障疫情防控期间广大职工工资权益，对受疫情影响延迟复工或未返岗期间，用完各类休假仍不能提供正常劳动或其他不能提供正常劳动的职工，主动指导企业工会或职工代表与企业开展协商，参照国家关于停工、停产期间工资支付相关规定支付工资、发放生活费。要监督企业履行依法隔离期、医疗期职工工资支付义务，对于企业安排以灵活方式在家上班的职工，按照正常工作期间的工资收入支付工资。对暂无工资支付能力的企业，引导职工与企业协商延期支付，在充分征求职工意见基础上，制定支付计划并监督执行、保障实施。对无故拖欠职工工资行为，提请行政执法部门及时予以纠正。对在春节假期延长假期因疫情防控不能休假的职工，协助企业及时安排补休，对不能安排补休的，督促依法支付加班工资。推动落实中央提高疫情防治人员薪酬待遇、轮换休整政策，协助组织好疫情结束后免费健康体检和疗休养工作。高度关注特殊时期女职工权益问题，结合实际安排孕期、哺乳期女职工居家远程办公、灵活安排休假及工作时间。

（四）充分发挥集体协商制度的基础性作用。坚持有事好商量、遇事多商量、有难题共同解决、有困难共同承担原则，积极引导职工和企业通过集体协商，共商共谅，妥善处理复工复产前后职工劳动报酬、工作时间、休息休假、劳动保护及女职工生育保护等问题，探索企业职工参与管理的有效方式，依法保障职工群众的知情权、参与权、表达权、监督权，引导职工和企业同舟共济，关心企业生存发展、帮助企业战胜困难，形成企业关爱职工、职工关心企业、共谋企业和职工权益实现的良好氛围。发挥集体协商指导员作用，深入企业加强指导服务，构建和谐劳动关系。

中华全国总工会　人力资源社会保障部 中国企业联合会/中国企业家协会 中华全国工商业联合会关于应对疫情影响进一步做好集体协商工作的通知（摘录）

（总工发〔2020〕3号　2020年5月19日）

二、着力围绕稳定劳动关系重点方面开展协商

（三）支持协商其他涉及职工切身利益事项。鼓励企业和职工将复工后的工作方式、时间安排、带薪休假使用、劳动保护措施、女职工特殊权益保护等涉及职工切身利益问题作为协商内容。指导承担疫情防控保障任务的企业与职工就延长工作时间和休息时间安排等依法开展协商。

中华全国总工会女职工委员会关于进一步加强工会女职工权益维护工作的意见

（工女委发〔2015〕4号　2015年12月17日）

女职工是我国工人阶级的重要组成部分，是妇女群众的骨干力量，是全面建成小康社会、促进经济社会发展的重要力量。为深入贯彻落实男女平等基本国策，依法维护女职工合法权益和特殊利益，现就进一步加强工会女职工权益维护工作提出如下意见。

一、重要意义

全面维护女职工合法权益和特殊利益，是工会女职工组织贯彻落实男女平等基本国策、促进女职工和经济社会同步发展的职责所在，是保障女职工与下一代健康、提高劳动力人口质量、促进经济社会持续健康发展的必然要求。经济发展新常态下，随着企业组织形式、劳动关系和女职工队伍的发展变化，女职工权益实现面临一些新情况新问题，女职工劳动就业、“四期”保护、社会保障等面临新挑战，新的职业危害因素不断增多，职业安全健康隐患依然存在，对工会女职工权益维护工作提出了新课题。加强新形势下工会女职工权益维护工作，对于团结广大女职工坚定不移听党话、跟党走，充分发挥女职工在社会生活和家庭生活中的独特作用，为全面建成小康社会、实现中华民族伟大复兴中国梦而奋斗具有重要的现实意义。

二、总体要求

（一）指导思想。深入学习贯彻习近平总书记系列重要讲话精神特别是关于工会工作和妇女工作重要指示精神，紧紧围绕“十三五”规划目标任务和协调推进“四个全面”战略布局，坚定不移走中国特色社会主义工会发展道路，贯彻落实男女平等基本国策，坚持以人为本，坚持依法维权，坚持改革创新，大力推动《女职工劳动保护特别规定》（以下简称《特别规定》）及相关法律法规贯彻落实，倡导尊重女性生育社会价值理念，创造有利于女职工和经济社会同步发展的社会环境，推动实现女职工共建共享改革发展成果，促进劳动关系和谐稳定和经济社会持续健康发展。

（二）工作目标。推动完善女职工权益保护法律政策体系，推动构建党委领导、政府主导、工会参与的女职工权益维护工作格局，加强源头参与、调研评估、监督检查、争议调处和联动协作等女职工权益维护工作机制建设，深化女职工权益保护专项集体合同（以下简称“女职工专项合同”）工作，努力实现在已建工会女职工组织的企业中宣传普及《特别规定》工作全覆盖，全面提升《特别规定》知晓率，在已建工会女职工组织并签订集体合同的企业中女职工专项合同全覆盖，推动改善女职工劳动条件、优化就业环境、实现体面劳动，不断提高女职工职业安全健康水平，切实维护女职工合法权益和特殊利益。

三、主要内容

（一）积极参与涉及女职工权益法律法规政策的制定与完善。围绕中国特色社会主义法治体系建设，深入研究经济发展新常态下女职工权益实现面临的新情况新问题，通过人大、政协提案议案、工会与政府联席会议制度和协调劳动关系三方机制，反映女职工呼声，表达意见主张，促进性别平等纳入决策主流，推动从法律法规、政策措施、发展规划、重大决策以及责任考核等层面上保障女职工合法权益和特殊利益。积极参与涉及女职工权益保障法律法规的制定与修订，推动政府职能部门加强新兴产（行）业职业危害预防控制技术研发，注重总结基层女职工维权工作实践经验，努力将实践经验和政策主张上升为法律法规，促进女职工权益保护法律政策体系的不断完善，为女职工权益实现提供更加科学全面的法治保障。

（二）广泛开展女职工权益保护法律法规宣传普及活动。坚持面向企业面向女职工面向社会开展《特别规定》等国家保护女职工权益法律法规宣传普及活动，结合“三八”国际劳动妇女节、“五一”国际劳动节等重点时段和女职工维权行动月等专题活动，推动宣传普及工作进企业、进车间、进班组，督促用人单位履行法律责任，提高女职工依法维权意识。充分发挥工会“大学校”作用，依托工会干部院校、职工学校、女职工培训示范学校等教育培训阵地，将女职工权益保护纳入培训内容，开展专题辅导讲座和法律咨询服务，提高女职工依法维权能力，引导女职工自觉守法、遇事找法、解决问题靠法，理性表达利益诉求，依法维护自身权益。主动适应网络强国战略新要求，准确把握“互联网＋”时代新特点新规律，探索“互联网＋”工会女职工权益维护工作模式，形成网上网下有机融合、各类资源有效整合、多种形式互为补充的网络平台，不断扩大工会女职工组织影响力。

（三）扎实推进女职工权益保护专项集体合同工作。围绕中国特色集体协商制度建设，坚持把女职工专项合同工作作为基础性、长期性重点工作，作为工会女职工组织依法履行维权基本职责的重要载体。坚持依托集体协商和集体合同制度建设，推动女职工专项合同工作纳入集体协商和集体合同工作，努力实现女职工专项合同与集体合同协商、签订、履约“三同步”。坚持长效机制建设与解决当前突出问题有机结合，推动《特别规定》纳入女职工专项合同，围绕女职工“四期”保护、禁忌从事劳动范围、生育待遇、妇科普查等内容，广泛征求女职工意见，提出切实可行的协商议题，抓细抓实协商内容，着力增强协商议题的针对性、实效性。确保职工方协商代表中有相应比例女职工代表，选好配强女职工代表，合同草案应提交职工代表大会或全体职工大会审议通过，签订生效的合同文本应及时公布并备案，切实提高女职工专项合同知晓率。着力规范履约评估程序，建立健全履约责任制度，通过职代会、民主评议、专项督查等方式进行效果评估，切实维护女职工的知情权、参与权、表达权、监督权，有效提升协商质量、增强履约实效，不断提高女职工满意度。

（四）推动加大女职工权益维护监督工作力度。积极推动政府职能部门增强执法主体意识，履行监管职能，加强对非公有制中小微企业和职业健康危害严重的重点领域职业健康危害监控，督促用人单位自觉履行守法义务，建立健全女职工劳动保护制度，加强“四期”保护，改善劳动条件，落实生育待遇，严格执行女职工禁忌从事劳动范围规定，落实有毒有害岗位书面告知义务，实施定期体检，保障女职工职业安全和生育健康。加强与人大和劳动、卫生、安监等政府部门的联系配合，联合开展监督检查，对违反《特别规定》、侵害女职工权益的用人单位，依法追究法律责任。工会女职工组织在参与各类侵权案件处理中，要认真履行维护职责，及时反映女职工利益诉求，监督落实整改措施，依法维护女职工合法权益和特殊利益。

四、保障措施

（一）加强组织领导。各级工会女职工组织要从服务党和国家工作大局的战略高度，充分认识加强女职工权益维护工作的重要性和必要性，不断增强责任意识、忧患意识，及时向同级工会领导汇报女职工权益实现情况，推动女职工权益维护工作纳入工会维权重点工作统一部署、整体推进、同步考核。要结合本地区、本单位女职工权益维护工作实际，明确目标任务，制定实施方案，落实工作职责，建立健全女职工权益维护工作目标体系，实现一级抓一级，层层抓落实，确保女职工权益维护工作责任到人，工作到位，扎实有效推进。

（二）加强机制建设。依托政府联席会议制度和协调劳动关系三方机制，积极搭建内外协调、上下联动、整体推进的女职工权益维护工作平台。推动健全完善民主管理制度和劳动争议调解、仲裁、诉讼机制，确保职工代表中有相应比例女职工代表，劳动争议调解委员会中配备女职工代表，畅通女职工诉求渠道。推动建立健全区域性、行业性和企业女职工权益维护工作制度，着力加强非公有制中小微企业女职工权益保障机制建设。完善表彰激励机制，将女职工权益维护工作纳入工会“模范职工之家”评比内容。推动建立健全危机处理应急机制，对侵害女职工权益的突出问题、典型个案，做到早发现、早报告、早协调、早解决，旗帜鲜明地维护女职工合法权益和特殊利益。

（三）打造工作品牌。准确把握女职工权益维护工作的特点和规律，总结推广基层实践创新成果，注重培育、打造工会女职工权益维护工作品牌，不断增强女职工权益维护工作的针对性、实效性。结合工会“安康杯”竞赛活动，着力提高女职工安全防护意识，加强群众监督，推动解决女职工权益实现中的突出问题。积极探索社会化推进、项目化管理、实事化运作模式，争取各类资源手段，加大维权服务工作力度，丰富工作内涵、扩大品牌效应，不断提高工会女职工组织吸引力凝聚力战斗力。

（四）加强队伍建设。按照“绝对忠诚党的事业，竭诚服务职工群众”的要求，引导工会女职工工作干部不断提高履职能力。以改制企业和非公有制中小微企业为重点，加大基层工会女职工工作干部培训力度，将女职工权益维护纳入各级工会干部轮训内容，使工会女职工工作干部掌握法律政策、熟悉工会业务，不断增强依法维权能力水平，真正成为女职工信得过、靠得住、离不开的“娘家人”。

中华全国总工会女职工委员会关于开展2018年女职工维权行动月活动的通知

（工女委发〔2018〕1号　2018年1月8日）

各省、自治区、直辖市总工会女职工委员会：

为加强全面两孩政策下女职工特殊权益维护工作，推动《女职工劳动保护特别规定》（以下简称《特别规定》）等国家保护女职工权益法律法规贯彻落实，全总女职工委员会决定以“加强生育保护，依法维护女职工合法权益和特殊利益”为主题，在2018年“三八”国际劳动妇女节期间开展女职工维权行动月活动。现将有关事项通知如下：

一、指导思想

全面贯彻党的十九大精神，以习近平新时代中国特色社会主义思想为指导，贯彻落实男女平等基本国策，围绕实施全面两孩政策下女职工生育权益实现问题，广泛开展女职工权益保护法律法规宣传普及活动，大力推进女职工权益保护专项集体合同（以下简称“女职工专项集体合同”）工作，着力加强机制建设，创新载体手段，依法维护女职工合法权益和特殊利益，促进劳动关系与社会和谐稳定。

二、活动内容

（一）广泛开展普法宣传。以国家涉及生育保护相关法律法规为重点内容，广泛宣传普及国家保护女职工权益法律法规和全面两孩政策，促进用人单位增强守法意识、履行法律义务，引导女职工尊法学法懂法用法，自觉守法、遇事找法、解决问题靠法，推动全社会形成尊重女性生育社会价值、保障女职工生育权益的良好环境。

（二）深化专项合同工作。以中小非公企业和女职工相对集中行业为重点领域，以保护女职工生育权利、落实“四期”劳动保护和生育待遇为重点内容，大力推进女职工专项集体合同签约、履约工作，着力提升协商质量、提高履约实效，保障女职工的知情权、参与权、表达权、监督权，推动女职工专项集体合同工作制度化、规范化，更好地发挥女职工专项集体合同依法维权载体作用。

（三）深入开展监督检查。加强与地方人大和政府有关部门的联系配合，以中小非公企业为重点，对《特别规定》等国家有关法律法规贯彻落实情况开展监督检查。要深入基层、深入女职工，及时发现、积极参与侵害女职工权益问题调查处理，对违反法律法规、侵害女职工权益的用人单位，通过《工会劳动法律监督意见书》《工会劳动法律监督建议书》等提出督促整改意见、依法查处建议，监督落实整改措施，依法维护女职工合法权益和特殊利益。

（四）总结推广典型经验。注重总结推广本地区不同行业、不同类型用人单位工会女职工组织维护女职工生育权益典型经验，宣传工会女职工维权品牌工作和优秀维权案例，推广协调处理侵犯女职工生育权益典型个案的有效做法，充分发挥典型示范引领作用。

三、工作要求

（一）加强组织领导。近年来，女职工维权行动月活动已成为工会女职工组织集中开展普法宣传、监督检查等维权工作的重要品牌工作。各省（区、市）总工会女职工委员会要及时将此项工作向工会主要领导汇报，切实加强组织领导，结合地方实际，制定活动方案，细化活动内容，整合资源力量，集中组织实施。要加强对活动组织开展情况的督导检查，确保活动有效开展、发挥实效。全总女职工委员会办公室将赴部分省（区、市）开展调研督导。

（二）突出工作重点。以女职工较为集中行业为重点领域，以一线女职工、女农民工为重点对象，深入了解掌握女职工生育权利、就业保护、生育待遇落实等权益实现情况，着力推动解决女职工生育权益保护中存在的突出问题。

（三）创新活动方式。主动适应不同领域、不同类型用人单位女职工维权工作需求，探索创新活动组织形式和宣传方式，将深入解读国家实施全面两孩政策与宣传普及女职工权益保护法律法规相结合，推进网下工作与网上工作深度融合，着力拓展用人单位和女职工参与面，扩大活动影响力。

（四）及时报送材料。活动期间，请及时报送活动信息、图片资料，并于2018年4月15日前，报送本地区开展女职工维权行动月活动总结。

中华全国总工会女职工委员会关于开展2019年女职工维权行动月活动的通知

（工女委发〔2019〕1号　2019年1月4日）

各省、自治区、直辖市总工会女职工委员会：

为深入学习贯彻习近平新时代中国特色社会主义思想和党的十九大精神，贯彻习近平总书记关于工会工作和妇女工作重要指示精神，推动男女平等基本国策贯彻落实，全总女职工委员会决定以促进工作场所性别平等为主要内容，组织开展2019年女职工维权行动月活动。现将有关事项通知如下：

一、活动主题

贯彻落实男女平等基本国策，促进工作场所性别平等。

二、活动内容

（一）广泛开展普法宣传培训活动。以性别平等相关法律法规为重点内容，组织开展普法宣传培训活动，促进用人单位履行法律义务，承担社会责任，增强性别平等意识，推动全社会形成促进性别平等的良好环境。全总编写了《促进工作场所性别平等指导手册》（以下简称《指导手册》）、女职工权益保护及性别平等相关法律法规知识问答题目，请各地结合地方相关法规政策，组织开展宣传培训及知识竞赛活动。

（二）着力推进性别平等纳入集体协商。落实中央关于健全劳动关系协商机制、消除性别歧视指示要求，以推动男女职工机会、权利和待遇平等为重点内容，开展调查研究，征求职工意见，确定协商议题，推动将性别平等纳入集体合同和女职工权益保护专项集体合同（以下简称“女职工专项集体合同”）内容，纳入用人单位人力资源管理等相关工作制度，建立健全性别平等工作机制，充分发挥集体合同、女职工专项集体合同促进工作场所性别平等的依法维权载体作用。

（三）深入开展监督检查推动落实整改措施。加强与地方人大和政府有关部门的联系配合，推动加大性别平等相关法律法规执行情况的监督检查力度。注重加强基层工会女职工工作信息员队伍建设，及时发现、反映问题，协调推动性别歧视等侵犯女职工权益问题调查处理。积极依托工会劳动法律监督意见书和建议书制度，对用人单位提出督促整改意见、依法查处建议，监督落实整改措施，依法维护女职工合法权益和特殊利益。

三、工作要求

（一）切实加强组织领导。各省（区、市）总工会女职工委员会要及时将此项工作向工会主要领导汇报，切实加强组织领导，制定活动方案，细化活动内容，整合资源力量，集中组织实施。要加强对活动组织开展情况的督导检查，确保活动有效开展、发挥实效，使女职工维权行动月活动切实成为工会女职工组织集中开展普法宣传、监督检查等维权工作的重要载体和品牌工作。全总女职工委员会办公室将赴部分省（区、市）对活动开展情况进行调研。

（二）着力推广应用《指导手册》。以推广应用《指导手册》为重点，广泛开展宣传培训，选择不同行业、不同类型用人单位开展试点应用，推动用人单位落实相关法律法规规定，加强工作场所性别平等制度机制建设。要全面了解用人单位性别平等工作状况，广泛征求男女职工意见，有针对性地提出改进建议，督促纠正性别歧视问题。

（三）总结宣传典型经验。注重总结不同行业、不同类型用人单位和工会及工会女职工组织推进性别平等经验做法，宣传推广工会女职工维权品牌工作，总结宣传女职工专项集体合同典型案例、工会和工会女职工组织协调处理侵犯女职工权益问题优秀维权案例，充分发挥典型示范引领作用。近年来，一些地方工会女职工组织在依法维护女职工权益、组织开展女职工维权行动月活动等方面创造了良好经验（见附件 1. 2），一些地方工会注重总结提炼集体合同工作实践案例（见附件 3），发挥了典型示范作用，值得学习借鉴。

（四）及时报送工作材料。活动期间，请及时报送活动信息、图片资料。请于 2019 年 4 月 15 日前报送本地区开展女职工维权行动月活动总结，2019 年 6 月 30 日前报送 1—2 个女职工专项集体合同工作典型案例。请按照国家卫生健康委人口家庭司《关于开展母婴室案例征集活动的通知》（国卫人口政策便函〔2018〕3 号）要求，积极向本省（区、市）卫生健康部门报送女职工休息哺乳室建设典型案例，并同时报送全总女职工部。依法维护女职工权益典型案例报送时间另行通知。

附件：1. 依法维护女职工权益典型案例（略）

2. 山西省 2018 年女职工维权行动月活动总结（略）

3. 集体合同工作典型案例（略）

中华全国总工会女职工委员会关于开展2020年女职工维权行动月活动的通知

（工女委发〔2020〕1号　2020年1月9日）

各省、自治区、直辖市总工会女职工委员会：

为深入学习贯彻习近平新时代中国特色社会主义思想及党的十九大和十九届二中、三中、四中全会精神，贯彻习近平总书记关于工会工作和妇女工作重要指示精神，推动男女平等基本国策贯彻落实，促进工作场所性别平等，全总女职工委员会决定以创建安全健康平等的工作环境为主要内容，组织开展2020年女职工维权行动月活动。现将有关事项通知如下：

一、活动主题

今年女职工维权行动月活动的主题是“创建安全健康平等的工作环境，依法维护女职工合法权益和特殊利益”。旨在强调：加强女职工劳动保护、减少职业因素对女职工生殖健康的影响，是践行健康中国战略、保护母婴健康、促进经济社会可持续健康发展的重要内容；预防和制止工作场所性骚扰，是确保在工作中处于安全环境、消除性别歧视的基本保障；促进工作场所性别平等，是工会女职工组织全方位依法维护女职工合法权益和特殊利益的重要职责。

二、活动内容

（一）广泛开展普法宣传到基层活动。大力宣传男女平等基本国策和女职工权益保护法律法规，努力营造全社会关注和维护女职工权益的良好氛围。全总组织编发了《促进工作场所性别平等指导手册（修订版）》、《女职工权益维护法律知识微手册（修订版）》、《女职工权益维护案例集》、女职工权益保护相关法律法规知识问答题库等普法宣传资料，用于支持各地开展普法宣传活动。请各地结合实际，深入基层一线、深入女职工，通过网上网下宣传专栏、专题讲座、知识竞赛、法律服务等形式，组织开展内容务实、女职工参与度高的普法宣传培训活动，进一步提高女职工权益保护法律法规知识的知晓率、普及率。

（二）深入推进促进工作场所性别平等内容纳入集体协商机制。贯彻落实中央关于健全劳动关系协商机制、消除性别歧视指示精神，推动将促进工作场所性别平等内容纳入集体合同和女职工权益保护专项集体合同条款，纳入用人单位人力资源管理等相关工作制度。结合不同行业、不同规模、不同所有制企业女职工权益维护工作实际，通过案例征集、范本发布、集体协商大赛等多种形式，总结推广典型经验，加强分类指导，不断提升合同文本质量和签约履约实效，充分发挥集体协商机制依法维护女职工合法权益和特殊利益的载体作用。

（三）扎实推动监督检查活动。加强与地方人大、政协和政府有关部门的沟通协调，推动加大女职工权益保护法律法规执行情况的监督检查力度。注重加强基层工会女职工工作信息员队伍建设，充分发挥基层工会女职工委员和代表作用，开展女职工权益实现情况调查，及时发现、反映和纠正侵犯女职工权益问题。紧密依托工会劳动法律监督制度，充分运用“一函两书”，协调推进侵犯女职工权益问题调查处理和整改措施落地落实。

三、工作要求

（一）加强组织领导。各省（区、市）总工会女职工委员会要及时将此项工作向工会主要领导汇报，推动将女职工维权行动月活动纳入全会重点工作，切实加强组织领导，细化活动方案，整合资源力量，认真组织实施。活动开展中要注重结合本地实际，推动载体和机制创新，确保活动有声有色、发挥实效。

（二）注重品牌宣传。2015 年以来，全总女职工委员会已经连续六年开展女职工维权行动月活动，女职工维权行动月已成为工会女职工组织集中开展普法宣传、监督检查等维权工作的重要载体和品牌工作。各地要注重树立品牌意识，充分运用媒体平台，全方位、多渠道开展专题宣传，进一步提升女职工维权行动月活动的影响力。

（三）及时报送材料。请各省（区、市）认真总结本地区女职工维权行动月活动中的特色亮点和工作成效，于 4 月 15 日前将活动总结和图片视频资料报送全总女职工部。

关爱服务

国务院办公厅关于促进3岁以下婴幼儿照护服务发展的指导意见

（国办发〔2019〕15号　2019年4月17日）

各省、自治区、直辖市人民政府，国务院各部委、各直属机构：

3岁以下婴幼儿（以下简称婴幼儿）照护服务是生命全周期服务管理的重要内容，事关婴幼儿健康成长，事关千家万户。为促进婴幼儿照护服务发展，经国务院同意，现提出如下意见。

一、总体要求

（一）指导思想。以习近平新时代中国特色社会主义思想为指导，全面贯彻党的十九大和十九届二中、三中全会精神，按照统筹推进“五位一体”总体布局和协调推进“四个全面”战略布局要求，坚持以人民为中心的发展思想，以需求和问题为导向，推进供给侧结构性改革，建立完善促进婴幼儿照护服务发展的政策法规体系、标准规范体系和服务供给体系，充分调动社会力量的积极性，多种形式开展婴幼儿照护服务，逐步满足人民群众对婴幼儿照护服务的需求，促进婴幼儿健康成长、广大家庭和谐幸福、经济社会持续发展。

（二）基本原则。

家庭为主，托育补充。人的社会化进程始于家庭，儿童监护抚养是父母的法定责任和义务，家庭对婴幼儿照护负主体责任。发展婴幼儿照护服务的重点是为家庭提供科学养育指导，并对确有照护困难的家庭或婴幼儿提供必要的服务。

政策引导，普惠优先。将婴幼儿照护服务纳入经济社会发展规划，加快完善相关政策，强化政策引导和统筹引领，充分调动社会力量积极性，大力推动婴幼儿照护服务发展，优先支持普惠性婴幼儿照护服务机构。

安全健康，科学规范。按照儿童优先的原则，最大限度地保护婴幼儿，确保婴幼儿的安全和健康。遵循婴幼儿成长特点和规律，促进婴幼儿在身体发育、动作、语言、认知、情感与社会性等方面的全面发展。

属地管理，分类指导。在地方政府领导下，从实际出发，综合考虑城乡、区域发展特点，根据经济社会发展水平、工作基础和群众需求，有针对性地开展婴幼儿照护服务。

（三）发展目标。到2020年，婴幼儿照护服务的政策法规体系和标准规范体系初步建立，建成一批具有示范效应的婴幼儿照护服务机构，婴幼儿照护服务水平有所提升，人民群众的婴幼儿照护服务需求得到初步满足。

到2025年，婴幼儿照护服务的政策法规体系和标准规范体系基本健全，多元化、多样化、覆盖城乡的婴幼儿照护服务体系基本形成，婴幼儿照护服务水平明显提升，人民群众的婴幼儿照护服务需求得到进一步满足。

二、主要任务

（一）加强对家庭婴幼儿照护的支持和指导。

全面落实产假政策，鼓励用人单位采取灵活安排工作时间等积极措施，为婴幼儿照护创造便利条件。

支持脱产照护婴幼儿的父母重返工作岗位，并为其提供信息服务、就业指导和职业技能培训。

加强对家庭的婴幼儿早期发展指导，通过入户指导、亲子活动、家长课堂等方式，利用互联网等信息化手段，为家长及婴幼儿照护者提供婴幼儿早期发展指导服务，增强家庭的科学育儿能力。

切实做好基本公共卫生服务、妇幼保健服务工作，为婴幼儿家庭开展新生儿访视、膳食营养、生长发育、预防接种、安全防护、疾病防控等服务。

（二）加大对社区婴幼儿照护服务的支持力度。

地方各级政府要按照标准和规范在新建居住区规划、建设与常住人口规模相适应的婴幼儿照护服务设施及配套安全设施，并与住宅同步验收、同步交付使用；老城区和已建成居住区无婴幼儿照护服务设施的，要限期通过购置、置换、租赁等方式建设。有关标准和规范由住房城乡建设部于2019年8月底前制定。鼓励通过市场化方式，采取公办民营、民办公助等多种方式，在就业人群密集的产业聚集区域和用人单位完善婴幼儿照护服务设施。

鼓励地方各级政府采取政府补贴、行业引导和动员社会力量参与等方式，在加快推进老旧居住小区设施改造过程中，通过做好公共活动区域的设施和部位改造，为婴幼儿照护创造安全、适宜的环境和条件。

各地要根据实际，在农村社区综合服务设施建设中，统筹考虑婴幼儿照护服务设施建设。

发挥城乡社区公共服务设施的婴幼儿照护服务功能，加强社区婴幼儿照护服务设施与社区服务中心（站）及社区卫生、文化、体育等设施的功能衔接，发挥综合效益。支持和引导社会力量依托社区提供婴幼儿照护服务。发挥网格化服务管理作用，大力推动资源、服务、管理下沉到社区，使基层各类机构、组织在服务保障婴幼儿照护等群众需求上有更大作为。

加大对农村和贫困地区婴幼儿照护服务的支持，推广婴幼儿早期发展项目。

（三）规范发展多种形式的婴幼儿照护服务机构。

举办非营利性婴幼儿照护服务机构的，在婴幼儿照护服务机构所在地的县级以上机构编制部门或民政部门注册登记；举办营利性婴幼儿照护服务机构的，在婴幼儿照护服务机构所在地的县级以上市场监管部门注册登记。婴幼儿照护服务机构经核准登记后，应当及时向当地卫生健康部门备案。登记机关应当及时将有关机构登记信息推送至卫生健康部门。

地方各级政府要将需要独立占地的婴幼儿照护服务设施和场地建设布局纳入相关规划，新建、扩建、改建一批婴幼儿照护服务机构和设施。城镇婴幼儿照护服务机构建设要充分考虑进城务工人员随迁婴幼儿的照护服务需求。

支持用人单位以单独或联合相关单位共同举办的方式，在工作场所为职工提供福利性婴幼儿照护服务，有条件的可向附近居民开放。鼓励支持有条件的幼儿园开设托班，招收 2 至 3 岁的幼儿。

各类婴幼儿照护服务机构可根据家庭的实际需求，提供全日托、半日托、计时托、临时托等多样化的婴幼儿照护服务；随着经济社会发展和人民消费水平提升，提供多层次的婴幼儿照护服务。

落实各类婴幼儿照护服务机构的安全管理主体责任，建立健全各类婴幼儿照护服务机构安全管理制度，配备相应的安全设施、器材及安保人员。依法加强安全监管，督促各类婴幼儿照护服务机构落实安全责任，严防安全事故发生。

加强婴幼儿照护服务机构的卫生保健工作。认真贯彻保育为主、保教结合的工作方针，为婴幼儿创造良好的生活环境，预防控制传染病，降低常见病的发病率，保障婴幼儿的身心健康。各级妇幼保健机构、疾病预防控制机构、卫生监督机构要按照职责加强对婴幼儿照护服务机构卫生保健工作的业务指导、咨询服务和监督检查。

加强婴幼儿照护服务专业化、规范化建设，遵循婴幼儿发展规律，建立健全婴幼儿照护服务的标准规范体系。各类婴幼儿照护服务机构开展婴幼儿照护服务必须符合国家和地方相关标准和规范，并对婴幼儿的安全和健康负主体责任。运用互联网等信息化手段对婴幼儿照护服务机构的服务过程加强监管，让广大家长放心。建立健全婴幼儿照护服务机构备案登记制度、信息公示制度和质量评估制度，对婴幼儿照护服务机构实施动态管理。依法逐步实行工作人员职业资格准入制度，对虐童等行为零容忍，对相关个人和直接管理人员实行终身禁入。婴幼儿照护服务机构设置标准和管理规范由国家卫生健康委制定，各地据此做好婴幼儿照护服务机构核准登记工作。

三、保障措施

（一）加强政策支持。充分发挥市场在资源配置中的决定性作用，梳理社会力量进入的堵点和难点，采取多种方式鼓励和支持社会力量举办婴幼儿照护服务机构。鼓励地方政府通过采取提供场地、减免租金等政策措施，加大对社会力量开展婴幼儿照护服务、用人单位内设婴幼儿照护服务机构的支持力度。鼓励地方政府探索试行与婴幼儿照护服务配套衔接的育儿假、产休假。创新服务管理方式，提升服务效能水平，为开展婴幼儿照护服务创造有利条件、提供便捷服务。

（二）加强用地保障。将婴幼儿照护服务机构和设施建设用地纳入土地利用总体规划、城乡规划和年度用地计划并优先予以保障，农用地转用指标、新增用地指标分配要适当向婴幼儿照护服务机构和设施建设用地倾斜。鼓励利用低效土地或闲置土地建设婴幼儿照护服务机构和设施。对婴幼儿照护服务设施和非营利性婴幼儿照护服务机构建设用地，符合《划拨用地目录》的，可采取划拨方式予以保障。

（三）加强队伍建设。高等院校和职业院校（含技工院校）要根据需求开设婴幼儿照护相关专业，合理确定招生规模、课程设置和教学内容，将安全照护等知识和能力纳入教学内容，加快培养婴幼儿照护相关专业人才。将婴幼儿照护服务人员作为急需紧缺人员纳入培训规划，切实加强婴幼儿照护服务相关法律法规培训，增强从业人员法治意识；大力开展职业道德和安全教育、职业技能培训，提高婴幼儿照护服务能力和水平。依法保障从业人员合法权益，建设一支品德高尚、富有爱心、敬业奉献、素质优良的婴幼儿照护服务队伍。

（四）加强信息支撑。充分利用互联网、大数据、物联网、人工智能等技术，结合婴幼儿照护服务实际，研发应用婴幼儿照护服务信息管理系统，实现线上线下结合，在优化服务、加强管理、统计监测等方面发挥积极作用。

（五）加强社会支持。加快推进公共场所无障碍设施和母婴设施的建设和改造，开辟服务绿色通道，为婴幼儿出行、哺乳等提供便利条件，营造婴幼儿照护友好的社会环境。企业利用新技术、新工艺、新材料和新装备开发与婴幼儿照护相关的产品必须经过严格的安全评估和风险监测，切实保障安全性。

四、组织实施

（一）强化组织领导。各级政府要提高对发展婴幼儿照护服务的认识，将婴幼儿照护服务纳入经济社会发展相关规划和目标责任考核，发挥引导作用，制定切实管用的政策措施，促进婴幼儿照护服务规范发展。

（二）强化部门协同。婴幼儿照护服务发展工作由卫生健康部门牵头，发展改革、教育、公安、民政、财政、人力资源社会保障、自然资源、住房城乡建设、应急管理、税务、市场监管等部门要按照各自职责，加强对婴幼儿照护服务的指导、监督和管理。积极发挥工会、共青团、妇联、计划生育协会、宋庆龄基金会等群团组织和行业组织的作用，加强社会监督，强化行业自律，大力推动婴幼儿照护服务的健康发展。

（三）强化监督管理。加强对婴幼儿照护服务的监督管理，建立健全业务指导、督促检查、考核奖惩、安全保障和责任追究制度，确保各项政策措施、规章制度落实到位。按照属地管理和分工负责的原则，地方政府对婴幼儿照护服务的规范发展和安全监管负主要责任，制定婴幼儿照护服务的规范细则，各相关部门按照各自职责负监管责任。对履行职责不到位、发生安全事故的，要严格按照有关法律法规追究相关人员的责任。

（四）强化示范引领。在全国开展婴幼儿照护服务示范活动，建设一批示范单位，充分发挥示范引领、带动辐射作用，不断提高婴幼儿照护服务整体水平。

附件：

促进3岁以下婴幼儿照护服务发展工作部门职责分工

发展改革部门负责将婴幼儿照护服务纳入经济社会发展相关规划。

教育部门负责各类婴幼儿照护服务人才培养。

公安部门负责监督指导各类婴幼儿照护服务机构开展安全防范。

民政部门负责非营利性婴幼儿照护服务机构法人的注册登记，推动有条件的地方将婴幼儿照护服务纳入城乡社区服务范围。

财政部门负责利用现有资金和政策渠道，对婴幼儿照护服务行业发展予以支持。

人力资源社会保障部门负责对婴幼儿照护服务从业人员开展职业技能培

训，按规定予以职业资格认定，依法保障从业人员各项劳动保障权益。

自然资源部门负责优先保障婴幼儿照护服务机构和设施建设的土地供应，完善相关规划规范和标准。

住房城乡建设部门负责规划建设婴幼儿照护服务机构和设施，完善相关工程建设规范和标准。

卫生健康部门负责组织制定婴幼儿照护服务的政策规范，协调相关部门做好对婴幼儿照护服务机构的监督管理，负责婴幼儿照护卫生保健和婴幼儿早期发展的业务指导。

应急管理部门负责依法开展各类婴幼儿照护服务场所的消防监督检查工作。

税务部门负责贯彻落实有关支持婴幼儿照护服务发展的税收优惠政策。

市场监管部门负责营利性婴幼儿照护服务机构法人的注册登记，对各类婴幼儿照护服务机构的饮食用药安全进行监管。

工会组织负责推动用人单位为职工提供福利性婴幼儿照护服务。

共青团组织负责针对青年开展婴幼儿照护相关的宣传教育。

妇联组织负责参与为家庭提供科学育儿指导服务。

计划生育协会负责参与婴幼儿照护服务的宣传教育和社会监督。

宋庆龄基金会负责利用公益机构优势，多渠道、多形式参与婴幼儿照护服务。

民政部　国资委　全国工商联
全国总工会　共青团中央　全国妇联
关于劳动密集型企业进一步加强农村留守儿童和困境儿童关爱服务工作的指导意见

（民发〔2019〕116号　2019年11月20日）

各省、自治区、直辖市民政厅（局）、国资委、总工会、团委、妇联、工商联，新疆生产建设兵团民政局、国资委、总工会、团委、妇联、工商联，有关中央企业：

党中央、国务院高度重视农村留守儿童和困境儿童关爱服务工作，作出了一系列重大决策部署。劳动密集型企业用工量大且农村务工人员高度集中，教育引导支持务工父母强化家庭监护主体责任，采取多种方式关心关爱农村留守儿童和困境儿童，对提升企业职工素质、增强企业凝聚力、履行企业社会责任、提升企业形象，更好维护农村留守儿童和困境儿童基本权益，具有重要意义。为进一步促进广大劳动密集型企业教育引导务工父母切实强化责任意识，依法履行对未成年子女的监护职责和抚养义务，进一步做好农村留守儿童和困境儿童关爱服务工作，现提出如下意见。

一、总体要求

（一）指导思想。以习近平新时代中国特色社会主义思想为指导，全面贯彻党的十九大和十九届二中、三中、四中全会精神，牢固树立以人民为中心的发展思想，推动劳动密集型企业落实《国务院关于加强农村留守儿童关爱保护工作的意见》（国发〔2016〕13号）和《国务院关于加强困境儿童保障工作的意见》（国发〔2016〕36号）有关要求，切实做好广大农村留守儿童和困境儿童关爱服务工作。

（二）基本原则。坚持围绕中心、服务大局，助力打赢脱贫攻坚战和实施乡村振兴战略；坚持履行企业社会责任与促进企业发展相结合，推进企业文化建设，增进务工人员家庭和谐；坚持儿童利益最大化，全方位维护儿童合法权益。

（三）目标任务。劳动密集型企业务工人员家庭监护主体责任意识进一步增强，农村留守儿童和困境儿童监护质量有效提高，实现“挣钱”与“顾家”两不误；企业履行社会责任意识进一步增强，职工素质和企业形象双提升，经济效益与社会效益双促进。

二、主要内容

（一）开展专题宣讲。劳动密集型企业要通过开展专题宣讲等方式加强对务工人员家庭监护主体责任的教育引导。强化政策引导，深入工厂、工地、职工宿舍等场所，通过开办家长学校、现场宣讲、座谈交流、录制专题宣传片、发放宣传手册等多种方式，宣扬中华民族传统家庭美德，引导务工人员依法履行对未成年子女的监护职责和抚养义务；结合劳务用工基地建设，向监护人和受委托监护人宣讲儿童优先理念，宣讲促进儿童发展保护相关法律、法规、政策及正确的监护方法，引导其提高监护能力。强化家庭责任教育，通过开展家风家教巡讲进企业等活动，增强家长监护主体责任意识，为促进孩子健康成长营造良好的家庭环境。突出沟通技巧，通过专家授课、集中培训、在线学习等方式，帮助务工人员掌握亲子沟通技巧方法，提高亲情关爱能力，做到亲情关爱不因外出务工而减弱。组建宣讲团队，借鉴现有企业成功经验模式，发动企业内部干部职工、务工人员和志愿者，打造一支素质高、政策精、热情高、服务好的政策宣讲团队，积极组织政策宣讲。探索推进将监督务工人员依法履行监护职责、务工人员承诺履行监护职责纳入职工诚信体系建设。

（二）加强亲情关爱。劳动密集型企业要进一步关心关爱务工人员及其子女，在企业发展的同时，不断改善务工人员的工作和生活条件，为他们履行家庭责任提供更大支持。有条件的企业要通过开发社会工作岗位，购买社会工作服务等形式，引入专业社会工作者为务工人员及其子女提供心理疏导、能力提升、社会融入等服务。有条件的企业，要通过设立亲情电话、亲情视频聊天室以及赠送免费通话时长、流量等方式，为务工人员加强与留守未成年子女的联系沟通提供支持，使其能够及时了解孩子的生活、学习和心理状况。在春节、国庆等重要节假日以及暑假期间，通过协调有关部门提供购买车票等便利、开展“小候鸟关爱”、组织反探亲等活动，为务工父母和留守子女团聚创造条件，号召家长尽量在假期多陪伴孩子、增进亲子感情。有条件的企业可逐步将产业向中西部地区转移，推动务工人员返乡创业、就近就业。

（三）组织困难帮扶。劳动密集型企业要加大对有农村留守儿童和困境儿童的困难职工家庭的帮扶力度，加强困难救助和人文关怀，逐步建立长效帮扶机制，实现帮扶工作的常态化、制度化和规范化。努力打造一批关爱服务农村留守儿童和困境儿童的品牌公益项目或示范慈善项目，为农村留守儿童和困境儿童提供持续、稳定的关爱服务。要结合脱贫攻坚和乡村振兴战略，结合企业劳务基地建设，重点关注贫困地区、偏远山区特别是“三区三州”等深度贫困地区的农村留守儿童和困境儿童生活状况，通过结对帮扶、慈善救助、实施公益项目等多种方式为困难职工家庭及其子女提供更多支持和帮助。

三、工作措施

（一）明确职责分工。各级民政部门要充分发挥农村留守儿童关爱保护和困境儿童保障工作领导协调机制作用，将劳动密集型企业关心关爱农村留守儿童和困境儿童纳入重点工作内容统筹谋划；要会同国资委、工商联等部门和单位认真梳理本地区劳动密集型企业，建立企业名册，完善工作机制，通过定期会商、建立工作群等方式加强沟通对接，并及时将企业名册及工作对接方式等信息告知工会、共青团、妇联等单位，便于工作开展；要主动提供关爱服务的重点区域、重点对象、重点项目，主动提供宣讲政策和关爱服务相关资料，为企业开展精准关爱服务提供信息指引。各级国资委、工商联要主动与当地民政部门对接，并指导劳动密集型国有企业、私营企业等健全工作体系，落实相关责任，推进开展相关工作。劳动密集型企业要充分发挥党组织的政治核心作用，将农村留守儿童和困境儿童关爱服务工作列入企业党的建设、企业文化建设范围统筹谋划部署，并明确具体负责部门和负责人。各级工会、共青团、妇联组织要指导劳动密集型企业工会、共青团、妇女组织，广泛动员广大职工、团员青年、务工妇女争当宣讲志愿者、争做依法履行监护职责模范，组织开展多种形式的关爱服务和互助活动，协同做好农村留守儿童和困境儿童关爱服务工作。

（二）加强资源整合。民政部门要发挥在慈善组织登记管理、慈善项目推介等方面的职能作用，对符合条件的关爱服务成效显著的企业优先纳入各级慈善表彰推荐范围。劳动密集型企业要加强与各级民政、国资委、工商联等部门工作会商，有条件的企业可研究设立“关心关爱农村留守儿童和困境儿童专项基金”，进一步完善服务平台，为有需求的对象及时提供精准救助、有效帮扶。工会、共青团、妇联组织要充分挖掘自身优势，动员团体会员、社会组织以及各类志愿者队伍等社会力量，广泛开展适合农村留守儿童和困境儿童特点的关爱、维权、帮扶等服务。

（三）加强宣传引导。各级民政、国资委、工商联等部门和单位要及时组织开展农村留守儿童和困境儿童关爱服务工作表扬奖励活动，企业要积极推荐优秀集体和个人，推送各类优秀项目、典型事例。各级民政、国资委、工会、团委、妇联、工商联等要加强信息交流和报送，及时推广好经验、好做法，协调报刊、广播、电视、网络加大对劳动密集型企业关爱服务农村留守儿童和困境儿童的宣传报道力度，营造良好氛围。

中华全国总工会办公厅关于印发全总女职工委员会《关于切实解决单亲困难女职工生活问题的意见》的通知

（总工办发〔2003〕11号　2003年4月30日）

各省、自治区、直辖市总工会，各全国产业工会，中共中央直属机关工会联合会，中央国家机关工会联合会，全总各部门：

全总女职工委员会《关于切实解决单亲困难女职工生活问题的意见》，已经全总书记处会议讨论通过，现印发给你们，请结合实际情况，遵照执行。

关于切实解决单亲困难女职工生活问题的意见

单亲困难女职工是困难职工群体中的一个特殊群体。党和政府以及社会各界十分重视和关心单亲困难女职工家庭的生活问题。中央和地方制定的一系列保障人民群众基本生活的政策措施对保障单亲困难女职工家庭生活起到了重要作用，各级工会开展的“送温暖工程”将帮扶单亲困难女职工家庭作为重要内容，各级工会女职工组织开展的“姐妹献爱心”活动突出了帮扶单亲困难女职工的工作重点。与此同时，随着离婚率的上升和下岗失业人员的增多，单亲困难女职工人数上升，迫切需要有针对性地解决单亲困难女职工这部分特殊群体的特殊困难。为认真贯彻“三个代表”的重要思想，有效地发挥工会组织作为党联系群众的桥梁和纽带作用，更好地承担起帮扶困难职工“第一责任人”的职责，现就切实解决单亲困难女职工的生活问题，提出如下意见：

一、增强对解决单亲困难女职工生活问题重要性和迫切性的认识。单亲困难女职工家庭的形成有着复杂的经济、社会和文化背景。单亲困难女职工大都年龄偏大、文化程度偏低、技能单一，经济生活重担难以支撑；部分单亲困难女职工家庭的子女，长期生活在残缺的家庭，对健康人格的形成有诸多负面影响，构成了潜在的社会问题；单亲困难女职工不仅经济负担沉重，特殊的家庭结构也给她们带来了极大的精神压力，需要经济上和精神上的双重帮扶。当前对困难群体的帮扶工作还比较笼统，基本上实行的是比较单一的帮扶方式，解决单亲困难女职工这部分特殊群体的特殊困难，针对性还不够强。各级工会组织，要从贯彻党的十六大精神，实践“三个代表”重要思想的高度出发，以增强“送温暖工程”的针对性为切入点，提高对解决单亲困难女职工的生活问题重要性的认识。

二、全面掌握单亲困难女职工的基本情况。目前，全总和各级工会组织较为全面地掌握了困难职工群体的总体情况。但是，在指标设置和统计口径上还没有单独设置单亲困难女职工的指标。因此，工会组织现有的统计资料难以反映单亲困难女职工的生活基本情况。鉴此，各级工会组织应在统计指标体系设置中增加关于单亲困难女职工生活状况的内容，在全国形成关于单亲困难女职工生活状况的指标体系，切实掌握单亲困难女职工的基本情况。

三、积极监督中央和地方社会保障政策的落实。工会组织维护职工合法权益的重要方式之一是监督。各级工会组织既要关注困难职工群体的共性问题，又要特别关注单亲困难女职工的个性问题。各级工会组织、工会女职工组织在全面监督中央和地方“三条保障线”等社会保障政策落实工作中，既要保障单亲困难女职工真正享受中央和地方的各项社会保障政策，又要对涉及单亲困难女职工特殊利益的有关政策落实情况给予足够的关注。特别是要监督对于符合低保条件的单亲困难女职工，要保证100%纳入低保范围，监督“不安排离异或丧偶抚养未成年子女者下岗”这一政策的落实。

四、把单亲困难女职工生活问题作为研究和解决困难职工群体生活问题的内容之一。各级工会组织要在“送温暖工程”中，将单亲困难女职工群体作为帮扶的重点对象之一，有针对性地解决不同困难职工群体的生活困难。在此基础上，要积极与政府部门联系，制定保障单亲困难女职工生活的具体措施。如为单亲困难女职工子女解决就学问题、为单亲困难女职工提供法律援助问题、为单亲困难女职工家庭提供廉租房问题，等等，协调调动各方面的力量切实解决单亲困难女职工的生活问题。

五、广泛深入地开展“姐妹献爱心”活动。“姐妹献爱心”活动是工会女职工组织开展“女职工双文明建功立业活动”的一项主要内容之一，对解决单亲困难女职工生活发挥了较好的作用。当前和今后一个时期内要把切实解决单亲困难女职工生活问题作为“姐妹献爱心”活动的重点内容，在广大女职工中继续广泛开展“一帮一结对子”工作。会同共青团、妇联组织发挥组织优势，动员广大女职工干部与单亲特困女职工建立联系制度，开展“帮困扶贫”“爱心助学”等活动；动员广大少先队员和广大妇女分别与亲单困难女职工子女、单亲困难女职工家庭结成帮扶对子，使她们不仅在经济上得到帮助，而且让单亲困难女职工及其子女体会到关心、友爱和支持，获得精神上的帮扶，鼓励她们克服暂时的困难，树立生活信心。

六、推广“女职工特病保险”活动。近年来，部分省（区、市）总工会与保险公司相配合，在广大女职工中开展“女职工特病保险”，这是医疗制度改革后，为增强女职工抵御大病风险能力筑起的又一道屏障，受到了广大女职工欢迎。各级工会女职工组织要在女职工中积极推广“女职工特病保险”活动，使更多女职工，特别是单亲困难女职工成为“女职工特病保险”的受益者。

七、充分发挥“工会困难职工帮扶中心”的作用。各地工会组织建立的困难职工帮扶中心，要积极帮扶单亲困难女职工家庭，给予她们必要的经济扶持，提供再就业服务，为合法权益受到侵害的单亲困难女职工提供法律援助。有条件的市、地可以在帮扶中心设立“单亲困难女职工接待日”“单亲困难女职工法律援助基金”，等等。

各级工会及女职工组织要根据此意见精神，结合本地区、本单位实际情况，认真研究，提出具体贯彻意见。

中华全国总工会办公厅关于启动实施女职工“关爱行动”的通知

（总工办发〔2011〕7号 2011年3月4日）

各省、自治区、直辖市总工会：

困难女职工是困难职工中的特殊群体，做好对困难女职工及其子女的帮扶，切实帮助她们解决生产生活中的突出问题，对于稳定职工队伍、构建和谐社会具有重要意义。为进一步加大对困难女职工及其家庭的帮扶力度，经全总书记处批准，自2011年3月起，全总女职工委员会启动实施女职工“关爱行动”。现将有关事项通知如下：

一、指导思想

深入学习贯彻党的十七届五中全会精神，坚持以人为本，切实贯彻党的全心全意为人民服务的根本宗旨，不断实现好、维护好、发展好广大女职工的根本利益，加大对困难女职工及其家庭的帮扶力度，切实帮助困难女职工解决生产生活中遇到的特殊困难，维护女职工队伍的稳定。

二、主要内容

“关爱行动”主要针对各级困难职工帮扶中心日常救助后生活仍然困难的女职工特别是单亲困难女职工和女农民工。在“三八”节期间，以单亲困难女职工和困难女农民工为重点，集中开展帮扶；在困难企业女职工和女农民工中开展“两癌”（乳腺、宫颈癌）检查；对家庭困难的女职工和女农民工开展日常帮扶；对女职工开展心理关怀等。

三、实施计划

“关爱行动”面向全国31个省（区、市）开展，每年3月为女职工“关爱行动”月，由全总女职工委员会确定当年开展活动的重点内容。今年请各地集中力量开展对单亲困难女职工和女农民工的帮扶及“两癌”检查两项活动。

四、资金来源和分配原则

2011年“关爱行动”资金安排为4000万元，从中央财政新增拨付困难职工帮扶中心的专项资金中列支。坚持突出重点、兼顾一般、依档分配资金的原则，“关爱行动”资金的下拨以各地开展对困难女职工帮扶活动的人数为依据，适当向经济欠发达地区、少数民族地区倾斜。

五、资金的管理和监督

（一）“关爱行动”资金由县以上各级工会困难职工帮扶中心财务部门负责管理，同级工会女职工部提出资金使用计划并负责具体组织实施。资金使用要严格按照财政部和全总关于困难职工帮扶中心专项资金管理办法执行。

（二）资金的使用发放标准以当地政府部门或地方工会困难职工帮扶中心制定的援助标准为参考依据。

（三）资金的使用发放，要专款专用，不得改变资金用途；要实行实名制发放；坚持公开、公平、公正。

（四）各级工会要加强对资金发放、使用和管理情况的监督检查，及时发现和纠正存在的问题。如发现违纪违规行为，对有关单位给予通报批评，核减或取消资金分配额度，并依法依纪对相关责任人进行处理。

六、工作要求

（一）各级工会要进一步提高对开展“关爱行动”重要意义的认识，切实加强组织领导，精心策划，周密实施，注重工作实效。

（二）按照全总女职工委员会每年确定的实施重点，各省（区、市）总工会要认真研究本年度拟开展的活动内容，制定具体实施方案和资金使用计划，向全总女职工委员会办公室提出书面申请。

（三）各省（区、市）总工会要根据实际，本着自愿的原则，在有需求、有条件、有基础的地区先行开展，并将计划实施和资金使用情况向全总女职工委员会办公室报送。

（四）有条件的地方可通过工会拨款、社会资助、多方筹措资金等，为开展活动提供一定的配套资金，争取为更多的困难女职工提供服务。

（五）充分运用社会各新闻媒体和工会宣传阵地等平台，集中力量、集中时段，广泛造势宣传，不断扩大影响，全力打造工作品牌，为帮扶困难女职工营造良好的社会氛围。

七、组织保障

（一）全总和各地工会都要成立活动领导小组。由分管领导任组长，女职工部、保障工作部、财务部等部门领导为小组成员，负责“关爱行动”的组织实施和有关工作协调。

（二）全总和各地工会都要成立专家指导组，由卫生部门、工会疗养院、妇幼保健机构等有关专家组成，负责对“两癌”检查工作开展技术指导。

附件：“关爱行动”资金分配表（2011 年度）（略）

中华全国总工会女职工委员会办公室关于深入实施“女职工关爱行动”的通知

（工女委办发〔2015〕5号　2015年7月1日）

各省、自治区、直辖市总工会女职工委员会：

为贯彻落实全总十六届三次执委会议的工作部署，按照全总女职工委员会六届二次会议的工作安排，深入实施“女职工关爱行动”，现就有关事项通知如下：

一、进一步明确“女职工关爱行动”的主要内容和任务

立足于工会女职工组织的职能，坚持以女职工需求为导向，依托各级职工服务（帮扶）中心，不断创新服务方式、拓宽服务领域，围绕困难帮扶、职业健康、就业服务、子女助学、心理关怀、婚恋服务等六个方面，有针对性地开展帮扶服务，扎扎实实地为女职工办实事、做好事、解难事，让广大女职工更多地感受到党的关怀和工会组织的温暖。

（一）困难帮扶。以单亲困难女职工、女农民工、重病重灾女职工、失独女职工为重点，通过姐妹献爱心、“三八”助单亲、帮失独、结对帮扶等有针对性的帮扶活动，对因灾因病或其他特殊原因致困女职工开展生活、医疗等救助，力争实现对在档困难女职工帮扶的全覆盖、无遗漏。

（二）职业健康。针对职业危害导致的妇科疾病，推动在女职工人数较多、职业病危害严重的特定行业和企业开展女职工职业病检查，在困难企业女职工中开展“两癌”等妇科疾病检查。开展女职工劳动卫生、职业安全、健康保健知识教育培训，提高女职工的健康意识和自我保护能力。

（三）就业服务。依托工会系统开展的就业援助月、民营企业招聘周、阳光就业、技能培训促就业等活动以及各级职工服务（帮扶）中心和工会女职工培训示范学校，加强对女职工的就业援助、职业技能培训、就业信息服务和用工推介，促进女职工稳定就业和高质量再就业。

（四）子女助学。积极主动地将困难女职工子女助学纳入工会“金秋助学”活动，依托工会整体推进。以九年制义务教育阶段的单亲困难女职工子女、女农民工子女为重点，开展多种形式的助学和慰问活动，着力推动解决困难女职工子女就学难问题。

（五）心理关怀。通过流动课堂、心理咨询、心理辅导、心理健康服务热

线、发放知识手册、培养工会女职工心理援助志愿者队伍等形式，深入开展“心理援助进企业”活动，对女职工开展心理抚慰和心理疏导等服务，不断提升女职工的心理健康水平。

（六）婚恋服务。针对单身女职工婚恋难问题和婚恋观多元化特点，加强对女职工的婚恋服务，引导女职工树立正确的人生观、择偶观。通过举办鹊桥会、搭建交友平台、开展联谊活动等形式，为单身女职工解决婚恋问题提供多样化服务，帮助单身女职工解决后顾之忧。

二、切实增强“女职工关爱行动”的针对性和实效性

（一）进一步加大女职工帮扶力度，主动加强与工会保障部门和职工服务（帮扶）中心的协调配合，不断完善困难女职工帮扶档案，掌握女职工实际需求，切实帮助女职工解决最困难最忧虑最急迫的实际问题。

（二）围绕“女职工关爱行动”六项工作内容和任务，从本地区实际出发，认真分析不同群体女职工的需求，确定本地区工作重点，增强“女职工关爱行动”的针对性和实效性。

（三）充分运用新闻媒体和工会的宣传阵地，及时总结、宣传实施“女职工关爱行动”的典型经验和工作成效，不断扩大“女职工关爱行动”的社会影响力，全力打造工作品牌。

三、认真做好2015年“女职工关爱行动”专项帮扶资金使用的相关工作

（一）按照《中华全国总工会关于下拨2015年度中央财政专项帮扶资金的通知》（总工发〔2015〕23号），2015年“女职工关爱行动”专项帮扶资金已由全总统一下拨。请各省（区、市）总工会女职工部主动加强与同级工会保障部和职工服务（帮扶）中心联系，认真做好资金使用安排。

（二）资金使用要严格按照《中央财政专项帮扶资金使用管理办法》（总工发〔2015〕20号），坚持“依档帮扶”和“实名制”的原则，坚持专款专用，不得改变资金用途，所拨资金当年用完结清，不得挪到下年使用。

（三）2015年资金使用要从实际出发，在生活救助、医疗救助、子女助学、法律援助等帮扶项目的基础上，以单亲困难女职工和女农民工为重点，充分考虑受经济下行压力影响较大或女农民工集中的行业、企业以及遭受重大疾病、重大灾害造成生活困难的女职工。

（四）资金使用情况等相关材料请按规定及时报同级工会保障部或职工服务（帮扶）中心备案。

请于2015年11月底前将本年度开展“女职工关爱行动”情况总结及《2015年“女职工关爱行动”数据汇总表》（见附件）报送全总女职工委员会办公室。

附件：2015年“女职工关爱行动”数据汇总表（略）

中华全国总工会女职工委员会办公室关于推荐申报2019年全国工会爱心托管班的通知

（工女委办发〔2019〕5号 2019年6月5日）

各省、自治区、直辖市总工会女职工委员会，各全国产业工会，中央和国家机关工会联合会女职工委员会：

为深入学习贯彻习近平新时代中国特色社会主义思想和党的十九大精神，落实全总党组、书记处关于帮助女职工解决生育后顾之忧工作部署，进一步推动工会女职工组织做实做细全面两孩政策下女职工维权服务工作，全总女职工委员会将继续开展全国工会爱心托管班推荐申报工作，现将有关事项通知如下：

一、推荐对象及条件

推荐对象为工会组织在机关、企事业单位、园区、楼宇、街道、社区等举办的福利性托管班，包括假期托管和校外课后托管两种类型。其主要功能是为小学1—6年级的职工子女提供托管照看，有条件的可提供学业辅导等服务。全国工会爱心托管班须具备以下条件：

（一）场地安全。托管班应设置在与其服务相适应的相对独立的场所，保证房屋、消防和监护安全。应远离污染区和危险源，不得设置在厂房、地下（半地下）室、仓库、违法或危险建筑内。应有良好的通风采光条件，并具有安保设施，确保消防安全条件符合国家相关要求，有条件的托管班应安装监控设备。

（二）管理规范。应配备专人进行管理和看护。建立健全各项管理制度，做好信息登记、接送出勤、安全巡查、清洁维护、应急处置等各项管理工作。鼓励职工志愿者、职工子女志愿者、大学生志愿者等参与托管服务。

（三）权责明确。工会组织应与托管对象监护人签订托管协议书，明确委托期限、收费标准、双方权利义务以及违约责任等。托管对象应购买人身意外伤害保险等商业保险。通过购买服务等方式开展托管工作的，应对承接看护责任的第三方服务机构做好资质审核工作。

（四）餐饮卫生。提供餐饮服务的托管班应保证食品安全卫生，预防食物中毒。不自行配餐的托管班，应与取得餐饮服务许可证的餐饮企业签订配餐协议，为职工子女提供安全卫生的饮食。

（五）职工满意。硬件设施完善、管理细致规范、隐患防护到位，无安全事故和不良事件发生，切实完成相应工作且职工满意度高。

（六）规模达标。假期托管班：规模应在20人以上（含20人），托管时间不低于20天，出勤率在70%以上。校外课后托管班：规模应在20人以上（含20人），全年托管时间累计不低于100天，出勤率在70%以上。

二、推荐程序

（一）申请。所在单位工会根据推荐条件，认真填写《全国工会爱心托管班申报表》（附件1），向地市级总工会女职工委员会、各全国产业工会、中央和国家机关工会联合会女职工委员会提出申请。

（二）推荐。地市级总工会女职工委员会结合实际情况，经审查择优向省级工会女职工委员会推荐。

（三）申报。省级工会女职工委员会、各全国产业工会、中央和国家机关工会联合会女职工委员会确定申报对象，根据《全国工会爱心托管班名额分配表》（附件2）等额上报。

（四）评审。全总女职工委员会成立全国工会爱心托管班评审小组，对上报材料进行评审，确定全国工会爱心托管班候选名单。

（五）公示。全总女职工委员会在中国工会女职工工作网（http：//nzw. acftu. org/）公示全国工会爱心托管班候选名单，时间为5天。

（六）公布。全总女职工委员会以通知形式公布全国工会爱心托管班名单。

确定为“全国工会爱心托管班”的，全总将按每班约3万元标准予以补贴。

三、有关要求

（一）择优推荐。各地要坚持“公平、公开、公正”原则，自下而上、逐级把关，开展实地审核，按照相关条件，择优推荐。此前已确定为“全国工会爱心托管班”的，原则上不重复推荐。

（二）加强监管。各地要加强对全国工会爱心托管班的监管，定期组织监督检查，确保托管服务质量和学生安全，并按有关要求规范有效使用专项补贴资金。

（三）专项督查。全总女职工委员会将不定期开展职工子女托管服务工作专项督查，促进服务质量不断提升。对不符合条件的，将取消“全国工会爱心托管班”资格。

请各省、自治区、直辖市总工会女职工委员会，各全国产业工会，中央和国家机关工会联合会女职工委员会于2019年9月20日前，报送以下材料到全总女职工部：1.《全国工会爱心托管班申报表》和《全国工会爱心托管班申报汇总表》（见附件3）。2. 本次推荐的托管班5分钟左右视频和5张现场照片。3. 本省（区、市）总工会、中华全国铁路总工会、中央和国家机关工会联合会女职工委员会的托管工作总结，主要内容包括托管职工子女和受益职工数量；托管工作主要做法、工作亮点、取得成效及职工反响；托管工作面临的困难和问题及意见建议等。4.《全国工会爱心托管班申报表》纸质版一式3份，加盖公章后寄送全总女职工部。

附件：1. 全国工会爱心托管班申报表（略）

2. 全国工会爱心托管班名额分配表（略）

3. 全国工会爱心托管班申报汇总表（略）

家庭建设

中华全国总工会女职工委员会办公室关于开展“培育好家风——女职工在行动”主题实践活动的通知

（工女委办发〔2015〕6号　2015年7月17日）

各省、自治区、直辖市总工会女职工委员会：

为充分发挥广大女职工在家庭文明建设中的独特作用，全总女职工委员会决定在全国女职工中开展“培育好家风——女职工在行动”主题实践活动。现将有关事项通知如下：

一、活动目的

深入学习贯彻习近平总书记系列重要讲话精神，特别是关于重视家庭建设的重要指示，引导广大女职工自觉践行社会主义核心价值观，大力弘扬中华民族优秀传统文化和自尊自信自立自强精神，发扬中华民族传统家庭美德，带头弘扬主旋律、树立新风尚，建设幸福家庭，以好的家风支撑起好的社会风气。

二、活动内容

（一）开展教育培训引导活动。围绕夫妻和睦、尊老爱幼、科学教子、邻里互助等主要内容，通过举办大讲堂、专题讲座、报告会、交流会等形式，对广大女职工进行教育培训引导，大力传播好家风好家训，宣传中华民族家庭美德和良好家风的时代内涵，传授女职工培育好家风、兼顾平衡事业和家庭关系等方面的经验和知识，以科学方法引导广大女职工注重家庭、注重家教、注重家风，增强对培育好家风、促进家庭建设的思想认同和行动自觉。充分发挥工会女职工培训示范学校、女职工周末学校和女职工流动课堂等培训阵地的作用，将好家风教育培训内容纳入女职工教育培训体系，促进培育好家风教育培训活动经常化、制度化。

（二）开展家庭文化建设活动。举办“书香家庭”读书活动，依托工会职工书屋，为女职工推荐好家风好家训、国学经典等培育好家风学习书目和资料，引导广大女职工勤读书、善读书、读好书。组织女职工积极参与“争当学习型职工读书活动”，举办以家庭为单位的读书征文、演讲比赛、经典诵读等系列活动，引导女职工把读书活动引入家庭，构建“家庭小书库”、制订“家庭读书时间”，促进家庭成员一起读书，全面提升家庭成员综合素质，倡导家庭健康向上的学习理念和科学文明的生活方式。抓住国际家庭日、中华民族传统节日等重要节点，开展有针对性的、特色鲜明的女职工家庭文化建设和文体活动，推动社会主义核心价值观深入女职工和家庭。根据不同家庭特点，开展家庭助廉洁、家庭促安全、家庭创文明等活动。

（三）开展先进典型展示活动。充分利用开展全国“五一巾帼奖”评选表彰活动等有利时机，挖掘培育好家风的先进典型，大力宣传在弘扬家庭美德、体现文明风尚、诠释幸福内涵等方面的突出事迹和感人精神，引领广大女职工充分发挥在社会生活和家庭生活中的独特作用。运用各种媒体开展宣传展示活动，通过举办互动征集活动、开设微博专题、建立公众账号等形式，对培育好家风先进典型事迹进行宣传展示，鼓励女职工讲好家风故事、亮好家风格言、晒好家风照片、秀好家风梦想，营造人人崇尚好家风、共同培育好家风的浓厚社会氛围。

三、活动要求

（一）加强组织领导。各级工会女职工组织要高度重视，充分认识开展主题实践活动的重要意义，周密安排，精心组织，因地制宜开展形式多样、符合女职工特点的实践活动，积极发动女职工踊跃参与，自觉接受家庭道德教育，建设良好文明家风，推动活动扎实开展，取得实效。

（二）创新活动方式。各级工会女职工组织要以女职工需求为导向，不断创新活动载体和活动方式，充分利用各种社会资源，以最广大普通女职工为对象，着力扩大活动覆盖面，不断开辟活动新渠道，完善主题实践活动模式，不断增强活动的吸引力和感召力。

（三）加大宣传力度。各级工会女职工组织要注重示范引领，抓亮点、推典型，及时宣传报道主题实践活动中涌现出的先进女职工集体和个人，以及开展主题实践活动的好经验好做法和取得的成效，不断扩大主题实践活动的社会影响力。

请各省、自治区、直辖市总工会女职工委员会及时将活动开展情况报全总女职工部。

中华全国总工会女职工委员会办公室关于开展“写家书·传亲情”活动的通知

（工女委办发〔2016〕1号　2016年4月21日）

各省、自治区、直辖市总工会女职工委员会，中华全国铁路总工会、中国民航工会、中国金融工会女职工委员会，中共中央直属机关工会联合会、中央国家机关工会联合会女职工委员会：

今年5月15日是第二十三个国际家庭日。为充分发挥女职工在家庭文明建设中的独特作用，扎实推进“培育好家风——女职工在行动”主题实践活动，全总女职工委员会决定，“5·15”国际家庭日期间，在广大女职工中开展“写家书·传亲情”活动。现将有关事项通知如下：

一、活动目的

深入贯彻落实习近平总书记关于注重家庭、注重家教、注重家风的重要指示精神，大力弘扬中华民族优秀传统文化，发扬中华民族传统家庭美德，通过组织开展“写家书·传亲情”活动，唤起人们对家庭的重视，对亲情的珍视，让向善的力量在亲情中凝聚，让真善美的风尚在家庭中传扬，引导广大女职工自觉践行社会主义核心价值观，弘扬主旋律，树立新风尚，建设幸福家庭。

二、活动方式

通过多种形式动员组织广大女职工积极参与“写家书·传亲情”活动，以给家人写信的方式，关注家庭、关心家人、表达亲情，倡导夫妻和睦、尊老爱幼、科学教子、邻里互助的风尚，积极履行家庭责任，提升家庭建设能力，以家庭和谐促进社会和谐。全总女职工委员会与「为你读诗」合作（LOGO见附件1），创新工作手段和活动方式，运用新媒体平台，通过线上节目与线下互动相结合，提高活动的参与度，扩大活动的影响力。

（一）举办微信特别节目。在“5·15”国际家庭日期间，于5月13日晚22：00，「为你读诗」微信公众平台（二维码见附件2）将推出“写家书·传亲情”主题系列节目，邀请特别嘉宾朗读经典家书；「为你读诗」FM（「为你读诗」微信公众平台的一个栏目）将特别推出轻广播节目。请组织广大女职工关注「为你读诗」微信号。各省级工会女职工委员会分别推荐1封好家书

（用于轻广播节目备选），于2016年5月5日前发送到全总女职工部邮箱。

（二）开设APP专题小站。「为你读诗」·原创官方APP（二维码见附件3）开设“写家书·传亲情”专题小站，APP录音功能将于5月10日开通。届时，女职工可通过「为你读诗」·原创官方APP录制家书、上传文字。参与者可以看到所录制作品的关注量、收听量、点赞数等。请组织广大女职工关注「为你读诗」·原创官方APP，并上传家书。

（三）开展主题活动。在“5·15”国际家庭日期间，「为你读诗」将举办线下专题沙龙、诗歌音乐会、配乐读诗会等主题活动。请有组织活动意愿的省级工会女职工委员会联合「为你读诗」全国沙龙主人（沙龙主人联系方式另发），举办线下主题活动。

三、活动要求

（一）要充分认识开展“写家书·传亲情”活动的重要意义，高度重视，加强领导，周密安排，精心组织，根据各地实际情况，面向不同女职工群体和家庭，加强分类指导，有针对性地开展形式多样的主题活动，提高活动的知晓度和覆盖面。

（二）要广泛动员女职工积极参与“写家书·传亲情”活动，呼唤亲情、珍视亲情，倡导诗意生活，让人们从中体会到平凡生活蕴含的诗意之美，使中华民族家庭美德在主题活动中传承和培育，不断发扬光大。

（三）要及时了解活动进展情况，善于发现具有代表性和典型性的好家书，注重示范引领，加大宣传力度，充分利用传统媒体和新兴媒体宣传展示活动情况，不断扩大“写家书·传亲情”活动的社会影响力。

请于8月1日前将活动开展情况报全国总工会女职工部。

附件：1.「为你读诗」LOGO识别（略）

2.「为你读诗」微信公众平台二维码（略）

3.「为你读诗」·原创官方APP二维码（略）

中华全国总工会女职工委员会办公室关于开展“定家规、立家训——书写家国情怀、弘扬时代新风”活动的通知

（工女委办发〔2019〕6号　2019年6月6日）

各省、自治区、直辖市总工会女职工委员会，中华全国铁路总工会、中国民航工会、中国金融工会女职工委员会，中央和国家机关工会联合会女职工委员会：

2019年是新中国成立70周年，是全面建成小康社会的关键之年。为深入学习贯彻习近平新时代中国特色社会主义思想和党的十九大精神，落实习近平总书记关于“三个注重”的重要指示精神，深入开展家庭文明建设工作，扎实推进“培育好家风——女职工在行动”主题实践活动，全总女职工委员会决定在广大女职工中开展“定家规、立家训——书写家国情怀、弘扬时代新风”活动。现将有关事项通知如下：

一、活动目的

充分发挥女职工在弘扬中华民族家庭美德、树立良好家风方面的独特作用，将继承传统和创新深化相结合，通过树立新时代家规家训，讲好新时代家庭故事，推动社会主义核心价值观在家庭落细落小落实，以小家庭的和谐共建大社会的和谐，使家庭成为国家发展、民族进步、社会和谐的重要基石。

二、活动内容

（一）开展“我的家规家训故事”征集活动。通过讲述家规家训的历史渊源、感人故事和感悟思考等，反映家庭成员爱国爱家的家国情怀、相亲相爱的家庭关系和向上向善的家庭美德。家规家训故事要生动真实、情感真挚，突出尊老爱幼、男女平等、夫妻和睦、科学教子、廉洁齐家、勤俭持家、诚实守信、绿色环保等主题。

（二）开展家规家训家庭文化展示活动。各地各单位在广泛征集“我的家规家训故事”基础上，以大讲堂、读者沙龙、风采展示等为载体，采用朗诵、演讲、歌曲、书法等喜闻乐见的形式，组织女职工开展丰富多彩的展示活动。

三、活动要求

（一）加强组织领导。要充分认识优秀传统家规家训对建设好家庭、涵养好家教、传承好家风的重要作用，高度重视，周密部署，着力扩大活动的覆盖面和知晓度，推动活动扎实开展，取得实效。

（二）创新活动方式。要聚焦活动目标，围绕活动内容，以最广大普通女职工为参与对象，开辟新渠道，完善新模式，不断增强活动的吸引力和感召力。

（三）加大宣传力度。要注重示范引领，抓亮点、推典型，及时宣传报道活动中涌现出的优秀女职工集体和个人，及时总结提炼活动中的好经验好做法和取得的新成效，不断扩大活动的社会影响力。

请各省级工会女职工委员会于8月30日前报送以下材料：

1. “我的家规家训故事”作品5个（征集表见附件）；

2. 选择抖音、快闪、微电影、微视频等其中一种形式，对其中1个作品制作视频，时间在5分钟以内；

3. 活动情况总结。

全总女职工委员会办公室将对报送的文字作品集结成册，选取部分视频作品在全总微信公众号、中工网等平台宣传，并适时举办家规家训展示活动。同时，倡导各地借鉴传统家规家训，以社会主义核心价值观为导向，研究形成符合新时代要求的家规家训。

附件：“我的家规家训故事”征集表（略）

全国妇联关于组织实施“家家幸福安康工程”的通知

（妇字〔2019〕26号 2019年5月13日）

各省、自治区、直辖市妇联，新疆生产建设兵团妇联，中央和国家机关妇工委，全国妇联各团体会员：

为深入贯彻习近平总书记在同全国妇联新一届领导班子成员集体谈话时的重要讲话精神，全面落实中国妇女十二大确立的目标任务，进一步统筹和创新推进妇联家庭工作，全国妇联决定组织实施“家家幸福安康工程”。现将《“家家幸福安康工程”实施方案》印发给你们，请结合实际认真贯彻落实。

“家家幸福安康工程”实施方案

习近平总书记在2018年11月2日同全国妇联新一届领导班子成员集体谈话时明确指出：做好家庭工作，发挥妇女在社会生活和家庭生活中的独特作用，发挥妇女在弘扬中华民族家庭美德、树立良好家风方面的独特作用，以小家庭的和谐共建大社会的和谐，形成家家幸福安康的生动局面，是党中央交给妇联组织的重要任务。为深入贯彻习近平总书记的重要指示精神，进一步统筹和创新推进妇联家庭工作，全国妇联决定组织实施“家家幸福安康工程”（以下简称“工程”），特制定此实施方案。

一、总体要求

（一）指导思想

以习近平新时代中国特色社会主义思想为指导，全面贯彻党的十九大和十九届二中、三中全会精神，以推动社会主义核心价值观在家庭落地生根，培养担当民族复兴大任时代新人为根本任务，以发挥妇女两个独特作用、以小家庭的和谐共建大社会的和谐为主线，聚焦人民群众对家庭建设的新需求新期盼，把握家庭领域出现的新情况新问题，以家庭文明、家庭教育、家庭服务、家庭研究为重点，统筹和创新推进妇联家庭工作，助力家庭发展及社会建设，夯实家庭在国家发展、民族进步、社会和谐中的重要基点作用，为决胜全面建成小康社会、实现“两个一百年”奋斗目标和中华民族伟大复兴的中国梦作出积极贡献。

（二）基本原则

立足当前和着眼长远相结合。“工程”实施既要紧紧围绕推动社会主义核心价值观在家庭落地生根、培养担当民族复兴大任时代新人这一根本任务，又要聚焦当前人民群众对不断提高家庭生活质量的热切追求和期盼，立足妇联职能，彰显工作优势，协助解决家庭领域面临的突出问题，使广大家庭拥有更多的获得感和幸福感。

继承传统和创新深化相结合。“工程”实施既要巩固深化妇联组织多年来常态化开展并取得良好实效的家庭工作特色品牌，又要进一步改革拓展，创新推出体现时代特点、满足家庭需求的工作举措，使妇联家庭工作在继承中创新，在创新中发展。

示范带动和上下联动相结合。“工程”实施既要全国妇联层面做好顶层设计、统筹谋划、系统部署以及示范带动工作，又要指导推动各级妇联组织因地制宜、创新推进，形成异彩纷呈的工作格局，做到目标一致、上下联动、久久为功、持续推进，力争取得显著的社会效益，提高群众的参与率和满意度。

内部统筹和外部整合相结合。“工程”实施既要加强妇联内部的工作统筹，形成工作合力，又要加强外部联动，争取政府项目，整合社会力量，创新机制模式，推动工作不断取得新的突破。

（三）总体目标

力争到2023年，妇联家庭工作呈现新的局面。全社会重视支持家庭建设的氛围进一步浓厚，爱国爱家、相亲相爱、向上向善、共建共享的社会主义家庭文明新风尚进一步弘扬。促进家庭教育的法律政策进一步完善，适应城乡发展、满足家长和儿童需求的家庭教育指导服务体系基本形成。巾帼家政、巾帼健康和婚姻家庭服务能力不断提升，家庭公益项目的规模和社会效益不断拓展。聚焦家庭领域形成一批有价值的理论与实践研究成果，为指导家庭建设实践和推动出台有利于家庭建设的公共政策提供理论与实践依据。

二、任务措施

（一）实施家庭文明创建行动

目标任务

1. 深化寻找“最美家庭”、“五好家庭”评选、“绿色家庭”创建等群众性精神文明创建活动，积极培树弘扬中华民族家庭美德的家庭典型，到2023年将揭晓5000户全国“最美家庭”，表彰1000户全国“五好家庭”。按照国家绿色生活创建行动的总体部署，联合相关部门表彰“绿色家庭”典型。

2. 妇联系统联动开展内容丰富、形式新颖、富有广泛教育意义的好家风弘扬活动，大力加强家风家教的社会宣传，推出系列家风家教文化服务产品，引导广大家庭建设好家庭、涵养好家教、传承好家风。

具体举措

1. 深化拓展寻找“最美家庭”活动。不断扩大活动覆盖面和影响力，一是抓住重要时间节点常态化开展活动。春节期间重点寻找家庭和睦最美家庭，“4·23”世界读书日期间重点寻找书香传家最美家庭，“五一”期间重点寻找爱岗敬业、勤劳致富、诚实守信最美家庭，“六一”期间重点寻找科学教子最美家庭，“七一”期间重点寻找清正廉洁最美家庭，“八一”期间重点寻找心系国防最美家庭，“十一”期间重点寻找弘扬家国情怀最美家庭，“九九重阳节”期间重点寻找孝老敬老最美家庭等，注重活动过程的教育激励作用。二是围绕大局有针对性地开展活动。在农村，围绕实施乡村振兴战略和乡村振兴巾帼行动，大力培树倡导和践行移风易俗的家庭典型，示范带动美丽庭院建设；在城市社区，积极树立邻里互助、绿色环保的家庭典型，为营造和谐人居氛围添力；在党政机关，重点开展家庭助廉活动，突出重点，强化教育，增强吸引力。三是建立完善激励机制。因地制宜探索建立“好家风信用贷”“积分落户”等家庭典型激励机制，使“最美家庭”“五好家庭”成为“文明家庭”的蓄水池，推动形成全社会礼遇好家庭的社会风尚，使家庭典型有更多的荣誉感和责任感。

2. 启动实施“绿色家庭”创建行动。与寻找“最美家庭”活动紧密结合，联合相关部门，上下联动组织开展以“绿色生活·我家更美”为主题的“绿色家庭”创建行动。通过开发绿色家庭创建指导手册，制作刊播倡导家庭绿色环保的短视频、公益广告，发放宣传册，线上线下开展家庭绿色环保主题实践活动，实施相关公益项目等，面向广大家庭大力宣传绿色环保理念和生活常识，引导广大家庭在日常生活点滴中自觉践行简约适度、绿色低碳的生活方式。

3. 创新设立家风家教主题宣传月。每年5—6月为妇联组织的家风家教主题宣传月，上下联动，有效整合各方力量，线上线下有声势地开展好家庭好家教好家风系列宣传展示活动。发动主流媒体尤其是新媒体和妇联所属媒体，通过设立专栏、专题和制作刊发各类新媒体产品等，大力弘扬好家风的丰富内涵和好家教的科学理念，宣传好经验好做法，旗帜鲜明地抵制低俗、庸俗、媚俗之风，展示新时代家庭崇德向善的良好风貌，在全社会不断兴起崇尚和倡扬社会主义家庭文明新风尚的热潮。

4. 打造家风家教宣传展示品牌活动。妇联系统上下联动组织开展“梦想启航——好家庭好家风巡讲”、“家和万事兴——家教家风主题展”、“父母成长计划”、“母亲素质提升工程”、“书香飘万家”亲子阅读、“家风故事汇”展演等各具特色的家风家教主题活动，将立德树人的要求贯穿各项活动始终，强化思想引领和实践育人，引导广大家庭教育儿童从小培养爱国爱家情感，养成良好行为习惯，扣好人生第一粒扣子。

5. 推出系列展现好家风的文化产品。以新时代新家庭、新家教、新家风为主题，编辑出版系列家庭文化丛书，大力弘扬中华优秀传统家风、革命前辈红色家风以及崇德向善的现代家风，梳理和传承中华民族博大精深的家庭教育思想和案例。充分利用社会新媒体资源，协调统筹各主流媒体、“学习强国”等平台，整合妇联系统舆论阵地特别是8000多个新媒体的资源优势，开设家风家教专栏，制作刊播公益广告、优秀短视频、微课程等，组织开发具有地方特色的好家风文化产品，有效扩大中华优秀家庭美德的传播力和影响力。

6. 命名一批家教家风实践基地。充分发挥各地优秀传统文化和家风资源优势，在家风馆、博物馆、家长学校等阵地中，每年确立一批不同层次的家教家风实践基地，充分发挥实践教育的功能作用，助力深化家教家风工作，达到以文化人的目的。

（二）实施家庭教育支持行动

目标任务

1. 推动加快家庭教育法制建设，完善家庭教育法规政策，为家庭教育事业发展提供保障。

2. 启动实施“父母成长计划”，以立德树人为根本任务，面向广大家长宣传家庭教育科学理念和知识，帮助家长提升科学育儿的意识和能力。

3. 完善家庭教育指导服务体系，发挥县级以上妇女儿童活动中心的作用，巩固发展社区家长学校，建好用好村、社区妇女之家、儿童之家以及快乐家园等阵地，积极拓展网络新媒体指导服务平台，依托家庭教育培训基地等层层开展培训，建设壮大活跃在基层的家庭教育指导服务骨干队伍，提升指导服务的专业化水平。

具体举措

1. 推动完善家庭教育法律政策。积极推进家庭教育立法进程，全国妇联针对家庭教育立法中的重点难点问题深入进行调研论证，推动家庭教育法早日出台，依法进一步强化父母在家庭教育中的主体责任，确立思想道德教育在家庭教育中的核心地位，强化政府在指导推进家庭教育中的主导作用，促进完善家庭教育支持保障体系，加大对不当行为和不履职行为的惩治力度。全国妇联联合教育部等制定贯彻落实全国教育大会精神、进一步加强家庭教育工作的指导意见，修订《全国家庭教育指导大纲》《家长教育行为规范》等，规范家庭教育指导服务工作。各级妇联组织加强与教育等相关部门的沟通联系，制定完善符合当地实际的家庭教育政策措施。有条件的地方积极争取将家庭教育立法列入当地人大立法规划，先行先试出台地方性法规。

2. 启动实施“父母成长计划”。围绕立德树人，组织编写儿童道德教育家长指导手册，指导家长根据儿童年龄特点和成长发展规律，在家庭生活点滴中对孩子进行潜移默化、润物无声的思想品德教育，帮助家长用正确行动、正确思想、正确方法教育孩子，培养孩子从小养成好思想、好品德、好习惯、好人格。围绕家长需要掌握的核心理念和科学知识，组织开发家庭教育精品微课程、短视频等产品，依托各类资源和载体，开设父母讲堂，组织开展亲子活动等，为父母提供便捷、专业、管用的指导服务，让为国教子、立德树人的理念深入千家万户。建立完善鼓励和支持家长自觉学习运用家庭教育科学知识的激励机制和有效平台，增强父母的主动性和积极性。

3. 做实做强各类家长学校。进一步推动将家庭教育阵地纳入城乡社区整体建设规划，作为基层公共服务的重要内容，争取必要的人力、财力和项目支持。发挥好村、社区家长学校作用，明确其指导服务内容，规范家长学校运行管理，强化其在家庭教育指导服务中的主渠道和主阵地作用，探索建立家庭、学校、社区协同育人的有效机制。加强家庭教育在线服务，充分发挥网上家长学校和新媒体平台作用，适时启动“新家长学院”公益项目，集聚社会力量，联动有关科研院所、高校及相关专家学者，设计开发适合家长学习使用的家庭教育公益课程，通过“互联网+”和新媒体技术手段传播家庭教育知识，争取在2—3年内注册用户家庭数达到2000万以上，5年内注册用户家庭数力争达到5000万以上。

4. 发展壮大家庭教育指导服务队伍。组织编写《家庭教育指导者培训教材》等，建立拓展家庭教育培训基地，全国妇联将每年举办5期家庭教育示范培训班，培训500名家庭教育工作骨干。各地结合实际层层开展骨干交流培训，提升家庭教育指导服务水平。统筹整合各级学会、研究会的家庭教育指导专家资源，组织开展相关研究，指导家庭教育实践。进一步发展家庭教育志愿服务队伍，培育家庭教育相关社会组织，为其深入基层开展家庭教育指导服务提供条件。

（三）实施家庭服务提升行动

目标任务

1. 落实习近平总书记重要指示精神，配合有关部门优化巾帼家政服务品牌，在工作研究、职业培训、标准完善、宣传推广等方面发挥妇联组织应有作用，把这项既可满足家庭育儿养老现实需求，又能为妇女提供就业创业机会的互利共赢的工作做实做好。

2. 配合政府部门推进实施《“健康中国2030”规划纲要》，在面向家庭、妇女、儿童普及健康生活、优化健康服务、建设健康环境等方面发挥妇联组织独特作用。推动妇女享有良好的基本医疗卫生服务，提高妇女常见病定期筛查率，提高宫颈癌和乳腺癌的早诊早治率，降低死亡率，提高妇女心理健康知识和疾病预防知识的传播力和知晓率，提高妇女经常参加体育锻炼的人数比例。

3. 持续开展“建设法治中国·巾帼在行动”活动，宣传贯彻宪法、反家庭暴力法、妇女权益保障法、婚姻法等法律法规，推进法律知识进农村、进社区、进家庭，不断扩大普法宣传覆盖的范围。加强婚姻家庭纠纷人民调解委员会的规范化、专业化建设，到2023年覆盖全国70%县级行政区，其中1/4重点省份实现全覆盖。发挥婚姻家庭纠纷预防化解机制作用，为群众提供多元、便捷的矛盾纠纷化解服务。

4. 创新家庭公益服务模式，多渠道、多方式为贫困妇女、残疾妇女、留守妇女等困难妇女、特殊困境家庭和需要帮助的家庭提供支持服务，为她们做好事、解难事、办实事。

具体举措

1. 优化巾帼家政服务。一是加大调研力度，深入了解巾帼家政服务业在发展中存在的突出问题，向相关部门积极反映家政企业和家政服务员的诉求，推动政府有关部门出台或完善促进家庭服务业健康发展的政策措施。二是围绕促进巾帼家政服务职业化、标准化发展的趋势和要求，配合有关部门实施“家政服务提质扩容行动”“巾帼家政培训专项工程”等，全国妇联每年举办2—3期全国巾帼家政经理人专题培训班，示范引领、辐射带动各地妇联和巾帼家政企业开展家政职业培训，提升从业人员职业道德和技能水平。鼓励各地巾帼家政龙头企业积极参与政府有关部门制定完善家政服务行业标准，加大家政服务标准的宣传推介。组建专家课题组和师资团队，实施旨在开展巾帼家政技能培训与创业就业指导的“曙光计划”项目。三是鼓励各地因地制宜开展巾帼家政服务职业技能竞赛，培树讲诚信、服务好、受欢迎、社会信誉度高的巾帼家政服务品牌和家政服务员。开展“最美家政员”故事征集活动，培育先进典型，鼓励有条件的巾帼家政企业组织优秀家政服务员到农村、社区现身说法，引领从业人员养成诚实劳动、诚信经营、诚心服务的良好职业操守。四是引导各地梳理总结本地促进家政服务发展的好经验好做法，形成可复制推广的成果，促进巾帼家政服务业高质量发展。

2. 做实巾帼健康服务。一是通过编印健康知识手册、制作动漫视频、开展妇女健康大讲堂、网络知识竞赛等传播健康理念，普及健康知识，增强妇女健康意识。二是加强对妇女体育健身活动的科学指导，引导和鼓励妇女踊跃参与全民健身运动。三是通过开展农村人居环境整治三年行动，推进“美丽家园”建设，引导农村妇女特别是“三区三州”（“三区”是指西藏、新疆南疆四地州和四省藏区；“三州”是指甘肃的临夏州、四川的凉山州和云南的怒江州）妇女从家庭做起、从改变生活和卫生习惯入手，清理整治房前屋后卫生，共同建设天蓝地绿水清的美丽家园。四是围绕《“健康中国2030”规划纲要》，积极推动各级党委政府着力解决制约妇女儿童健康发展的重点难点问题，配合卫生部门持续实施农村妇女“两癌”检查项目，实施好贫困妇女“两癌”救助项目，积极推动项目扩点扩面。

3. 完善婚姻家庭服务。一是贯彻落实《反家庭暴力法》，根据《妇联组织受理家庭暴力投诉工作规程（试行）》，受理群众关于家庭暴力的来信、来访、热线咨询和投诉，切实履行妇联组织预防和制止家庭暴力的法定职责，保护家庭成员的合法权益，维护平等、和睦、文明的家庭关系。二是用好主流媒体特别是新媒体，依托妇联所属网站、新媒体平台等，大力开展维护妇女儿童合法权益、反对家庭暴力的普法宣传教育活动，推介依法维护妇女儿童权益十大案例以及婚姻家庭纠纷调解的经验。三是抓住“三八”国际劳动妇女节、国际消除对妇女暴力日、12·4国家宪法宣传日等重要节点，常态化开展“建设法治中国·巾帼在行动”活动，实现普法宣传覆盖人群逐年增加。基层妇联组织法官、检察官、律师及专家学者等专业人士，每年在每个村、社区至少开展一次面向家庭的专题普法宣讲活动。四是充分发挥“婚姻家庭纠纷预防化解”综治考评导向作用，加大在县级建立婚姻家庭纠纷人民调解委员会的推进力度，注重对经济欠发达地区婚姻家庭纠纷人民调解委员会建设的指导和支持。五是开发《婚姻家庭纠纷人民调解委员会工作手册》，明确妇联婚姻家庭纠纷调解工作标准、原则、任务，提供技能技巧、实用工具、案例指导等方面的培训和工作支持。

4. 开展家庭公益服务项目。全国妇联开展的公益项目和活动包括：一是实施困境儿童关爱公益项目。持续开展“让爱留守·关爱农村留守儿童特别行动”，实施“儿童快乐家园”公益项目，推进优化有利于农村留守儿童和困境儿童成长的家庭及社会环境；推进实施“春蕾计划”，到2023年资助贫困地区女童50万人次。实施“‘关爱至初’生命早期1000天营养改善公益计划”，支持1万对贫困地区母婴改善营养和健康状况。二是实施困境家庭关爱公益项目。实施“家庭支持行动”，为2万个贫困家庭中的儿童进行起居空间改善，嵌入家庭教育服务，促进对贫困家庭从环境到心灵的关爱帮扶；向3万个贫困家庭发放配备家庭所必需的卫生健康用品的家庭健康包。三是开展家庭心理健康公益服务项目。实施“心桥计划”女性心理健康类公益项目，为社区家庭提供心理压力疏解与心理健康咨询服务，每年服务5000人次。

（四）实施家庭研究深化行动

目标任务

1. 依托高校和科研院所建立家庭建设研究中心，组建专家智库，以研究新时代家庭观为核心任务，围绕家庭建设特别是家庭家教家风组织开展理论研究、实践研究和政策研究，形成研究成果，为妇联组织创新开展家庭工作建言献策、为推动出台相关公共政策提供依据。

2. 建设全国妇联新时代家庭大数据平台，为做好家庭建设各项工作提供数据支持和决策依据。

具体举措

1. 建立家庭建设研究中心。从有家庭建设研究基础的高校院系和科研院所中，遴选建立5个家庭建设研究中心，探索建立与研究中心之间的合作交流机制和成果共享机制，围绕家庭建设特别是家庭家教家风主题，每年设立基础理论、重点问题、家庭政策等专项课题，组织开展研究和交流研讨，形成具有理论深度和指导意义的研究成果。

2. 建立家庭建设专家智库。从高校、科研院所和妇联所属学会、研究会中，遴选一批在家庭家教家风研究领域有造诣和影响力的专家，组建家庭建设专家智库，开展理论、实践及政策研究，为妇联家庭工作提供咨询，参与妇联组织开展的相关研讨交流、社会宣传等活动。

3. 促进研究成果转化和应用。将研究成果及时转化成提议案，通过“两会”渠道，及时反映家庭领域出现的新情况新问题，提出对策建议。全国妇联将与相关机构合作，整合全国及地方优秀研究成果，适时推出《家庭建设蓝皮书》。

4. 建设新时代家庭大数据。全国妇联依托相关单位，在多年积累家庭调查样本和数据资源的基础上，打造新时代家庭数据平台，研发可供查询和交互分析的数据系统，在妇联系统建立大数据共享机制。

三、组织实施

1. 加强工作领导。实施“工程”是妇联组织深入贯彻落实习近平总书记2018年11月2日同全国妇联新一届领导班子成员集体谈话时的重要讲话精神的具体举措，要将其作为妇联组织服务大局、服务妇女的重要载体，提升政治站位，加强组织领导，统筹谋划部署。

2. 建立工作机制。各级妇联组织要按照实施“工程”的总体部署和要求，紧密结合实际制定具体落实举措。积极争取政府支持，统筹聚合社会力量，为实施“工程”提供必要的经费和项目支撑，确保各项工作落地落实。

3. 注重社会宣传。积极协调主流媒体尤其是新媒体，充分调动妇联所属全媒体，加大家庭建设工作宣传力度。丰富传播内容和手段，大力传播“工程”实施的重要意义和主要内容，宣传妇联组织家庭建设工作的成效和典型家庭，营造全社会关注支持家庭建设的良好氛围。推动家庭工作与互联网深度融合，完善家庭舆情网上引导机制，积极开展网络主题宣传活动，做好做强网上引领、服务、联系家庭的各项工作。

4. 推动持续实施。在“工程”实施过程中突出目标导向和问题导向，由易到难、有序安排、扎实推动。探索建立推动工作的有效机制，及时总结推广“工程”实施的经验做法和成效。全国妇联将通过召开现场推进会等形式，加强工作交流，推动“工程”持续健康实施。

组织建设

中华全国总工会办公厅关于充分发挥全总女职工委员会委员作用的意见

（总工办发〔2011〕12号 2011年3月29日）

为更好地适应形势发展需要，充分发挥全总女职工委员会委员（以下简称委员）的优势和作用，进一步加强工会女职工工作，根据《工会法》《中国工会章程》《工会女职工委员会工作条例》的有关规定，提出以下意见。

一、重要意义

全总女职工委员会是在全总书记处领导下具有民主性、代表性的女职工组织。委员来自各个领域，具有广泛的社会联系和群众基础，在指导和推进女职工工作实践中创造、积累了丰富的经验。重视发挥委员作用，有利于更好地履行全总女职工委员会的基本职责、代表维护女职工的合法权益和特殊利益；有利于适应新形势新任务的要求、进一步推进工会女职工组织的自身发展；有利于整合现有资源、加强女职工工作力量、形成工作合力；同时也有利于扩大女职工工作的社会影响、进一步增强工会女职工组织的凝聚力和吸引力。全体委员要自觉增强组织、引导、维护、服务女职工的责任感和使命感，积极支持、推进女职工工作。

二、委员责任

（一）参加全总女职工委员会定期召开的工作会议以及不定期召开的各类重要会议；参加学习培训、参观考察等相关活动，及时在本地区、本系统推动相关工作的贯彻落实。

（二）找准在本地区、本系统开展女职工工作的着力点，加强工作指导，组织贯彻全总女职工委员会年度工作部署，并将落实和开展工作情况于每年11月底前以书面形式反馈到全总女职工委员会办公室。

（三）每年参加一至二次全总女职工委员会办公室组织的重点课题调研和督导，深入基层了解女职工的诉求和女职工工作开展情况，围绕本地区、本系统女职工权益维护中的突出问题自行开展调研。

（四）发挥自身优势，针对女职工在劳动就业、社会保障、“四期”保护、职业安全卫生、心理健康等方面面临的新课题，加强理论研究，提出对策建议，积极推动问题的解决；做好相关基础数据的统计工作。

三、支持服务

（一）全总女职工委员会办公室要密切与委员的联系，及早安排、统筹协调，组织好各类会议和活动；及时汇总委员反馈的情况和提出的意见，针对性地提出工作建议，在广泛征求委员意见后进行安排落实。

（二）每年举办一至二期委员培训班，为委员学习国家有关法律法规和女职工工作业务知识、提高专业水平提供服务；开展对口考察和参观学习活动，根据需要组织委员到女职工工作成绩显著的地区和单位进行观摩学习，为开阔委员视野提供机会。

（三）定期向委员发放《工作情况交流（女职工部专刊）》《工会女职工工作简报》等资料；通过网站、文件等形式及时向委员通报工会全局工作、各地工作经验和信息，促进资源共享，合力推进女职工工作。

（四）为工会系统外委员订阅《工人日报》；不定期发放女职工工作专业书籍，为委员深入了解工会女职工工作、提高业务素质提供服务。

（五）全总女职工委员会办公室将根据工作需要，申请专项工作经费，为委员参加学习培训、调查研究和督导检查等活动提供一定的经费支持。

四、制度保障

（一）会议议事制度。全总女职工委员会实行民主集中制，重大事项广泛听取委员意见，经常委会或委员会民主讨论后决定；每年召开一至二次常委会和委员会议，也可根据工作需要临时召开，听取并审议工作报告、人事安排，汇报、研究、交流、部署工作。

（二）调查研究制度。围绕全总女职工委员会确定的年度重点调研课题，以及女职工工作面临的新情况新问题，委托委员单独开展或组织委员联合开展专题调研；组织召开研讨论证会，交流调研成果，提出对策建议，力争在推动解决重点问题上有所突破。

（三）督导检查制度。围绕全总女职工委员会年度重点工作和任务，组织开展督导检查或委托委员自行开展；总结经验，查找问题，提出可行性建议，并形成督导检查情况报告；重视、加强成果转化，督促整改措施落实。

（四）情况反馈制度。畅通工作交流渠道，委员全面了解本地区、本系统女职工和女职工工作中面临的普遍性问题，及时向全总女职工委员会办公室反馈；全总女职工委员会办公室整理汇总后，提交常委会或委员会研究讨论。

委员所在单位要重视、支持委员工作，确保委员如期参加全总女职工委员会的各项工作与活动；积极创造条件，为委员开展工作提供一定的经费和时间保障。

中华全国总工会办公厅关于加强工会女职工组织规范化建设的意见

（总工办发〔2011〕13号 2011年3月29日）

为进一步加强工会女职工组织规范化建设，充分发挥工会女职工组织作用，依据《工会法》《中国工会章程》《企业工会工作条例》《工会女职工委员会工作条例》的规定，提出以下意见。

一、重要意义

加强工会女职工组织规范化建设，是贯彻“组织起来、切实维权”工会工作方针，扩大女职工组织覆盖面、增强女职工组织凝聚力的必然要求，是强化组织基础和工作基础、切实发挥女职工组织作用的重要举措，有利于改变基层组织建设相对薄弱的现状，对于进一步加强工会女职工工作，增强女职工组织活力，充分发挥女职工组织优势和作用，提高工会女职工工作整体水平具有重要意义。各级工会要从全局和战略的高度，统一思想，提高认识，把加强女职工组织规范化建设作为当前的一项重要任务，积极采取措施，切实抓好落实，不断提高规范化建设水平，推动工会女职工工作的创新发展。

二、基本原则

坚持哪里建工会、哪里有女职工，哪里就要建立工会女职工组织；坚持以工建带动女职工组织建设，女职工组织与工会组织同时筹备、同时产生（或换届）、同时报批；坚持突出重点、突破难点，着力推进非公企业特别是中小企业和新建企业女职工组织建设；坚持“边组建、边规范、边发挥作用”，以抓基层、打基础、强机制、增活力为着力点，注重实效、扎实推进，努力建设组织健全、机制完善、维权到位、作用明显的工会女职工组织。

三、主要内容

（一）规范建立组织。

1. 组织机构。

各级工会建立女职工委员会。企业、事业单位、机关和其他社会组织等工会中有女会员10人以上的建立女职工委员会，不足10人的设女职工委员。

省、自治区、直辖市、地级市总工会女职工委员会，实行垂直领导的产业工会女职工委员会，大型企业、事业单位、机关和其他社会组织等工会女职工委员会应设立办公室（女职工部）。县级工会和中、小企事业单位、机关等工会女职工委员会根据工作需要可以设立办公室（女职工部）。

企业不建妇联组织，工会女职工委员会是县和县以上妇联的团体会员，通过县以上地方工会接受妇联的业务指导。

2. 干部配备。

地级市以上工会女职工委员会配备专职工作人员，县和县以下配备专职或兼职工作人员。

女职工200人以上的企业、事业单位的工会女职工委员会，应配备专职或兼职女职工工作人员。

女职工委员会主任由同级工会女主席或女副主席担任，也可按照相应条件配备专职女职工委员会主任，享受同级工会副主席待遇。女职工委员会主任应提名为同级工会委员会或常务委员会委员候选人。

女职工委员会委员与同级工会委员会委员任期相同。在任期内，由于委员工作变动等因素需要调整时，应按程序及时予以替补、增补。

3. 产生程序。

工会女职工委员会委员在充分协商的基础上产生或召开女职工大会（女职工代表大会）选举产生。

基层工会女职工委员会主任、副主任与工会委员会同时报上级工会审批。

（二）规范建设标准。

1. 领导重视，全会支持。同级工会重视支持女职工工作，将女职工工作纳入工会整体工作同部署、同检查、同考核；定期听取女职工工作汇报，协调解决女职工工作中遇到的困难和问题，对开展工作和活动的经费予以保障；工会相关部门支持配合女职工工作，研究制定涉及女职工工作相关文件、政策、规定时听取女职工组织的意见。

2. 组织健全，制度规范。工会女职工组织机构健全，按要求配齐配强专兼职工作人员，女职工委员会工作制度规范。建立向同级工会委员会和上级工会女职工委员会报告工作制度；建立本级工会女职工委员会、常务委员会例会制度；建立工作目标管理制度，工作有计划、有总结、有考核；建立工作档案动态管理制度，及时了解、掌握女职工工作相关情况；建立教育培训制度，对女职工工作干部定期开展培训。

3. 履行职责，发挥作用。切实履行组织、引导、维护、服务女职工的基本职责。组织实施女职工提升素质建功立业工程措施有力，基层单位和女职工参与程度高、覆盖面广；源头参与有力，推动相关法律法规政策落实成效显著，女职工权益保护专项集体合同覆盖率、履约率高；有效实施女职工“关爱行动”，推进困难女职工帮扶工作制度化、项目化和实事化，女职工对工会女职工组织满意度高。

4. 服务基层，指导有力。上级工会女职工组织对下级工作指导有力，积极协调、帮助解决基层和女职工工作干部的困难和问题，积极代行基层工会女职工组织难以承担的维权职能，为女职工工作干部开展工作积极创造条件，提供支持。

四、工作要求

（一）加强组织领导。要重视和加强对工会女职工组织规范化建设工作的组织领导，将工会女职工组织规范化建设作为工会组织规范化建设的重要内容，努力构建“领导重视、全会支持、上下联动、整体推进”的女职工工作格局。

（二）明确目标任务。要结合本地区、本单位女职工组织建设实际，确定工作目标，制定实施方案，落实工作职责，建立健全女职工工作目标管理体系。

（三）扎实有效推进。要以非公企业特别是中小企业和新建企业为重点，针对不同层面、不同类型企业女职工组织实际，加强分类指导，突破重点难点，注重工作实效，加强督导检查和考核。

（四）总结推广经验。开展工会女职工组织规范化建设示范单位创建活动，注重总结经验，培育典型，发挥典型引领示范作用，推动女职工组织规范化建设深入开展。

中华全国总工会　中华全国妇女联合会关于工会组织、妇联组织密切配合进行女职工、职工家属工作的试行意见

（工发总字〔1980〕16号　1980年2月5日）

女职工是工人阶级的一部分，又是妇女群众的骨干力量。女职工工作是工会工作的一部分，也是妇联的一项重点工作。为了充分发挥女职工在“四化”建设中的积极作用，工会组织和妇联组织必须在同级党委的领导下，发

挥密切配合，互相学习，互相帮助的好传统，共同做好女职工工作、职工家属工作。具体意见如下：

1. 按照全国总工会和全国妇联组织的章程规定，基层女工工作委员会是工会的下属机构，又是妇联的团体会员。女工工作应以工会为主，妇联配合。

2. 工会在制定一定时期的女职工的工作计划时，妇联在决定有关女工工作的部署时，双方都要积极主动互通情况，共同商量，妥善安排。向基层女工工作委员会下达计划和部署工作，则由工会负责。妇联不直接向工矿企业等单位女工工作委员会布置检查工作。

3. 有关女职工的重要问题，如表扬女职工中的先进模范、女工的思想教育、婚姻、托幼、劳动保护以及女干部的培养等方面的问题，需要重点调查研究和解决的，工会和妇联可以共同商量，协力进行。

4. 工会组织和妇联组织的有关干部，可以互相兼职。工会女工部和妇联分管女工工作、职工家属的工作部门，应经常联系，交换材料，互相参加有关会议。

5. 城镇街道组织的生产、服务单位，由妇联为主进行工作。已经试行建立工会组织的，工会、妇联应协同工作。

6. 政企合一的工会基地，对女工和职工家属工作，工会和妇联如何分工合作，由双方商定，请示当地党委决定。

7. 职工家属工作仍暂按1950年全国总工会、全国妇联联合通知规定，即集中居住的职工家属以工会为主，分散居住的，以妇联为主。

以上意见，仅供参考。各地工会、妇联均可在当地党委领导下，因地制宜地商定具体分工合作的方法。

中华全国总工会办公厅关于对可否在国家机关工会女职工委员会加挂“妇委会”牌子问题的复函

（1995年8月7日）

贵州省总工会并各省、自治区、直辖市总工会，全国铁路总工会、民航、金融、邮电工会，中直机关、中央国家机关工会联合会：

贵州省总工会5月2日给全总办公厅的《关于可否在国家机关工会女职

工委员会加挂“妇委会”牌子的请示》收悉。

经研究，我们认为，贵州省总在来函中提出的问题，符合《中华人民共和国工会法》和《中国工会章程》的规定精神，完全同意贵州省总的意见。并请各省、自治区、直辖市总工会及有关产业工会参照执行。

此复

附：

贵州省总关于可否在国家机关工会女职工委员会加挂“妇委会”牌子问题的请示

（1995年5月2日）

全总办公厅：

最近，我省妇联向省委办公厅提出要求在国家机关工会女职工委员会加挂“妇委会”牌子，实行“工会女职工委员会”和“妇委会”两块牌子一套人马的设想，我们经过认真研究，认为这样做不符合《中华人民共和国工会法》和《中国工会章程》。我们的意见是：凡按工会法和工会章程在国家机关、事业单位建立工会基层组织的都要建立工会女职工委员会，不再加挂“妇委会”牌子。

以上意见妥否，请批示。

关于印发全总办公厅就企业建立健全工会女职工委员会问题给福建省总工会复函的通知

（1999年6月30日）

各省、自治区、直辖市总工会，各全国产业工会、中共中央直属机关工会联合会、中央国家机关工会联合会，全总各部门、各直属单位：

全总办公厅给福建省总工会《关于在企业建立健全工会女职工委员会的复函》，对加强在包括非公有制企业在内的所有企业中建立健全工会组织，同时建立健全工会女职工委员会的工作，具有普遍的指导意义，现在印发给你们，请你们结合本地实际认真贯彻执行。

关于在企业建立健全工会女职工委员会的复函

福建省总工会：

你们《关于明确在非公有制经济组织中组建工会女职工委员会而不建立妇委会的请示》的来函收悉，现答复如下：

一、中央对企业建立女职工组织的问题已有明确规定。中共中央办公厅有关文件指出："妇联不在企业建立组织。妇联对企业女职工工作提出的要求，通过同级工会统一部署。""企业女职工工作以工会为主，妇联配合。"对此，必须继续严格执行。

二、工会是包括女职工在内的所有职工合法权益的代表者和维护者。1992年颁布的《工会法》这部基本法，明确了企业、事业单位工会及其女职工组织保护女职工特殊权益的权利和义务。

三、在包括非公有制企业在内的所有企业中，只建立工会组织而不建立妇联组织，是因为：（1）工人阶级是一个整体，即包括男职工，也包括女职工；即包括公有制企业职工，也包括非公有制企业职工。如果在一个企业中既建工会、又建妇委会，势必影响工人阶级队伍的统一。（2）企业重复建立工、妇两个组织，势必造成多头领导，产生矛盾，使企业和职工无所适从，同时也加重企业负担。（3）工会在维护职工队伍稳定的工作中担负着重要职责，保持工会组织的统一，对于维护职工队伍的团结和稳定至关重要。如果在企业建立工、妇两个组织，就可能造成谁都负责、谁都不负责的状态。（4）中办有关文件和工会、妇联各自的章程都明确企业工会女职工委员会是县或县以上妇联的团体会员，如果在企业再建立妇委会，等于妇联在自己的团体会员单位中再建一个会员组织，这显然是违背上述规定的。

四、非公有制企业在你们省发展较快，你们要根据《工会法》和《中国工会章程》等有关法律法规的规定，按照全总的工作要求，加大在新经济组织组建工会的工作力度，积极在非公有制企业建立健全工会组织，同时建立健全工会女职工委员会。企业工会女职工委员会要按照中办有关文件的要求，在党组织和上级工会的领导下，切实履行好妇联团体会员的权利和义务，努力做好女职工工作。

中国邮电工会关于组建省级邮政工会的通知（摘录）

（1999年1月11日）

各省、自治区、直辖市邮电工会：

全国邮电分营工作基本结束，中国邮政体制方面的重大问题已明确。组建省级邮政工会的条件已经成熟，现将有关问题通知如下：

八、在选举产生省邮政工会委员会后，应依据《工会女职工委员会条例》，协商组建同级女职工委员会。委员名额由各地自行研究确定。女职工委员会经同级工会批准成立。

中华全国总工会　教育部关于在社会力量举办的学校建立工会组织的意见（摘录）

（总工发〔2002〕12号　2002年6月17日）

为促进社会力量举办学校的健康发展，依法治教，维护广大教职工的合法权益，调动广大教职工的积极性，根据《中华人民共和国工会法》、国务院《社会力量办学条例》和中共中央组织部、中共教育部党组印发的《关于加强社会力量举办学校党的建设工作的意见》精神，现就社会力量举办的学校及其他教育机构（以下简称社会力量举办的学校）建立工会组织工作提出如下意见：

二、积极推动在社会力量举办的学校组建工会的工作

要按照"哪里有职工，哪里就必须建立工会组织"的原则和最大限度地把职工组织到工会中来的要求，凡是经相应的行政部门批准、依法登记的社会力量举办的学校（以下同），不论其规模大小，职工多少，都应允许依法建立工会组织。对暂不具备条件的，应创造条件尽快把工会组织建立起来。会员人数25人以上的学校，应建立基层工会委员会；不足25人的，可以单独建立基层工会委员会，也可以由两个以上学校的会员联合建立基层工会委员会，也可以选举组织员一人，组织会员开展活动。女教职工人数较多的，可以建立工会女职工委员会，在同级工会领导下开展工作；女教职工人数较少的，可以在工会委员会中设女教职工委员。

中国教科文卫体工会关于加强非公医疗卫生单位工会组建工作的意见（摘录）

（2006年5月8日）

改革开放以来，我国出现了大量的非公医疗卫生单位，它们在补充公立医院不足，引入医疗竞争机制，满足广大人民群众的医疗需求中发挥着重要的作用。为了适应非公医疗卫生行业发展的新形势，建立协调稳定的劳动关系，切实维护职工的合法权益，更好地发挥非公医疗卫生单位为广大公众服务的作用，促进非公医疗卫生事业的健康发展，根据《工会法》和《中国工会章程》制定本意见。

5. 女职工人数较多的，可以建立女职工委员会，在同级工会领导下工作；女职工人数较少的，可以在工会委员会中设女职工委员。

中国能源化学工会关于加强和改进新形势下煤炭产业工会工作的实施意见（摘录）

（2009年5月25日）

为适应煤炭经济发展形势和维护煤矿职工合法权益的需要，充分发挥煤炭系统各级工会在促进产业改革发展、协调产业劳动关系和工会全局工作中的重要作用，根据《工会法》《企业工会工作条例》《中华全国总工会关于加强和改进新形势下产业工会工作的意见》，就加强和改进新形势下煤炭产业工会工作提出如下意见。

6. 依法配备专职工会主席和工会干部。根据中央要求，工会主席按党政同级副职级条件配备，专职工会副主席按企业中层正职配备。企业工会专职工作人员一般按不低于企业职工人数的千分之三配备。女职工委员会主任由企业工会女主席（或副主席）担任。企业工会没有女主席（或副主席）的，可按照相应条件配备女职工委员会主任。

中国铁路工会组织办法（摘录）

（2015 年 5 月 27 日中国铁路工会第十四次全国代表大会通过）

第一章 总 则

第一条 根据《中华人民共和国工会法》《中国工会章程》和中华全国总工会的有关规定，结合中国铁路改革发展和工会建设的实际，制定中国铁路工会组织办法。

第二章 组织设置

第十三条 铁路工会各级组织按有关规定建立女职工委员会，表达和维护女职工的合法权益。女职工委员会由同级工会委员会（常委会）提名，在充分协商的基础上组成或者选举产生。女职工委员会与工会委员会同时建立，在同级工会委员会领导下开展工作，接受上级工会女职工委员会指导。女职工委员会的组织建设按有关规定执行。

第三章 会员和会员代表

第十七条 会员代表大会代表名额按会员人数确定。……会员代表的组成应具有广泛的代表性。工会专职干部和工会积极分子代表一般应占代表总数的60%以上，生产和工作一线的工人代表、劳模先进、女职工和少数民族等代表应占一定的比例。

第七章 工会干部

第五十一条 铁路工会各级组织应建立协助党委管理工会干部的工作制度，配合干部主管部门共同做好工会干部的培养、推荐等有关工作。重视培养和选拔青年干部、妇女干部和少数民族干部。

第八章 附 则

第五十五条 本办法适用于中国铁路工会的各级组织。

第五十六条 本办法解释权属于中华全国铁路总工会。

国资委党委 国资委关于建立和完善中央企业职工代表大会制度的指导意见（摘录）

（国资党委群工〔2007〕120号 2007年7月22日）

各中央企业党委（党组）：

职工代表大会（以下简称职代会）是企业实行民主管理的基本形式，是职工行使民主管理权力的机构，是中国特色基层民主政治建设的成功经验。为了全面贯彻“三个代表”重要思想和党的十六届六中全会关于构建社会主义和谐社会的精神，贯彻落实科学发展观，在建立健全现代企业制度过程中建立和完善中央企业职代会制度，推进企业职工民主管理工作的制度化、规范化建设，促进中央企业持续健康发展，依据《中华人民共和国宪法》《中华人民共和国公司法》《中华人民共和国工会法》《中华人民共和国劳动法》《全民所有制工业企业职工代表大会条例》等法律法规的规定，结合中央企业实际，提出以下意见。

三、职工代表的结构、权利和义务

职工代表是企业职工民主管理的主体，职工代表结构合理、权利保障和义务履行，是实行职工民主管理的基本保证。……在职工代表中，劳模先进人物、青年职工和女职工应占适当比例。

四、职代会运作的基本程序

……劳模先进人物、青年职工和女职工的代表在主席团成员中应有适当名额。

中华全国总工会关于加强小企业工会联合会建设的意见

（总工发〔2009〕46号 2009年9月29日）

为了进一步加强小企业工会联合会建设，切实发挥其推动建立健全工会组织、维护职工合法权益的作用，根据《工会法》《中国工会章程》的规定，提出如下意见。

一、加强小企业工会联合会建设的重要性和必要性

（一）随着我国工业化、城镇化进程的加快和产业结构的调整，小企业的数量迅猛增加，小企业从业人员已占从业人员总数的3/4以上，小企业工会占全国基层工会总数的80%以上。目前，小企业职工流动性大，管理不太规范，劳资矛盾多发。一些小企业工会组建不规范、制度不健全，难以充分发挥作用。同时，县级工会人员少、任务重，面对越来越多的小企业工会难以实施有效的指导和服务。

（二）各地工会多年来的实践表明，在县以下建立多种形式的区域性、行业性小企业工会联合会，面向社会公开招聘专职工会工作者，有利于优化工会组织形式，保障工会人力、物力资源，扩大小企业工会组织的覆盖面，提高工会组织的凝聚力。

（三）加强小企业工会联合会建设，改变小企业工会建设的薄弱状况，夯实中国特色社会主义工会的组织基础，切实维护好职工合法权益，是贯彻落实“组织起来、切实维权”工会工作方针，加强工会基层组织建设的重要举措，也是当前积极应对国际金融危机、维护稳定、服务大局的需要。各地工会要从全局和战略高度，统一思想，提高认识，采取措施，进一步加强小企业工会联合会建设。

二、小企业工会联合会组建的原则和方法

（四）小企业工会联合会（以下简称联合会），是由两个以上企业工会委员会（含联合基层工会），按照地域相近、行业相同的原则，在县以下联合建立的区域性或行业性工会组织。

（五）小企业工会联合会，应当遵循联合制、代表制的原则建立。

（六）联合会委员数额可以根据工作实际需要确定，由联合会的专职工作人员和所属小企业工会主席担任，所属小企业工会数量较多的，可以由所属小企业工会主席民主推举代表担任。联合会可根据工作需要，吸收工商、税务等相关方面的代表参加。建立联合会的同时，建立联合会女职工委员会。

（七）联合会主席、副主席可以由全体委员选举产生，也可以由联合会下属各小企业工会联合组成会员（代表）大会选举产生。

（八）每个联合会原则上至少要配备一名专职工作人员，会员人数较多的应适当增加配备人数。联合会专职工作人员一般应作为工会主席、副主席人选。要积极通过向社会公开招聘职业化工会工作者、争取社会公益性岗位、下派工会机关干部代职、争取人员编制等多种途径，为联合会配备专职工作人员。

（九）联合会下属有会员 25 人以上的企业应当建立基层工会委员会，不足 25 人的可以单独建立基层工会委员会，也可以由两个以上企业的会员联合建立基层工会委员会。

（十）坚持因地制宜，分类指导，从本地区小企业工会组织的分布、数量以及会员人数等实际状况出发，科学合理确定联合会覆盖的范围。

（十一）企业数量和职工人数较少的乡镇、街道，可依法按照联合制、代表制原则建立健全联合会。已建立乡镇、街道总工会的，以社区、村、龙头企业等单位为依托建立健全联合会。

三、小企业工会联合会的工作职责和制度

（十二）联合会的基本职责是：负责本区域本行业内小企业工会组建和发展会员工作；推动建立区域性、行业性平等协商、集体合同制度和职工代表大会制度，承担本区域、行业职工代表大会工作机构的职责，监督集体合同的履行和职工代表大会决议的执行；推动建立劳动争议调解组织，参与协调处理劳动争议，为所属企业工会和职工提供法律服务；培训所属企业工会干部，支持他们依法履行职责，维护其合法权益；组织开展建设职工之家、“双爱双评”等活动，不断提高基层工会工作水平；代行所属基层工会难以履行的维权职责。

（十三）联合会要发挥联系基层紧密的特点和优势，按照工会民主化、群众化的要求，建立健全联合会委员会定期会议、企业职工代表定期联系会议等各项会议制度，组织所属基层工会开展活动，切实代表和维护所属企业职工和会员的利益。

（十四）要保障联合会的工作活动经费。上级工会可以通过经费补助、争取财政补助等方式，为小企业工会联合会提供经费保障。也可以在自愿的基础上，由所属基层工会按照一定比例共同承担联合会的工作经费。

（十五）立足当前，着眼长远，建立健全社会化、职业化工会工作者招聘选用、工作职责、管理考核、福利待遇等相关制度，用创新的方法解决遇到的困难和问题，关心他们的成长进步，帮助他们解决实际问题，保护和调动他们的工作积极性。

（十六）联合会主席、副主席、委员对涉及职工切身利益和维护职工合法权益问题推诿、搪塞、不作为的，上级工会应责令其改正，情节严重的可以按照有关规定予以罢免。

四、切实加强对小企业工会联合会建设的组织领导

（十七）坚持党委对建立联合会工作的领导，把这项工作与加强企业党组织建设紧密结合起来。积极争取政府的支持，借助政府相关部门的力量推进工作。

（十八）加强联合会建设工作，政策性强，涉及面广，新问题多，上级工会要高度重视，加强指导、检查和考核。县级工会要抓好具体贯彻落实工作，明确工作责任，制定工作目标，切实推进联合会建设。

（十九）各级工会要将小企业工会联合会建设工作作为工会基层组织建设工作的重要内容，纳入年度工会组建和发展会员考核工作，充分运用激励约束机制推进工作。

（二十）要坚持创新与借鉴相结合，深入调查研究，树立先进典型，总结推广经验，扩大舆论宣传，切实推进联合会建设。

中华全国总工会关于进一步加强县级工会组织工作的意见

（总工发〔2011〕43号　2011年5月13日）

县（含不设区的市、市辖区）工会（以下简称“县级工会”）直接面向基层、贴近职工，是工会组织中承上启下的重要环节。县级工会组织工作是工会重要的基础性工作，在县级工会围绕中心、服务大局、全面履行各项职能，特别是突出维护职能中，发挥着重要的保障作用。坚持走中国特色社会主义工会发展道路，对县级工会组织工作提出了新的更高要求。

加强县级工会组织工作，是县级工会围绕全面建设小康社会总目标，指导基层工会全面落实新形势下工会工作目标任务，积极参与社会管理和公共服务，在建设社会主义和谐社会中发挥重要作用的需要；是落实“组织起来、切实维权”工作方针，推动“两个普遍”重点工作开展的需要。为进一步加强县级工会组织工作，提出如下意见。

一、领导班子建设

（一）以邓小平理论和“三个代表”重要思想为指导，深入贯彻落实科学发展观，坚持走中国特色社会主义工会发展道路，团结奋进，求真务实，结合本地区实际情况，创造性地开展工作。

（二）按照党中央提出的领导班子建设要求，配齐配强县级工会领导班子。工会主席按同级领导班子副职级配备，经费审查委员会主任按同级工会领导班子副职配备。女职工委员会主任（副主任）按照有关规定配备。

（三）按期依照规定程序完成换届选举和上报审批工作。同时建立健全经费审查委员会和女职工委员会。

（四）坚持民主集中制原则，集体领导和个人分工负责相结合，重大问题集体讨论决定。

二、干部队伍建设

（五）机关工作人员坚持党的工运方针，熟悉和掌握工运理论，具有较高的政策水平和工作能力，敢于并善于代表和维护职工合法权益，富有敬业精神和开拓创新精神。牢固树立政治意识、大局意识、责任意识、群众意识和服务意识。

（六）按照要求抓好干部队伍建设，工作分工明确，责任落实，定期考核，严格奖惩。

（七）县级工会机关编制落实到位、部室设置合理、职责分工明确、工作任务落实。县级工会（含驻会县产业工会）工作人员和工作部（室）的设置，按照县级职工人数确定，1万人以下的，工作人员5人左右，设立2到3个工作部（室）；1万人以上的，按照与县域经济社会发展和职工人数相适应、与履行工会职能需要相适应、与工会经费承担能力相适应的原则，相应增加工作人员和工作部（室）。

（八）选派聘用工会工作者，要严格执行国家有关劳动人事政策规定。

（九）按照建立学习型工会组织要求，重视和加强工会干部理论学习和业务学习，认真完成干部培训工作，保证干部教育培训计划和经费落实。新上岗的各级工会干部应在一年内完成上岗资格培训。每年要开展重点工作专项培训和工会专门人才的培训。

三、组织体系建设

（十）加强工会组织建设，健全组织网络，有计划、有措施地开展基层工会组建工作，建立目标责任制，并取得实效。推动“党建带动工建、工建服务党建”工作机制建立，努力实现党建与工建“组织联建、工作联动、制度联创”，积极争取把非公企业工会组建和工会重点工作纳入基层党建工作的重要内容。

（十一）工会组建依法合规、手续完备。指导基层工会依法进行社会团体法人资格登记。

（十二）根据工作需要建立健全乡镇（街道）工会、村（社区）工会组织网络。积极推进产业（系统、行业）工会、区域性工会联合会等组织的建立和完善。

（十三）按照规定落实乡镇（街道）工会专兼职工作人员配备。推动和指导乡镇（街道）和企业工会工作开展。

（十四）协助党委管理下一级工会领导班子，落实工会干部协管规定。

四、制度建设

（十五）建立健全县级工会代表大会、全委会议、常委会议、主席办公会议等会议制度。充分发挥县级工会委员会和经费审查委员会委员的作用。每年至少召开一次全委会议，每半年至少召开一次常委会议。

（十六）全委会委员、常委会委员、经费审查委员会委员出现空缺，应当在近期全体会议上按照民主程序进行替补（增补）。

（十七）建立和完善领导班子成员联系基层工作制度。机关工作人员要深入基层、深入职工，为职工说话办事，每年下基层调查研究和指导工作时间不少于两个月。

（十八）加强请示报告制度。工会组织工作中的重大问题，及时向县级党委和上级工会请示报告。定期向县级党委和上级工会汇报工作。健全组织工作信息交流制度。

县级以上各级工会，要在进一步深入调研、不断总结各地实践经验的基础上，做好有关制度完善工作，切实帮助解决县级工会组织工作中存在的问题，把县级工会组织建设提高到一个新水平。

关于省级工会换届和届中领导班子成员调整有关程序的规定（摘录）

（2012 年 4 月 28 日）

根据《中共中央关于加强和改善党对工会、共青团、妇联工作领导的通知》和《中共中央组织部关于干部双重管理工作若干问题的通知》精神，为进一步加强各省（自治区、直辖市）总工会、中华全国铁路总工会、中国民航工会全国委员会、中国金融工会全国委员会、中共中央直属机关工会联合会、中央国家机关工会联合会（以下简称“省级工会”）领导班子建设，现对省级工会换届和届中领导班子成员调整有关程序作如下规定。

一、原则要求

1. 中国工会是中国共产党领导的工人阶级群众组织，坚持自觉接受党的领导是做好工会工作的根本保证。选拔任用省级工会领导班子成员，必须坚持党管干部的原则，坚持民主集中制，坚持受同级党委和全国总工会的双重领导，以同级党委领导为主的体制，严格按照《工会法》和《中国工会章程》，规范工会协管干部工作。

2. 全国总工会根据《党政领导干部选拔任用工作条例》《中共中央组织部关于干部双重管理工作若干问题的通知》的有关规定，协助省级工会主管党委管理省级工会领导班子成员（本规定中“领导班子成员”指工会主席、副主席、经审会主任）。

3. 按照党中央提出的领导班子建设要求，配齐配好、配强配优省级工会领导班子。要坚持干部队伍“四化”方针和德才兼备、以德为先的原则，形成合理的专业知识结构和梯次年龄结构，新进领导班子成员在年龄上应能任满一届。领导班子中应当注重选拔任用企业和基层工作经验丰富的干部和优秀年轻干部；应至少选配一名女干部；自治区和少数民族人口较多的省份，应选配一定数量的少数民族干部。

关于地方工会召开代表大会及组成工会委员会、经费审查委员会的若干规定（摘录）

（总工发〔2015〕6号　2015年2月8日）

为了更好地贯彻执行《中华人民共和国工会法》和《中国工会章程》，体现民主集中制原则，建立健全工会民主制度和民主生活，现就地方工会召开代表大会及组成工会委员会、经费审查委员会的若干问题，作如下规定。

一、代表组成和名额

1. 代表的组成应具有广泛的代表性。代表主要由工会工作者、先进模范人物、生产和工作一线的工人代表、知识分子代表、机关工作人员和其他人员组成，其中工会工作者不少于代表总数的55%，要有适当数量的妇女、少数民族代表。民族自治地方，工会召开代表大会，少数民族代表应占一定比例。

二、工会委员会组成和名额

3. 各级地方总工会委员会，应由地方总工会及其部门、直属单位、所属产业工会负责人，下级地方总工会负责人，基层工会工作者，生产和工作一线的工人代表，以及与工会工作联系密切的相关单位的人员和社会知名人士组成，其中工会工作者不少于委员总数的60%，要有一定数量的先进模范人物、妇女、少数民族委员。民族自治地方，工会委员会中少数民族委员应占一定比例。

六、大会主席团组成和职责

22. 大会主席团应由地方总工会委员会和经费审查委员会负责人，地方总工会所属产业工会负责人，地方总工会部门、直属单位负责人，各代表团（组）长，部分下级地方总工会负责人，部分基层工会负责人和工人代表，与工会工作联系密切的部分单位的负责人等组成。大会主席团中，要有一定数量的先进模范人物、少数民族、妇女、民主党派、无党派人士和群众。其成员名额由地方总工会常务委员会确定。

中华全国总工会办公厅
关于企业集团建立工会组织的办法

（总工办发〔2018〕23号　2018年9月3日）

第一章　总　则

第一条　为进一步规范企业集团工会组织建立，充分发挥企业集团工会作用，根据《中华人民共和国工会法》《中国工会章程》《企业民主管理规定》《企业工会工作条例》等有关规定，制定本办法。

第二条　本办法所称企业集团，是指以资本为主要联结纽带的母子公司为主体，以集团章程为共同行为规范的母公司、子公司、参股公司及其他成员企业或机构共同组成的具有一定规模的企业法人联合体。

凡符合前款规范要求、行政管理机构健全并依法设立登记的企业集团，经上级工会批准，可在企业集团范围内建立集团工会组织。

第三条　建立集团工会组织，在同级党组织和上级工会的领导下进行。企业集团未建立党组织的，在上级工会领导下进行。

第四条　企业集团建立工会组织，必须坚持党的领导，贯彻落实党的全心全意依靠工人阶级的根本指导方针，始终把握正确政治方向；坚持民主集中制，注重广泛性、代表性；坚持职工为本，充分反映职工群众的意愿和要求；坚持依法规范，符合法律和工会章程规定。

第五条　企业集团根据法人治理结构、经营模式、企业规模、职工队伍状况等实际，适应贯彻新发展理念、建设现代化经济体系、加快完善社会主义市场经济体制的需要，统筹考虑振兴实体经济、深化国有企业改革、发展混合所有制经济、民营企业发展等形势任务，立足实际建立健全工会组织。

第二章　集团工会的建立

第六条　集团工会是工会的基层组织。组建集团工会，依照《工会基层组织选举工作条例》产生。集团工会的组织形式，根据集团实际确定。

第七条　在京中央企业集团组建集团工会，按规定报相关全国产业工会，由相关全国产业工会按程序报中华全国总工会批准。京外中央企业集团和其他企业集团组建工会，按规定报企业集团所在地同级地方工会批准。

第八条　集团工会选举主席1人、副主席若干人、常务委员若干人，组成常务委员会。成员单位和职工人数较少的，可不设常务委员会。

集团工会每届任期三年至五年。任期届满，应按期进行换届选举。

第九条　集团工会在选举产生集团工会委员会的同时，选举产生同级工会经费审查委员会。集团工会成立后，按照有关规定及时建立集团工会女职工委员会，并选配女职工委员会主任。

第十条　集团工会的名称，为“企业集团工商登记名称＋工会（联合会）委员会”。集团所属子公司的工会组织名称，为“子公司工商登记名称＋工会委员会”。对于工会名称不规范的，应结合工会换届工作进行规范。

第十一条　集团工会依法依规设置工会工作机构，并按照有关规定配备专职工作人员，专职工作人员人数，根据有关规定确定，或由集团工会与集团协商确定。根据工作需要，可配备兼职工作人员，坚持以专职为主，兼职为辅，专兼职相结合。

集团工会根据工作需要，设立相关工作机构或专门工作委员会、工作小组。

第十二条　在企业集团改组改制中，要科学设置、合理规范工会组织，不得随意把工会组织机构撤销、合并或者归属其他工作部门。

第十三条　集团工会具备法人条件的，依法取得社会团体法人资格，工会主席为法定代表人。

第十四条　各级工会要加强对企业集团建立工会组织工作的领导，确保集团工会组织建立符合法律和工会章程、组织机构健全、职工群众拥护、作用发挥明显。

第三章　集团工会的组织领导关系

第十五条　集团工会的领导关系，根据产业和地方相结合的组织领导原则确定。

集团工会以同级党组织领导为主，同时接受所在地方工会的领导和上级有关产业工会的指导。

在京的中央企业集团工会，以同级党组织领导为主。同时在中华全国总工会领导下，按照行业分类原则，由相关全国产业工会实施具体指导。

第十六条 集团工会对集团母公司所在地的子（分）公司工会实行直接领导。不在母公司所在地的子（分）公司工会，在同级党组织领导下，以所在地工会领导为主，其工会组织关系、经费关系等明确在所在地工会，在所在地工会的领导下建立健全工会组织并按期换届，参加所在地工会组织开展的工作；同时接受集团工会的领导，参加集团工会统一组织开展的具有集团特点的工作和活动等。铁路、民航、金融等行政管理体制实行垂直管理的产业所属企业集团子（分）公司除外。

第十七条 以地方政府部门改组的资产经营公司为母公司组建的企业集团，可按照本办法建立集团工会委员会。原工会组织承担地方产业工会领导职能的，改建为集团工会后，如所在地方工会认为需要，可继续依托集团工会组建产业工会，也可建立新的产业工会。

第十八条 集团工会是集团职工代表大会的工作机构，负责集团职工代表大会的日常工作。

第四章 集团工会的经费

第十九条 集团工会经费，通过经费留成、上级工会补助、集团行政补助支持等方式解决。

第二十条 集团工会经费收缴，实行属地管理原则。铁路、民航、金融等行政管理体制实行垂直管理的产业所属企业集团子（分）公司除外。

企业集团所在地的子（分）公司工会，其工会经费按规定的比例上缴给集团工会，由集团工会按比例上缴上级工会。集团工会与所在地子（分）公司工会经费分成比例由集团工会确定。

企业集团所在地以外的子（分）公司，工会经费上缴所在地工会。集团工会可与其子（分）公司所在地工会协商，从子（分）公司上缴所在地工会经费中明确一定比例上缴集团工会。

第五章 附 则

第二十一条 本办法由中华全国总工会负责解释。

第二十二条 本办法自印发之日起施行。1997 年 3 月 17 日全国总工会办公厅印发的《全国总工会关于企业集团建立工会组织的试行办法》同时废止。

中华全国总工会办公厅印发《中华全国总工会关于加强乡镇（街道）工会建设的若干意见》的通知

（总工办发〔2019〕24号　2019年12月27日）

各省、自治区、直辖市总工会，各全国产业工会，中央和国家机关工会联合会，全总各部门、各直属单位：

《中华全国总工会关于加强乡镇（街道）工会建设的若干意见》已经中华全国总工会第十七届书记处第19次会议审议通过，现印发给你们，请结合实际认真贯彻落实。

中华全国总工会关于加强乡镇(街道)工会建设的若干意见

为深入贯彻党中央的决策部署，贯彻党的十九大和十九届二中、三中、四中全会精神，落实中国工会十七大要求，推动工会改革创新举措在基层落地见效，夯实工会基层基础，现就加强乡镇（街道）工会建设提出如下意见。

一、明确指导思想。坚持以习近平新时代中国特色社会主义思想为指导，深入学习贯彻习近平总书记关于工人阶级和工会工作的重要论述，紧紧围绕保持和增强工会组织政治性、先进性、群众性这条主线，以促进区域经济高质量发展、加强和创新基层社会治理为中心任务，以维护职工合法权益、竭诚服务职工群众为基本职责，完善工会组织体系、扩大工会组织覆盖，优化运行机制、激发基层活力，充分发挥乡镇（街道）工会组织的重要作用。

二、主要工作职责。乡镇（街道）工会在同级党（工）委和上级工会领导下，依据《中华人民共和国工会法》和《中国工会章程》独立自主地开展工作。主要是：积极推动企事业单位依法建立工会组织，广泛吸收职工入会；加强职工思想政治引领；深化劳动和技能竞赛；维护职工合法权益，指导开展集体协商、签订集体合同，健全以职工代表大会为基本形式的企事业单位民主管理制度，健全协调劳动关系机制；推动落实职工福利待遇，开展困难职工帮扶，建设职工信赖的“职工之家”。

三、规范组织形式。乡镇（街道）工会组织应依据《中华人民共和国工会法》和《中国工会章程》建立，不得随意撤销、合并，具备法人条件的，依法取得社会团体法人资格。

乡镇（街道）工会组织形式有工会委员会、工会联合会和总工会。乡镇（街道）工会委员会由会员（代表）大会选举产生。乡镇（街道）工会联合会委员会可以由会员（代表）大会选举产生，也可以按照联合制、代表制原则，由下一级工会组织民主选举的主要负责人和适当比例的有关方面代表组成。乡镇（街道）辖区内有企业100家以上、职工5000人以上，能够配备专职工会主席（副主席）和专职工作人员的，可以建立乡镇（街道）总工会，其委员会换届和选举工作参照《关于地方工会召开代表大会及组成工会委员会、经费审查委员会的若干规定》执行。建立乡镇（街道）工会组织，应同时建立经费审查委员会和女职工委员会。

乡镇（街道）工会领导辖区内有隶属关系的各类基层工会组织（含区域性、行业性工会联合会）。

根据工作需要，县（市、区）总工会可以在不具备建立工会组织条件的乡镇（街道）设派出代表机关，即乡镇（街道）工会工作委员会。

四、健全制度机制。推动乡镇（街道）工会建设纳入党建带工建机制，推动建立乡镇（街道）党（工）委定期听取工会工作汇报、乡镇（街道）工会主席列席党（工）委有关会议制度，落实重大事项向乡镇（街道）党（工）委和上级工会请示报告制度。健全乡镇（街道）工会（会员）代表大会、委员（常委）会议、工作例会等制度；落实基层工会会员代表大会代表常任制，充分发挥会员代表、委员的作用。探索建立乡镇（街道）工会工作权责清单，健全工作评价制度。

五、强化干部配备。县级以上地方工会应与党委组织部门、编制部门协商，推动把乡镇（街道）工会干部纳入编制内统筹解决，纳入各级党委组织人事工作总体安排进行培养、使用，推动落实工会党员负责人作为同级党（工）委委员候选人提名人选制度。在推荐乡镇（街道）工会主席、副主席人选时，上级工会应积极争取工会主席按党政同级副职配备，专职副主席按中层正职配备。优化乡镇（街道）工会干部队伍结构，保持任期内相对稳定。建立乡镇（街道）总工会的，应设立专职主席（或副主席）和专职工作人员。积极推动乡镇（街道）党（工）委副书记兼任总工会主席。通过“专兼挂”等方式配强乡镇（街道）工会领导班子成员，充分发挥兼职、挂职副主席作用。

六、建设社会化工会工作者队伍。落实《中华全国总工会民政部人力资源社会保障部关于加强工会社会工作专业人才队伍建设的指导意见》，巩固发展社会化工会工作者队伍，将其作为乡镇（街道）工会专职人员的重要来源。地方工会要通过争取公益性岗位、直接聘用、购买服务等方式，积极发展社会化工会工作者队伍，建立健全选聘、管理、使用等制度。职工2000人以下的乡镇（街道）工会，可配备1名社会化工会工作者；职工2000人以上的，每3000人可配备1名社会化工会工作者。社会化工会工作者可以作为区域性、行业性工会联合会主席（副主席）候选人。各级工会要加大培育工会积极分子和志愿者队伍力度，引导社会力量参与工会工作。

七、提高培训质量。各级工会应高度重视乡镇（街道）工会干部培训工作。省级工会要制定培训规划，市、县级工会根据规划认真组织实施。新任乡镇（街道）工会主席、专职副主席在上岗一年内应参加上级工会组织的脱产培训，并达到合格；其他干部可通过脱产培训、以会代训、交流研讨、网上学习等多种途径，提高理论政策水平和业务工作能力，以适应岗位需求。社会化工会工作者应进行岗前培训。

八、保障工作经费。各级工会要保障乡镇（街道）工会的工作经费，通过经费留成、上级工会补助、财政支持等方式，保障乡镇（街道）工会正常运行。全国总工会每年从对下补助经费中，安排专项资金用于乡镇（街道）工会的工作经费，专款专用。地方工会综合考虑乡镇（街道）辖区内企业、职工数量和工作实际情况，确定一定比例的经费留成，或在本级经费预算中通过转移支付、项目化管理和定额补助等方式给予一定数量的专项经费。开展各种群众性、普惠性服务项目和活动，要积极争取地方政府和社会的支持。

县以上各级工会要在年度本级经费预算中安排专项资金，解决乡镇（街道）社会化工会工作者的经费，并逐步提高其待遇。有条件的地方，上级工会可以向乡镇（街道）工会的非公职人员发放兼职补贴。

九、严格财务监管。乡镇（街道）工会全部收支都要纳入预算管理，按照上级工会的要求编制年度收支预算和决算，严格按照工会财务管理规定所确定的范围使用工会经费，确保工会经费用于服务工会工作和用在职工身上，让工会经费真正惠及职工群众和工会会员。具有社会团体法人资格的乡镇（街道）工会，应按规定开设独立的银行账户，实行财务独立核算；不具备开设独立银行账户或不具备独立核算条件的乡镇（街道）工会，其经费由所在县（市、区）总工会代管。有条件的乡镇（街道）工会可以建立会计核算中心，对所辖小型企业工会实行集中核算，分户管理。乡镇（街道）工会应严格执行工会财务管理的相关规定，强化内部会计监督，实行工会委员会集体领导下的主席负责制，重大收支集体研究决定。强化工会经费的审查监督。

十、建好服务阵地。各级工会要推动乡镇政府、街道办事处帮助解决乡镇（街道）工会办公和会员职工开展活动所必要的场所和设施等。按照“会、站、家”一体化的要求，统筹建好、用好、管好职工服务和活动阵地。乡镇（街道）工会可单独建设服务阵地，也可与党政机构、其他群团组织，辖区内机关、事业单位、企业等共建共享阵地，实现资源有效配置。积极推进“互联网＋”工会普惠性服务，建设线上线下融合的区域服务职工平台。引导社会组织为职工提供专业化服务，延伸工作手臂，提升服务质量。

十一、加强组织领导。各级工会要提高政治站位，引导乡镇（街道）工会积极参与加强和创新基层社会治理。将乡镇（街道）工会建设作为夯实基层基础的重点，列入重要议事日程，加大资金和力量投入，及时研究解决乡镇（街道）工会建设中的重要问题。加强分类指导，引导乡镇（街道）工会按照“六好”标准因地制宜开展工作，不断提升工作水平。鼓励和支持乡镇（街道）工会探索创新，及时总结推广典型经验。加强舆论宣传，为乡镇（街道）工会工作营造良好氛围。

中华全国总工会办公厅印发《中华全国总工会关于加强和规范区域性、行业性工会联合会建设的意见》的通知

（总工办发〔2020〕2号　2020年1月15日）

各省、自治区、直辖市总工会，各全国产业工会，中央和国家机关工会联合会，全总各部门、各直属单位：

《中华全国总工会关于加强和规范区域性、行业性工会联合会建设的意见》已经中华全国总工会第十七届书记处第20次会议审议通过，现印发给你们，请结合实际认真贯彻执行。

中华全国总工会关于加强和规范区域性、行业性工会联合会建设的意见

为进一步加强和规范区域性、行业性工会联合会建设，充分发挥区域性、行业性工会联合会作用，深入推进新时代工会工作创新发展，根据《工会法》及《中国工会章程》等有关规定，结合工会基层组织建设实际，提出如下意见。

一、加强和规范区域性、行业性工会联合会建设的重要意义和总体要求

（一）区域性、行业性工会联合会是基层工会的一种组织形式，是由若干个单位在各自成立基层工会组织（基层工会委员会、联合基层工会委员会或基层工会联合会）的基础上，在一定的区域或行业范围内，按照联合制、代表制原则建立的区域性、行业性的基层工会的联合体。

（二）区域性、行业性工会联合会是近年来各级工会在扩大组织覆盖、扩大工作覆盖探索实践中形成的一种有效形式。实践证明，加强区域性、行业性工会联合会建设，对于基层工会组织围绕中心服务大局、促进区域、行业经济持续健康发展，参与基层社会治理、积极发挥作用，加强维权服务、构建和谐劳动关系，树立以职工为中心的工作导向、夯实工会基层基础，确保职工队伍和工会组织团结统一具有重要意义。

（三）加强和规范区域性、行业性工会联合会建设，要深入学习贯彻习近平总书记关于工人阶级和工会工作的重要论述特别是关于加强工会基层组织建设的重要指示精神，聚焦保持和增强政治性、先进性、群众性，坚持正确政治方向，在党组织领导、政府支持下，通过党建带工建等机制方法有序有力推进；坚持依法依规，做到依法建会、依法管会、依法履职、依法维权，健全完善制度，严格落实制度；坚持产业和地方相结合的工会组织领导原则，着眼组织健全、职责明确、关系顺畅的目标，推动形成自下而上、工作贯通、覆盖不同所有制企业和相关社会组织的组织体系；坚持从实际出发，积极稳妥推进，立足区域、行业所辖基层单位的分布、数量以及职工人数等实际，按照规模适度、便于管理、科学合理的原则进行组建，并确定覆盖范围。

二、区域性、行业性工会联合会的建立

（四）区域性、行业性工会联合会一般建立在县（市、区、旗）及以下范围内。城市工会可根据本地区域、行业发展情况，从实际出发，探索在市级建立行业性工会联合会。

（五）建立区域性、行业性工会联合会，必须坚持在同级党组织和上一级工会的领导下进行。上级工会及时有效跟踪指导服务，严把组建前置环节，严格规范组建程序，积极稳妥推进组建工作。在广泛征求各方面意见特别是覆盖单位意见，进行充分酝酿协商的基础上，经同级党组织同意并报上一级工会批准后成立工会筹备组。筹备组依法依规做好筹备工作。未建立党组织的，在上一级工会领导下进行。

（六）区域性、行业性工会联合会委员会按照联合制、代表制的原则建立。坚持广泛性和代表性，委员由本区域或行业内所覆盖基层工会的主席和适当比例的有关方面代表等组成，所覆盖基层工会数量较多的，区域性、行业性工会联合会委员会委员可以由所覆盖基层工会主席民主推选代表担任；根据工作需要，可吸收政府有关部门代表参加。

（七）区域性、行业性工会联合会委员会的产生适用《工会基层组织选举工作条例》《基层工会会员代表大会条例》等规定。担任区域性、行业性工会联合会主席、副主席职务，必须履行民主程序。区域性、行业性工会联合会主席、副主席可以由全体委员选举产生，也可以由区域性、行业性工会联合会所覆盖基层工会联合组成会员（代表）大会选举产生。区域、行业内的基层单位行政主要负责人不得作为区域性、行业性工会联合会委员会委员人选，行业协会（商会）会长、副会长等不得担任区域性、行业性工会联合会主席、副主席。上级工会派出的工会干部、社会化工会工作者或者区域、行业龙头骨干企业工会主席、社区工作者等可以作为区域性、行业性工会联合会主席、副主席人选。区域性、行业性工会联合会主席、副主席可以专职，也可以兼职，其任期与区域性、行业性工会联合会委员会相同。

（八）区域性、行业性工会联合会委员会委员实行替补、增补制。区域性、行业性工会联合会委员会委员，当其不再担任原工会组织的主要负责人时，其委员职务由其原单位工会新当选的主要负责人经履行民主程序后予以替补。新覆盖基层工会的主要负责人，经履行民主程序，可以增补为区域性、行业性工会联合会委员会委员。

（九）区域性、行业性工会联合会可结合区域、行业实际，制定工会联合会组织办法等。区域性、行业性工会联合会委员会每届任期三年至五年，任期届满应按时换届。特殊情况需提前或延期换届的，应报上一级工会批准。

（十）建立区域性、行业性工会联合会，原则上所覆盖基层工会的组织领导关系、经费拨缴关系和会员会籍关系保持不变。确需调整的，须经县级以上地方工会批准。

（十一）区域性、行业性工会联合会所覆盖区域、行业内的基层单位，应当分别单独建立基层工会组织（基层工会委员会、联合基层工会委员会或基层工会联合会）。

（十二）区域性、行业性工会联合会的名称应根据区域、行业、单位等情况确定，一般为“××（行政区划名称）+××（区域或行业名称）+工会联合会”，不能以职业名称或基层工会名称等作为区域性、行业性工会联合会的名称。

（十三）具备条件的区域性、行业性工会联合会，要在上级工会的指导下，及时登记取得社团法人资格，开设独立工会经费账户。

（十四）独立管理经费的区域性、行业性工会联合会，应同时成立工会经费审查委员会。区域性、行业性工会联合会所覆盖基层工会女职工较多的，建立女职工委员会，在工会联合会委员会领导下开展工作。

（十五）建立区域性、行业性工会联合会的，应采取有效措施，逐步实现对区域、行业内的基层工会以及不具备单独建会条件的小微企业和零散就业人员全覆盖。实际履行联合会职能但不规范的，应在上级工会指导下，按照联合制、代表制原则，逐步规范为工会联合会。

三、区域性、行业性工会联合会的主要职责任务

（十六）加强对职工的思想政治引领，承担团结引导职工群众听党话、跟党走的政治责任，推动习近平新时代中国特色社会主义思想进社区、进企业、进车间，深化理想信念教育，教育职工践行社会主义核心价值观，恪守社会公德、职业道德、家庭美德、个人品德，遵守劳动纪律。

（十七）在同级党组织和上级工会的领导下，推动和指导区域、行业内基层单位的工会组建、发展会员等工作，夯实工会基层基础。承担本区域、行业职工代表大会工作机构的职责。

（十八）大力弘扬劳模精神、劳动精神、工匠精神，组织开展具有区域特点、行业特色的劳动和技能竞赛、经济技术创新等活动，建设知识型、技能型、创新型的高素质职工队伍。

（十九）代表和组织职工依照法律规定，通过职工代表大会或其他形式参与本区域、行业民主管理和民主监督。调查研究和反映本区域、行业中涉及职工切身利益的重大问题。

（二十）参与制定本区域、本行业涉及劳动和职工权益的政策、标准等。积极推进区域、行业集体协商，推动建立区域、行业集体合同制度。

（二十一）参与协调劳动关系和调解劳动争议，协商解决涉及职工切身利益问题，为所覆盖区域、行业的基层工会和职工提供法律服务和法律援助。

（二十二）突出行业特色、区域特点、职工需求，强化服务意识、健全服务体系、建立服务机制，精准化、精细化开展服务工作。

四、区域性、行业性工会联合会的工作保障

（二十三）加强区域性、行业性工会联合会工作经费保障，建立区域性、行业性工会联合会建设专项经费，并列入本级工会年度预算，保障工会联合会正常运转。各地工会结合实际，可建立项目补贴办法，实行一事一补。区域性、行业性工会联合会可以争取行政支持，也可在所覆盖基层工会自愿的基础上，由基层工会按照一定比例承担部分工作经费。上级工会要加强对区域性、行业性工会联合会经费使用的指导监督。区域性、行业性工会联合会的经费要做到专款专用。

（二十四）加强区域性、行业性工会联合会办公场地、活动场所、服务阵地建设，根据《基层工会经费收支管理办法》等有关规定，争取多方面、多渠道为区域性、行业性工会联合会办公和开展活动提供必要的设施和活动场所等。

（二十五）各地工会可结合实际，建立区域性、行业性工会联合会工会干部日常性工作补贴制度，对非国家工作人员担任的工会主席、副主席及其他工会干部，可给予适当的工作补贴。

五、加强对区域性、行业性工会联合会建设的领导

（二十六）充分认识加强和规范区域性、行业性工会联合会建设的紧迫性和必要性，把加强对区域性、行业性工会联合会建设摆上重要位置，加强统筹协调、形成工作合力，解决好区域性、行业性工会联合会规范和建设中遇到的矛盾和困难，为区域性、行业性工会联合会作用发挥创造有利条件、提供有力保障，努力把工会联合会建设成深受职工群众信赖的学习型、服务型、创新型职工之家，工会干部努力成为职工群众信赖的娘家人、贴心人。

（二十七）积极探索符合区域性、行业性工会联合会特点的工会干部管理使用方式，拓宽来源渠道，采取专职、兼职、挂职相结合的方式，配备区域性、行业性工会联合会干部。加强教育培训，切实提高工会干部适应岗位需要的能力素质。

（二十八）加强分类指导，注重对已建立的区域性、行业性工会联合会加强规范；立足区域、行业实际，适应职工需求，指导区域性、行业性工会联合会突出工作重点，发挥优势作用。加强调查研究，及时总结推广好典型、好经验，发挥示范引领作用。加强监督检查，严格考核考评，坚持问题导向，督促整改解决，不断提升区域性、行业性工会联合会整体建设水平。

中华全国总工会关于印发《2016—2020年全国工会干部教育培训规划》的通知（摘录）

（2016年10月8日）

为深入学习贯彻习近平总书记系列重要讲话精神特别是关于加强干部队伍建设的重要论述，落实中央党的群团工作会议精神，打造“绝对忠诚党的事业、竭诚服务职工群众”的工会干部队伍，根据党中央印发的《干部教育培训工作条例》和《2013—2017年全国干部教育培训规划》《中华全国总工会关于进一步加强工会干部教育培训工作的意见》，制定本规划。

三、培训对象及措施

（四）工会专业人才。

6. 各级工会要突出抓好新任工会主席教育培训，重视抓好社会化工会工作者和工会系统兼职、挂职干部以及中青年干部、女干部、少数民族干部、非中共党员干部的教育培训。加大对革命老区、民族地区、边疆地区、贫困地区工会干部教育培训的支持力度。

中华全国总工会关于印发《2019—2023年全国工会干部教育培训规划》的通知

（2019年4月1日）

一、总体要求

（一）指导思想。

高举中国特色社会主义伟大旗帜，全面贯彻党的十九大精神，以马克思列宁主义、毛泽东思想、邓小平理论、“三个代表”重要思想、科学发展观、习近平新时代中国特色社会主义思想为指导，把深入学习贯彻习近平新时代中国特色社会主义思想作为首要任务，以党的政治建设为统领，贯彻落实新时代党的组织路线，树牢“四个意识”，坚定“四个自信”，做到“两个维护”，坚持以习近平总书记关于新时代干部教育培训的重要论述为基本遵循，深入学习贯彻习近平总书记关于工人阶级和工会工作的重要论述，学习贯彻中国工会十七大精神，围绕保持和增强政治性、先进性、群众性，加强政治理论、党性修养教育培训，强化工会专业能力学习培训，提高政治站位、强化责任担当，聚焦主责主业、深化改革创新，增强教育培训的时代性、针对性、有效性，高质量教育培训干部、高水平服务党的工运事业发展，为开创新时代工运事业和工会工作新局面提供组织保证和智力支撑。

（二）基本原则。

——坚定政治方向，切实增强政治意识。旗帜鲜明讲政治，全面贯彻党的基本理论、基本路线、基本方略，严格遵守政治纪律和政治规矩，落实意识形态工作责任制，围绕党和国家事业发展、着眼工会工作全局开展教育培训。

——注重需求导向，树立精准培训理念。立足工会实际，区分不同类型、层级、岗位的干部，坚持普遍性要求与特殊性需求相结合，实施精准培训，强化能力培训和实践锻炼，培育专业精神，提高专业素养。

——突出工会特色，健全完善培训体系。围绕源头培养、跟踪培养、全程培养，积极适应新时代对工会工作和工会干部能力素质提出的新要求，探索构建具有先进培训理念、科学内容体系、健全组织架构、高效运行机制的培训体系。

——深化改革创新，重在提高培训质量。整合工会教育培训资源，充实完善平台载体，有序有效推进培训工作创新发展，努力打造分类和分级、集中和平时、线上和线下、理论和实践相结合的大培训格局。

——坚持从严从实，务求教育培训实效。坚持严以治校、严以治教、严以治学，把从严从实作为检验教育培训成效的重要衡量标准，落实到干部教育培训全过程、各方面。

（三）主要目标。

——以习近平新时代中国特色社会主义思想为中心内容的理论教育更加深入，广大工会干部马克思主义思想觉悟和理论水平不断提高，理想信念更加坚定，党性修养不断加强，牢固树立“四个意识”，始终坚定“四个自信”，坚决做到“两个维护”。

——专业化能力培训更加精准，知识培训更加有效，广大工会干部工会工作专业能力明显提高，干一行、爱一行、精一行的专业精神进一步提升，履职的基本知识体系、知识结构、综合素养不断健全完善，群众工作本领全面增强，适应新时代、推进工会工作创新发展的能力普遍提升。

——干部教育培训的时代性、针对性、有效性不断增强，工会干部教育培训体系改革创新取得新进展，阵地建设、师资队伍建设、教材课程建设、校风教风学风建设持续加强，制度建设更加健全，质量效益全面提高。

二、重点内容

（一）理论培训。

坚持把学习贯彻习近平新时代中国特色社会主义思想摆在干部教育培训最突出的位置，作为工会干部院校的主课，作为工会干部学习的中心内容，在学懂弄通做实上下功夫，教育引导工会干部带头学习领会其科学体系、核心要义、精神实质和实践要求，切实做到真学真懂真信真用，在政治立场、政治方向、政治原则、政治道路上同以习近平同志为核心的党中央保持高度一致。深化习近平总书记关于工人阶级和工会工作的重要论述，特别是习近平总书记同全总新一届领导班子成员集体谈话时的重要讲话精神学习培训，教育引导工会干部充分认识重要论述的重大政治意义、深远历史意义、深刻理论意义、鲜明实践意义，理解把握基本内涵和实践要求。

在大力开展习近平新时代中国特色社会主义思想教育培训的同时，组织工会干部深入学习马克思列宁主义、毛泽东思想、邓小平理论、“三个代表”重要思想、科学发展观，原原本本研读经典著作，学习马克思主义哲学、政治经济学、科学社会主义，学习中国特色社会主义理论体系。深入开展中国特色社会主义工会发展道路学习培训，教育引导工会干部深入理解把握科学内涵，坚持自觉接受党的领导、团结服务职工、依法依章程开展工作相统一，始终保持工运事业和工会工作的正确政治方向。

（二）党性教育。

加强理想信念、党规党纪和党内政治文化教育，结合“不忘初心、牢记使命”主题教育，引导党员干部知敬畏、存戒惧、守底线，遵守党内政治生活原则，自觉做共产主义远大理想和中国特色社会主义共同理想的坚定信仰者、忠实实践者。加强党章和党的宗旨作风教育，教育引导党员干部忠诚党的事业、竭诚服务职工，自觉尊崇、践行、捍卫党章，始终保持与人民群众的血肉联系，增强做好职工群众工作本领。加强党史国史、世情国情党情以及中国工运史学习教育，引导工会干部树立正确历史观、民族观、国家观、文化观，提升精神境界，传承红色基因，永葆政治本色。深入开展社会主义核心价值观教育，引导工会干部弘扬中华传统美德，恪守社会公德、职业道德、家庭美德、个人品德。

（三）专业培训。

始终自觉接受党的领导，贯彻落实党中央重大决策部署，推动落实中国工会十七大确立的各项目标任务，围绕团结动员职工建功新时代、加强职工思想政治引领、加大维权服务力度、构建和谐劳动关系、深化工会改革创新等，组织开展务实管用的专业培训。着眼深入推进产业工人队伍建设改革组织开展专题培训。适应全面依法治国新形势新要求，以增强法律意识、强化法治思维、提升依法履职能力为着力点，加强《劳动法》《劳动合同法》《工会法》等法律法规和《中国工会章程》的学习培训。开展履行岗位职责必备的业务知识学习培训，帮助工会干部丰富专业知识、提升专业能力、锤炼专业作风、培育专业精神，提升履职尽责能力，培养工会工作专门人才。

（四）知识培训。

着眼培养又博又专、底蕴深厚的复合型干部，全面提升工会干部适应新时代中国特色社会主义发展要求的能力，加强党的路线方针政策和宪法法律法规学习培训，开展经济、政治、文化、社会、生态文明、党建和哲学、历史、科技、国防、外交等各方面基础性知识学习培训，开展互联网、大数据、云计算、人工智能等新知识新技能学习培训，帮助工会干部优化知识结构，拓宽眼界思路，提高科学人文素养。抓好总体国家安全观、统战、民族、宗教、金融、保密、统计、城市规划管理、质量发展、安全生产、应急管理、知识产权、心理健康等方面学习培训。加强形势任务教育，引导工会干部把握大局、坚定信心，不断强化底线思维，提高防范化解风险的能力。

（五）其他培训。

加强劳模教育培养，在继续办好劳模本科班的同时，统筹工会干部院校、职工职业培训基地的力量，结合劳模疗休养等活动，分期分批分层组织劳模培训。加强工会干部脱贫攻坚能力培训，引导工会扶贫干部掌握精准扶贫精准脱贫方法，培养造就一支懂扶贫、会帮扶、作风硬的工会扶贫干部队伍。加强对工会系统知识分子的教育培训，激发知识分子弘扬爱国奋斗精神、建功立业新时代的热情。

三、具体措施及要求

落实中共中央印发的《2018—2022 年全国干部教育培训规划》要求，工会机关县处级及以上干部 5 年内参加党校（行政学院）、工会干部院校以及干部教育培训管理部门认可的其他培训机构累计 3 个月或者 550 学时以上的培训；工会机关科级及以下干部每年参加培训累计不少于 12 天或者 90 学时；基层工会干部每年参加培训累计不少于 5 天或者 40 学时（见附件 1）。2019 年至 2023 年把全国专职和兼职、挂职工会干部轮训一遍。

（一）县级以上工会领导班子成员。

围绕培养造就信念过硬、政治过硬、责任过硬、能力过硬、作风过硬的工会领导干部，以提高政治素质、增强党性修养为根本，以提升专业能力为重点，引导工会领导干部把握工会组织新使命、新目标、新要求，努力提高开创新时代工运事业和工会工作新局面的能力素质。

1. 省级工会领导班子成员。全总围绕党和国家工作大局和工会工作全局的重大理论和现实问题，举办省级工会主要负责人专题研讨班；每年举办 1 期新任省级工会领导班子成员培训班。省级工会领导班子成员积极参加全总组织的调训（含各驻会全国产业工会、全总各部门组织的班次）。

2. 地市级工会领导班子成员。全总每年举办 2 期地市级工会主席培训班，对 200 名左右地市级工会领导班子成员特别是新任领导班子成员进行示范培训。各省级工会每年组织地市级工会领导班子成员培训或参加上级工会调训。

3. 县级工会领导班子成员。全总每年举办 2 期县级工会主席培训班，培训 200 名左右县级工会主要负责人。省级工会和地市级工会加强统筹，每年组织县级工会领导班子成员培训或参加上级工会调训。

4. 各驻会全国产业工会、全总各部门举办的业务工作培训班，根据工作需要，可调训各省级工会和部分地市级、县级工会分管领导同志参加培训。

5. 县级以上工会组织人事部门按照干部管理权限，认真完成中央组织部和地方党委组织人事部门调训任务，统筹制订领导班子成员年度脱产培训计划。

（二）县级以上工会机关干部。

围绕建设高素质专业化工会机关干部队伍，以加强思想道德建设、职业道德建设和业务能力建设为重点，着力提高做好新时代职工群众工作本领，强化业务培训，增强适应新时代工会工作能力。

1. 省级、地市级工会根据重点工作需要，对下级工会机关内设机构负责同志和部分业务骨干开展示范培训。县级以上工会积极选派机关干部参加上级组织调训。

2. 县级以上工会将机关干部培训列入年度培训计划，开展全员培训，重点抓好机关干部的初任培训、任职培训、岗位培训和专门业务培训。

（三）基层工会干部。

围绕培养守信念、讲奉献、有本领、重品行的高素质专业化基层工会干部队伍，以提高做职工群众工作能力为重点，突出实践能力培训，引导基层工会专兼职干部把握工会基本职责，理论结合实践，知行合一、学以致用。

1. 各驻会全国产业工会、全总各部门举办的业务工作培训班，根据工作需要，培训对象可延伸至部分乡镇（街道）、开发区（工业园区）、大中型企业工会干部。全总每年组织开展“送教到基层”专题培训。

2. 各省级工会制定基层工会干部培训方案并搞好示范培训。地市级和县级工会按照干部管理权限分类分级抓好基层工会干部培训，确保全覆盖。

3. 县级以上工会和工会干部院校推动优质培训资源向基层倾斜，积极到基层送教，开展对口支援培训、结对帮扶培训。

4. 各级工会重点抓好新进工会干部教育培训，基层工会主席、副主席上岗一年内应参加上级工会或工会干部院校组织的脱产培训。

5. 加大对新经济组织、新社会组织工会干部的培训力度，加强对社会化工会工作者的培训。

（四）兼（挂）职工会干部。

围绕建设一支热心工会事业和工会工作，知职工、懂职工、爱职工，受职工群众拥护的兼（挂）职工会干部队伍，把各级工会领导机关兼（挂）职干部作为重点培训对象，以工会理论知识、工作方式方法为主要内容，提高兼（挂）职干部工会议事能力和职工群众工作本领。

1. 全总将新任兼（挂）职领导干部纳入新任省级工会领导班子成员培训范围，结合实际情况举办兼（挂）职工会干部专题培训班，开展示范培训。

2. 各级工会将兼（挂）职干部纳入年度培训计划，积极推动工会兼（挂）职领导干部纳入党政领导干部培训范围，加大调训比例，及时进行培训。

（五）年轻工会干部。

围绕培养造就一支符合新时期好干部标准、忠诚干净担当、数量充足、充满活力的高素质专业化年轻工会干部队伍，以理想信念、思想道德、优良作风教育为重点，着力提高年轻工会干部政治能力、专业能力和群众工作能力。

1. 全总每年举办1期全总机关年轻干部培训班。

2. 各级工会坚持分类培训原则，有计划地安排年轻干部到党校（行政学院）、工会干部院校接受系统的理论培训和严格的党性教育，视情组织专门培训。

3. 各级工会鼓励工会干部特别是年轻干部坚持业余时间在职自学，做好工会系统干部报考相关专业学历教育推荐工作。

加大对革命老区、民族地区、边疆地区、贫困地区工会干部教育培训支持力度，做好对口援疆援藏援青以及支援西部地区工会干部教育培训工作。

四、保障体系建设

（一）加强阵地建设。

加强工会干部院校建设，坚持以教学为中心，紧扣主责主业，配备政治强、懂专业、善创新、作风正的院校领导干部。加强培训设施建设，提高综合服务保障能力，突出地方特色，提升专业化办学水平。建立健全工会干部教育培训评估制度，坚持定量与定性相结合，完善质量评估指标体系，全面推进工会干部院校办学质量评估，重点加强对培训项目和课程质量的评估（附件2、附件3、附件4）。按照中央组织部、财政部《关于规范干部党性教育基地管理工作的意见》要求，规范工会干部教育培训基地建设，推动纳入地方党政教育培训基地建设范围。依法依规加强工会干部院校资产监督管理，不得随意改变工会干部院校的产权关系和隶属关系。

（二）提升师资素质。

坚持政治合格、素质优良、规模适当、结构合理、专兼结合的原则，建设一支高素质专业化工会干部培训师资队伍。实施骨干教师培养计划，全总每年举办1次院校长专题研讨会和1期骨干师资专题研修班，培训对象向基层骨干教师拓展，培训时间适当延长，地方工会建立专职教师知识更新和实践锻炼制度，每年安排专职教师参与工会重点工作。加大名师培养吸收力度，有计划、有重点、分层次打造一批思想政治素质过硬、培训教学成绩突出、在社会上有影响力的名师名家。加大青年教师培养力度，建立健全青年教师导师制度、实践锻炼制度和教学科研调研制度，提高青年教师理论素养和专业能力。加强和改进兼职教师选聘和管理，选聘忠诚党的事业、实践经验丰富、理论水平较高的领导干部、专家学者和劳动模范、大国工匠、技能大师、优秀基层工会干部等担任兼职教师。落实领导干部上讲台有关实施意见，坚持和完善领导干部上讲台制度。建立工会干部教育培训师资库，以全国工会干部教育培训网为载体，推进优质师资共享。

（三）优化课程教材。

制定工会干部培训教学大纲，注重分门别类设置专题课程，重点开发学习贯彻习近平总书记关于工人阶级和工会工作的重要论述、反映工会理论和工会改革创新成果的精品课程，逐步构建富有时代特征、实践特色、务实管用的课程体系。在各级工会干部院校主体班次教学安排中，把理论教育和党性教育作为必修课，安排专门课程组织学习培训。推进资源整合共享，遴选工会干部院校举办特色培训班。加强教材建设，以全国工会干部教育培训基础教材为依托，发挥各级工会和工会干部院校积极性，开发一批适应干部履职需要和学习特点的培训教材和基础性知识读本，逐步建立健全基本教材、必读教材、选读教材、特色教材、补充教材相结合的教材体系，做到特色鲜明、种类齐全。积极向党委和政府有关主管部门推荐精品课程教材，推动工会课程教材进党校（行政学院）和干部学院。各级工会干部院校根据形势任务发展变化，及时更新课程教材内容。

（四）建立健全制度。

完善需求调研制度，牢固树立按需培训理念，突出组织需求和岗位需求，把需求调研贯穿训前、训中、训后全过程。健全教学组织管理制度，加强干部教育培训全流程精细化管理，推行培训项目负责制，加强跟班管理、集体备课、教学督导、评价反馈等制度建设。探索建立教育培训考核评估机制和激励约束机制，完善干部培训档案，将教育培训情况列入工会干部考核内容，作为工会干部任职和晋升的重要参考。

（五）发挥网络优势。

树立互联网思维，积极融入“智慧工会”建设，运用现代信息技术推动互联网与干部教育培训融合发展，提高干部教育培训教学和管理信息化水平。积极探索适应信息化发展趋势的网络培训有效方式，推行线上线下相结合的培训模式。用好“学习强国”、中国干部网络学院等学习平台。加强全国工会干部教育培训网及各省级工会干部教育培训网络建设，建设在线学习精品课程库，开发移动学习平台，推动优质网络教学资源共建共享。严把网络培训的政治关、质量关、纪律关。

五、组织领导

（一）加强统一领导。

加强宏观管理体制建设，健全完善全总党组、书记处统一领导，全总、各级地方工会和基层工会分级负责的教育培训体制。加强统筹规划，及时研究解决工会干部教育培训的重大问题。各级工会组织人事部门切实履行主管部门职责，全总组织部重点履行全国工会干部教育培训工作的整体规划、制度建设、宏观指导、协调服务、督促检查等职能，省级以下工会组织人事部门负责本地区本系统本单位工会干部教育培训规划计划的制定、部署和落实。积极与政府有关部门、高校和科研院所进行合作，开展相关专业技术职务任职资格、执业（职业）资格培训，鼓励支持工会干部获取相关证书。

（二）努力改进作风。

大力弘扬理论联系实际的马克思主义学风，坚持实践导向、问题导向，做到学以致用、用以促学、知行合一。坚持艰苦奋斗、勤俭办学。严格执行中央组织部、财政部关于现场教学的有关规定要求，加强现场教学活动管理。严格教师管理，严肃教师讲课、参加会议、接受采访、发表文章等纪律要求，旗帜鲜明反对和抵制各种错误观点。加强学员管理，严格执行中央八项规定及其实施细则精神和中央组织部《关于在干部教育培训中进一步加强学员管理的规定》。

（三）加大经费投入。

把干部教育培训专项经费和工会干部院校日常运转经费列入工会年度预算，加大经费投入力度，为干部教育培训事业发展奠定坚实基础。逐步建立和完善经费跟着培训项目走的管理制度，提高经费使用效益。

（四）强化改革创新。

创新方式方法，加大研讨式、案例式、模拟式、体验式、辩论式等互动教学力度，充分利用工会党性教育、工运史教育和工会改革创新现场教学点资源，增强培训感染力、吸引力。主动与地方党校、高等院校优质资源对接，学习先进的教学理念和培训手段，增强工会干部教育培训的规模效益。加强对工会干部教育培训理论和实践问题的研究，推动新时代教育培训工作不断取得新成效。

各省级工会根据本规划，结合实际制定具体实施意见并抓好落实，每年要对工会干部教育培训工作进行检查总结，并将有关情况报全总。全总将对本规划实施情况进行督促检查，开展中期和 5 年总结评估工作。

本规划自印发之日起施行，2016 年 10 月印发的《2016—2020 年全国工会干部教育培训规划》同时废止。

附件：1. 工会干部培训量化指标（略）

2. 工会干部院校办学质量评估参考指标（略）

3. 工会干部院校培训项目质量评估参考指标（略）

4. 工会干部院校课程质量评估参考指标（略）

中华全国总工会女职工委员会办公室关于做好女职工工作联系点工作的通知

（工女委办发〔2017〕7号　2017年8月15日）

各省、自治区、直辖市女职工工作联系单位：

经各省、自治区、直辖市总工会推荐，全总女职工委员会办公室研究确定你单位为女职工工作联系点，现就做好联系点有关工作通知如下。

一、建立联系点的目的意义

建立女职工工作联系点，旨在深入贯彻落实《中国工会章程》《企业工会工作条例》《工会女职工委员会工作条例》《中华全国总工会关于加强企业工会女职工工作的意见》，密切全总、地方工会女职工组织与企业工会女职工组织和女职工群众的联系，畅通工作交流渠道，及时了解企业女职工工作情况及女职工意愿，研究企业工会女职工工作面临的新情况新问题，探索新形势下工会女职工工作的新思路、新方法。增强工作的针对性和实效性，总结、推广经验，以点带面指导基层工会女职工工作。

二、工作内容

（一）全总女职工委员会办公室

1. 为联系点提供指导和服务。加强对联系点女职工工作的具体指导，全总女职工委员会有关文件同时印发各联系点，邀请联系点女职工工作干部参加全总女职工委员会有关会议、活动及培训等。全总女职工委员会办公室会同省（区、市）总工会女职工委员会办公室在联系点开展有关试点工作。注重发挥联系点的积极性、主动性、创造性，及时研究、协调解决企业工会女职工工作存在的突出问题。

2. 深入企业开展调研。全总女职工委员会办公室将派员不定期深入联系点，了解情况，听取工会女职工组织和女职工的意见和建议。根据工作需要，开展交流活动，适时召开联系点座谈会和研讨会。

3. 培育、推广企业女职工工作经验。发挥联系点的示范和引导作用，总结试点工作及工会女职工工作的经验，选树、宣传联系点先进女职工集体和个人典型。

（二）各省（区、市）总工会女职工委员会办公室

加强对联系点单位女职工工作的指导，协调做好全总女职工委员会办公室与联系点的有关工作。

（三）女职工工作联系点

1. 作为基层女职工、女职工工作情况采集点。对本企业女职工情况要底数清，及时了解、反映女职工意愿和要求，掌握思想动态，配合上级工会女职工组织做好调研等工作。

2. 承担试点工作。根据上级工会女职工委员会的要求，结合本单位女职工工作实际，求真务实，与时俱进，不断创新，做到工作有特色、有亮点、有实效，对进一步做好工会女职工工作提出建设性意见。认真总结经验，努力将企业工会女职工委员会建设成为组织健全、工作规范、充满活力的女职工工作示范单位。

3. 做好信息上报工作。每年向全总和省级地方工会女职工组织上报工作安排和工作总结，及时将企业开展女职工工作的有关情况和动态等上报全总女职工委员会办公室。及时向中国工会女职工工作网上传工作信息。

三、联系方式

全总女职工委员会办公室确定联系人负责与联系点的工作联系。

四、有关要求

请各联系点于9月8日前将本单位女职工工作情况文字材料通过电子邮箱报送全总女职工委员会办公室。

图书在版编目（CIP）数据

工会女职工工作法律政策文件选编 / 中华全国总工会女职工部编.
—北京：中国工人出版社，2020.4
ISBN 978-7-5008-7333-4

Ⅰ.①工… Ⅱ.①中… Ⅲ.①女职工—工会工作—工会法—汇编—中国
Ⅳ.①D922.569

中国版本图书馆CIP数据核字（2020）第047602号

工会女职工工作法律政策文件选编

出 版 人	王娇萍
责任编辑	赵晨羽 黄冰凌
责任印制	栾征宇
出版发行	中国工人出版社
地　　址	北京市东城区鼓楼外大街45号 邮编：100120
网　　址	http://www.wp-china.com
电　　话	（010）62005043（总编室） （010）62005039（印制管理中心） （010）82075935（工会与劳动关系分社）
发行热线	（010）62005996 82029051
经　　销	各地书店
印　　刷	三河市国英印务有限公司
开　　本	710毫米×1000毫米 1/16
印　　张	24.75
字　　数	460千字
版　　次	2021年1月第1版 2022年11月第3次印刷
定　　价	78.00元